Cyberf★cked • Dr. Mario Herger

Dr. Mario Herger

CYBER f★cked

Wie Frauen im Internet bedroht
und belästigt werden – und was wir
alle dagegen tun können

BOOKS4SUCCESS

Copyright 2022:
© Börsenmedien AG, Kulmbach

Gestaltung Cover: Daniela Freitag
Gestaltung, Satz und Herstellung: Timo Boethelt
Vorlektorat: Karla Seedorf
Korrektorat: Elke Sabat
Druck: GGP Media GmbH, Pößneck

ISBN 978-3-86470-815-2

Bibliografische Information der Deutschen Nationalbibliothek:
Die Deutsche Nationalbibliothek verzeichnet diese Publikation in der
Deutschen Nationalbibliografie; detaillierte bibliografische Daten
sind im Internet über <http://dnb.d-nb.de> abrufbar.

Postfach 1449 • 95305 Kulmbach
Tel: +49 9221 9051-0 • Fax: +49 9221 9051-4444
E-Mail: buecher@boersenmedien.de
www.books4success.de
www.facebook.com/plassenverlag
www.instagram.com/plassen_buchverlage

Für Gabriel, Sebastian und Darian.
Especially for May Kou.

INHALT

EINLEITUNG

Jungs hören dir nicht zu, wenn du über Feminismus oder Frauenrechte sprichst, aber wenn ein Mann das tut, wird er als unglaublich woke und bemerkenswert und intelligent angesehen. – Izzy Radford

Ich sag's gleich klipp und klar: Dieses Buch entstand aus sehr eigennützigen Motiven. Männer, die Frauen verbal, mental und physisch missbrauchen, finde ich nämlich scheiße. Und diese Arschlöcher fühlen sich dabei so sicher in ihrem Tun, dass sie das nicht nur hinter verschlossenen Türen machen, was an sich schon abscheulich genug ist, sondern vor aller Augen. Digitale Plattformen haben dieses Problem noch verschärft, und zwar für uns alle. Männliche Mobs, die Frauen im Internet bevormunden, attackieren, beschimpfen, bedrohen und versuchen, sie zum Schweigen zu bringen, sind nicht nur ein Problem für die betroffenen Frauen, sondern für uns alle. Als Mann, der Frauen nicht so behandelt, bin ich immer mitgefangen in der vergifteten Atmosphäre, die solche toxischen Männer schaffen.

Stellen wir uns vor, wir befinden uns auf einer Gartenparty. Der Holzkohlengrill ist angeworfen, die Steaks brutzeln saftig, die Getränke sind gekühlt, die Sonne lächelt uns an, die Kinder haben einen Mordsspaß im Planschbecken, mit anderen Worten: eine gelungene Party unter Freunden und Bekannten. Doch einer der männlichen Gäste beginnt, die weiblichen Gäste zu belästigen, entblößt sich vor ihnen und wirft mit Schimpfworten um sich. Wie wäre unsere Reaktion bei diesem Geschehen? Würden die Männer einfach wegschauen, weil es sie „ja nichts angeht"? Würden nur die anderen Frauen zu Hilfe kommen und die Schimpftiraden des Übeltäters ebenfalls auf sich ziehen? Was denken sich die Kinder über die Handlungen der Anwesenden?

Selbstverständlich würde solch ein Gast rasch vom Gastgeber zurechtgewiesen werden. Die männlichen Anwesenden würden, ohne zu zögern, unterstützend eingreifen. Die im Notfall verständigte Polizei würde die Situation umgehend bereinigen und den Unruhestifter des Ortes verweisen oder abführen. Es könnte sogar zu einer Anklage und Verurteilung kommen, denn es gibt Gesetze, die in einem solchen Fall von der Exekutive und den Gerichten angewandt werden.

Digitale Plattformen sind in diesem Sinne nichts anderes als riesige Gartenpartys mit Teilnehmerzahlen von einer Handvoll bis zu Millionen. Analoge und digitale Gartenpartys unterscheiden sich aber in wichtigen Punkten: Die Betreiber der digitalen Plattformen sehen sich bei Exzessen nicht in der Verantwortung. Sie lassen ihre Gäste im Stich und suggerieren damit aggressiven Teilnehmern, sie könnten sich ungestraft danebenbenehmen. Die männlichen Teilnehmer schreiten nicht gegen die Übeltäter ein, weil sie „davon nicht betroffen sind". Und Polizei und Gerichte fühlen sich überfordert oder, noch schlimmer, nicht zuständig.

Viele Frauen werden jetzt denken: „Nicht schon wieder ein Mann, der Frauen die Welt erklärt!" Keine Sorge, ich werde kein „Mansplaining" betreiben. Zum Glück befinden sich ausreichend Frauen in meinem Umfeld, die, sollte ich damit anfangen, jedes Mal sofort einschreiten. Vielmehr ist es „Mansplaining für Männer". Ich erkläre Männern die Welt – eine Welt, in der Frauen leben müssen, die von Männern (online) attackiert werden. Warum es doch Sinn macht, dass ein Mann dieses Buch schreibt, hat mit Autorität zu tun, die Männern leider nach wie vor eher zugewiesen wird als Frauen. Darauf gehe ich später noch mehr ein.

Dieses Buch habe ich nicht mit Frauen als Leserinnen im Hinterkopf geschrieben, auch wenn vor allem diese es lesen werden. Doch alles, was ich hier in dem Buch schildere, ist jeder Frau aus eigener Erfahrung bekannt. Und zwar, sobald sie das erste Mal erkennen musste, dass sie vom kindlichen Subjekt zu einem sexuellen Objekt wurde. Also so ab dem Alter von zwölf oder vierzehn Jahren. Oder acht. Und das nicht aus eigenem Willen, sondern durch die Männer in ihrer Umgebung. Der Moment, wo das Mädchen einen merkwürdigen Blick oder Kommentar bemerkte, der nichts mit ihr als Person, sondern nur mit ihrem Körper und dessen Funktion als Instrument zur Stillung männlicher Gelüste zu tun hatte.

Dieses Buch ist für jene Frauen gedacht, die es kaufen, um es Männern in ihrem Umfeld in die Hand zu drücken, mit der unmissverständlichen Aufforderung, es aufmerksam zu lesen.

Nicht „Frauen werden belästigt", sondern „Männer belästigen Frauen" muss es heißen. Online-Belästigungen geschehen Frauen nicht einfach, sondern werden durch (zumeist männliche) Täter ausgeführt. Nicht „eine Frau wurde vergewaltigt", sondern „ein Mann vergewaltigte eine Frau". Damit wird der Fokus vom Opfer auf den Täter gerichtet. Nicht die Frage, was das Opfer wohl falsch gemacht hat, drängt sich damit auf, sondern, was wohl mit den Männern nicht stimmt.

Außerdem benenne ich Belästiger als das, was sie sind: Hetzer, Aggressoren, toxische Männer, Gewalttäter, Arschlöcher. Dabei folge ich dem Ratschlag des Stanford-Professors Robert Sutton, den er in seinem Buch „Der Arschloch-Faktor" gegeben hat: Man muss ein Arschloch auch Arschloch nennen, denn nur dann versteht das Arschloch, dass es sich wie ein Arschloch verhält.

Zwei einfache Fragen zur Arschlocherkennung sollten wir uns nach einem Gespräch stellen: Fühlen wir uns unterdrückt, entwürdigt, energielos oder niedergemacht? Waren wir im Gespräch die rangmäßig höhergestellte Person? Können wir die erste Frage mit Ja und die zweite mit Nein beantworten, deutet alles darauf hin, dass Sie es mit einem Arschloch zu tun hatten.

Um auf Nummer sicher zu gehen, ob man es mit einem Arschloch zu tun hatte, schlägt Sutton folgende Punkte zur Überprüfung vor. Ist der Kontakt mit der Person verbunden mit ...

1. persönlichen Beleidigungen?
2. dem Eindringen in persönliche Bereiche?
3. unaufgefordertem Körperkontakt?
4. verbalen und nonverbalen Drohungen und Einschüchterungen?
5. sarkastischen Witzen und Hänseleien?
6. vernichtenden E-Mail-Kriegen?
7. wiederholten Hinweisen auf den Status, um das Opfer zu demütigen?
8. einer öffentlichen Bloßstellung und Statuserniedrigungsritualen?
9. unfreundlichem Unterbrechen?
10. hinterlistigen Attacken?
11. dreckigen Blicken oder permanentem Anstarren?
12. Personen (Sie selbst), die wie Luft behandelt wurden?

Die Wahl solcher Worte mag den Lesern anfangs als übertrieben gelten. Mit fortschreitendem Hineinlesen wird der Puls aber so hochgehen, dass es klar werden wird, warum ich mich hier nicht zurückhalten will. Die explizite Wortwahl soll auch Folgendes bewirken: temporären Arschlöchern einen Ruck zu geben. Denn jeder und jede von uns ist hin und wieder ein kleines Arschloch. Wir nehmen jemandem die Vorfahrt, drängeln an der Supermarktkasse, schnauzen jemanden an, ohne dass es diese Person verdient hätte, schreiben einen sarkastischen Kommentar im Internet. Werden temporäre Arschlöcher auf dieses Verhalten hingewiesen, dann tendieren sie dazu, zu reflektieren, die Kritik anzuerkennen und ihr Verhalten zu verbessern. Permanente Arschlöcher werden immer Gründe finden, warum sie nicht schuld gewesen sind.

Im ersten Teil des Buchs gehe ich auf den heutigen Status der Geschlechterrollen zueinander ein. In welcher Parallelwelt leben Frauen, welche Standards gelten und wozu führen sie?

Im zweiten Teil gehe ich auf die Vorgehensweise solcher toxischen Männer ein. Anhand von Beispielen zeige ich auf, wie dabei vorgegangen wird. Es ist vielleicht das emotionalste Kapitel, weil es die ganze rohe Gewalt, die Erniedrigungen und die Gemeinheiten vor Augen führt.

Im dritten Teil stelle ich die Menschen vor, die Online-Gewalt ausüben. Eines vorweg: Männer sind bei Weitem nicht die einzigen Täter. Die Gewalt geht ebenso von Frauen, Unternehmen, Parteien, Staaten und anderen Institutionen sowie von der Gesellschaft, Familie und anderen mehr oder weniger losen Gruppen aus. Und niemand ist davor gefeit, selbst Täter zu werden oder zu sein, und natürlich auch nicht, Opfer zu werden.

Im vierten Teil fragen wir uns, was die Täter eigentlich so erregt, dass sie zu diesen extremen Formen von Gewalt greifen. Was sind die Themen und wieso gerade diese?

Im fünften Teil versuchen wir, die komplexen Zusammenhänge zu verstehen, die die Täter zu Tätern werden lassen.

Im sechsten Teil beschäftigen wir uns mit den Auswirkungen dieser Gewaltanwendung auf die Opfer. Abgesehen vom menschlichen Leid beschreibe ich auch die Auswirkungen auf die Gesellschaft, die Wirtschaftsleistung und die nachfolgenden Generationen.

Im siebten Teil beantworten wir die Frage, ob es überhaupt sinnvoll ist, sich zu wehren und zu helfen. Vorneweg: Die Antwort lautet ja, und ich zähle eine Reihe von Argumenten auf.

Der achte Teil gibt Frauen Hinweise, wie sie sich selbst helfen können, denn durch bestimmte Verhaltens- und Vorgehensweisen können Eskalationen oft schon etwas entschärft oder vermieden werden.

Im neunten Teil kommen wir zum Punkt, wie wir selbst helfen können, wie dabei vorzugehen ist, um Betroffene nicht nochmals zu Opfern zu machen und damit mehr zu schaden, als zu helfen, und welche gesetzlichen, institutionellen oder moralischen Rahmenbedingungen zu schaffen sind. Es beginnt bei jedem, bei jeder Einzelnen, solche Gewalt zu erkennen und nicht einfach hinzunehmen.

Worauf ich in diesem Buch nicht eingehen werde, sind andere Formen von Cyberstraftaten wie Betrugsgeschichten mit Kryptowährungen, Scams, Hacking, Ransomware, Viren oder andere Schadsoftware. Dazu gibt es jede Menge an anderer Literatur.

Und um es klarzustellen, bevor hier einige Männer zu hyperventilieren beginnen: Natürlich werden nicht nur Frauen online belästigt. Männer werden umgekehrt genauso von Frauen und Männern belästigt, wie auch Frauen sich an schmutzigen Kampagnen gegen Frauen online betätigen. Doch es gibt gewaltige Unterschiede, wie Frauen zum Ziel toxischer Männer im Internet werden. Speziell die sexualisierte Gewalt, die Frauen erfahren, indem sie detailgenaue Beschreibungen von Vergewaltigungsfantasien gegen sich und ihre Familie erhalten, geschieht fast nur Frauen. Studien zu diesem Thema zeigen auch deutlich, wie überproportional häufig Frauen im Internet attackiert und belästigt werden, und das in einer Intensität, die Männer viel seltener erfahren.

Nun kann man mir leicht vorwerfen, ich würde mich hier einseitig auf Frauen als Opfer und Männer als Täter konzentrieren. Doch nur, weil jemand beispielsweise in einem Buch zum Thema Fußball nicht auf andere Ballsportarten eingeht, macht das den Autor nicht einseitig fokussiert. Im vorliegenden Buch geht es vor allem darum, wie toxische Männer Frauen online belästigen, und damit verleugne ich weder, dass andere Menschen auch belästigt werden und andere Menschen als Männer Täter sein können, noch rede ich die Bedeutung dieser Problematik klein.

STATUS:
ES IST KOMPLIZIERT

Gott hat den Menschen erschaffen, weil er vom Affen enttäuscht war. Danach hat er auf weitere Experimente verzichtet. – **Mark Twain**

Würden in Deutschland vier von zehn Menschen tot umkippen, dann würde da nicht etwa der Superschurke Thanos aus dem Superhelden- und Superbösewichte-Universum von Marvel dahinterstecken, der einmal mit dem Finger schnippend (und dank der sechs Infinity-Steine) einfach so die Hälfte der Menschheit auslöscht, sondern ein wirklich tödliches Virus. Es wäre eine Epidemie sondergleichen, Covid würde uns im Vergleich dazu wie ein leichter Schnupfen erscheinen. Aber vier von zehn Menschen betrifft etwas anderes, mindestens ebenso Unangenehmes, das einer Epidemie, wenn nicht gar einer Pandemie ähnelt.

Das amerikanische Pew Research Center stellte Anfang 2021 fest, dass vier von zehn erwachsenen Amerikanern schon einmal Online-Belästigung erfahren haben.[1] Zu etwa gleichen Teilen berichteten die 10.093 Befragten, physisch bedroht, gestalkt oder über einen längeren Zeitraum belästigt worden zu sein. Dreimal so viel berichteten, beschimpft oder absichtlich heruntergemacht worden zu sein. Die Zahl von Online-Belästigungen hat dabei zugenommen. Zwischen 2014 und 2020 hat sich die Zahl der schwereren Fälle von Belästigung in etwa verdoppelt.

Interessanterweise ergab diese Umfrage, dass mehr Männer (43 Prozent) als Frauen (38 Prozent) Belästigung erfahren haben. 35 Prozent der Männer waren beschimpft und 16 Prozent physisch bedroht worden, während es bei Frauen 26 Prozent und 11 Prozent waren. Dafür wurden Frauen unter 35 Jahren dreimal so oft online sexuell belästigt wie Männer. Gleich ein Drittel der Frauen (33 Prozent) erfuhren diese Form der Online-Gewalt, bei Männern lag die Quote bei 11 Prozent.

Noch öfter werden homo- oder bisexuelle Erwachsene belästigt. Sieben von zehn Befragten hatten Online-Belästigungen erfahren. Auch sagte die Hälfte der befragten People of Color, dass sie vor allem wegen ihrer Hautfarbe oder Herkunft zum Ziel der Belästigung geworden sind.

Gleich 79 Prozent der Befragten sind der Meinung, die Betreiber der sozialen Medienplattformen gehen nur zum Teil oder gar nicht gegen Online-Belästigung vor. Interessant ist, wie unterschiedlich Frauen und Männer Online-Belästigung betrachten. 61 Prozent der befragten Frauen fanden, dass Online-Belästigungen ein großes Problem darstellen, während Männer das weniger auszumachen scheint. Nur 48 Prozent stimmten der Aussage zu.

In Deutschland haben rund 15 Prozent der Jugendlichen im Alter von 14 und 15 Jahren schon Cybermobbing erfahren. Besonders besorgniserregend ist, dass mehr als jedes zehnte Opfer Selbstmordgedanken hatte.[2] 70 Prozent der Frauen zwischen 15 und 25 Jahren in Deutschland gaben an, online belästigt worden zu sein. Im 22 Länder umfassenden Welt-Mädchenbericht 2020, der 14.000 Mädchen und Frauen zu ihren Erfahrungen in sozialen Medien befragte, lag der Durchschnitt bei 58 Prozent an Erfahrungen mit Online-

Belästigungen.[3] Diese Online-Gewalt führt dazu, dass 38 Prozent der betroffenen Mädchen und Frauen die Plattformen seltener nutzen und gezwungen sind, Strategien zu entwickeln, sie zu vermeiden. 42 Prozent leiden unter psychischen Belastungen, 24 Prozent fühlen sogar körperlich spürbare Angst. Der mentale und emotionale Stress führt auch zu einer Verringerung des Selbstwertgefühls.

Das war bisher alles sehr theoretisch und zahlenlastig. Doch wie sieht Online-Belästigung konkret aus? Lassen wir dazu die amerikanische Schauspielerin und Filmregisseurin Ashley Judd die Online-Kommentare über sie zitieren.[4]

> Ashley Judd, dumme Schlampe.
>
> Man kann niemanden verklagen, weil du als Fotze bezeichnet wurdest.
>
> Wenn du mit dem Internet nicht klarkommst, verpiss dich, Hure.
>
> Ich wünschte, Ashley Judd würde einen grausamen Tod sterben. Sie ist die absolut Schlimmste.
>
> Ashley Judd, du bist der Grund, warum Frauen nicht wählen sollten.
>
> „Twisted" ist so ein schlechter Film, ich will ihn nicht mal vergewaltigen.
>
> Was auch immer du tust, sag es nicht Ashley Judd. Sie wird allein mit einer ausgetrockneten Vagina sterben.
>
> Wenn ich eine ältere Frau ficken müsste, oh mein Gott, ich würde Ashley Judd so richtig durchficken, die Schlampe ist echt heiß. Die unverzeihliche Scheiße, die ich mit ihr machen würde.

Fünf prominente Frauen öffneten für Forscher ihre Instagram-Konten, damit sie die Nachrichtenanfragen lesen konnten. Es ging dabei nicht um die Kommentare unter den Beiträgen, sondern um die per „Direct Message" (DM) an die Frauen geschickten Nachrichten. Die fünf Frauen waren die amerikanische Schauspielerin Amber

Heard, die 4,1 Millionen Follower hat; die Londoner Frauenrechtsaktivistin Jamie Klinger, die nach der Entführung, der Vergewaltigung und dem Mord an Sarah Everard durch einen Polizisten die Initiative Reclaim These Streets gegründet hatte und deren Instagram-Konto 3.500 Follower vorweist; die britische TV-Moderatorin Rachel Riley; die Journalistin und Autorin Bryony Gordon sowie Sharan Dhaliwal, Gründerin eines Magazins über südasiatische Kultur.[5]

Was die Forscher vorfanden, gab einen erschreckenden Einblick in die Meldungen, denen diese Frauen ausgesetzt sind, und offenbarte, wie wenig Instagram selbst dagegen unternimmt. Von 8.717 analysierten DMs verstieß eine von 15 gegen die Instagram-Regeln zu Missbrauch und Belästigung. Darunter befanden sich 125 Beispiele für sexuellen Missbrauch durch Bilder. Nach 48 Stunden waren 99,6 Prozent der von den Frauen über die entsprechende Instagram-Funktion gemeldeten Konten der Täter noch aktiv, nach einem Monat waren es immer noch 227 von 253 gemeldeten Profilen.

Die Direktnachrichten gar nicht erst aufzumachen kam für die Frauen nicht immer infrage, weil neben den von verbaler und sexualisierter Gewalt sprühenden Meldungen auch seriöse Medienanfragen zu Interviews und Vorträgen darunter waren.

Diese Beispiele machen uns klar, dass sexualisierte Gewalt oft versteckt passiert. Uns mögen die hasserfüllten Diskussionen und Kommentare in öffentlichen Foren bekannt sein und abstoßen, doch viel Hass und Aggression findet weitgehend unbemerkt von der Öffentlichkeit statt. So wie männliche Täter am Arbeitsplatz Frauen zumeist nicht öffentlich sexuell belästigen, üben sie diese Belästigung auch im Internet nicht immer für alle sichtbar aus. Während Frauen untereinander in verschiedensten Formen Warnungen austauschen, mit welchem Mann man lieber nicht in einem Raum allein sein sollte, kriegen Männer das gar nicht mit.

Instagram fand die Vorwürfe, dass nicht ausreichend gegen diese Kontoinhaber vorgegangen werde, unfair. Cindy Southworth, die bei Instagrams Mutterkonzern Meta die Abteilung für Frauensicherheit (Head of Women's Safety) leitet, sagte in einem Beitrag:

Auch wenn wir mit vielen Schlussfolgerungen [...] nicht einverstanden sind, stimmen wir doch zu, dass die Belästigung von Frauen inakzeptabel ist. Deshalb dulden wir weder geschlechtsspezifischen Hass noch die Androhung sexueller Gewalt, und letztes Jahr haben wir einen stärkeren Schutz für weibliche Personen des öffentlichen Lebens angekündigt.

Vor allem wies Southworth darauf hin, dass die Benutzerinnen eine Reihe von Einstellungen verwenden können, die sie vor obszönen Nachrichten schützen. Die Nutzer können bestimmte Wörter aus solchen Nachrichten und Kommentaren herausfiltern, die Option, dass Fremde ihnen DMs senden, ausschalten oder Kommentare und DMs von Nutzern ausblenden, die ihnen nicht folgen oder ihnen kürzlich gefolgt sind. Auch können Bilder mit sexuellen Inhalten in Nachrichten von Konteninhabern, die einem nicht folgen, automatisch verpixelt werden.

Das mag zwar alles richtig sein, aber es bürdet die Arbeit den Frauen auf und vermittelt ihnen implizit, sie seien wohl zu dämlich, diese Einstellungen richtig vorzunehmen. Wie auch immer, es wird klar, dass Instagram im Speziellen und die Plattformen im Allgemeinen einiges an Luft nach oben haben, was den Schutz ihrer weiblichen Kunden betrifft, und etwas proaktiver die Belästiger verfolgen und bestrafen könnten.

Die Bürde hatten Frauen schon in der Vergangenheit zu tragen. Vor Zeiten des Internets schrieben Studentinnen der Brown University auf die Türen der Damentoiletten die Namen von Studienkollegen und Universitätsangehörigen, die zu sexueller Belästigung tendierten, um sich gegenseitig zu warnen.[6] Wie reagierte die Universitätsverwaltung darauf, als sie diese Listen entdeckte? Sie ließ diese abwischen und ging nicht etwa den Anschuldigungen nach, sondern versuchte, die Frauen zu identifizieren, die diese Listen geführt hatten. Die Studentinnen waren nicht die einzigen, die so vorgingen. Auch heute noch wird neuen Mitarbeiterinnen in Firmen von anderen Frauen oft eine Liste der zu „vermeidenden Männer" zugesteckt.[7]

Was sagt uns das? Und was speziell sagt es den Männern? Dazu gebe ich ein Beispiel: Auf einer Podiumsdiskussion kamen wir auf das eigentlich nicht geplante Thema Diversität und sexuelle Belästigung zu sprechen. Auf der Bühne waren drei Frauen und zwei Männern (ich war einer davon). Während die Frauen über die Bedeutung und Dringlichkeit dieser Themen sprachen, schätzte sich mein Geschlechtsgenosse glücklich. An seinem Universitätsinstitut gebe es all das nicht. Ihm sei es noch nicht untergekommen. Ich musste ihm Kontra geben, weil sexuelle Belästigung, wie schon erwähnt, versteckt erfolgt und nicht vor seiner Nase passiert. Nach der Diskussion dankten mir die Teilnehmerinnen für die klaren Worte, besonders auch und gerade weil sie von einem Mann gekommen waren.

Dabei hätte mein Geschlechtsgenosse auf der Bühne nur mal den 15-minütigen Beitrag von Joko und Klaas aus dem Jahr 2020 ansehen müssen. In „Männerwelten" führte die Autorin Sophie Passmann die Zuschauer durch eine einzigartige Ausstellung.[8] Gezeigt wurden unaufgefordert an Frauen gesandte Dickpics, vorgelesen wurden von den betroffenen Frauen Kommentare, die sie für ihre Auftritte im Fernsehen oder als Internet-Influencerin von Männern erhalten hatten. Unter dem vielversprechenden Titel „Die Chatverläufe der außergewöhnlichen Gentlemen" wurden Anmachsprüche gezeigt, die Frauen in Chats von „Verehrern" erhalten hatten.[9] Meine männlichen Bekannten schienen ernsthaft geschockt. Kein Wunder.

Frauen und ihre Parallelwelt

Datum: Mittwoch, 2. Februar 2022, 03:26 Uhr
Betreff: Du ekelhafte Dreckshure
Absender: Du fettes Stück Scheisse

Du ekelhaftes widerliches Stück Fettschwarte. Kannst du nicht einmal dein Maul halten? Ich wünsche mir so dass dein Dreckskind elendiglich an seinem Herzkasper verreckt. Solche widerlichen Schlampen wie du sollten sich nicht vermehren. Dir selbst wünsche ich einen Hirntumor. Du bist ja noch nichtmal fickbar so ekelhaft wie du aussiehst. Da könnte man ja schon beim hinsehen kotzen. Was für ein Vollspast besamt denn so ein Rindvieh wie dich.

Sind solche mit Rechtschreibfehlern gespickten „Liebesbriefe" Alltag im Leben von Frauen? Diese an die Politikwissenschaftlerin und Autorin Natascha Strobl gesandte Hassmail lässt nicht kalt und sie ist kein Einzelfall.[10] Befragen wir Vertreter des weiblichen Geschlechts, dann ist das eher die Regel denn die Ausnahme. Bereits Frauen in jungem Alter erhalten unaufgefordert unter dem Begriff Dickpics bekannte Bilder von Penissen, Anzüglichkeiten oder solche Hassmails.

Wenn du als Mann das nicht glauben willst, dann sprich doch einmal mit Frauen in deinem Umfeld darüber. Und zwar mit jenen im heirats- und gebärfähigen Alter, die vielleicht gerade auf Partnersuche sind, die Lebenserfahrung gesammelt haben und die du besser kennst und die dir darüber erzählen würden. Frage deine Schwester, Mutter, Tochter, Partnerin, Nichte, Cousine, Tante oder Großmutter und höre aufmerksam zu. Für viele Frauen ist es sehr unangenehm, darüber zu sprechen, es belastet. Darüber zu sprechen, ruft unangenehme Empfindungen hervor. Du musst sehr einfühlsam sein, darfst nicht beurteilen, nicht verurteilen oder gar diese Schilderungen als irrelevant abtun. Und wenn sie es dir nicht erzählen wollen, dann akzeptiere das auch.

Folgst du diesen Ratschlägen, wirst du erfahren, wie sehr sie Alltag von Frauen sind. Diese müssen gar nicht viel dazu beitragen, um belästigt zu werden. Weder müssen sie in sozialen Medien oder Dating-Apps aktiv sein noch sich außerhalb ihres Privatlebens exponieren. Die heutigen Technologieplattformen machen es Männern, die es auf Frauen abgesehen haben, leicht, diesen nachzuforschen, ihnen nachzustellen und sie zu belästigen. Und diese Männer können überall sein: Das kann der immer freundlich grüßende Nachbar im Wohnhaus sein oder jemand auf der anderen Seite des Erdballs.

In den Interviews zu diesem Buch erwähnten mehrere Frauen, dass ihnen seit Jahren Stalker folgen würden. Danach hatte ich gar nicht gefragt oder geforscht, aber jede Frau konnte mir mehrere andere Frauen nennen, denen es ebenso ergangen war. Die glücklicheren unter ihnen lebten auf einem anderen Kontinent, doch der Stalker blieb ihnen „treu". Die weniger privilegierten Frauen lebten in derselben Kleinstadt wie ihr Belästiger. Das, meine Herren, ist die uns Männern zumeist völlig unbekannte Seite des Alltags von Frauen, das Paralleluniversum, in dem sie leben müssen.

Der amerikanische Comedian Aziz Ansari verarbeitet in seinen Programmen immer wieder Erlebnisse zum Dating. In einer Show lud er Frauen, die Singles waren, aus dem Publikum zu sich auf die Bühne und bat sie – mit ihrer Zustimmung –, ihr Profil auf ihrer bevorzugten Dating-App zu öffnen und dem Publikum zu zeigen.[11] Das Resultat war immer das Gleiche: Den anwesenden Männern fiel die Kinnlade zu Boden. Hunderte Kontaktanfragen, Messages und reihenweise Dickpics waren zu sehen. Die Frauen im Saal seufzten ob der „vertrauten" Situation.

Nicht nur Dating setzt Frauen Erfahrungen aus, die sie sich nicht wünschen. Ein simpler Weg zum Auto erfordert manchmal generalstabsmäßige Vorbereitungen. Was geht uns Männern durch den Kopf, wenn wir unser Auto aus der Garage holen? Mir normalerweise zwei Fragen: Habe ich meinen Schlüssel und wo genau steht mein Auto? Stellen wir dieselbe Frage Frauen, dann sieht die Liste an Überlegungen ganz anders aus: Ist die Garage genügend ausgeleuchtet? Hinter welchen Nischen könnte mir jemand auflauern? Wo ist mein Pfefferspray? Höre ich verdächtige Geräusche? Wo ist der nächstgelegene Ausgang? Habe ich meinen Schlüssel griffbereit? Gibt es einen Garagenwächter, der mich im Notfall hören könnte? Klappere ich zu laut mit meinen Schuhen, was unerwünschte Aufmerksamkeit hervorrufen könnte?

Eine Studie des britischen Verkehrsministeriums verdeutlicht den Unterschied zwischen der Wahrnehmung von Gefahren durch Männer und Frauen. 62 Prozent der Frauen haben Angst, in Parkhäuser zu gehen, 60 Prozent haben Angst, auf Bahnsteigen zu warten, 49 Prozent, wenn sie an einer Bushaltestelle warten, und 59 Prozent, wenn sie von einer Bushaltestelle oder einem Bahnhof nach Hause gehen. Die Zahlen für Männer liegen mit 31, 29, 20 und 25 Prozent bei oft weniger als der Hälfte.[12]

Uns Männern ist das nur wenig bewusst, denn für uns funktioniert die Welt reibungslos. Kein Wunder, denn Männer haben sie für Männer designt. Frauen ergeht es anders. Die dunkle Unterführung ist für Männer zwar vielleicht nicht ganz ideal, weil sie dreckig ist oder nach Urin stinkt, doch für Frauen können dort eine Reihe von realen Gefahren lauern. Der enge U-Bahn-Abgang bietet herumlungernden Gestalten zu viel Nähe zu den vorbeigehenden Frauen. Ein unbeleuchtetes Wartehäuschen fernab von einem Laden oder Restaurant, wo man länger auf den Bus warten muss, kann Frauen sehr viel Unsicherheit vermitteln.

Diese Aufzählungen beschränken sich nicht nur auf das Design von öffentlichem oder physischem Raum. Stimmerkennung, die mit der höheren weiblichen Stimmlage nichts anfangen kann, benachteiligt Frauen. Die Forderung von Online-Plattformen, Klarnamen zu verwenden oder sogar persönliche Informationen zur Verifizierung bereitzustellen, kann Frauen wie auch Menschen aus der LGBTQ+-Gemeinschaft unnötig gefährden. Und kommt es zu einer Belästigung, zu einem Übergriff auf Leib und Leben, dann ist auch das ganze System von Polizei, Staatsanwälten, Richtern bis hin zu den Medien vor allem für Männer designt. Für Frauen ist dieses gespickt mit Fallstricken und Hürden.

Der südafrikanische Comedian Trevor Noah schildert in seinem Buch „Born a Crime" (auf Deutsch erschienen unter dem Titel „Farbenblind"), wie seine Mutter mehrmals versuchte, ihren gewalttätigen Partner bei der Polizei anzuzeigen. Die Polizisten kategorisierten ihre Beschwerden immer wieder als Familienstreitigkeit, wiegelten ab und weigerten sich, eine Anzeige entgegenzunehmen. Bis ihr gewalttätiger Partner ihr in den Kopf schoss. Sie hatte Glück im Unglück, denn die Kugel durchdrang ihren Kopf, ohne Gehirnteile zu beschädigen, und sie gesundete wieder. Der Täter kam rasch wieder auf freien Fuß, da er keine Gewaltvorgeschichte hatte: Es war ja nie eine Anzeige bei der Polizei aufgenommen worden.

Wem das „zu Ghetto" ist – Südafrika, schwarze Frau als Opfer, schwarzer Täter, schwarze Polizisten, alles weit weg, nicht wahr? –, dann sehen wir uns doch einen Fall einer weißen Frau an, die von einem weißen Mann vergewaltigt wurde. Und zwar auf dem Gelände der Stanford University im Herzen des Silicon Valleys. Sowohl Täter als auch Opfer waren Stanford-Studierende. Da ein Studium an dieser Privatuniversität pro Jahr mehr als 50.000 Dollar kostet, haben wir es hier mit gut situierten Menschen zu tun.

Der damals 19-jährige Täter Brock Allen Turner fand die damals 22-jährige Chanel Miller bewusstlos neben einem Gehweg auf dem Universitätscampus liegend vor. Was ging Turner als Erstes durch den Sinn? Hilfe holen? Weit gefehlt. Er begann, sie auszuziehen, mit den Fingern in ihre Scheide einzudringen und dann mit seinem Penis seine Lust auszukosten. Trotz der eindeutigen Situation, in der ihn zwei Passanten vorfanden und bis zum Eintreffen der Polizei festhielten, verurteilte ihn der Richter zu einem Gefängnisaufenthalt von nur sechs Monaten.[13] Dieses milde Urteil hatte einige Konsequenzen: So wurde der Richter ein paar Monate später von seinem Posten abgewählt und der Straftatbestand der Vergewaltigung in Kalifornien umfasst nun explizit auch die Vergewaltigung einer bewusstlosen Person und das Penetrieren einer Scheide mit Fingern.

USA, Südafrika – aber in Deutschland ist das doch anders? Leider nicht. Die Strafverteidigerin Christina Clemm gibt in ihrem Buch „AktenEinsicht: Geschichten von Frauen und Gewalt" Einblick in das deutsche Rechtssystem und wie es Frauen, die Opfer von Gewalt geworden sind, benachteiligt. Sie schildert mehrere Fälle, in denen Frauen von ihren Partnern oder Männern aus dem Bekanntenkreis vergewaltigt, niedergestochen oder ermordet wurden, und das trotz Anzeigen, Kontaktverbot oder Verurteilung. Frauen wurden nicht ernst genommen, vor Gericht gezwungen, ihren Peiniger zu sehen, oder man verriet dem Gewalttäter ihre Wohnadresse. Funktioniert das System schon schlecht in Situationen, wo offensichtlich Gefahr für Leib und Leben für diese Frauen herrscht, dann kann man sich vorstellen, wie wenig es für Frauen funktioniert, wenn es sich „nur" um Online-Belästigung handelt.

Das hat eine lange Historie. Wie normal es ist, dass sich „der Mann die Frau gegen ihren Willen nimmt", können wir beispielsweise in vielen Opernlibrettos sehen. In „Carmen" will der Polizeikommandant Carmen zur Willfährigkeit zwingen, in der „Hochzeit des Figaro" findet es der Graf normal, Figaros Braut, eine Dienstmagd, aktiv zu umwerben. Die „Fledermaus" handelt von einem notorischen Schürzenjäger. In „Madame Butterfly" bekommen wir die Geschichte eines amerikanischen Marineoffiziers aufgetischt, der ein japanisches Haus inklusive Geisha kauft und diese schwanger zurücklässt.

Auch jüngere und ältere Filme behandeln das Thema in einer nonchalanten Weise. In der amerikanischen Komödie „Das Appartement" umwirbt Jack Lemmon in der Rolle des kleinen Versicherungsangestellten Baxter die von Shirley MacLaine gespielte Fahrstuhlführerin Fran Kubelik. Baxter hat sich dazu alle persönlichen Informationen zu Fran aus den Dateikästen seiner Versicherungsfirma zusammengesucht und kennt ihre Sozialversicherungsnummer, ihren Geburtstag und Wohnort.[14]

Der Inbegriff des Machos ist James Bond. Frauen in Bond-Filmen sind entweder hübsche Dekoration, Eroberungsziel oder Geiseln, jedenfalls eher passive Charaktere ohne eigene Ziele und Motive oder böse Gegenspielerinnen. Dabei sind die Bond-Filme recht zahm in ihrem Sexismus, denn in der Frühzeit dieser Agentenfilme wetteiferten mehrere Geheimagentendarsteller um die Krone in diesem Filmgenre. „Heiße Katzen", „Special Mission Lady Chaplin", „Some Girls Do", „Agent 003: Operation Atlantis" und viele andere zeichnen sich durch Bond-ähnliche Plots aus und vor allem durch wohl schon damals und heute ganz sicher ziemlich peinlich wirkenden Sexismus.

Maskuline Standards

Sobald die Raketen oben sind, wen juckt's, wo sie runter-kommen? Gehört nicht in meine Abteilung, sagt Wernher von Braun. — **Tom Lehrer**[15]

Wen kümmert es, wie Frauen in der Öffentlichkeit behandelt werden? Einen Geschmack davon bekam Martin Schneider. Er arbeitete für eine Firma, die für Kunden Lebensläufe umschrieb und nachbesserte, um damit die Bewerbungschancen zu erhöhen. Seine Kollegin Nicole Hallberg fand den Umgang mit Kunden sehr anstrengend, und Schneider dachte, sie sei einfach zu sensibel oder mehr der „Glas halb leer"-Typ. Bis er einmal eine E-Mail auf dem gemeinsamen E-Mail-Konto irrtümlich mit Nicoles Namen unterzeichnete. Die Antwort des Kunden, zu dem er eine gute Beziehung hatte, war merkwürdig. Der Kunde hinterfragte den Vorschlag, kommunizierte brüsk und respektlos und begann, ausführlich die Besonderheiten seiner Branche zu erklären. Martin war sehr wohl vertraut mit dieser Branche und hatte bislang keine Probleme mit diesem Kunden gehabt. Der einzige Unterschied war gewesen, dass er statt seinen Namen den seiner Kollegin verwendet hatte. Sobald er wieder als Martin unterschrieb, war der Kunde höflich und respektvoll wie zuvor.[16] Das überraschte Schneider. Er sprach mit Nicole und sie kamen überein, doch mal für einige Zeit online die Namen zu tauschen. Martin würde alle seine Mails mit Nicoles Namen unterzeichnen, Nicole ihre Mails mit Martins Namen.

Die folgenden Tage waren die schlimmsten in Martins Leben. Er kam kaum voran, wurde angeschnauzt, musste sich von Kunden belehren lassen, sie ließen sich mit ihren Antworten Zeit und adressierten ihn mit „Hon" für „Honey", also „Schätzchen". Nicole hingegen hatte ihre produktivsten Tage. Ihre Projekte entwickelten sich gut, die Kunden waren begeistert von ihren Ideen und sie erhielt viel Lob.

Martin Schneider hatte zum ersten Mal in seinem Leben Sexismus erfahren. Er war immer der Meinung gewesen, Nicole sei deshalb weniger produktiv als er, weil sie weniger kompetent sei. Was er jedoch als selbstverständlich erachtete, war es nicht für Nicole.

Dieselbe Erfahrung machten die beiden Gründerinnen von Witchsy, einem Online-Markt für verrückte Kunst.[17] Penelope Gazin und Kate Dwyer sahen sich herablassenden bis offen sexistischen Verhaltensweisen ihrer angeheuerten Programmierer und Grafikdesigner ausgesetzt. Einer versuchte heimlich, den Softwarecode zu löschen, nachdem Gazin seine Einladung zu einem Date ausgeschlagen hatte. Andere Entwickler reagierten langsam, waren brüsk und belehrend in ihren Antworten und vor allem immer respektlos. Wie schon Schneider seine „Schätzchen"-Momente hatte, so war es bei Gazin und Dwyer der „Mädels"(Girls)-Moment.

Sie entschieden sich, einen fiktiven dritten Mitgründer namens „Keith Mann" einzuführen, mit dem sie von nun an ihre Kommunikation unterzeichneten. Der Unterschied war augenöffnend. Brauchte es vorher Tage, bis sie eine Antwort erhielten, so trudelten bei „Keith" die Antworten sofort ein. Die angeheuerten Leute waren zuvorkommend, fragten nach, ob Keith noch etwas brauche. Keith wurde von einem Entwickler immer mit seinem Vornamen angesprochen, während derselbe Entwickler die Vornamen der beiden Gründerinnen niemals in seinen Mails erwähnte.

Offen dargestellte Männlichkeit hat ja fast schon einen zirkusreifen Charakter. Wer kennt sie nicht, die Filmszenen, in denen Bud Spencer und Terence Hill sich am Pokertisch niederlassen, um ein paar Bösewichten zuerst das Geld aus der Tasche zu ziehen und ihnen dann ein paar Genickwatschen zu verabreichen? Die versammelten Typen sind immer die gleichen. Bud Spencer als der zwar schlagkräftige, aber leicht beschränkte Pokerspieler. Terence Hill, der nicht nur die Karten kunstvoll herumwirbeln kann, sondern auch ein mit allen Wässerchen gewaschenes Poker-Ass ist. Der Bösewicht in Form eines schummelnden Pokerprofis, dem der Finger locker am Abzug sitzt. Und zum Schluss ein Platzhalter, der angesichts der sich zuspitzenden Stimmung zwischen den anderen vor allem eines will: die Beine in die Hand nehmen und sich verdünnisieren.

Was hier für die Filmfans den Boden bereitet, was zu erwarten sein wird – coole Sprüche, hämisches Grinsen von Bud und Terence, gefolgt von einer saftigen Balgerei, bei der kein Stein auf dem anderen bleibt –, dient in der realen Welt der Pokerprofis Annie Duke als Mittel, um ihre männlichen Gegner zu besiegen. 2004 gewann sie als erste Frau das mit zwei Millionen Dollar dotierte Tournament of Champions der World Series of Poker. Im Podcast „Hidden Brain" beschrieb sie, wie sie das männliche Gehabe bei Pokerturnieren für sich ausnutzt.[18] Testosteron und Alphamännchenallüren sind wichtige Ingredienzen bei Pokerturnieren. Bedrohlich ernste Blicke, Posen, die vermitteln sollen, nichts könne einem etwas anhaben, bluffen, Muskeln, die sich unter den Hemden abzeichnen, Cowboyhüte, auf denen sich kein Staub der Prärie jemals abgesetzt hat oder je absetzen wird, Karten, die zart gestreichelt, und Pokerchips, die nonchalant in die Mitte geworfen werden, sowie stumme Signale, die weitere Karten verlangen. Ein Alphamännchenparadies.

Wenn Annie Duke erscheint, zeichnen sich drei chauvinistische Nuancen zwischen den Pokerspielern ab. Die männlichen Spieler sehen eine Frau und denken sich: „Was will die denn hier?" Der flirtende Chauvinist, wie ihn Duke bezeichnet, ist sich seines Gewinnes sicher, gibt sich aber großzügig. Wenn sie – die Frau – dann verloren und er gewonnen hat, wird er ihr im „Bett" noch ein „paar Tricks" beibringen. Für den respektlosen Chauvinisten ist die Tatsache, dass eine Frau am Pokertisch sitzt, ein Affront. Diese könne nichts, maße sich hier etwas an und dürfe höchstens als glücksbringendes Playboy-Häschen hinter ihm stehen. Der aggressive Chauvinist hingegen versucht, die Frau einfach nur rauszuekeln.

Duke nutzt das zu ihrem Vorteil aus. Sie spielt den Stereotypen, die jeder der Typen aufzeigt, in die Hände. Dem flirtenden Chauvinisten ermuntert sie durch Blicke und Körpersprache in seinem Glauben, ihr später im Bett noch seine Männlichkeit zeigen zu können. Dem respektlosen Chauvinisten zeigt sie sich als dummes Häschen, um ihn in seinem Vorurteil zu bestätigen, und dem aggressiven Typen signalisiert sie, dass seine Einschüchterungsversuche

Wirkung auf sie haben. Kommt dann noch Dynamik zwischen den drei Typen direkt auf, umso besser für Duke. Das ist der Moment, in dem sie zuschlägt und – wie sie es ausdrückt – die Männer „sich selbst auf ihren [Stapeln an] Pokerchips aufspießen" lässt. Sie bezahlen den Preis für ihr Festhalten an weiblichen Stereotypen.

Wie toxisch das Vorherrschen von maskulinen Standards für alle anderen sein kann, wird deutlich an einem bekannten Klischee. Viele junge Männer verbringen viel Zeit mit Superheldencomics und Verfilmungen oder Videospielen. Was noch vor wenigen Jahrzehnten von Erwachsenen als künstlerisch wertlos betrachtet wurde, ist heute längst in den kulturellen Mainstream eingezogen. Was männliche Jugendliche als „cool" empfinden, wird mitunter belächelt, aber doch wohlwollend bestärkt oder sogar aktiv gefördert.

Bei Mädchen im Teenageralter hingegen sieht es ganz anders aus, also bei körperlich bereits jungen Frauen, die in ihren Interessen aber – Erwachsenen und Männern zufolge – noch „infantil" sind. Romantische Vampirfilme, Musik, die von den Herausforderungen und emotionalen Zuständen junger Frauen handelt, und jede Menge anderer weiblicher Interessen werden verlacht. Die Begeisterung wird als Hysterie verachtet und jede Menge Spott ergießt sich über die Vorlieben der jungen Frauen. Und dieser Spott kommt von Familie, Bekannten und Unbekannten.

Das Signal, das Teenagermädchen vermittelt wird, ist, dass ihre Vorlieben weniger geachtet und minderwertiger seien als die der Jungs. Die Journalistin Laura Moss stellte sich die Frage: „Warum hassen wir eigentlich Dinge, die Teenager-Girls lieben?"[19]

Was bei Teenager-Jungs als „nerdig" bezeichnet würde, wenn sie etwa die Raumschiffe aus dem fiktiven Star-Wars-Imperium genau beschreiben oder Kampfszenen unter körperlichem Einsatz und gutturalem Stöhnen nachstellen, wird bei Teenager-Mädchen als Hysterie, emotionaler Kontrollverlust und Tratsch bezeichnet, wenn sie ihrer Freude an einem Taylor-Swift-Konzert Ausdruck verleihen oder alle Details über die Gerüchte zu den Mitgliedern einer Boyband kennen.

Die vermittelte Botschaft ist klar: Vorlieben und Interessen von Mädchen zählen nicht. Und wenn sie in eine als „männlich" betrachtete Domäne eindringen, werden sie erst recht zurechtgewiesen und herausgeekelt. Mädchen und junge Frauen können es niemanden recht machen. Und damit bereiten wir schon bei jungen Menschen den Boden dafür, dass Jungs es als in Ordnung betrachten, Mädchen zu verhöhnen, und Mädchen einen ersten Vorgeschmack auf noch schlimmere Formen der Verachtung erhalten.

Wie sich diese toxische Maskulinität in der Weltpolitik auswirkt, konnten wir 2022 bei der russischen Invasion der Ukraine erleben. Auf der einen Seite stand da mit dem ukrainischen Präsidenten Wolodymyr Selenskyj ein Mann, der nicht das Charisma des starken Mannes braucht, um sein Land an einem Strang ziehen zu lassen. Sein leidenschaftlicher Appell an die russische Bevölkerung einen Tag vor der Invasion war geprägt von Empathie, Gemeinsamkeiten und Verständnis.

Auf der anderen Seite stand mit Wladimir Putin ein sich als starker Mann gerierender Autokrat, der die Welt als Nullsummenspiel betrachtet. Nimmst du mir etwas weg, habe ich weniger, deshalb nehme ich dir etwas weg. Dass man gemeinsam mehr erreichen kann, kommt ihm nicht in den Sinn. Seine öffentliche Inszenierung – mit nacktem Oberkörper auf Pferden reitend, seine Minister öffentlich heruntermachend, sarkastische Aussagen treffend, Kritik mit Whataboutism begegnend – und die Unfähigkeit, Kompromisse einzugehen, stellen das patriarchalische Weltbild toxischer Maskulinität dar.[20]

Während Putin auf Tigerjagd geht, nimmt Selenskyj an einem Tanzwettbewerb im ukrainischen Fernsehen teil. Während Putin sich volksnah zu geben versucht und mit einem Bauer in dessen Hütte eine Suppe isst und dann medienwirksam vor den Kameras dem Bauern seine Armbanduhr in die Hand drückt, sieht man Selenskyj mit bunter Gesichtsbemalung mit seiner Familie auf einem Sommerfest. Putin kümmert der Tod Tausender seiner

Soldaten in dem von ihm vom Zaun gebrochenen Angriffskrieg nicht, während Selenskyj die zerstörten Städte besucht, Bewohner tröstet und entsetzt die Leichen der Opfer russischer Kriegsverbrechen inspiziert. Der Unterschied zwischen der toxischen Maskulinität Putins und der empathischen Maskulinität Selenskyjs könnte größer nicht sein.

Kognitive Verzerrung

Es ist schwierig, einen Menschen dazu zu bringen, etwas zu verstehen, wenn sein Gehalt davon abhängt, dass er es nicht versteht. – Upton Sinclair

Ein Problem kann man nur anpacken, wenn man es erkennt. Doch wenn dem eine kognitive Verzerrung im Weg steht, fällt es Leuten schwer, sich einzugestehen, dass sie vielleicht Teil des Problems sind. Wenn wir von Übergriffen der Polizei gegen Menschen mit anderer Hautfarbe erfahren und die Statistiken eine gewisse Tendenz dazu bestätigen, wird die Verzerrung offensichtlich. Erschreckend, wenn dann der Vorsitzende der Bundespolizeigewerkschaft, Manuel Ostermann, keinen strukturellen Rassismus in der Polizei erkennen möchte.[21]

Diese „Bei uns gibt's keinen Rassismus"-Einstellung ist eng verwandt mit der „Bei uns gibt's keine sexuelle Belästigung"-Einstellung. Diese kognitive Verzerrung tritt vor allem bei Männern in Organisationen mit maskulinen Standards auf. Was kann man dagegen tun? Ganz einfach: vielleicht mal die Frauen befragen, sofern man diese in der eigenen Organisation findet. Und dann mal Daten erheben, denn das ist auch so ein Phänomen: Wir erfassen viel zu wenig Daten über das Leben von Frauen und wenn, dann die unwesentlichen.

Datenfeminismus

Was wir messen wollen, ist eine Aussage darüber,
was und wen wir wertschätzen. – **William Callaghan**

In ihren Büchern „Data Feminism" und „Invisible Women" zeichnen die Autorinnen Catherine D'Ignazio und Lauren Klein respektive Caroline Criado Perez ein erschütterndes Bild über das systematische Desinteresse an der Welt der Frauen. Zu Frauen werden kaum Daten erhoben und wenn, dann von Männern, die die Perspektive der Frauen häufig außer Acht lassen. Erstere sprechen vom Privilegierungsrisiko (im Englischen: *Privilege Hazard*), worunter Frauen durch männlich dominierte Datenerhebung leiden. Die Ziele und Motivationen von Frauen werden nicht berücksichtigt. Wie die Geografin Joni Seager bei einem Vortrag halb ernsthaft witzelte:

> Frauen in armen Ländern werden anscheinend sechsmal am Tag gefragt, welche Art von Verhütungsmitteln sie benutzen. Aber sie werden nicht gefragt, ob sie die Möglichkeit zu einer Abtreibung haben. Sie werden auch nicht gefragt, welchen Sport sie gern treiben.

So werden in manchen Ländern Femizide, also Morde an Frauen, nicht explizit erfasst und ausgewiesen. Damit fehlen den Behörden Daten, auf deren Grundlage sie Entscheidungen treffen können, um eine Situation zu verbessern. In Mexiko und in anderen lateinamerikanischen Ländern, wo jährlich Tausende Frauen ermordet werden, begannen Freiwillige, Datenbanken dazu zu erstellen.[22] Diese werden nun nach langen Kämpfen von den Behörden selbst verwendet und ernst genommen.

Solche Datensammlungen sind auch als *Feminist Counterdata*, als „feministische Gegendaten", bekannt. Damit zeigen Frauen, welche Daten ihnen wichtig sind und bislang nicht erfasst werden. Dabei liegt die Beweislast oft bei den Frauen, wie die Kommunikationsforscherin

Candice Lanius feststellte. Wenn sie sich für eine Problemlösung einsetzen, die vorwiegend Frauen und Minderheiten betrifft, wird ihnen oft die vermeintlich neutrale Aufgabe gestellt, das mit Zahlen und Daten zu belegen. Bei Themen, die Männer betreffen, genügen hingegen oft Anekdötchen, um das Problem ernst zu nehmen.[23]

Ein wiederkehrendes Motiv bei der Erhebung von Daten über Frauen ist das sogenannte Defizitnarrativ. Es fokussiert sich auf Daten, bei denen die Frauen irgendein Defizit haben. Unerwünschte Schwangerschaften, Überforderung mit Kindererziehung, ihr Verhalten bei Fällen sexueller Belästigung. Der Fokus liegt darauf, wie die Frau „repariert" werden kann, nicht, was die Gesellschaft, die Männer falsch machen. Eine Gruppe wird auf ihre Probleme reduziert, statt auf ihre Stärken, Motive oder Kreativität zu achten.

Was für Männer zählt, ist – wie schon bei anderen Spielzeugen – die Größe. Ich habe „Bigger Data" als du! D'Ignazio und Klein haben einen Begriff dafür: *Big Dick Data*". Dabei handelt es sich um einen formalen, akademischen Begriff, den sie geprägt haben, um Big-Data-Projekte zu bezeichnen, die durch patriarchale, cis-maskulinistische, totalisierende Fantasien von Weltherrschaft gekennzeichnet sind und durch Datenerfassung und -analyse umgesetzt werden. Big-Dick-Data-Projekte ignorieren den Kontext, fetischisieren die Größe und blähen ihre technischen und wissenschaftlichen Fähigkeiten auf.[24]

Und diese Lücken bei der Erfassung von Daten zu Frauen setzen sich in der Online-Welt der sozialen Netzwerke und Plattformen fort. Das Problem von Online-Beleidigungen, -Belästigungen und -Bedrohungen wird nicht oder nur verschwommen wahrgenommen, weil die Daten entweder nicht oder unvollständig erfasst werden oder kein Interesse an deren Auswertung besteht.

Die Frau als Verführerin und Hexe

Warum sind es vor allem Frauen, die uns in der Mythologie und Fantasiewelt ein ganz besonderes Schaudern einflößen? Medusa

mit den Schlangenhaaren, die alle, die sie ansehen, in Stein verwandelt. Medea, deren Tricks zwar willkommen sind, wenn man
den Kupferriesen Talos besiegen muss, die aber ansonsten verachtet und fallen gelassen wird, weil man ihr Wissen als Hexerei betrachtet. Die schöne und zugleich absolut böse Verführerin Pan-
dora, die Hephaistos, der Gott der Schmiedekunst, auf Zeus' Befehl
aus Lehm schuf, damit dieser sie jemanden schicken konnte, wenn
er mal wieder zornig war. Kirke, besser bekannt als Zirze, die
Männer „bezirzt" und genauso wie die Sirenen ins Verderben stößt.
Von Chimära, der Sphinx bis hin zu Gundel Gaukeley: Unsere
Geschichten sind voller böser Frauen und Hexen.[25] Der Grund für
unsere Faszination und die Lust am Schaudern könnte unsere
Erwartungshaltung sein, die Frauen mehr Empathie und Passivität
zuschreibt als Männern. Männer, die aggressiv sind, kein Mitgefühl
zeigen und über Leichen gehen, werden fast schon als normal
betrachtet. Frauen, die dasselbe machen wie Männer, schocken
uns.

Die schwedische Journalistin Katrine Marçal reflektiert über das
Bild der Hexen, Zauberer und Alchemisten.

> In den Märchen sind die Zauberer gebildete, würdige Männer
> in großen Schlössern oder hohen Türmen. Sie haben also
> sowohl materiellen Reichtum als auch Kontakte. Hexen hin-
> gegen leben trotz ihrer magischen Fähigkeiten in baufälligen
> Hütten mit Lebkuchendächern am Rande der Wälder. Darin
> spiegeln unsere Märchen zweifellos die Realität wider: Als
> Frau hatte die Hexe keinen Zugang zur Männerwelt der dicken
> Bücher, des formalen Wissens und der Bildung. Die Hexe
> musste sich mit den Kräutern begnügen, die sie im Wald
> finden konnte, und mit dem Wissen, das sie von ihrer Mutter
> geerbt hatte, und sie musste ihre Kräfte von ihren toten
> Vorfahren, der Natur oder den Tieren beziehen. Das war
> alles, wozu sie Zugang hatte.[26]

Darin versteckt sich noch andere Frauenfeindlichkeit: Wissen, das Frauen erwerben, wurde ihnen von anderen Frauen vermittelt. Von der Mutter, den Großmüttern, den Tanten, Cousinen und anderen Frauen in ihrem sozialen Umfeld. Frauen hatten lange keinen Zugang zu formalen Ausbildungsstätten, Frauen konnten Universitäten mit viel Widerstand erst um 1900 besuchen. Selbst dann wurden ihnen anfänglich Abschlüsse verweigert. Noch heute ist es so, dass ihnen der Zugang zu gewissen Fächern, wie beispielsweise den Wirtschaftswissenschaften, unendlich schwer gemacht wird.[27]

Und das von Frauen an ihre Töchter vermittelte Wissen wird weder ernst genommen noch honoriert. Dieses Wissen wird als „natürliches" im Gegensatz zu „technischem" kategorisiert, wie Marçal feststellt. Ein Mann, dem Wissen vermittelt wird, eignet sich neue Kompetenzen an und er kann damit mehr Gehalt verlangen. Eine Frau hingegen, der dieses Wissen von älteren Frauen weitergegeben wird, nicht. Wie kommt sie bloß darauf, zu glauben, dass sie damit ihre Kompetenzen vergrößert und Anspruch auf mehr Gehalt hätte? Oder gar, eine solche Idee patentieren zu können?

Die Autorin Kristina Lunz erwähnt in ihrem Buch „Die Zukunft der Außenpolitik ist feministisch" Epistemizide. Darunter verstehen wir die vorsätzliche Vernichtung und Nichtberücksichtigung von Wissen von Frauen, Juden oder Menschen mit anderen Hautfarben. So wurden mit den Hexenverbrennungen, deren Opfer zu drei Vierteln Frauen waren, „bewusst und strategisch frauenspezifisches Wissen, Spiritualität, Intuition und besonders Praktiken ausgelöscht".

Und das bleibt ein Problem, wenn wir die Wissensvermittlung auf die Online-Welt ausdehnen. Wenn wir Frauen den Zugang erschweren, wenn wir Frauen, die dort ihr Wissen vermitteln und ihre Meinung verbreiten, zum Verstummen bringen und aggressive Männer dominieren lassen, sind wir nicht besser als diejenigen Männer, die Frauen nicht an Universitäten oder Bücher lesen ließen oder ihnen nicht das Lesen und Schreiben beibringen wollten und Frauen, die es doch taten, auf dem Scheiterhaufen verbrannten. Online-Foren und Kommentarbereiche sind für Frauen die moderne Inquisition, die ausgeübte Online-Gewalt ist der moderne Scheiterhaufen, der den Epistemizid in der heutigen Zeit fortsetzt.

WIE ÜBEN DIESE TÄTER GEWALT AUS?

Erst wenn eine Mücke auf deinen Hoden landet, merkst du, dass es immer einen Weg gibt, Probleme ohne Gewaltanwendung zu lösen.

Europa ist voller Burgen, die als Zufluchtsorte zum Schutz der Bevölkerung, aber auch als Ausgangspunkte von Gewalt dienten. Jede Burg hatte ein Verlies und Werkzeuge, um Unglückselige zu foltern. Als unbedarfter Besucher ist man erstaunt, wie viel Fantasie Menschen aufwendeten, um anderen Menschen Leid zuzufügen. Bedauerlicherweise ist Folter nach wie vor in Gebrauch. Die Formen, wie Online-Gewalt ausgeübt wird, sind nur teilweise neu, aber die Vielfalt und Verbreitung lassen uns dann doch die Kinnlade herunterklappen.

Eine Gemeinschaftsstudie von Forschern der Universität Augsburg und der Heinrich-Heine-Universität Düsseldorf wertete mittels eines Maschinenlernsystems über 300.000 Kommentare in Facebook-Gruppen von 14 deutschen Nachrichtenmedien aus. Mit 63 Prozent waren fast zwei Drittel aller Forenteilnehmer Männer, und sie schrieben auch mehr Kommentare. Was die Höflichkeit betrifft, war keine Ritterlichkeit zu erkennen. Ganze 42 Prozent der Kommentare von Männern enthielten Unhöflichkeiten, bei Frauen lag der Anteil bei 35 Prozent.[1]

Frauen werden online 27 Mal häufiger belästigt als Männer.[2] Opfer sind speziell Frauen, die selbstbewusst, dominant oder unabhängig auftreten.[3] Das wird ihnen als Hochnäsigkeit und Anmaßung ausgelegt, als wollten sie den ihnen „zugewiesenen Platz" in der Gesellschaft nicht einnehmen. Die *New York Times* hat bereits 2007 eine Kommentarfunktion zu einzelnen Beiträgen freigeschaltet, doch abgesehen von Themen, die Frauen besonders betreffen, überwiegen die männlichen Kommentatoren die weiblichen um den Faktor 3:1.[4] Marie Tessier, die seit Beginn für die Moderation der Kommentare auf den Online-Foren dieser New Yorker Traditionszeitung zuständig ist, sieht es als Problem, dass die Stimmen der Frauen, die nicht nur die Hälfte der Leser und Abonnenten darstellen, sondern auch die Hälfte der Wählerschaft repräsentieren, nicht gehört und nicht in die öffentliche Debatte eingebracht werden.

Auch die englische Zeitung *The Guardian* analysierte 2016 die Kommentare zu den Artikeln der letzten zehn Jahre. In den 70 Millionen Benutzerkommentaren kristallisierten sich zehn Journalisten heraus, die die meiste Online-Belästigung einstecken mussten. Acht von ihnen waren Frauen. Von den Frauen waren vier dunkler Hautfarbe, von den Männern beide. Zwei der Frauen und einer der Männer waren homosexuell. Als je „männlicher" das Nachrichtenthema galt, wie Sport oder Technologie, desto stärker wurden die Frauen online attackiert. Die zehn Journalisten, die am wenigsten belästigt worden waren, waren – wenig überraschend – allesamt Männer.[5]

Die in der Folge vorgestellten Arten, wie solche Belästigungen aussehen können, sind nicht nur auf die digitale Welt beschränkt. Sie sind schon lange in der analogen Welt üblich und haben nun online ein neues Tätigkeitsfeld gefunden. Egal, wo sie eingesetzt werden, ihr Ziel ist immer, die Opfer zu beschämen, zu demütigen und zum Schweigen zu bringen. Und Frauen sind nicht nur einer dieser Gewaltarten ausgesetzt, sie werden immer von mehreren getroffen, manchmal in eskalierender Staffelung.

Gewalt durch Worte

Nein, ich würde dich nicht töten. Ich würde dich die Treppe runterschmeißen, dass du behindert bist und dein ganzes Leben lang leidest.[6]

Ich wollte mit den „harmlosesten" Arten von Online-Gewalt beginnen, aber wie am ersten Zitat bereits zu sehen ist, ist „harmlos" hier relativ zu betrachten. Denn das war ein Satz, den der Ex-Freund der Autorin Victoria Linnea sagte. Sie stolperte kürzlich erst wieder über ein altes Video, auf dem sie weinend am Boden liegt. Darin erklärt ihr Ex, warum er das Video aufzeichnet:

Damit du siehst, wie erbärmlich du bist.

Diese Beispiele werden als *Gaslighting* bezeichnet. Die Bezeichnung aus dem Englischen stammt aus einem Theaterstück und beschreibt die Vorgehensweise, in der Täter ihren Opfern mehr und mehr den Glauben an sich und ihr Selbstwertgefühl nehmen. Das beginnt mit dem Verdrehen von Fakten durch die Täter, was die Opfer an ihrer Wahrnehmung zweifeln lässt. Es setzt sich fort mit Schuldvorwürfen bis hin zur gezielten Zerstörung des Selbstwertgefühls. In den extremsten Fällen führt das zum Selbstmord des Opfers, weil es sich als absolut wertlos, lebensunwürdig und als Last für andere empfindet.

Zur Kategorie der Gaslighter werden wir später kommen, aber diese Einführung hier soll zeigen, dass verbale Gewalt Konsequenzen hat und absolut nicht harmlos ist.

Mansplaining

Ich denke an die Zeit zurück, als ich sagte, dass ich mit Marie Curie verwandt sei, und ein Typ mir erklärte: „Es wird Mariah Carey ausgesprochen." – **Eileen Mary O'Connell**[7]

Ich bin ein Mann, der weiß, was er will. Also dann, wenn ich im Kaffeehaus bin. Meine Auswahl an Kaffees alterniert zwischen Melange, Espresso oder Macchiato, in der Früh ein Croissant oder Beignet mit Vanillecremefüllung dazu, zu späteren Tageszeiten dann nur Kaffee oder einen mit Torte. Als ich wie üblich einen Espresso mit Croissant bestellte, lehnte sich von hinten eine Frau zu mir und sagte:

> Sie sollten unbedingt den Rosinenkuchen probieren. Nichts ist besser als dieser, die Rosinen machen ihn viel süßer. Und am besten einen großen schwarzen Kaffee dazu, damit Sie nicht so wenig Kaffee wie beim Espresso haben.

Ich hasse Rosinen und bin der Meinung, der Teufel selbst hat bei der Erfindung der Rosinen seine Hand im Spiel gehabt. Schon gar nicht will ich sie in einem Kuchen. Auch trinke ich Espresso, weil ich Kaffee nicht nach Menge kaufe, sondern nach Geschmack. Verdünnte schwarze Brühe führt dazu, dass sich meine Zehennägel aufrollen. Etwas überrascht über diesen Ratschlag, bedankte ich mich bei der Dame, folgte aber ihrer Empfehlung nicht und bestellte unbeirrt einen Espresso mit Croissant. Daraufhin vernahm ich hinter mir nur ein pikiertes: „Na, dann eben nicht, du kleiner Schwanz!"

Diese erfundene Begebenheit ist mir als Mann noch nie passiert, doch Frauen geht es unentwegt so. Männer, die Frauen die Welt erklären, treten so häufig auf, dass es sogar einen eigenen Begriff dafür gibt: *Mansplaining*. Darunter versteht man den Moment, in dem ein Mann einer zumeist weiblichen Person unaufgefordert und in herablassendem Ton eine Sache erklärt, ohne auf die Einwände der Frau einzugehen oder sich unterbrechen zu lassen. Dabei erklärt der Mann – ohne selbst Experte zu sein – der Frau ein Thema, zu dem die Angesprochene selbst aber eine ausgewiesene Expertin ist.

Im Januar 2022 stellte der Fahrradhersteller Specialized ein kleines Werbevideo online, in dem ein Mann und eine Frau auf einer Bergstraße radeln.[8] Es dauerte nicht lange, und ein männlicher Benutzer bemerkte in einem Kommentar (mit all der kreativen Rechtschreibung):

> […] Dies liegt meiner Meinung danach, dass eure Models Rennrad fahren, als wären es deren ersten Kilometer überhaupt auf einem Rennrad. Hierbei fehlt das natürliche, das sportive. Die sitzen allein schon viel zu verkrampft auf dem Rad und haben zu dem ein Tempo drauf, welches alles andere als werbend wirkt. Das Aethos wirkt nicht leicht und schnell sondern wie ein langsames, trägeres Einsteigerrennrad, dass es eigentlich doch gar nicht ist.
>
> Wenn ich einen Vorschlag für die Zukunft geben darf: nehmt doch das nächste mal Models die schon öfter auf nem Rennrad saßen und dieses auch dementsprechend talentiert und dynamisch bewegen können. Hierdurch würdet ihr, meiner Meinung nach, deutlich mehr Leute ansprechen. So ist dies leider kein Werbefilm für Specialized der mich catched und bei dem ich sag, jawohl mein nächstes Rad ist von Specialized, sondern eher einer der mich – wenn ich nicht mehr über euch wüsste – vom Kauf abhalten würde.

Das klitzekleine Detail, das dem Herrn mit der kreativen Rechtschreibung und soliden Meinung entgangen war, war der Name des weiblichen „Models": Jana Kesenheimer, ihres Zeichens zweimalige Finisherin des Three Peaks Bike Race (je über 2.000 Kilometer), einmal davon als erste Frau und Fünfte im Gesamtergebnis, und Top-10-Platzierte beim Ötztaler Radmarathon 2021, einem Rundkurs über 227 Kilometer, bei dem vier Alpenpässe und 5.500 Höhenmeter überwunden werden müssen. Der Hinweis auf die Kompetenz des „Models" und die folgenden Kommentare waren dem kreativen Rechtschreiber und Rennradexperten dann doch zu peinlich. Er löschte seinen Kommentar.

Andere Sportlerinnen können mit Kesenheimer mitfühlen, wie die ehemalige LGPA-Profi-Golferin Anya Alvarez. Auf der Dating-App Tinder, wo sie in ihrem Profil ein Bild mit dem Golfschläger in der Hand hatte, meldete sich ein gewisser Todd mit dem hilfreichen Hinweis, dass sie den Schläger einige Zentimeter näher an ihrem Körper halten sollte.[9] Todd war kein Golfprofi, er arbeitete in der IT.

In ihrem Buch „Wenn Männer mir die Welt erklären" erzählt die amerikanische Kulturhistorikerin und Schriftstellerin Rebecca Solnit von einer Party in einem kleinen Chalet an einem Waldhang oberhalb von Aspen, zu der sie 2008 mit einer Freundin gegangen war. Als sie die Party gerade verlassen wollten, bat der Gastgeber die beiden, doch noch zu bleiben, und sprach Solnit auf ihre Bücher an. Als Solnit den 1830 geborenen britischen Fotopionier Eadweard Muybridge erwähnte, fiel ihr der Gastgeber sogleich ins Wort. Er begann von einem kürzlich erschienenen, wichtigen Buch zu Muybridge zu schwadronieren. Solnits Freundin versuchte mehrmals, ihn darauf hinzuweisen, dass dieses Buch von Solnit selbst stammte, doch er sprach unbeirrt weiter, bis es endlich zu ihm durchdrang. Er war sprachlos. Er selbst hatte das Buch gar nicht gelesen, sondern nur eine Rezension darüber, aber dass die ihm gegenübersitzende Frau die Autorin und Expertin zur Person Muybridge sein könnte, war ihm nicht in den Sinn gekommen. Der Abend war schnell vorbei, und auf dem Nachhauseweg mussten die beiden Frauen unentwegt lachen.

Wie können wir als Männer erkennen, ob wir gerade mansplainen? Dazu gibt es eine Liste an Kriterien, die wir durchgehen können.

1. Bin ich Laie auf diesem Gebiet?
2. Hat mir mein Gegenüber zu diesem Thema eine Frage gestellt oder habe ich unaufgefordert zu erklären begonnen?

3. Spreche ich von oben herab mit meinem Gegenüber?
4. Gebe ich meinem Gegenüber die Gelegenheit, am Gespräch teilzuhaben, oder soll es nur meinem Monolog lauschen?
5. Ist mein Gegenüber besser qualifiziert, über dieses Thema zu sprechen, als ich?
6. Verspüre ich den Drang, meinem Gegenüber verniedlichende Namen wie „Mädel" zu geben?

Wenn wir alle Punkte mit „Nein" beantworten können, dann handelt es sich nicht um Mansplaining. Den Vogel schoss ein gewisser Kyle ab, der Frauen zum Thema weiblicher Orgasmus aufklärte. Der weibliche Orgasmus ist für uns Männer genauso unergründlich wie die genaue Position der Klitoris oder des G-Punkts. Und damit können wir bereits erahnen, dass sich da jemand so richtig in die Nesseln setzt. Aber überlassen wir nun Kyle das Wort:[10]

> Haben Frauen tatsächlich einen Orgasmus?
> Es gibt keine schlüssigen physiologischen Beweise für diese Frage. Bei Männern ist das sehr eindeutig und offensichtlich ... bei Frauen jedoch nicht so sehr. Eines ist klar: Frauen wird beigebracht, dass sie zum Orgasmus kommen SOLLEN. Vielleicht ist das eine unvernünftige Vorstellung? Das würde erklären, warum so viele Frauen sexuell „unbefriedigt" sind. Vielleicht, weil sie einen bestimmten Moment erwarten, wie Männer ihn haben ...
> Vielleicht ist die sexuelle Erfahrung einer Frau einfach völlig anders als die eines Mannes?
> Ich werde das Thema weiter untersuchen.

Die süffisante Antwort und Interpretation, was Kyle hier wirklich sagen wollte, folgte prompt von Emma Pashmina:

> Das sind eine Menge Worte für „Ich habe noch nie eine Frau zum Orgasmus gebracht".

Zulabern

Willst du eine Rede hören, wende dich an einen Mann. Willst du Taten sehen, geh zu einer Frau. – **Margaret Thatcher**

Mansplaining wird von Männern noch auf eine weitere Weise verschärft, indem man die Frauen einfach zulabert und nicht zu Wort kommen lässt. Online drückt sich das in ewig langen Kommentaren oder einer Flut von Chats aus, die keine Zeit mehr lassen, gezielt auf die oft wirr vorgetragenen Punkte einzugehen.

Diese Taktik ist bereits aus der Offline-Welt bekannt. Die kanadische Bürgermeisterin Sue Montgomery strickte während der Stadtratssitzungen, weil sie sich so besser auf die Debatten konzentrieren konnte. Dabei wechselte sie jedes Mal die Farbe ihrer Strickwolle auf Grün, wenn eine Frau sprach, und auf Rot, wenn ein Mann sprach. 75 bis 80 Prozent des Schals waren rot, und das, obwohl der Stadtrat mit 34 männlichen und 31 weiblichen Abgeordneten fast ausgeglichen war.[11] Die vielleicht lustigste Studie zum Thema stammt aus den USA. Dabei wurden Männern und Frauen drei Bilder von Albrecht Dürer gezeigt, ein Kassettenrekorder in die Hand gedrückt und die Aufgabe gestellt, über die Bilder zu reden, solange sie wollten. Frauen sprachen im Durchschnitt drei Minuten und 17 Sekunden, Männer ganze 13 Minuten. Mit anderen Worten: Männer sprachen viermal so viel auf das Tonband wie Frauen, wobei selbst diese Statistik verfälscht ist. Drei der Männer sprachen immer noch, als die 30 Minuten langen Tonbänder schon am Ende waren.[12]

Trolling

Ein weiser Mann sagte einst: „Bienen verschwenden ihre Zeit nicht damit, Fliegen zu erklären, dass Honig besser schmeckt als Scheiße."

Trolle sind, wie der Tech-Blogger Sascha Lobo zugespitzt formuliert, störende Pöbler in sozialen Medien.[13] Und wer sind diese Trolle? Wir werden bald mehr darüber erfahren, wer diese toxischen Männer sind, aber ein solcher Cybermob sei schon jetzt vorgestellt. Die russische Botschaft in London scheint ein Zufluchtsort zu sein, denn bei den Bombardierungen der russischen Invasionsarmee auf das Geburtskrankenhaus in der ukrainischen Stadt Mariupol wurde von der Botschaft Online-Hass gegen die betroffenen Mütter verbreitet. Die ukrainische Instagram-Influencerin Marianna Podgurskaya, die mit über 50.000 Followern ihre Schwangerschaft und die Vorfreude auf die Geburt teilte, wurde bei der Bombardierung und Zerstörung des Krankenhauses verletzt und musste hochschwanger aus dem Gebäude flüchten.[14] Kurze Zeit später schenkte sie einem Mädchen das Leben.

Was sagte die russische Botschaft unter Leitung von Botschafter Andrej Kelin in London dazu? In einer Serie von Tweets behauptete die Botschaft, das Krankenhaus wäre schon lange außer Dienst gewesen, von ukrainischen Neonazigruppen als Stützpunkt genutzt worden und Marianna Podgurskaya sei eine Krisenschauspielerin, also eine bezahlte Schauspielerin, die bei einer Krise das Opfer spielt.[15]

So wie jedes Häufchen Scheiße Fliegen anzieht, genauso ziehen Trolle andere Trolle an. In den Kommentaren von Podgurskayas Instagram-Profil sammelte sich das Geschmeiß und wurde gegen sie ausfällig. Frauen, die in der Öffentlichkeit auftreten, fällt oft ein bestimmtes Phänomen auf. Unmittelbar nach solch einem Auftritt sehen sie eine Reihe von Männern, die ihren Profilen auf allen möglichen sozialen Medien folgen. Viele schauen nur, etliche liken alle Selfies der Frauen auf Instagram, Twitter oder Facebook und manche senden Direktnachrichten mit der Absicht, sie anzubaggern oder ihnen die Meinung zu sagen.

Soll man nun dem oft gegebenen Ratschlag *Don't feed the troll* („Nicht den Troll füttern!" im Sinne von „Bloß nicht antworten!") folgen? Das kann problematisch werden, denn Trolle sind rasch beleidigt, wenn sie nicht beachtet werden. Ihr Selbstwertgefühl entspricht dem von drei- und vierjährigen Kindern, die ständig

„Schau her, Mama!" „Papa, guck, was ich mache!", „Frau Lehrerin, ich kann besonders wild schaukeln!" rufen. „Beachte mich, du Schlampe", „Meine Meinung ist wichtig, du Flittchen!" Beachtet sie keiner, haben sie einen Wutausbruch und schreien aus voller Kehle!

Die australische Frauenrechtsaktivistin Van Badham nannte das einen *Engagement Boner*, also einen „Interaktionsständer". Man meint, sie kriegen einen Steifen durch die erregte Art der Interaktion mit Frauen auf sozialen Medien. Immerhin betrachten Trolle diese Frauen als Prominente und jede Interaktion mit ihnen hebt ihre eigene Bedeutung.

Die Gefahr, wenn man Trolle nicht beachtet, ist, dass sie beginnen, das Narrativ bestimmen zu wollen. Sie haben offenbar nichts Wichtigeres in ihrem Leben zu tun, als immer mehr Lügen, Geschrei und Beleidigungen zu verbreiten. Manche Trolle gehen sogar so weit, dass sie jemanden nur deshalb auf sozialen Medien folgen, damit sie diese Person trollen können. Das fiel Dan Rather, dem langjährigen Nachrichtensprecher im US-Fernsehen, auf. Wer das tut, sollte sich wirklich überlegen, was er mit seinem Leben anfängt.[16] Dasselbe berichtete Natascha Strobl.[17] Diese Trolle sind so besessen, dass sie von jedem ihrer Tweets Screenshots anfertigen und speichern, um sie sogleich oder zu einem späteren Zeitpunkt gegen sie zu verwenden und sich an ihr abzuarbeiten.

Die Autorin Nina Jankowicz teilt Trolle in mehrere Kategorien ein:[18]

Der „Professor-Typ", der zu jedem Post Erklärungen und Verbesserungsvorschläge macht und dabei häufig in Mansplaining übergeht. Jede öffentlich auftretende Frau hat zumindest einen davon.

Der „Trojanische-Pferd-Typ", der sich zumeist per Direktnachricht meldet und zu einem Beitrag oder Auftritt Komplimente sendet oder unterstützende Nachrichten schickt, wenn die Frau Online-Attacken erlebt hat. Die meisten Männer belassen es dabei, nicht so dieser Troll. Ein „Danke" von der Frau gibt diesem Troll das Gefühl, nun ein guter Freund oder ihr ebenbürtig zu sein, und er beginnt, sie vollzulabern und unangemessene Fragen zu stellen. Das Ignorieren solcher Meldungen führt dann direkt zu einem *Engagement-Boner*-Verhalten.

Der „Faule-Kerl-Typ" ist einer, der offensichtlich nicht weiß, wie man Google verwendet, oder einfach zu faul ist, einen Begriff nachzuschlagen oder die Kompetenz der Frau, mit der er interagiert, zu recherchieren. Er stellt zu Beiträgen einfachste Fragen, die man in Sekunden hätte googeln können, und wenn die Frau so höflich ist, ihm es zu erklären, fühlt er sich bestätigt, dass die Frau mit ihm interagiert, sie somit Freunde und gleichwertig seien. Das entwickelt sich dann rasch zum Trojanische-Pferd-Typ.

Der „GROSSBUCHSTABEN-Typ" ist einer, der Frauen in vielen Absätzen erklärt, wie falsch sie mit ihrem Gesagten liegen, wie weit sich die Frau über ihrem geistigen Niveau bewegt. Und das alles in Großbuchstaben, das Online mit Schreien gleichzusetzen ist. Am Ende steht zumeist noch die volle Anschrift des Trolls, als ob er ein Bewerbungsschreiben abgesandt hätte.

Der „Feministenhasser-Typ" rekrutiert sich oft aus einer rechtsextremen Szene, häufig sind es Incels (also unfreiwillig sexlos Lebende), die jeden Meinungsausdruck einer Frau als Verletzung der natürlichen Ordnung ansehen, in der Frauen zu kuschen haben und dem Mann gefügig sein sollen.

Wie auch immer: Das traditionelle Frauenbild verlangt, dass Mädchen und Frauen ihre eigenen Interessen hintanstellen und sich um andere kümmern. Dass nun eine Frau nicht nur ihre Meinungen vorbringt und Interessen online zur Schau stellt, sondern außerdem nicht auf die Bedürfnisse der Kommentatoren eingehen will, ist für solche Männer ein Zeichen für den bevorstehenden Untergang der Zivilisation.

Hinter dem Rücken reden

Manche Dinge müssen nicht gesagt werden, trotzdem verstehen wir, was gemeint ist. Manches wird einem direkt ins Gesicht gesagt, anderes wiederum nur zu jemand anderem, obwohl man anwesend ist und alles hören kann. Und manche Dinge werden hinter dem eigenen Rücken gesagt. Egal, wie man davon erfährt, es schockiert immer. So ging es der Wirtschaftsstudentin Alice Wu, deren Freunde von ihren Karriereplänen, eine Wirtschaftswissenschaftlerin zu werden, wussten und sie deshalb auf ein Karriereforum hinwiesen – allerdings mit dem dezenten Hinweis, dass sie sich auf etwas gefasst machen müsste. Was dieses Etwas war, verstand sie rasch, als sie einige Forenbeiträge durchlas. Was als Forum für Doktoranden der Wirtschaftswissenschaften begonnen hatte, in dem offene Stellen, Gehälter oder Karrieremöglichkeiten diskutiert worden waren, war bald in den sexistischen Abgrund getaucht. Alice Wu war schockiert und nahm sich die Sprache der Beiträge zum Anlass, ihre Abschlussarbeit diesem Thema zu widmen.[19]

Sie durchsuchte mehr als eine Million Beiträge auf der Website Economics Job Market Rumors per Textmining. Die 30 Wörter, die am häufigsten über Wirtschaftswissenschaftlerinnen verwendet wurden, sind fast zu schrecklich, um sie zu drucken. Sie lauteten in dieser Reihenfolge: heißer, lesbisch, bb (Internetsprache für „Baby"), Sexismus, Titten, anal, heiraten, Feminazi, Schlampe, heiß, Vagina, Brüste, schwanger, Schwangerschaft, süß, heiraten, erheben, hinreißend, geil, verknallt, schön, Sekretärin, Schluss machen, einkaufen, Date, gemeinnützig, Absichten, sexy, verabredet und Prostituierte. Die Wörter, die über Männer verwendet wurden, hatten hauptsächlich mit Wirtschaft zu tun. Da fanden sich zwar wenig schmeichelnde Wörter wie saftig und Tyrann, aber auch: Berater, Österreicher (nach der Austrian School of Economics), Mathematiker, Preisgestaltung, Lehrbuch, Wharton (die amerikanische Wharton School of Business), amüsant, Ziele, größter und Nobel. [...]

Ein Forum, auf dem anonym gepostet werden kann? Ein Wissenschaftsbereich, in dem 83 Prozent aller US-Professuren von Männern gestellt werden? Ein Gedankengut, das Frauen die Kompetenz in Wirtschaftsfragen abspricht? Was kann da wohl schiefgehen?

Frauen kommen in Bewerbungsgespräche mit diesem Ballast aus Online-Diskussionen, ohne dass sie wissen, dass sie ihn tragen. Schon vor dem Jobinterview liegen den Personalvermittlern neben dem Lebenslauf solche unsachlichen Beschreibungen der Kandidatin vor.

Selbst wenn Recruiter behaupten, sie würden diese Informationen nicht in ihre Auswahlkriterien einfließen lassen, der unbewusste kognitive Bias bleibt. Und damit die Benachteiligung der Frauen, über die hinter ihrem Rücken in solcher Weise geklatscht wird.

Wie toxische Männer auf Vorwürfe reagieren

Schon in meinem Buch „Sorry not sorry: Die Kunst, wie man sich nicht entschuldigt" stelle ich eine Reihe von Tricks vor, die Männer anwenden, wenn sie beim Mistbauen ertappt werden, zur Rede gestellt werden und eigentlich gar nicht wissen, was jetzt los ist. Klar, wo gehobelt wird, fallen Späne. Wo also zahlreiche willige weibliche Fans oder Mitarbeiterinnen gevögelt werden, wie bei Rappern und Geschäftsmännern so üblich, da kann eine Vergewaltigung schon mal passieren. Und eigentlich sollten diese Frauen doch froh sein, wenn sie mal mit einem richtigen Mann Sex haben. Nicht erst seit dem US-Präsidenten Donald Trump oder dem französischen Beinahe-Präsidentschaftskandidaten Dominique Strauss-Kahn kennt man diese Denke.

Delikat wird es dann, wenn die Vergewaltigung publik gemacht wird, ja, sogar eine Anzeige droht. So ist es dem Musiker Hussein Akkouche, bekannt unter seinem Rappernamen Samra, geschehen. Dieser war von der Influencerin Niki Irani beschuldigt worden, sie vergewaltigt zu haben. Und damit begannen die Online-Attacken und der Versuch, durch einen Mob ihren Ruf zu ruinieren. Auch Samra meldete sich zu Wort und bestritt die Vorwürfe. Es stand Aussage gegen Aussage.[20] Wie rasch die Situation eskalieren kann, musste Irani erleben, als sie in einem Restaurant zuerst von einem ihr unbekannten Mann mit den Worten angesprochen wurde:

Kein Wunder, dass man dich vergewaltigt hat, so geil, wie du aussiehst.

Und später von einer Gruppe von Männern umstellt und physisch attackiert wurde:[21]

> Als ich meine Hand vor die Kamera gehalten habe, hat mir einer mit der Faust ins Gesicht gehauen. Ich fiel nach hinten, der Typ hat mich an den Haaren gezogen und auf mich eingetreten. Seine Freunde schauten einfach zu.

Alles übrigens, während einer der Beteiligten die Attacke filmte. Man(n) braucht offenbar Material, um sie in ihrem Freundeskreis und auf ihren Kanälen mit dem Verteilen des Videos nochmals zu demütigen.

Die Unternehmensberaterin und stellvertretende Vorstandsvorsitzende der Frauenrechtsorganisation Terre des Femmes, Inge Bell, sieht diese toxische Vorgehensweise immer wieder in ihrer Arbeit. Sie meint, die Reaktion des Rappers sei typisch für männliches Verhalten bei Vorwürfen zu sexueller Belästigung und Vergewaltigung und folge dabei diesem Muster:

1. Zunächst wird vom beschuldigten Mann alles vehement bestritten.
2. Dann wird eine Täter-Opfer-Umkehr betrieben, indem man das Opfer als den wahren Täter darstellt. Man gebe der Frau die Schuld, werfe ihr vor, sie sei psychisch krank und beschuldige ihn deshalb falsch, was dazu führe, dass der Beschuldigte nicht mehr schlafen könne und ihm das alles psychisch stark zusetze.
3. Dann erhöht er sich selbst, indem er die Frau erniedrigt und beschimpft. Eine Vergewaltigung habe er doch gar nicht nötig, da ihm die Frauen ja von selbst die Bude einrennen würden.
4. Auch stiftet er andere an, Rache zu üben, die Frau zu „haten" – und so ihn selbst, das vermeintlich eigentliche Opfer, zu verteidigen.

5. Als Zugeständnis räumt er dann scheibchenweise ein, dass das eigene Verhalten vielleicht doch nicht ganz okay war, spielt es aber gleichzeitig herunter und verharmlost es – bis zum Beweis des Gegenteils.

Inge Bell bezeichnet das als toxische Männlichkeit, wie sie im Rap üblich sei, wo frauenverachtende Hassrede und Gewalt verherrlicht werden. Sie zitiert dabei ein paar Textzeilen vom Rapper Gzuz, der im März 2022 zum wiederholten Male zu einer Freiheitsstrafe ohne Bewährung verurteilt worden war:

Bring deine Alte mit, sie wird im Backstage zerfetzt, ganz normal, danach landet dann das Sextape im Netz.

Mit anderen Worten: Es sind Attacken mit Ankündigung. Keiner kann sagen, er habe sie nicht kommen sehen. Die Liste der Vorgehensweise auf die Vorwürfe müssten wir eigentlich um einen noch vor dem ersten Punkt stehenden Punkt ergänzen:

0. Kündige deine Tat verbal oder schriftlich an und teste die Reaktion darauf.

Inge Bell hatte übrigens sogar Strafanzeige gegen die Gangsta-Rapper Kollegah und Farid Bang eingereicht, da ihre Texte holocaustverherrlichende Verse wie „Mein Körper definierter als von Auschwitzinsassen" beinhalteten. Die Staatsanwaltschaft Düsseldorf sah darin aber keine Volksverhetzung, keine Verharmlosung des Holocaust, keine Gewaltverherrlichung, keine Aufforderung zu Gewalt oder Straftaten, keine strafbare Ehrverletzung, kein Angriff auf die Menschenwürde, weil sie unter die Freiheit der Kunst fallen. Wenn also selbst antisemitische Aufrufe, die in Deutschland und Österreich strafrechtlich belangt werden können, wie eben Holocaustleugnung oder -verherrlichung nicht geahndet werden, dann kann man sich leicht vorstellen, wie wenig Aufrufe zu sexistischer oder rassistischer

Gewalt geahndet werden, wenn sie unter dem Deckmäntelchen der Kunst vorgebracht werden. Doch selbst tatsächlich ausgeübte Gewalt gegen Frauen wird selten geahndet. Nur wenige Vergewaltigungen werden von Frauen angezeigt, und von den angezeigten kommt es nur in einem Prozent der Fälle zu Verurteilungen.

Die amerikanische Kriminologin Charis Kubrin warnt allerdings vor einer Vorverurteilung von Rappern beziehungsweise der Hip-Hop-Szene. In ihrer Praxis erlebt sie zu oft, dass junge, vor allem schwarze Männer, die mit dem Gesetz in Konflikt kommen, bei nicht-gewalttätigen Straftaten wie Drogenbesitz rasch in die gewalttätige Ecke gestellt und entsprechend verurteilt werden.[22]

Autorität untergraben

Kleopatra: Ich befehligte eine Armee gegen meinen Bruder.
Historiker: Kleopatra war sexy.
Kleopatra: Ägypten war unter meiner Herrschaft stabil und wohlhabend.
Historiker: SO sexy!!!
Kleopatra: ICH SPRACH NEUN SPRACHEN!
Historiker: S-E-X-Y[23]

Die Expertise und Sorgen von Frauen werden nicht ernst genommen und finden ihren Ausdruck oft in der Anwendung von „schnuckligen Kosewörtern". Das beginnt mit scheinbar harmlos klingenden Worten, die allerdings unangebracht sind, wenn man den Beruf und den Status der so angesprochenen Frau betrachtet. Die Abgeordnete des US-Repräsentantenhauses, Alexandria Ocasio-Cortez (AOC), schildert, wie es ihr so ergeht.[24]

> In Washington weiß ich in der Regel, dass ich mit hartnäckigem Nachfragen etwas erreichen kann, wenn die Mächtigen aufhören, mich mit „Kongressabgeordnete" anzusprechen und stattdessen anfangen, mich „junge Dame" zu nennen.

Sie spekuliert, wie es wohl im umgekehrten Fall aussehen würde:

Stellen Sie sich vor, jedes Mal, wenn mich jemand mit „junge Dame" anspricht, würde ich zurückfragen, ob er mit seinem Alter und Geschlecht angesprochen werden möchte. Sie wären ziemlich verärgert, wenn man Sie als „alter Herr" bezeichnet, oder? Warum diese Art von seltsamem, herablassendem Verhalten so akzeptiert wird, ist mir unbegreiflich!

Dabei ist „junge Frau" eigentlich noch harmlos, denn wenn man der Twitter-Benutzerin @wtsgirl Glauben schenken darf – und da muss nicht viel Aufwand betrieben werden, denn *jede* Frau hat diese Erfahrung gemacht –, scheinen solche Sätze üblich zu sein:[25]

Einmal fragte mich ein Mann, den ich in einer Sitzung blamierte (es war nicht schwer), ob es wohl „diese Zeit des Monats" sei. Dieselbe herablassende Haltung.

Die in Österreich lebende deutsche Twitter-Influencerin @Joanalistin erlangte mit folgendem Tweet virale Aufmerksamkeit:

Historisch gesehen ist eine 40h-Woche für Mann ausgelegt, der eine 100% Hausfrau hat, die sich quasi unbezahlt um den Rest kümmert. Wenn also Frauen das Gefühl haben sie machen irgendetwas falsch, weil sie das alles kaum mehr packen, sei gesagt: Liegt nicht an dir, liegt am System.

Das zog auch die Aufmerksamkeit einiger Männer an, die ihr die Welt zu erklären begannen. Ein gewisser Andreas Hofmeister, seines Zeichens jedenfalls kein Historiker, schoss dabei den Vogel ab:[26]

Historisch gesehen war die 48-h-Woche schon ein Erfolg. Zuvor war es noch mehr. Davon weiß aber dieses Zuckerpüppchen offensichtlich nix.

Böse war auch die Reaktion von Männern gegenüber der Informatikerin Dr. Katie Bouman. Sie hatte die Aufgabe gehabt, die Terabyte an Daten auszuwerten, die Astronomen weltweit gesammelt hatten, um die bildliche Darstellung eines schwarzen Loches zu ermöglichen. Das Bild war eine Sensation und schaffte es weltweit auf die Cover zahlreicher Zeitungen. Ein anderes Foto war weniger eine Sensation als vielmehr ein Aufreger für toxische Männer. Auf diesem ist Bouman lächelnd vor einem großen Stapel Speichermedien zu sehen, auf denen die Terabyte an Daten gespeichert waren. Und damit begann der Online-Hass gegen sie. Es wurde ihr vom männlichen Mob abgesprochen, dass sie die Qualifikation habe, diese Daten auszuwerten.

Unternehmerinnen wie die ehemalige Schweizer Fernsehmoderatorin Patrizia Laeri müssen immer wieder erleben, dass ihre beruflichen Tätigkeiten weniger Aufmerksamkeit erregen als ihr Aussehen. Beni Frenkel, Autor des Online-Portals Inside Paradeplatz, berichtete weniger über Laeris Investmentplattform Ellexx, die vor allem Frauen zum Investieren motivieren will, sondern mehr über Laeris sexuelle Ausstrahlung. Worte wie „Seite-3-Girl", „Rakete" und „Frauenfurz" erschienen dem Journalisten passend für die Berichterstattung über eine Unternehmensgründerin. Die von Laeri eingereichte Klage hatte teilweise Erfolg, das zuständige Bezirksgericht verurteilte den Betreiber, die sexistischen Passagen zu löschen.[27] Laut der Plattform Watson.ch ist Beni Frenkel schon öfter mit seiner Berichterstattung über Frauen negativ aufgefallen.

Auch während der deutschen Bundestagswahl standen die Kandidatinnen der Parteien besonders im Fadenkreuz eines männlichen Mobs. Speziell die Spitzenkandidatin der Grünen, Annalena Baerbock, war Hass und Kritik ausgesetzt wie kein anderer Kandidat. Als sie als deutsche Außenministerin angesichts der damals bevorstehenden Invasion russischer Truppen die Ostukraine besuchte, beschrieb sie der „Tagesspiegel"-Journalist Christoph von Marschall im *ZDF*-Morgenmagazin als „diese junge Dame, die unsere Außenministerin ist".[28] Da konnte es ein Mann nicht verkraften, dass eine um 20 Jahre jüngere Frau eine tragende Rolle in einem so wichtigen außenpolitischen Moment innehatte. Auch seine Entschuldigung – eigentlich eine Nicht-Entschuldigung – zeigte nur, dass er diese nicht ernst meinte. Darin sagte er nämlich,

> … er habe die Formulierung „junge Dame" nicht despektierlich gemeint, sondern nur Baerbocks Unwohlsein in der Situation beschreiben wollen: „Es tut mir leid, wenn meine Formulierung Anlass für Missverständnisse gegeben hat. Ich werde mir das zu Herzen nehmen."

In Unternehmen ist das Zeigen von Autorität für Frauen auch mit Risiko behaftet. Das ist überraschend, würde man doch gerade in diesem Umfeld erwarten, dass Autorität, Kompetenz und Wissen uneingeschränkt positiv bewertet werden. Wenn Männer Ideen vorbringen, wirkt sich das positiv auf ihre Leistungsevaluierung durch ihre Vorgesetzten aus, bei Frauen fast nicht. Wenn männliche Vorgesetzte das Wort ergreifen, statt zu schweigen, steigt die Bewertung ihrer Kompetenz um zehn Prozent. Legen Frauen dasselbe Verhalten an den Tag, dann leidet ihre Bewertung: Sie fällt um 14 Prozent negativer aus.[29]

Das Untergraben weiblicher Autorität durch Männer ist nicht auf diese beschränkt. Auch Geschlechtsgenossinnen können das sehr gut. Auf die Angstgefühle, die Jasmina Kuhnke empfand, als sie das Video gesehen hatte, in dem der Afroamerikaner George Floyd von Polizisten erstickt wurde, reagierte die als freie Journalistin arbeitende Twitter-Benutzerin Mirjam Fischer mit dem Satz:

> Krieg Dich mal wieder ein, Püppi.[30]

Wie daraufhin andere Kommentatorinnen anmerkten, scheint die Betroffenheit einer schwarzen Frau, wenn ein schwarzer Mann von Polizisten umgebracht wird, übertrieben, aber es ist offenbar okay, wenn eine Kirche in Paris abbrennt und die Menschen deswegen „Rotz und Wasser" heulen.

Charakterkritik

Jolanda Spiess-Hegglin wurde vorgeworfen, einen Seitensprung verheimlichen zu wollen. Annalena Baerbock, dass sie als „Prostituierte anschaffen" ging. Taylor Lorenz, dass sie Minderjährige auf sozialen Medien belästige. Hillary Clinton, dass eine Pizzeria in Washington, D.C., nur die Fassade eines von ihr betriebenen Pädophilenrings sei.

Was diese Vorwürfe gemeinsam haben, ist, dass sie falsch sind und einzig und allein dazu dienten, den Charakter der Person in Zweifel zu ziehen. Je öfter sie wiederholt werden, desto mehr bleibt hängen – und schadet der Person.

Catcalling

*Was man sagt, wenn einem sexuell Anzügliches nachgerufen wird: „Danke für Ihr Interesse, aber ich nehme aktuell keine Bewerber auf." – **The Onion***

Das Nachpfeifen und Anmachen mit sexuell anzüglichen Sprüchen in der Öffentlichkeit von Frauen durch Männer ist leider ein scheinbar schon ewig bestehendes Problem. Im Englischen wird das als *Catcalling* – wörtlich „Katze rufen" – bezeichnet. Das ist eine Taktik von Männern, bei der man sich fragt, wie sehr sie eigentlich von Erfolg gekrönt ist? Die Satirewebsite *Der Postillon* thematisierte das in einem Artikel mit der Überschrift „Junge Frau verliebt sich in Bauarbeiter, der ihr ‚Hey, du geile Puppe!' hinterherruft".

Für Inge Bell und viele andere Frauenrechtsaktivisten ist das nichts weiter als verbale sexuelle Belästigung. Während Catcalling in Deutschland, Österreich und der Schweiz noch nicht unter Strafe steht, ist es in Frankreich seit Juli 2018 strafbar und kann mit bis zu 3.000 Euro Bußgeld belegt werden. In den ersten neun Monaten wurden 447 Strafen verhängt.[31]

Die Initiatorin von act & protect – GEGEN SEXUALISIERTE GEWALT, Verena Arps-Roelle, legt klar da, warum Catcalling sexuelle Gewalt darstellt:[32]

Catcalling ist eine Form der sexualisierten Gewalt, in Form von Nachrufen, Pfiffen, Kussgeräuschen, anzüglichen Bemerkungen oder sexuell motiviertem Verfolgen einer Person. Catcalling kann zu körperlichen Übergriffen und sexueller Gewalt führen. Vor allem dann, wenn jemand versucht, den Angreifenden zu konfrontieren oder zu ignorieren. Tatpersonen fühlen sich dann abgewiesen und herausgefordert.

- Catcaller*innen haben häufig den Wunsch, Aufmerksamkeit auf sich zu lenken, Macht zu demonstrieren und andere zu erniedrigen oder unterwerfen. Die Aufmerksamkeit wird auf den Körper der Betroffenen gelenkt, der zum Objekt ästhetischer oder sexueller Qualität wird, und die Person auf ihr Äußeres reduziert. Ihre Identität spielt dabei keine Rolle.

Dadurch wird sie zum Werkzeug für die Steigerung des Selbstwertgefühls der Tatpersonen – egal welchen Genders.

- Catcaller*innen sind der Ansicht, keine ernsthafte Beleidigung und Belästigung zu vollziehen.

Im Gegenteil: Sie haben das ausschließliche und natürliche Recht, zu sagen, was sie denken und wollen.
WOZU FÜHRT DAS?
Die negativen psychologischen Auswirkungen von Catcalling und sexueller Belästigung auf der Straße sind vielfältig und tiefgreifend. Die Opfer jeden Genders fühlen sich nach einem Vorfall vor allem beschämt, erniedrigt und entmachtet. Häufig schränken sie ihre Bewegungsfreiheit

nach und nach ein, meiden bestimmte Plätze und Situationen und ändern ihre Kleidung.

Dieses Phänomen ist schon seit der Antike bekannt. Damals wurde es „Wolfspfeifen" genannt, in Indien, Nepal oder einigen afrikanischen Länder wird es als *Eve Teasing* bezeichnet. Dort wird es vor allem gegen junge Frauen eingesetzt, die ihre erste Periode hatten und damit „reif" sind. Es beginnt eine regelrechte Hetzjagd auf solche Frauen, die in vielen Fällen zu Vergewaltigungen führt. Die Mädchen, die kaum Zugang zu Intimpflegeprodukten haben, versuchen verzweifelt, ihre Periode zu verheimlichen.

Dabei gäbe es bereits heute einige Straftatbestände, unter denen Catcalling bestraft werden könnte. Verbreitung pornografischer Inhalte (§ 184 StGB); sexuelle Belästigung (§ 184i StGB); Nachstellung (§ 238 StGB); Nötigung (§ 240 StGB).

Cybergrooming

Eine besondere Form der Gewalt, die vor allem junge Mädchen und auch Jungs betrifft, ist, wenn ein vorgeblich gleichaltriger Benutzer sich das Vertrauen des Opfers erschleicht und es zur Bekanntgabe privater Informationen und dem Senden intimer Bilder überredet. Im extremsten Fall überredet der zumeist wesentlich ältere Täter das Mädchen, sich mit ihm zu treffen und mit ihm davonzulaufen, speziell wenn er weiß, dass das Mädchen zu Hause gerade einen Streit mit den Eltern hatte. Damit bekommt er sie in seine Gewalt und das kann böse ausgehen.

Dieses Cybergrooming, das dem Opfer die geduldige Pflege und Aufrechterhaltung einer echten Beziehung vortäuscht, ist für Eltern und Erziehungsberechtigte meistens schwer zu erkennen. Durch ein Gemisch aus Freundlichkeit, Verständnis und Zwang verstricken sich die Opfer immer mehr in eine Spirale aus Zuneigung und Angst. Spurt das Mädchen nicht, droht der Belästiger damit, ihren Freunden intime Details zu verraten. Das erschrockene Mädchen fleht, das nicht zu tun. Als Beweis ihrer Liebe fordert er ein Nacktfoto von ihr – womit er das Opfer noch stärker in der Hand hat.

Ein Beispiel stammt von der App Snapchat, auf der 95 Prozent aller Benutzer zwischen 12 und 17 Jahre alt sind. Ein damals 12-jähriges Mädchen wurde von einem ihrer Kontakte aufgefordert, ihm Nacktfotos und -videos zu senden. Weil er einer ihrer Kontakte war, vertraute ihm das Mädchen. Und vor allem auch, weil die Besonderheit auf Snapchat ist, dass die dort geteilten Fotos und Videos nach kurzer Zeit wieder verschwinden.[33] Doch der Kontakt war ein amerikanischer Marinesoldat, der mittels anderer Apps diese Snapchat-Videos speicherte und im Internet verbreitete. Er wurde entlarvt und verurteilt. Doch die betroffene junge Frau verklagte das Unternehmen, weil es zu wenig zum Schutz von Jugendlichen tun würde.

Gewalt durch Ausgrenzung

Was haben Freimaurer, Herrenklubs, die Wiener Philharmoniker, die katholische Kirche und der CEO-Lunch auf der Münchner Sicherheitskonferenz gemeinsam? Mitglied konnte jahrhundertelang nur jemand sein, der ein Glied besaß. Frauen war der Zugang zu vielen dieser Vereinigungen verschlossen und sie waren damit auch ausgeschlossen von der Mitbestimmung in der Gesellschaft wie auch dem Wohlstand, der sich durch die Netzwerke verbreitete. Die Ausgrenzung manifestiert sich auch in Zeiten des Internets.

Verlust des Narrativs und der Kontrolle über die eigene Person

Gewalt durch Ausgrenzung geschieht auch, indem jemand das eigene Narrativ oder die Kontrolle über die eigene Person verliert. Prominente und unfreiwillig Prominente kennen das. Monica Lewinsky verlor die totale Kontrolle über ihre Person. Es war und ist scheinbar völlig okay, über sie Witze zu machen, sie auf eine einzige Handlung zu reduzieren und nicht die ganze Person zu sehen oder gar ihre Seite der Geschichte zu erfahren.

Amanda Knox ging und geht es ähnlich. Als sie in Italien wegen Mordes an ihrer Mitbewohnerin angeklagt und verurteilt worden war, brach eine Welt für sie zusammen. Plötzlich war die junge Studentin von den Medien in eine eiskalte Mörderin verwandelt worden. Selbst nachdem das Verfahren neu aufgerollt und festgestellt wurde, dass sie unschuldig gewesen war, konnte sie ihr Leben in Freiheit nicht genießen. Ihre Lebensgeschichte entzog sich ihrer Kontrolle. Ohne sie zu fragen, werden über ihre Geschichte Filme gedreht, Artikel in den Medien verbreitet und Bücher veröffentlicht, die vor allem Spekulationen beinhalten.

Auch die Schweizerin Jolanda Spiess-Hegglin hat die Kontrolle über ihre eigene Geschichte verloren. Die Lawine an spekulativen und reißerischen Artikeln über die ehemalige Politikerin, die bei einer politischen Feier K.-o.-Tropfen erhalten hatte und vergewaltigt worden war, hält auch fast ein Jahrzehnt nach den Ereignissen an.

Die Frauen stehen dem fast ohnmächtig gegenüber, und erst Jahre oder Jahrzehnte nach dem Ereignis öffnet sich ein Fenster, mit dem sich die Chance auf die Erzählung der eigenen Geschichte und die Wiedererlangung der Kontrolle darüber ergibt. Für Lewinsky war das erst zwei Jahrzehnte später in einem TED-Talk möglich, für Spiess-Hegglin zweieinhalb Jahre danach mithilfe ihres Mannes, der sich zu einem Interview bereit erklärte und einiges richtigstellen konnte. Doch die Geister, die man nicht rief, wird man nicht los.

Vereinnahmung

Vor einiger Zeit nahm ich an einem geschäftlichen Dinner einer Gruppe deutscher Vorstände und Manager zu Besuch im Silicon Valley teil. Meine Mitstreiterin Aurora Chisté und ich hatten diesen Trip für die Delegation organisiert, um sie mit interessanten Unternehmen und Persönlichkeiten zusammenzubringen. Während ich den Gesprächen folgte und die weitere Vorgehensweise bei den Geschäftsanbahnungen mitdiskutierte, wirkte Aurora sichtlich zerstreut. Nicht etwa, weil sie kein Interesse an den Diskussionen oder nichts beizutragen hatte. Sie ist sehr engagiert und hat viel Erfahrung mit Start-ups und Unternehmensgründungen. Sie wusste mehr darüber als die versammelte Managergruppe um den Tisch.

Was sie zerstreut wirken ließ – oder soll ich sagen: verstörte –, waren Textmessages, die ihr einer der Herren am Tisch unentwegt sandte. Er wollte – können wir es ahnen? – nicht nur Geschäftsbeziehungen anbahnen. Dass er verheiratet war, schien für ihn kein Hindernis. Während ich mich entspannt der Sache widmen konnte, hatte sie alle Hände voll zu tun, die Avancen abzuwehren. Diese Vereinnahmung ihrer Aufmerksamkeit und mentalen Energie durch einen notgeilen Brunfthengst war der Grund dafür, dass sie wenig zur geschäftlichen Unterhaltung beitrug. Ihre gelegentlich durchscheinende Unaufmerksamkeit wird von den anderen registriert, die, im Unwissen, was sich hinter den Kulissen abspielt, Auroras Interesse und ihre Beitragsmöglichkeiten falsch einzuschätzen beginnen.

Ausgrenzen

Die Exklusivität von Herrenklubs, die in ihren Satzungen Frauen als Mitglieder oft dezidiert ausgeschlossen haben, ist in den letzten Jahrzehnten immer mehr in die Kritik geraten und viele davon haben sich Frauen geöffnet, wenn auch nicht immer freiwillig. Doch wie schon die verstorbene Richterin des Obersten Gerichtshof der Vereinigten Staaten, Ruth Bader Ginsburg, gesagt hat:

> Frauen gehören in alle Bereiche, in denen Entscheidungen getroffen werden. Es sollte nicht so sein, dass Frauen die Ausnahme sind.

Das Ausgrenzen ist somit auf dem Müllhaufen der Geschichte gelandet, korrekt? Frauen sind nun überall dabei, richtig? Leute, die so etwas sagen, sind entweder keine Frauen oder sehr naiv. Natürlich lebt das Ausgrenzen von Frauen in vielen Online-Foren munter weiter. Der Gamergate-Mob, der sich gegen Zoë Quinn zusammenrottete und von dem wir noch mehr hören werden, tat das in Foren im Dark Web. In vielen technischen Foren zu Elektroautos, der Makerszene, zu Cybersicherheit oder zu Militärtechnologie werden Frauen als irritierendes Beiwerk gesehen, die sehr viel rascher aus der Gruppe ausgeschlossen oder blockiert werden als weitaus nervigere männliche Mitglieder.

Der britische Medizin-Nobelpreisträger Tim Hunt beschwerte sich auf einer Konferenz vor Wissenschaftsjournalisten über die Probleme mit Frauen in den Wissenschaften – es ist nämlich so:

> Wenn sie im Labor sind, passieren drei Dinge: Du verliebst dich in sie, sie verlieben sich in dich, und wenn du sie kritisierst, weinen sie.

Wissenschaftlerinnen hätten eine ablenkende Wirkung auf Wissenschaftler, und damit könne keine gute Wissenschaft entstehen. Wie reagierten die Frauen darauf? Unter dem Twitter-Hashtag #DistractinglySexy („ablenkend sexy") veröffentlichten sie Fotos von sich bei der wissenschaftlichen Arbeit (in Labormänteln, mit Schutzanzügen, verdreckt bei archäologischen Ausgrabungen, im Schlamm beim Sammeln von Tierspezimina oder in Atemschutzmasken) und kommentierten dazu, wie angesichts dieser aufreizenden Kleidung die Hormone ihrer männlichen Kollegen verrücktspielen. Nachdem Hunt sich mit seiner Aussage zum Gespött gemacht hatte, trat er von seinem Posten am University College London zurück.

Einzelpersonen gewidmete Hassforen

In manchen Fällen gründen die Männer eines solchen Cybermobs Online-Foren, die nur einer einzigen Person gewidmet sind. Die australische Gleichstellungsaktivistin und Schauspielerin Van

Badham wurde eine solche Zielperson, nachdem sie im australischen Fernsehen bei einer Debatte um häusliche Gewalt gegen Frauen dem rechtskonservativen Radiokommentator Steve Price widersprochen hatte, der gemeint hatte, sie wäre „hysterisch". Sie antwortete auf sarkastische Weise:

> **Wahrscheinlich sind es meine Eierstöcke, die mich dazu zwingen, Steve.**

Frauen in ganz Australien nahmen diesen Kampfruf auf und tweeteten unter dem Hashtag #MyOvariesMadeMe. Das brachte den männlichen Mob erst recht auf und dieser legte unter anderem ein Forum an, in dem Bilder von Badham verstümmelt und übertriebene und falsche Behauptungen zu ihrem Sexualleben diskutiert wurden.

Auch zu Zoë Quinn, Brianna Wu und Anita Sarkeesian, die im Zentrum von Online-Gewalt im Rahmen der Gamergate-Kontroverse standen, gab es ihnen gewidmete Hassforen. Dort wurden Informationen zu den Frauen zusammengetragen, Vorgehensweisen diskutiert, wie man ihnen schaden kann, und alle möglichen Hirngespinste über sie entwickelt.

Ganzen Gruppen gewidmete Hassforen

In der LOL-Liga (französisch: *Ligue du LOL*) amüsierte man sich jahrelang nicht etwa über Komödien oder lustige Momente, sondern über Journalistinnen. Von wem kam der Spott? Anfänglich von jungen Journalisten als private Facebook-Gruppe gegründet, war das Ziel der Liga, sich über den Medienbetrieb, Prominente und Politiker lustig zu machen. Mit der Zeit wandelte sich die Gruppe, weil die Mitglieder mittlerweile durch die Institutionen marschiert und in Spitzenpositionen befördert worden waren. Die zwischen 20 und 40 Mitglieder zählende Gruppe hatte eine Position erreicht, in der sie die Berichterstattung über diese Personen bestimmen konnten. Laut dem Nachrichtenmagazin *L'Obs* waren die Ziele:

Feministinnen, schwache Menschen, Menschen, die ihnen gefallen wollen oder die sie nerven, „überschwängliche" Homosexuelle etc. und ganz allgemein jeder, der nicht so ist wie sie: „jung, weiß, männlich, heterosexuell, links. Und vor allem so cool".[34]

Die Belästigung ging so weit, dass einem männlichen Blogger durch eines der Mitglieder der Ligue du LOL pornografische Fotomontagen geschickt wurden. Nicht nur das, diese Bilder wurden auch in seinem Namen an Minderjährige weitergeschickt. Florence Porcel, eine Produzentin von Wissenschaftsvideos, erhielt mehrere Scherzanrufe von den Mitgliedern, die sich als TV-Produzenten ausgegeben hatten. Sie veröffentlichten im Anschluss das Telefongespräch und pornografische Fotomontagen von Porcel.

Mit anderen Worten: Weibliche Journalisten und solche, die einer Minderheit angehören, wurden nicht nur aus dem Medienzirkus ausgeschlossen und benachteiligt, sondern auch aktiv belästigt und gedemütigt. Nach dem Auffliegen des Skandals verloren etliche Mitglieder der Ligue du LOL ihre Stellen. Die Arbeitsgerichte wiesen deren Beschwerden zurück und hielten die Kündigungen für gerechtfertigt.

Gewalt durch Beleidigung

Keine Beleidigung würde mich so hart treffen wie ein misstrauischer Blick von einem meiner Hunde. – **James Gardner**

Man sollte meinen, Beleidigungen wären ein einfach zu verfolgender Strafbestand, für den es ausreichend gesetzliche Grundlagen gibt. Unter diese Ehrdelikte fallen üble Nachrede und Verleumdung. Wird eine Frau online als „Schlampe" bezeichnet oder ihr unterstellt, sich in ihrem Job hochgeschlafen zu haben, dürfte der Fall doch ganz einfach sein. Mitnichten. Abgesehen von der Schwierigkeit, den echten Namen des Urhebers auszumachen, berufen sich viele Täter auf Ausreden, dass „es nur ironisch gemeint" war, und führen als Beleg das im Text mitgepostete Emoji an. Manche Richter sind sehr großzügig in ihrer Interpretation, wie viel und welche Art von „Kritik" an einer (öffentlichen) Person gerechtfertigt ist. Die Grünen-Politikerin Renate Künast kann ein Lied davon singen. In den ersten Instanzen wurde ihr beschieden, dass sie als Politikerin das Wort „Drecksfotze" schon hinnehmen muss. Den „Fall Künast" behandeln wir später noch ausführlicher.

Schauen wir uns zunächst die einzelnen Arten von Beleidigungen an, die Frauen online erleben.

Shaming

Scrolle ich durch die Beiträge, Bilder und Videos, die meine Kontakte auf sozialen Medien posten, dann tauchen dort Inhalte aus allen Lebenslagen auf. Von der Arbeit im Homeoffice, dem Fitnesscenter, im Kaffeehaus und in der Weinbar, beim Wandern und Radfahren mit den Kindern und im Urlaub am Strand mit einem Cocktail in der Hand. Menschen in all ihren Facetten. Sie erlauben uns, teilzuhaben an ihrem Leben und ihre Lebenssituation zu verstehen. In Zeiten vor sozialen Medien und dem Internet war solch ein Einblick kaum möglich.

Macht der Einblick in den Strandurlaub oder von den lustigen Abenteuern ihrer Katzen diese Kontakte weniger liebenswert, weniger professionell? Natürlich nicht, sollte man meinen. Doch bei Weitem nicht alle denken so. Eine Cybersicherheitsexpertin, von der wir nur ihren Vornamen Coleen kennen und dass sie in der *Infosec* (*Information Security*) arbeitet, tat etwas Unverschämtes. Sie postete auf Twitter ein Foto von sich am Strand im Bikini. Denn das trägt frau am Strand. Kein Kostüm. Keinen Jogginganzug. Kein Ballkleid. Nein, einen Bikini natürlich, denn Strand bedeutet Sonnenbaden und im Meer schwimmen. Bald schon beschwerte sich ein männlicher Benutzer, der ihr auf Twitter gefolgt war.[35]

Was hat es mit Twitter auf sich, dass ansonsten seriöse Leute verdammte Unterwäschefotos posten???

In deinem Lebenslauf steht „Infosec", keine Warnung vor diesem Mist.

Ihre Antwort fiel klar aus:

Es ist ein Bikini, und ich bin ein Mensch, der viel komplizierter ist als nur Infosec – außerdem mache ich, was immer ich will, wann immer ich will und wie immer ich will.

Da wollte ein Mann (es musste ein Mann sein, denn er konnte einen Bikini nicht von Unterwäsche unterscheiden) ihr nicht nur vorschreiben, was sie auf ihrem eigenen Twitter-Feed öffentlich posten darf, er warf ihr auch noch fehlende Seriosität und damit Unprofessionalität vor. Merke, wenn frau in dieser Branche arbeitet, darf sie niemals und unter keinen Umständen etwas anderes tragen als den professionellen Einheitslook.

Der Versuch, eine Frau zu *shamen*, also zu maßregeln und zu beschämen, indem man ihr Unprofessionalität vorwirft, und damit zu kontrollieren, wie sie sich zu verhalten und zu kleiden habe, ging jedenfalls nach hinten los. In kurzer Zeit hatten zwei Dutzend Frauen, die auch in der Cybersicherheit arbeiteten, ebenfalls Bikinifotos von sich gepostet. Und auch Männer! Nicht in der Badehose, nein, im Bikini!

Dieser Versuch, jemanden online zu beschämen, ist gang und gäbe. Es reicht vom Aussehen, der Kleidung, den Haaren, dem Schmuck, der Hintergrunddekoration bis hin zur technischen Ausrüstung der Internetbenutzerin.

Beim sogenannten *Bodyshaming* werden abwertende Bemerkungen über das Äußere einer Person gepostet. Dabei trifft es vor allem weibliche Benutzer, weil bekannt ist, wie Frauen vor allem über ihr Äußeres beurteilt werden und sich ständig bewusst sind, wie sie gerade auf andere wirken. Beim Bodyshaming sind Frauen genauso aktiv wie Männer. In einem mittlerweile wieder gelöschten Linked-In-Post einer Frau wurde die frauenpolitische Sprecherin des Bündnis 90/Die Grünen, Ricarda Lang, bodygeshamt. Neben einem Foto von Außenministerin Annalena Baerbock stand, „hat Völkerrecht studiert" und neben einem Foto, auf dem Ricarda Lang eine Eistüte hielt, stand, „hat die Mensaspeisekarte studiert".

Viel schwerwiegender wird es, wenn nicht nur das Aussehen, sondern die ethnische Zugehörigkeit ins Spiel kommt. Dunkelhäutigen Frauen wird immer wieder vorgeworfen, ihre Frisur sehe nicht professionell genug aus. Hier ist ein Beispiel von Theodora Okiro, einer Expertin für nachhaltige und saubere Energieformen, deren krauses Haar immer wieder – speziell von weißhäutigen Menschen – als „unprofessionell" bezeichnet wird.[36]

Theodora Okiro · 2nd   + Follow ···
Clean Energy Policy Expert || Energy News Network 40 ...
10mo · 🌐

Yes, my hair IS professional.

I've faced a lot of hair discrimination in the past - particularly in professional settings where I was told that my hair was "inappropriate" or too "wild." It's caused me to second guess wearing my hair in its natural state. But this IS my hair and I love it. I choose to wear it like this and I refuse to accept that something I was born with is "inappropriate."

I made this post in solidarity with anyone that's been taught to hate something that's uniquely theirs. Don't fall for it. You're very much appropriate and deserve to hold space.

Abbildung 1:
Bodyshaming bei
Haaren von
dunkelhäutigen Frauen

😊👍❤ 110,048   6,251 comments · 1,230 shares

Leider dachten und denken nicht immer alle so wie Okiro, und die negativen Auswirkungen für diese Frauen sind seit Jahrhunderten groß. Ihnen wurden die Haare abgeschnitten, speziell, wenn es sich um Sklavinnen handelte, um ihnen die Widerspenstigkeit abzugewöhnen, und es wurde ihnen ein Schönheitsideal aufgezwungen, das weiße Menschen hochhalten. Wie Haare zu tragen sind, schrieben und schreiben in fast allen Kulturen die Mächtigen vor. Eine ganze Industrie entstand, die gekräuselte Haare zu glätten versprach, damit auch dunkelhäutige Frauen eher dem weißen Schönheitsideal entsprachen und damit professioneller wirkten. Das heißt noch lange nicht, dass sie damit auch höhere Gehälter erhielten oder ihre Kompetenz unwidersprochen anerkannt wurde.

Wie heikel dieses Thema für dunkelhäutige Frauen ist, zeigte die Ohrfeigenszene bei der Oscarverleihung im März 2022. Wir erinnern uns, dass der Schauspieler Will Smith auf die Bühne stürmte und dem Comedian Chris Rock eine verpasste, weil dieser sich über die Haare von Smiths Frau Jada Pinkett lustig machte, die auch Schauspielerin ist und an einer Form von Haarausfall leidet.

Das Aussehen von Frauen ist eng mit der „Fickbarkeit" verbunden. In Hollywood beschreibt der Begriff *Fuckability*, inwieweit ein zumeist weiblicher Charakter gut aussehend genug ist, dass beispielsweise ein Protagonist glaubwürdig genug sein ganzes Leben, seine Karriere, Familie und Reputation aufs Spiel setzen würde, um mit ihr abzuhauen und ein neues Leben zu beginnen.

In der Online-Welt ist Bodyshaming zusammen mit der implizierten Fickbarkeit auch ein Bereich, wo Frauen ebenso häufig als Täter in Erscheinung treten wie Männer. Hier ist ein Beispiel von Bodyshaming, das eine gewisse Anna Gruber – Twitterhandle @femifotze – an die Rechtsextremismusexpertin Natascha Strobl richtete. Sie kombiniert Körperform, Aussehen und Fickbarkeit, um Strobls Sorge vor der Benachteiligung von Kindern mit Vorerkrankungen bei den Covidmaßnahmen zu diskreditieren.

Anna Gruber
@femifotze

Antwort an @Natascha_Strobl

Wer um alles in der Welt hat dich
FETTE, STRUNZEHÄSSLICHE
Schirchperchtn gefickt? Der tut mir
wahnsinnig leid. Eurem Scheißblag ein
kurzes Leben!

13:47 · 15.06.19 · Twitter Web App

Abbildung 2:
Beleidigender Tweet einer toxischen Frau gegenüber Natascha Strobl

(Begriffserläuterung zum Tweet: „Schirchperchtn" sind Brauch-tumsfiguren, die im alpenländischen Raum beim Austreiben der Wintergeister helfen sollen. Die Schiachperchtn stellen dabei die dunklen, bösen und hässlichen Figuren da, bei denen die Träger eine oft aus Holz geschnitzte, teufelsähnliche Maske tragen.)

Der Firmengründerin Patricia Bubner stört sich schon seit Langem daran, dass sie angestarrt, gemustert und ihr Aussehen bewertet wird. Nicht nur das: Viele Männer meinen auch, sie müssten ihre Kleidung, ihre Figur, ihr Aussehen und ihren Gesichtsausdruck kommentieren. Sie hat dazu eine Botschaft an Männer, für die das vermutlich überraschend kommen wird:

Es interessiert mich überhaupt nicht, ob du mich schön findest oder nicht. Das Anspruchsdenken, dass es mich interessieren könnte, was du über mich denkst – es interessiert mich nicht!

Betroffenheitstrolling

Als Olaf Scholz deutscher Bundeskanzler wurde, lautete eine der ersten Fragen in der Pressekonferenz an ihn: „Wer kümmert sich um Ihre Kinder, wenn Sie nun Bundeskanzler sind?" Stimmt nicht, das habe ich frei erfunden. Denn einem Mann wird diese Frage nie gestellt – abgesehen davon ist der Bundeskanzler kinderlos.

Was uns zur nächsten Frage führt: „Warum, Herr Bundeskanzler, sind Sie so egoistisch und haben keine Kinder in die Welt gesetzt?" Auch hier wieder eine mit einem Vorwurf beladene Frage, die einem Mann nicht gestellt wird, Frauen in Spitzenpositionen aber sehr wohl.

Hat eine Frau keine Kinder, dann ist sie egoistisch, weil sie nicht die Mühe und den Schmerz auf sich nehmen will, Kinder in die Welt zu setzen und den Generationenvertrag zu erfüllen. Sie hat keine Kinder, die die Rentenzahlung sicherstellen, und will dennoch Rente beziehen – wie unsozial! Hat sie aber Kinder, dann ist sie eine Rabenmutter, weil sie diese vernachlässigt und lieber ihren Karrierezielen nachläuft – wie egoistisch! Bleibt die Frau tatsächlich zu Hause und widmet ihre Zeit den Kindern, dann ist sie nach einigen Jahren nicht mehr auf dem Arbeitsmarkt vermittelbar und selbst schuld, wenn sie so wenig Rente erhält. Sie soll bitte nicht so egoistisch sein, mehr Rente zu fordern, als ihr zustehe. Egal, was eine Frau macht, es finden sich immer Kritiker, die daran etwas auszusetzen haben. Kein Wunder, dass Schuldzuweisungen, Egoismusvorwürfe, das Unterstellen von Defiziten in der Kindererziehung oder beim Kümmern um die eigene Familie bei Online-Belästigung ebenfalls zum Einsatz kommen.

Eine Münchner Technologieautorin und Mutter von Zwillingen postet regelmäßig auf LinkedIn über ihre Karriere und ihre Rolle als Mutter und wie sich diese vereinbaren lassen. Eine für viele Frauen, aber auch Männer wichtige Fragestellung, gerade zu Zeiten einer Pandemie, in der viele Betreuungsangebote weggefallen waren oder nur beschränkt zur Verfügung standen.

Viele Frauen trifft es sehr, wenn man ihnen vorwirft, eine schlechte Mutter zu sein. Hier ein Beispiel, womit Mütter, die ihre Karriere weiterverfolgen wollen, konfrontiert werden:[37]

> Boah, deine Kinder tun mir so leid. Denkst du auch mal an sie? Oder freust du dich nur, wenn sie in der Betreuung sind?

Diese Art von Kommentar wird als „Betroffenheitstrolling" (*Concern Trolling*) bezeichnet. Es ist bösartig und herablassend, gibt vor, dass der Troll sich um die Familie oder die Gesundheit der auf diese Weise beschämten Person sorgt, und es werden unaufgefordert Ratschläge gegeben.[38] Solche Betroffenheitstrolle wollen damit deutlich machen, dass die beschämte Person eine Wahl hat. Ist sie zu dick, dann frisst sie zu viel, hat keine Selbstdisziplin und zwingt uns alle dazu, ihren fetten Leib anschauen zu müssen. Ist sie Mutter, dann gibt es nur eines: entweder Karriere oder Kinder. Aber nicht beides!

Hasskommentare

Beispielen von vor Bösartigkeit triefenden Kommentaren und E-Mails sind wir schon auf den ersten Seiten des Buches begegnet, ohne Vorwarnung, ohne sanftes Heranführen. Und das ganz bewusst. Denn Frauen haben online nicht den Luxus, eine Warnung zu erhalten. Die Aggressoren setzen bewusst auf die Schockwirkung. In den meisten Fällen trifft es die Betroffenen wie aus heiterem Himmel, sie wissen nicht einmal, wieso sie zum Ziel wurden. In anderen Fällen können es die Frauen vorausahnen, allerdings überrascht immer die Intensität.

Nur weil bei den Olympischen Spielen in Japan die amerikanische Athletin Simone Biles aus Gründen psychischer Gesundheit nicht antreten konnte, ergoss sich der Online-Hass ihrer Landsleute über sie. Der japanische Gewinner der Gymnastik-Goldmedaille, Daiki Hashimoto, zog sich den Zorn der Hetzer zu, weil seine Leistung ihrer Meinung nach von der Jury übertrieben gut bewertet worden war. Wurde Hashimoto bekrittelt, weil er zu erfolgreich war, so wurde seine Landsfrau Mai Murakami als Fünfte in derselben Disziplin wegen ihrer zu schwachen Leistung kritisiert.[39]

Hasskommentare gibt es in allen Formen. Egal, was man macht und wie unschuldig ein Post ist, es wird immer jemanden geben, der etwas auszusetzen hat. Postet man das Foto eines süßen Hündchens, ist die Frage eher, wie rasch und nicht ob jemand einem den Vorwurf macht, warum man Katzen hassen würde.

Hormone

Wenn man nichts Sachliches zu entgegnen hat, dann müssen bei der Frau wohl die Hormone im Spiel sein.

> Sind wohl wieder diese bestimmten Tage?

Wenn Männer emotional sind, wird das als Zeichen der Leidenschaft, des Einsatzes für die Sache oder der Ungehörigkeit eines Vorwurfes gesehen. Als Brett Kavanaugh sich bei seiner Anhörung zum Richter des amerikanischen Obersten Gerichts Vorwürfen zu sexueller Belästigung und Alkoholexzessen in seiner Studienzeit und in seinem Berufsleben stellen musste, reagierte er mit tränenerstickter Wut. Das wurde nicht seinen Hormonen zugeschrieben, sondern seiner aufrechten Empörung wegen dieser unerhörten Anschuldigungen.

Bei einer Frau hingegen, egal, wie sie sich gibt, egal, was sie sagt, egal, welche Emotionen sie ausdrückt: Es sind die Hormone. Die Twitter-Benutzerin @Joanalistin fasste die Lage der Welt Anfang 2022 mit der Lebenserfahrung ihrer Mutter zusammen:

> Hab meine Mutter als Kind mal gefragt warum es so wenig Politikerinnen gibt. Sie meinte man lässt Frauen erst in den Wechseljahren in Machtpositionen kommen, weil solange sie ihre Periode noch haben sind sie quasi zu irrational. Damit ziehe ich den Schluss Putin hat seine Tage.[40]

Rassismus

Jasmina Kuhnke, Sarah-Lee Heinrich, Kamala Harris, Barack Obama, Alexandria Ocasio-Cortez, Ilhan Omar oder Cem Özdemir wissen, was es bedeutet, wegen ihrer Herkunft oder ihrer Hautfarbe zum Ziel rassistischer Hetzer zu werden. Sie haben nicht darum gebeten, sie haben nichts Spezielles gesagt, es reicht, dass sie existieren, online aktiv und erfolgreich in ihrem Beruf sind.

Auch die akademische Welt ist nicht frei von rassistischer Hetze, wie das folgende Beispiel zeigt. Eine schwarze Professorin an der Universität von Washington erhielt folgende Nachricht an ihre Uni-E-Mail, die nur Studierenden und Fakultätsmitgliedern bekannt ist.[41]

> Du bist ein böser Rassist. Du solltest dem weißen Mann dafür danken, dass er deine Vorfahren an die Küsten Amerikas gebracht hat. Sonst wärst du nur ein weiterer armer N***r mit niedrigem IQ, der in einer Lehmhütte in Afrika lebt.
>
> Schande über dich, dass du deinen anti-weißen Rassismus verbreitest. Jeder um dich herum sieht, dass du ein Betrüger bist.
>
> Du bist nichts weiter als ein baumwollpflückender, wertloser N***r und das ist alles, was du je sein wirst.
>
> Erinnere dich jedes Mal daran, wenn du in den Spiegel schaust, du beschissener N***r.
>
> Weiße Macht für jetzt und immer.

Wie reagierte der Arbeitgeber darauf? Die Universität sah sich leider nicht in der Lage, den E-Mail-Absender nachzuverfolgen, und damit gab es nichts, was die Uni tun könne.

Nichtexistierende Stellenangebote

Die indische Journalistin und Nachrichtensprecherin Nidhi Razdan war entzückt, als sie im Sommer 2020 ein Angebot erhielt, das ihre

Karriere in neue Höhen katapultieren sollte. Die berühmte Harvard University hatte ihr eine Professur für Journalismus angeboten. Nicht nur für Inderinnen ist solch eine Berufung ein Karrieresprung und so kündigte sie ihren Job beim indischen Rundfunksender und zog im Januar 2021 nach Boston.[42] Doch dann brach alles zusammen. Über Monate hinweg hatte sie mit den Kontaktpersonen in Austausch gestanden, persönliche Daten übermittelt, um den Umzug und den Beginn ihrer Professur vorzubereiten, als sie nach mehrmaligen Nachfragen beim Dekanat schließlich die Antwort erhielt, dass eine derartige Stelle niemals ausgeschrieben oder ihr gar angeboten worden war.

Auch der Journalistin Rohini Singh war es so ergangen. Sie war 2017 in Indien durch die Aufdeckung der zweifelhaften Herkunft des Vermögens vom Sohn des indischen Innenministers bekannt geworden. Ihr war ebenso eine Stelle in Harvard angeboten worden, doch ihr kam merkwürdig vor, dass die ihr vorgestellten Kontaktpersonen von Gmail-Konten und nicht von Harvard-E-Mail-Adressen mit ihr kommunizierten. Sie stellte die Kommunikation kurze Zeit später ein.

Auffallend war, dass diese Scams sich vor allem gegen Journalistinnen wandten, die durch ihre regierungskritische Arbeit bekannt waren. Damit hatten die Täter versucht, die Frauen zu beschämen, zu diskriminieren und damit zum Schweigen zu bringen. Sie verließen ihre Stelle bei ihrem Medienunternehmen, nur um festzustellen, dass ihre neue Position gar nicht existierte. Und sie verloren ihre Stimme, weil sie nun nicht mehr bei ihrem alten Arbeitgeber beschäftigt waren. In einem Land, in dem eine für Frauen äußerst toxische Atmosphäre herrscht, kommt das dem beruflichen Tod gleich.

Nicht nur Frauen geschieht das. Anfang 2022 machte eine ähnliche Geschichte des schwedischen Epidemiologen Anders Tegnell die Runde. Tegnell, kontroverser Chefstratege der Schweden während der Covidpandemie, verkündete, er werde zurücktreten, um einen neuen Posten bei der Weltgesundheitsbehörde WHO anzunehmen. Doch diese war von der Ankündigung überrascht. Eine solche Stelle gab es nicht und war Tegnell auch nicht angeboten worden.[43]

Bei all den genannten Fällen ist unklar, wer die Täter waren. Zumindest in den Harvard-Fällen kommt eine weitere Dimension hinzu: Harvard reagierte auffällig uninteressiert und schien wenig um die eigene Reputation besorgt.

Gewalt durch Verstummen/Silencing

Was die männlichen Aggressoren mit ihren Attacken auf Frauen im Internet erreichen wollen, ist recht einfach zu beschreiben: Sie wollen sie zum Schweigen bringen. Im Englischen wird das als *Silencing* bezeichnet, als das „Zum-Verstummen-Bringen". Und das versuchen die Hetzer auf verschiedene Weisen, die wir uns jetzt ansehen.

Ins Wort fallen

Die deutsche Virologin Melanie Brinkmann ist bei Markus Lanz im *ZDF* zu Gast, um zu den neuen Covidvarianten und Maßnahmen zu sprechen. Während sie spricht, wird sie, die einzige Frau in der Runde, von den Männern wiederholt unterbrochen. Als sie entnervt „Jetzt rede ich" erwidert, brechen diese in Gelächter aus. Kein Mann in dieser Runde kommt auf die Idee, die anderen auf deren zweifelhaftes Verhalten hinzuweisen und Brinkmann den nötigen Respekt entgegenzubringen.

Eine Situation, in die sich viele Frauen hineinversetzen können. Selbst Richterinnen des Obersten Gerichtshofs in den USA, die zu den mächtigsten Frauen in ihrem Land zählen, können ein Lied davon singen. Studien zeigten, dass bei mündlichen Verhandlungen von Rechtsfällen Frauen überproportional oft von ihren Richterkollegen und den männlichen Anwälten unterbrochen werden. Auch die politische Orientierung wirkt sich aus. Konservative unterbrechen Liberale öfter als umgekehrt.[44] Die Situation wurde so schlimm, dass der Vorsitzende des amerikanischen Obersten Gerichtshof die Prozedur änderte. Die Richter und Richterinnen kommen je nach Dienstalter mit ihren Fragen zum Zug. Damit hat sich das Problem fast erledigt.

Die ehemalige Vorsitzende des Internationalen Währungsfonds und derzeitige Präsidentin der Europäischen Zentralbank, Christine Lagarde, bemerkte auch immer wieder, dass Frauen nicht nur ins Wort gefallen wird, es wird ihnen auch nicht zugehört. Sobald eine Frau das Podium betrat und ihre Rede begann, sah sie die Männer im Publikum abschalten. Sie starrten aufs Smartphone, blätterten in Unterlagen, sie fertigten keine Notizen an oder gingen aus dem Raum. Ihr ganzer Gestus signalisierte Langeweile und Desinteresse an dem, was die Frau zu sagen hatte.[45] Lagarde nutzte ihre Position als Vorsitzende, indem sie den Männern zurief: „Es spricht jemand. Sie sollten zuhören.“

Egal, ob in einer Besprechung, auf Konferenzen oder in Online-Foren, es tritt immer dasselbe Phänomen in Erscheinung. Sind Frauen in einer Gruppe die Minderheit, werden sie regelmäßig unterbrochen, es wird über sie hinweg gesprochen, ihre Beiträge werden ignoriert oder sie werden sogar dafür bestraft. Männer dominieren Konversationen in allen Aspekten des offiziellen Lebens. Je mehr Macht Männer haben, desto mehr reden sie, ganz im Gegensatz zu Frauen.[46] Nicht nur sprechen Männer mehr, ihr Verhalten wird belohnt. Zeigen Männer Zorn, wird das als Zeichen von Kompetenz, Respekt und Autorität interpretiert, bei Frauen dagegen als Zeichen von Unwürdigkeit und Inkompetenz.[47]

Diese Erfahrungen, die Frauen machen, und wie sie bewertet werden, all das hemmt sie in ihrem Verhalten – und noch viel tragischer: in ihrer Leistung. Die kognitive Energie, die Frauen aufwenden müssen, um gegen diese Bewertungen vorzugehen, fehlt ihnen für die Arbeit.[48] Und das hat Auswirkungen auf ihr Selbstvertrauen, ihre Erwartungen und ihr Verhalten. Der Sozialpsychologe Claude Steele von der Stanford University bezeichnet das als „Stereotyp-Bedrohung“, die als Konsequenz das Zurückhalten von Beiträgen von Frauen und deren Minderleistung zur Folge hat, ausgelöst durch die Angst vor einer Voreingenommenheit durch andere.

Frauen „verlieren ihre Stimme" in allen Foren, wo ihre Stimme gehört werden sollte. Sprechen kleine Mädchen noch ohne Hemmnisse, so wägen weibliche Teenager sehr genau ab, ob sie sich zu Wort melden sollen oder nicht. Spätestens in der Pubertät spüren sie den gesellschaftlichen Druck, sich femininen Standards zu unterwerfen. Soziale Medien verstärken den Trend, denn dort wird genau beobachtet, wie sie sich darstellen und verhalten. Bei jedem Beitrag müssen sie nun das Risiko abwägen, inwieweit sie Peinlichkeiten oder negative Gegenreaktionen hervorrufen. Im Zweifelsfall sagen die Mädchen dann lieber nichts.[49]

Frauen, die sich selbst ein Bild machen wollen, wie häufig sie unterbrochen werden, können sich die Smartphone-App Woman Interrupted installieren. Zuerst kalibriert man sie mit der eigenen Stimme, dann lässt man sie im Hintergrund mitlaufen. Die App unterscheidet dann die eigene weibliche von männlichen Stimmen in einer Diskussionsrunde. Überlagert eine männliche Stimme die eigene und ist in Folge nur noch diese zu hören, dann zählt die App das als Unterbrechung der Frau.

Eine Angstkultur schaffen

Möchtest du denn den Männern nicht gefallen? –
Nein, es reicht mir, wenn sie Angst haben!

Was diese und andere Vorgehensweisen des Cybermobs schaffen, ist eine Angstkultur. Opfer können sich nie sicher sein, dass sie nicht irgendwo online oder offline attackiert werden. Wie der Frau in der Garage jede Menge Gedanken durch den Kopf gehen, so geht es Frauen im Internet. Könnte das, was ich hier sage, das Bild, das ich poste, die Meinung die ich formuliere, gegen mich verwendet werden?

Aurora Chisté, eine italienische Unternehmensgründerin und Modeschöpferin, sagte mir, dass solch eine Atmosphäre der Angst so subtil und gekonnt von den Tätern geschaffen wird, dass es den Opfern oft gar nicht auffällt. Und diese Angstkultur bereitet den

Boden für fortwährende Diskriminierung. Auch Patricia Bubner beobachtet die Auswirkung dieser Angstkultur unter anderen Frauen. Manche Frauen fallen ihr sogar in den Rücken, indem sie sie fragen, wenn sie sich gegen Belästigung wehrt:

Wieso glaubst du, dass du damit durchkommst? Mir ist das auch nicht gelungen!

In der Psychologie ist das als „erlernte Hilflosigkeit" bekannt. In Versuchen wurden Hunde in einen Käfig gesperrt, dessen Boden mit elektrischen Leitungen versehen war. Gelegentlich gab es Stromstöße, die die Hunde schockten. Anfänglich reagierten diese panisch, sie konnten aber nichts an ihrer Situation ändern und diesen Stromstößen entkommen. Selbst als man die Käfige dann modifizierte und ihnen die Möglichkeit gegeben wurde, ihre Seite des Käfigs zu verlassen und in eine andere Ecke zu wechseln, wo es keine Stromstöße gab, blieben die Hunde auf ihrem Platz. Sie hatten aufgegeben. Sie sahen sich nicht in der Lage, sich selbst zu helfen.

Der ehemalige amerikanische *NBC*-Nachrichtensprecher Matt Lauer führte solch ein Regime der Angstkultur. Er hatte in seinem Schreibtisch einen Knopf installiert, der es ihm erlaubte, die Bürotür zu versperren, ohne dabei aufstehen zu müssen. Er benutzte diesen Schließmechanismus, um Mitarbeiterinnen, die er in sein Büro zu vorgeblichen Besprechungen geladen hatte, ohne Angst vor Störungen sexuell belästigen zu können.[50] Seine Sekretärin machte sich, wann immer sie den Schließmechanismus hörte, aus dem Staub, um die sexuellen Belästigungen ihres Chefs nicht mitanhören zu müssen.

Offensichtlich wusste das eine erhebliche Zahl von Mitarbeitern und Außenstehenden, denn selbst bei einem Roast des New York Friars Club im Jahr 2008 wurde er deswegen auf die Schippe genommen. Aber die Angst beziehungsweise die Komplizenschaft um ihn herum schützte ihn nicht nur davor, dass seinem Treiben ein Ende gesetzt wurde, sie ermöglichte es erst.

Angst erwirken funktioniert auch in die andere Richtung. In einer Zeit, in der das Internet noch nicht für alle zugänglich war, wurden – wie schon erwähnt – die Wände der Frauentoilette in der Bibliothek der Brown University zu einem speziellen Forum. Dort schrieben die jungen Frauen die Namen jener Männer auf, die sie der sexuellen Belästigung bezichtigten und warnten sich damit gegenseitig vor Dates mit diesen männlichen Kommilitonen. Auch wenn die Universität diese Liste regelmäßig entfernen ließ, hatte sie doch mehrere Effekte. Die Universität verschärfte ihre Richtlinien zu sexueller Belästigung und die männlichen Studenten wurden gewahr, dass ihr Verhalten nicht unbemerkt blieb.

Namenlose Frauen

„In Österreich wird jetzt zum ersten Mal ein Stadion nach einer Frau benannt."
„Was, echt? Hammer, wie ist der Name?"
„Dem Hans-Krankl-seiner-Frau-ihr-Stadion"

Kennen Sie einen Zahnärztinnenmann? Nein? Dabei gibt es doch so viele Männer, deren Frauen Zahnärztinnen sind. Warum also kennen wir keinen Zahnärztinnenmann? Weil diese im Gegensatz zur Zahnarztfrau über ihre eigenen Errungenschaften und Berufe definiert werden.

Die Zahnarztfrau, die Uschi Glas in den 1980er-Jahren für eine Zahnpastamarke verkörperte, mag heute archaisch klingen, doch der Gedanke dahinter ist nach wie vor aktuell. Eine Frau kann keine eigene Karriere haben, eigene Wünsche artikulieren und Erfüllung finden, sie ist und bleibt ein Anhängsel des Mannes. Um die Frau relevant in den Augen anderer zu machen, wird der Beruf und die Leistung ihres Mannes hervorgehoben. Allein die Tatsache, dass sie mit einem Zahnarzt verheiratet ist, macht die Zahnarztfrau zu einer Expertin für Zahnpflege, egal, ob sie Zahnmedizin studiert hat oder nicht.

Die Zahnarztfrau lebt nach wie vor in den Gedanken mancher Männer. Wie am 11. Februar 2022, als die *Hamburger Morgenpost* den Olympiasieg der Schweizer Super-G-Rennläuferin Lara Gut-Behrami folgendermaßen feierte:

Olympia-Ticker: Frau von Ex-HSV-Profi rast zur Goldmedaille

Ja, sie ist mit einem Fußballspieler verheiratet, der mal beim HSV im Kader war. Ein Patzer der *Hamburger Morgenpost*, der anderen nicht passiert? Schon mal von der *Bild*-Zeitung gehört? Zuerst mal sehen wir ein Foto von Gut-Behrami, und zwar nicht im Skianzug – also in ihrer Berufskleidung –, sondern ein privates, ziemlich erotisches. Die fette Schlagzeile streicht den Beruf ihres Mannes hervor. In kleiner Schrift darüber steht etwas von Ski-Gold und in noch kleinerer Schrift wird ihr Name erwähnt. Sie ist zuerst das Sexsymbol, dann die Frau eines Fußballermannes und erst an dritter Stelle steht ihr eigentlicher beruflicher Erfolg, über den es Grund zu berichten gibt. Ganz zuletzt wird überhaupt ihr Name erwähnt.[51]

SCHWEIZ-STAR HOLT SKI-GOLD

Ihr Mann spielte mal beim HSV

Lara Gut-Behrami zeigt sich gerne schick bei Instagram

Abbildung 3:
Online-Meldung der
Bild-Zeitung vom
11. Februar 2022

Der *Bild*-Beitrag ist vollständig aus der Perspektive ihres Mannes geschrieben. Eine kleine Recherche offenbart übrigens, dass der HSV-Star gar nicht so erfolgreich gewesen war, er jedenfalls seiner Frau nicht das Wasser reichen kann. Was lernen wir daraus? Selbst wenn die Frau erfolgreicher in ihrem Beruf ist als ihr Mann, wird sie durch seinen Beruf definiert.

Es geht auch anders. Das Internetportal *The Business Woman Media* schlagzeilte anlässlich der Hochzeit der britisch-libanesischen Juristin und Menschenrechtsexpertin Amal Alamuddin mit dem amerikanischen Schauspieler George Clooney folgendermaßen:[52]

> Die international anerkannte Anwältin Amal Alamuddin hei-
> ratet einen Schauspieler

Der Bericht hält sich mit ironischen Seitenhieben nicht zurück, so wird George Clooney bescheinigt, er sei „wahrscheinlich ein netter Mann, scheint aber etwas anhänglich zu sein, denn seit sie ihn kennengelernt hat, sind kaum Fotos zu finden, auf denen er nicht auch drauf ist". Und er wird mit den Worten zitiert, dass „er nach oben geheiratet" habe.

Spurenlose Frauen

Frauen haben nicht nur keinen Namen, sie werden auch konsequent aus den Quellen gestrichen. Die Geschichtsschreibung von Jahrtausenden fand ohne Frauen statt. Wir wissen nicht, wer sie waren, wir wissen nicht, was sie dachten, wir wissen nicht, was sie machten.

Frauen waren Objekte, die im Besitz von Männern waren. Zuerst besaß sie der Vater, dann ihr Ehemann. Mit Frauen konnte man machen, was man wollte. Man konnte sie als Braut an den Bestbietenden verkaufen, als Dienerin in einen reichen Haushalt schicken, bei dem Mann in Schuld gefallen war, oder als Gattin an den Führer eines anderen Stammes geben, um Allianzen zu schmieden. Die österreichischen Kaiserhäuser vergrößerten jahrhundertelang ihre

Territorien weniger durch siegreiche Schlachten als durch das Verheiraten ihrer vielen Töchter mit anderen Potentaten. „Tu felix Austria nube" – „Du glückliches Österreich, heirate" – war das inoffizielle Motto der Habsburger.

Von den Frauen wissen wir meistens wenig, außer sie fielen aus der Rolle. Marie-Antoinette ist vor allem deshalb bekannt, weil ihr das Zitat „Dann sollen sie doch Kuchen essen" in den Mund und ihr Kopf aufs Schafott gelegt worden war. Lucusta kennen wir nur deshalb namentlich, weil sie Neros bevorzugte Giftmischerin war, mit der er während seiner Herrschaft Hunderte Rivalen beiseiteschaffen ließ. Bei beiden Frauen taucht wieder das Motiv der bösen Hexe auf.

Auch heute noch ist das gang und gäbe, und nicht nur in Afghanistan, Indien oder Kenia, wo Frauen vor allem als Objekte zur Befriedigung von Männern betrachtet werden. Deren Mitgift und Besitztümer gehen auf die Männer über, ihre wirtschaftlichen oder intellektuellen Leistungen werden unsichtbar gemacht.

Auch mitten in Europa. Als die Biochemikerin Patricia Bubner ihr Doktorat an der TU Graz begann, erlebte sie dort nicht nur sexuelle Belästigung, sondern auch *Gaslighting*. Ständig zweifelten einige Männer am Institut offen an der Leistung von Mitarbeiterinnen, stellten deren Kompetenz infrage und schufen eine toxische Atmosphäre. Bubner, die alle Fördergelder für ihr Forschungsprojekt eingereicht, erhalten und eine Forschungsgruppe aufgebaut hatte, wurde von den Kollegen unterstellt, sie könne „mit Frauen nicht zusammenarbeiten". Als sie das Institut nach all dem Mobbing verlassen hatte, wurde aus allen noch während ihrer Zeit vorbereiteten und angefertigten Veröffentlichungen ihr Name getilgt.

Die Spuren von Frauen zu verwischen hat System. Sei es die Physikerin Lise Meitner, die als Erste die Kernspaltung beschrieben hatte, die Biochemikerin Rosalind Franklin, die als Erste die Doppelhelix-Struktur von DNA mit dem Röntgenmikroskop aufgenommen hatte, oder in unseren Zeiten die chinesische DIY-Herstellerin (*Makerin*) Naomi Wu, sie alle sehen ihre Namen aus den Annalen getilgt, während Männer für die Leistungen der Frauen Nobelpreise und Anerkennung erhalten. Mary Hesse, Marjorie Grene, Patricia Churchland, Nancy Nersessian, Jutta Schickore – das sind Namen von Frauen, denen revolutionäre wissenschaftliche Durchbrüche gelangen, die aber in der Wissenschaftsgeschichte totgeschwiegen werden.[53] Wer sie nicht kennt, sollte sie mal googeln. Apropos Google: Dort wurden die KI-Forscherinnen Timnit Gebru und Margaret Mitchell nach ihren umstrittenen Entlassungen in den nachfolgend veröffentlichten Studien, zu denen sie beigetragen hatten, totgeschwiegen.

Arbeiten von Frauen werden generell viel seltener zitiert als die von Männern. In einer Untersuchung von 5.000 Forschungsarbeiten aus fünf hochrangigen medizinischen Fachzeitschriften wurde festgestellt, dass die Arbeiten mit einer Frau als Erstautorin im Schnitt 36-mal zitiert wurden, während es bei Arbeiten mit Männern als Erstautor im Schnitt 54 Erwähnungen waren.[54] Sobald ein Mann zu einem Thema schreibt, zu dem Frauen schon viel veröffentlicht und sich geäußert haben, wird das Thema als neu, interessant, genial und bahnbrechend bezeichnet. Ich erwarte selbstverständlich Ähnliches mit diesem Buch, wollte ich nur gesagt haben.

In seinem Buch „Ein verheißenes Land" schildert der frühere US-Präsident Barack Obama, wie seine weiblichen Kabinettsmitglieder und Mitarbeiterinnen bei Sitzungen zusammenarbeiteten, um Teilnehmerinnen Gehör zu verschaffen. Nicht nur wiederholten sie jeweils die von Mitarbeiterinnen vorgetragenen Punkte, sie lenkten auch sofort die Aufmerksamkeit auf die Urheberin eines Diskussionspunktes, wenn er später von einem Mann vorgebracht wurde. Obama selbst bemerkte dieses Verhalten erst nach einigen Sitzungen und wurde sich damit seines eigenen Vorurteils bewusst: Er hatte den Argumenten der Frauen weniger Beachtung geschenkt als denen der Männer.

Und das geschah ihm, der von seiner alleinerziehenden Mutter und seiner Großmutter aufgezogen worden war und in dessen Haushalt neben seiner Frau Michelle Obama, selbst eine ihn an Seniorität übertreffende Rechtsanwältin, seine zwei Töchter und seine Schwiegermutter leben. Wenn also ihm solch eine kognitive Verzerrung geschehen kann, Argumenten von Männern mehr Aufmerksamkeit zu schenken als denen von Frauen, dann kann das jedem von uns passieren. Und wir müssen es aktiv bekämpfen.

Rufmord und Schmierenkampagne

„Sie schläft mit Männern für Geld." Oder: „Sie hat eine Geschlechtskrankheit." Oder der schlimmste Vorwurf von allen: „Sie ersäuft Kätzchen." Ich erinnere mich noch genau an das Wort, das jemand gewählt hatte, um über eine gemeinsame Studienkollegin zu lästern: „Volksmatratze".

Je öfter eine Information, so falsch sie auch ist, wiederholt wird, desto mehr bleibt hängen, desto eher glaubt man ihr. Politische Parteien haben das zur Perfektion erhoben. Wenn aber ein Cybermob Falschinformationen wie „Sie hat eine Geschlechtskrankheit" verbreitet, kann das weitreichende Auswirkungen haben. Nicht nur die psychische Belastung solcher falschen Vorwürfe ist gravierend, auch die daraus entstehende physische Gefahr. Eine Frau, die angeblich wahllos mit jedem Dahergelaufenen ins Bett steigt und sich dann auch noch wenig überraschend eine Geschlechtskrankheit einhandelt, hat es sich selbst zuzuschreiben. Solch eine Frau ist Freiwild für sexuelle Nötigung und andere Formen von Gewalt. Sie „verdient es nicht besser".

Und damit hört es nicht auf, denn auch die berufliche Karriere steht damit auf dem Spiel. Wenn es so viele sagen, wird wohl ein Körnchen Wahrheit dran sein. Und wer möchte schon mit jemandem zu tun haben, wo Probleme scheinbar vorprogrammiert sind?

Zoë Quinn erlebte genau das. Als ihr Ex-Freund nach der Trennung einen Blogpost verfasste, in dem er sich seitenweise über ihre angeblichen Unzulänglichkeiten und Fehler ausließ, setzte sich ein Cybermob in Gang, der als „Gamergate" bekannt wurde. Sie habe mit anderen Männern geschlafen, um ihr Videospiel zu promoten, habe ihn, ihren Ex, Psychoterror ausgesetzt. Als Beweis leakte ihr

Ex Nacktfotos, die er mit ihr gemeinsam aufgenommen hatte. Was könne man schon von so einer „Schlampe" erwarten?[55]

Nun hakte sich der Cybermob ein, indem die dahinterstehenden toxischen Männer begannen, Quinns Geschäftspartner zu kontaktieren und ihnen vorzuwerfen, mit solch einer zweifelhaften Person Geschäftsbeziehungen zu unterhalten. Der Cybermob fand auch heraus, wer ihr neuer Freund war, und bombardierte wiederum dessen Arbeitgeber mit immer mehr Details zu den beiden. Diese Attacken wurden auch für die Arbeitgeber belastend, denn die Hetzer riefen auf allen Firmenanschlüssen an, die sie finden konnten, und hielten damit die Mitarbeiter von der Arbeit ab.

Wenn ein Opfer beruflich online sein muss und beispielsweise eine Praxis oder einen Laden betreibt oder Medien auf Amazon verkauft, dann fällt der Mob auf den zugehörigen Bewertungsseiten ein. Eine Bewertung bei Google oder Yelp wird dann mit einem Stern und schlechten Kritiken vergeben. Dem Kölner Arzt Thomas Kurscheid geschah das, als er während der Covidpandemie im Fernsehen aufgetreten war und über die Vorzüge von Masken gesprochen hatte. Auf der Bewertungsseite von Google liefen innerhalb von wenigen Tagen 200 Ein-Stern-Bewertungen ein von Leuten, die nie bei ihm in der Praxis oder seine Patienten gewesen waren.[56] Von der eingeschalteten Staatsanwaltschaft erhielt er kaum Hilfe. Google selbst reagierte erst, als er sich einen Anwalt genommen hatte, der mit Anzeige drohte. Auf den Anwaltskosten von mehreren Tausend Euro blieb er allerdings sitzen.

Die *Washington Post*-Journalistin Taylor Lorenz berichtet von gegen sie gerichteten Kampagnen, die schon begannen, als sie bei der *New York Times* arbeitete. Am Tag nach dem Beginn der russischen Invasion in die Ukraine veröffentlichte sie einen Artikel über falsche Kriegsberichte, die von unterschiedlichen Instagram-Profilen angeblich vor Ort erstellt worden waren.[57] Sobald der Artikel online war, erhielt sie nicht nur Nachrichten, dass jemand versuchte, ihr Instagram-Passwort zu ändern, sie bekam auch Direktnachrichten, die ihr „Konsequenzen" für ihren Artikel androhten.

Doch dann begann es, wild zu werden. Jedem Benutzerprofil, dem Lorenz folgte, wurde von Dutzenden, wenn nicht Hunderten Profilen dieselbe Meldung (auch wieder mit einer Reihe von Rechtschreibfehlern) geschickt:

> Hey, ich habe bemerkt, dass du Taylor Lorenz folgst. Bitte beachte, dass sie derzeit mit einer Verleumdungsklage in Höhe von 6 Millionen Dollar konfrontiert ist, weil sie in ihren Artikeln gelogen hat. Ihr derzeitiger Arbeitgeber @washingtonpost ist bereits dabei, sich von ihr zu trennen, nachdem sie eine große Gegenreaktion erhalten hat. Ich kann dir nur raten, ihr in keiner Weise zu vertrauen und keine ihrer Fragen zu beantworten, denn sie hat und wird Dinge aus dem Zusammenhang reißen, um die Geschichte zu erfinden, die ihr die meiste Aufmerksamkeit bringt.

Bei der *New York Times* hatte ein Aggressor in einer ähnlichen Attacke alle im Artikel genannten Personen kontaktiert und falsche Behauptungen aufgestellt. Und das nicht nur über ein Profil, sondern über mehrere. Auch Leute, die einfach nur einem Beitrag ein „Gefällt mir" geschenkt hatten, wurden mit diesen Nachrichten zugemüllt. Es ist wenig verwunderlich, dass die so Kontaktierten aus dem Häuschen waren. Reihenweise tauchten außerdem falsche Blogs auf, die über Lorenz „berichteten" und diese Behauptungen als Artikel getarnt verbreiteten. Diese Blogs verlinkten sich gegenseitig, was eine sogenannte SEO-Manipulation ist, die dazu führt, dass diese falschen Informationen bei einer Suche nach „Taylor Lorenz" weiter oben auftauchen und damit sichtbarer werden. Die Kampagne setzte sich fort: Es wurden Gerüchte in die Welt gesetzt, dass sie bei der *New York Times* gefeuert worden sei und Minderjährige auf sozialen Netzwerken belästigen würde.

Lorenz bezeichnet das als „moderne Schmierenkampagnen". Und diese betreffen vor allem Frauen. Während die *New York Times* die Richtlinie hatte, nicht zu berichten, dass es diese Attacken gegen die eigene Journalistin gab, und sie mehr oder weniger auf sich gestellt war, ihre Kontakte und Quellen zu benachrichtigen und zu erläutern, worum es sich handelte, fährt die *Washington Post* eine aggressivere Linie. Sie beobachtet aktiv mögliche Attacken gegen die eigenen Mitarbeiter und handelt. Denn solche Schmierenkampagnen und Attacken sind nicht nur ein Versuch, Journalistinnen zum Schweigen zu bringen, sondern auch Interviewpartner und Informanten, die von dieser Art der Attacken, die sie meistens nicht verstehen, unangenehm überrascht sind. Und damit verstummen wichtige Informationsquellen für die Zeitung.

Versuche von Gewalttätern, jemandes Online-Reputation zu beschädigen, gibt es nicht nur gegen Menschen. Auch Firmen, deren Plattformen ironischerweise Cybermobbing ermöglichen, bekommen ihre eigene Kost zu schmecken. So deckte die *Washington Post* Anfang 2022 auf, dass toxische Männer und Frauen der Facebook-Mutter Meta eine Schmierenkampagne in Auftrag gegeben hatten, um böse Gerüchte über den Widersacher TikTok in die Welt zu setzen.[58] Die der republikanischen Partei nahestehende Beratungsfirma Targeted Victory sollte einschlägige Slogans und Fehlinformationen in Zeitungen und Online-Medien unterbringen, am besten auf den Kommentar- und Wissenschaftsseiten, die vor den Gefahren für die amerikanische Jugend durch die chinesische App warnen sollten. Wären, ja, wären da nicht ein paar der diskriminierenden E-Mails von Targeted Victory in die Hände von Journalisten gelangt.

Identitätsdiebstahl

Immer wieder geschieht es Bekannten von mir, dass auf sozialen Medien Benutzerprofile auftauchen, die als sie selbst auftreten. Dasselbe Profilbild, Name und persönliche Informationen, mit dem Unterschied, dass sie entweder aggressiv versuchen, die Kontaktliste der originalen Profile abzugrasen und sie als Follower zu gewinnen, oder indem sie Dinge posten, die auf dem originalen Profil nie gepostet werden würden. Das ist auch als Identitätsdiebstahl bekannt.

In einigen der Fälle geben die geklonten Profile vorgeschobene Gründe an, warum sie ein neues Profil angelegt haben, und sobald sie befreundet sind, geht es zumeist um die Bitte um Geld, weil sie sich aktuell in einer misslichen Lage befänden. Das ist der Enkeltrick in der Online-Welt. Oder sie verwickeln einen in Gespräche zu Kryptowährungen, bei denen sie in sogenannten Krypto-Scams vermeintlich lukrative Investitionsmöglichkeiten anbieten, die dann unweigerlich zu Geldverlusten führen.

In den anderen Fällen werden die Benutzerprofile geklont oder sogar gehackt, um für die betroffene Person schädigende Sachen zu posten. So erging es der amerikanischen Journalistin Leta Hong Fincher, einer Expertin für Feminismus in China, die 2020 über Zwangsheiraten in Xinjiang berichtete. Ein besonders von ihrer Arbeit besessenes Twitter-Profil mit großer Reichweite stachelte die eigenen Follower auf, sie zu belästigen. Und diese taten es, indem sie Fake-Profile anlegten und Sachen posteten, die ihr schaden sollten. Nachdem andere User dies an Twitter gemeldet hatten, löschte Twitter diese Profile.

Gewalt durch Inhalte

Worte und Beleidigungen sind eine Sache, aber sie kommen selten allein. Im selben Atemzug werden gewöhnlich verstörende Inhalte ebenso entweder privat an das Opfer gesandt oder gleich mit der Öffentlichkeit geteilt, und das ohne Zustimmung des Opfers. Weder hat das Opfer zugestimmt, dass es solche Bilder sehen möchte, noch hat es seine Zustimmung gegeben, dass Bilder und Videos, ob real oder gefälscht, von ihm mit anderen geteilt werden.

Dickpics

Männer, die sich über die Größe ihres Penis definieren, ziehen immer den Kürzeren. – **Manfred Poisel**

Auf den „kleinen Unterschied" scheinen viele Männer sehr stolz zu sein. Glaubt man den Frauen, die unaufgefordert Abbildungen des kleinen Unterschieds erhalten, dann muss Mann wirklich an sich glauben, denn dass der Unterschied als „klein" bezeichnet wird, scheint seine Gründe zu haben.

Die umgangssprachlich als „Dickpics" bezeichneten Bilder von Penissen sind eines der unerwarteten Phänomene des Internetzeitalters. Sie tauchen unverlangt in den Inboxen und Chats vieler Frauen auf, seien es Dating-Apps wie Tinder oder OKCupid, in E-Mails oder auf sozialen Medien. Selbst in Dating-Apps – für manche Männer mag das jetzt eine Überraschung sein – werden Dickpics von Frauen weder erwartet noch goutiert.[59] Es gibt keinen Kanal, auf dem Fotos von erigierten oder ejakulierenden Penissen ohne Einverständnis von Frauen erwartet oder geschätzt werden.

Wieso schicken Männer nun solche Dickpics auf Dating-Apps? Was in Apps für homosexuelle Männer nach einigem Small Talk fast schon erwartet wird, ist bei Dating-Apps für heterosexuelle Verkupplungen weniger erwünscht.[60] Männer meinen zwar, dass sie damit „ultimatives Vertrauen" an die Frau signalisieren oder die Fähigkeit zur „Bereitschaft", sobald die Frau „ihn im Bett brauchen würde". In vielen Fällen geht es aber mehr um Selbstvertrauen. Immerhin mache die Optik moderner Smartphone-Kameras den „kleinen Unterschied" zu einem „größeren Unterschied". Manch einer (eigentlich fast jeder) findet, dass seiner sowieso der Schönste, Beste, Härteste sei, der jede Frau vor Erregung automatisch die Beine willenlos spreizen lassen würde. Warum also ihn vor Frauen verstecken und sie nicht teilhaben lassen?

Die Sexualmedizinerin und -therapeutin Dr. Bettina Ziemert nannte anlässlich des ersten „No-Dickpic-Tag" weitere Gründe und Erwartungen von Männern, die Dickpics verschicken.[61]

Im Grunde wünsche sich der Mann eine positive Reaktion auf den Versand des Bildes von seinem besten Stück, erklärt Sexualmedizinerin und -therapeutin Dr. Bettina Ziemert.

Jedoch sei dies eine fast ein bisschen naive Annahme, dass das Versenden eines solchen Dickpics die Frau tatsächlich positiv stimmen würde. „Da ist natürlich auch ein grundlegendes Missverständnis dahinter, weil Männer ja über Optik erregt werden. Also ein Mann würde sich nie beschweren, wenn er wahlweise ein Brustbild bekäme oder ein Pussypic. Frauen sprechen aber eher auf Haptik, also angefasst werden, an und sind nicht an sich durch Anblick erregbar." Zudem sei es laut Dr. Ziemert „ein bisschen wenig" bzw. „ein bisschen schwach", wenn man als Mann seinen Selbstwert oder sein Selbstbewusstsein darüber beziehe, wie ein einziger Körperteil aussieht.

Wie auch immer, Frauen sind in ihrer Reaktion gegenüber unaufgefordert erhaltenen Dickpics gelinde gesagt etwas zurückhaltender. Während einige Dickpics als Material zur Belustigung geselliger Runden mit Freundinnen und schwulen Freunden heranziehen, fällt den meisten Frauen – kurz und knackig – nur folgende italienische Weisheit ein:

Wenn der Penis steigt, fällt das Gehirn.

Dating-Apps wie Bumble oder Badoo sahen sich gezwungen, auf Funktionen wie „Private Detector", die auf künstlicher Intelligenz basieren, zurückzugreifen. Diese erkennen Dickpics und andere unerwünschte Arten von Bildern, verpixeln sie und geben der Benutzerin die Möglichkeit, sie an die Plattformbetreiber zu melden.

Wie verbreitet das Zuschicken von Dickpics durch Männer ist, zeigt eine Umfrage des international tätigen britischen Meinungsforschungsinstituts YouGov. So gaben 27 Prozent von Männern der Generation Y (geboren zwischen 1977 und 1984) zu, Dickpics an Frauen versandt zu haben. 53 Prozent der Frauen aus dieser Generation gaben an, ein Dickpic erhalten zu haben. Insgesamt 78 Prozent der Frauen gaben an, dass ihnen unaufgefordert obszöne Bilder zugesandt worden sind.[62]

Das ist aber nicht auf diese Generation beschränkt. Auch ein Drittel der befragten Frauen, die vor 1977 geboren worden sind, berichteten von unverlangt erhaltenen Dickpics. Während 44 Prozent der Männer denken, Dickpics seien sexy, dachten das nur 14 Prozent der Frauen. Beiden Gruppen (also auch Männern, wohlgemerkt) fiel für die Beschreibung von Dickpics als Erstes das Wort „eklig" ein.

Manchmal ist ein Dickpic noch das geringere Übel, denn neben Pimmelbildern sind auch Masturbationsvideos und Ähnliches verbreitet.[63] Dabei scheint es auch eine kognitive Verzerrung bei Männern zu geben, was angemessen ist und was nicht. Der folgende Tweet einer Betroffenen, die eine Gegenmaßnahme ergriff, zeigt das.

bunter Einhornkadaver 🏳️‍🌈
@Einhornkadaver

Typ hat mir auf Insta seinen Penis geschickt.

Ich habe ihm einen langen Furz als Sprachnachricht zurück geschickt.

Ratet wer als eklig beschimpft wurde.

Translate Tweet

11:04 AM · Jan 24, 2022 · Twitter Web App

236 Retweets **28** Quote Tweets **8,180** Likes

Abbildung 4: Was ist ekliger? Unverlangtes Dickpic oder ein Furz als Antwort?

Während Männer glauben, mit Dickpics in Dating-Apps Frauen für sich gewinnen zu können, wollen sie auf anderen Plattformen mit Penisbildern gegen Frauen gewinnen. In der Öffentlichkeit stehende und auf sozialen Medien tätige Frauen müssen damit rechnen, früher oder später unaufgefordert von einem Mann ein Dickpic zu erhalten. Dabei fehlt diesen Männern auch immer das Unrechtsbewusstsein. Sie können am Versenden von Dickpics nichts Falsches erkennen und meinen, es sei in Ordnung. Für die Betroffenen wirkt sich das beschämend aus und wird als männliche Machtdemonstration empfunden.

Und das ist zumeist gewollt. Ein Dickpic soll signalisieren, dass der Frau der Penis fehlt und sie damit nicht komplett ist. Nicht nur, dass Penisneid ein treibendes Motiv der Frau sein muss, die sich in einer Sphäre „beweisen" möchte, die für Männer „reserviert" ist. Ohne Mann, der den Penis bereitstellt, ist sie unvollständig. Damit wird „männerlos" gleichgesetzt mit „wertlos". Sollte sie aber einen Mann haben, ist dies vermutlich kein „richtiger Mann", sondern irgendeine Lusche, eben weil er sich mit ihr einlässt.

Auch wenn Dickpics bereits sexualisierte Gewalt darstellen, sind sie eine Art Vorstufe zu dem, was im Kapitel „Gewalt durch Fantasien" als „sexualisierte Gewalt" bezeichnet wird. Dort wird in Hassmails fantasiert von sexueller Gewalt durch Stopfen des Mauls der Frau mit dem Penis des toxischen Mannes und dem herbeigewünschten Ersticken der Frau daran.

Aber nicht nur Männer verschicken Dickpics. Frauen senden das weibliche Pendant dazu: Oben-ohne-Fotos und Bilder und Videos von ihrer Vagina, sogenannte *Pussypics*. Thomas Köhler, Autor und Cybersecurity-Spezialist, erhielt über einen mehrmonatigen Zeitraum Videos mit dem Hinweis, „was auf ihn warten würde", von einer Stalkerin. Diese „Einladungen" endeten, nachdem sie ein „aufgeschlosseneres" Opfer gefunden hatte, schilderte er mir mehr belustigt denn verstört in einem Gespräch.

Deutschland und die Schweiz, nicht aber Österreich, haben bereits auf das Phänomen reagiert. In Deutschland (§ 184 des Strafgesetzbuchs) und der Schweiz (Artikel 197 Absatz 2 des Schweizer Strafgesetzbuchs) zählt der Versand von Dickpics als unerlaubte Verbreitung von Pornografie. In Deutschland bedeutet das eine Geldstrafe oder Haft bis zu einem Jahr, in der Schweiz eine Geldbuße. Sollte die Empfängerin jünger als 16 Jahre alt sein, dann drohen in der Schweiz sogar bis zu drei Jahre Haft. In Österreich gibt es aktuell keine Gesetzgebung dazu, nur bei regelmäßig und über einen längeren Zeitraum verschickten Dickpics kann das als „beharrliche Verfolgung" – also Stalking – eingestuft werden.

Doch ohne Anzeige kommt es nicht zu Verurteilungen. Deshalb haben sich gleich mehrere Initiativen gebildet, die das Anzeigen erleichtern. In der Schweiz stellt der Verein #Netzcourage mit Netz-PigCock ein Werkzeug bereit, mit dem schnell eine Anzeige erstattet werden kann. Mit (leider) riesigem Erfolg: Schon im ersten Monat wurden laut der Initiatorin Jolanda Spiess-Hegglin über Tausend Strafanträge gestellt. In Deutschland entstand 2020 im Rahmen des Berlin Legal Hackathons eine Website namens Dickstinction.com, bei der man ähnlich wie bei der Schweizer Website online eine Anzeige erstatten kann.

Um entsprechende öffentliche Aufmerksamkeit zu Dickpics zu erlangen, hat Femotion Radio den 18. Januar zum No-Dickpic-Tag erklärt.[64] Wie sehr das helfen wird, können wir nicht vorhersehen, denn wenn wir dem Primatologen Frans de Waal genauer zuhören, dann ist das Herzeigen des erigierten Penis bei unseren nächsten Verwandten durchaus üblich und scheint ein Überbleibsel aus unserer Evolutionsgeschichte zu sein:[65]

Der Hauptunterschied zwischen Menschen und Affen in diesem Zusammenhang ist, dass die meisten unserer Signale verdeckt sind, da wir unsere Genitalien nicht öffentlich zur Schau stellen.

Dies ist jedoch nicht ganz richtig. Manspreading mag eine unbewusste Zurschaustellung der Genitalien sein, ohne sie zu zeigen, aber eine tatsächliche Entblößung der männlichen Genitalien ist nicht ungewöhnlich. Aus der #MeToo-Bewegung haben wir gelernt, wie oft Männer unaufgefordert Bilder ihres Glieds verschicken oder es in Gegenwart ahnungsloser Frauen herausziehen. Wie bei anderen Primaten ist diese Art von Exhibitionismus sowohl eine Aufforderung als auch eine Form von Mobbing und Einschüchterung. Auch Frauen zeigen manchmal öffentlich ihre Brüste oder Genitalien oder deuten sie zumindest an. Vor allem aber ist unser Gesicht zum Schlüsselbereich der Signalisierung geworden.

Rachepornos

Nicht jede Ejakulation verdient einen Namen.
– George Carlin

Die amerikanische Kongressabgeordnete Katie Hill tat eigentlich nichts Außergewöhnliches. Sie hatte eine Affäre mit einem Mitarbeiter ihres Wahlkampfteams. Und ja, sie war verheiratet. Man hat fast den Eindruck, ohne eine heimliche Liebschaft geht es in diesen politischen Kreisen nicht. Doch bei Katie Hill war es etwas anders. Erstens war sie eine Frau, und gemäß dem lateinischen Spruch „Quod licet Iovi, non licet bovi" („Was dem Jupiter erlaubt ist, ist dem Ochsen nicht erlaubt") wird eine Affäre Männern zwar durchaus zugestanden und von den Medien üblicherweise verschwiegen, doch bei Frauen ist das anstößig. Vor allem, und hier kommen wir zu Punkt 2, wenn die Affäre mit einer Frau war. Katie Hill ist bisexuell, parbleu! Sorgte das in den puritanischen USA schon für große Aufregung, so würzten Nacktbilder der Kongressabgeordneten, die angeblich von ihrem Mann geleakt worden waren, die Berichterstattung noch zusätzlich.

Für den Internetmob und die Boulevardpresse waren die intimen Bilder von Katie Hill ein gefundenes Fressen. Die britische Tageszeitung *Daily Mail* druckte die Nacktbilder ab, was Hill umgehend zu einer Klage gegen das Boulevardblatt veranlasste.

Das Veröffentlichen von Bildern und Videos ohne Zustimmung der darauf abgebildeten Person wird als „Racheporno" (englisch: *Revenge Porn*) bezeichnet. Dabei ist es unerheblich, ob die Bilder und Videos echt sind oder wie sie entstanden sind. Es können tatsächlich mit Zustimmung der abgebildeten Personen entstandene Fotos und Videos sein, die nur für den Eigengebrauch, aber nie für eine Veröffentlichung gedacht waren.

Es können aber auch Montagen beziehungsweise Deepfakes sein, bei denen das Gesicht der Person in ein Bild oder Video mehr oder weniger gekonnt eingesetzt wird, mit dem Ziel, die betroffene Person herabzuwürdigen. Mit dem zunehmenden Fortschritt von Foto- und Videobearbeitungswerkzeugen fällt die Erstellung von Rachepornomontagen immer leichter und es ist schwerer geworden, die Fälschungen zu erkennen.

2021 stellte sogar eine Website ein Werkzeug zur Verfügung, wo die Benutzer aus einem Angebot an Pornovideos wählen und dann das Bild einer Person hochladen konnten. Die künstliche Intelligenz ersetzte dann das Gesicht der Pornodarstellerin mit dem auf dem hochgeladenen Foto und erstellte einen Racheporno.[66] So gab es zwar bereits sogenannte Face-Swapping-Apps, wie ZAO oder ReFace, bei denen man ein Porträtfoto in eine Filmszene aus Kinohits einbauen konnte, aber diese Rachepornowebsite hob das auf ein neues unterirdisches Niveau.

Werden Pornos mit Frauen gedreht, die zum Sex gezwungen oder als Sexsklaven gehandelt wurden, bleibt immer das Damoklesschwert der späteren Veröffentlichung über den Opfern hängen. Das musste die Amerikanerin Cher Scarlett feststellen, die als Teenager von zu Hause weggelaufen und in die Hände von mehreren Männern geraten war, die sie misshandelten und ihr Alkohol und Drogen verabreichten. Als sie 18 wurde und von ihrem damaligen Partner zuerst „überredet" wurde, als Stripperin, dann als Pornodarstellerin zu arbeiten, verweigerte sie 2005 bei ihrem ersten Pornodreh die Teilnahme. Die Männer, an die sie ihr Partner verkauft hatte (das Geld für den Dreh hatte er eingesackt), entsprachen nicht den von ihm in schönen Worten beschriebenen „Ehrenmännern". Das traurige Ergebnis: Sie wurde vor laufender Kamera vergewaltigt. Die Aufnahmen wurden nicht veröffentlicht. Als sie mehr als zehn Jahre später, nun mit geändertem Wohnort und Kontaktdaten, eine Online-Suche nach Bildern zu ihr machte, stieß sie auf das Video. Es war von Unbekannten ab 2016 auf mehreren Websites hochgeladen worden. Die zehnjährige Verjährungsfrist für die Strafverfolgung von Sexhandel war in ihrem Fall abgelaufen und die Täter konnten ohne Angst vor Strafe handeln.

Die Website PimEyes, die eine solche Suche nach Bildern von Personen durchführt, mittels Gesichtserkennung und künstlicher

Intelligenz allgemein zugängliche Bilder von Personen und von Pornowebsites verknüpft und zugleich die einzige Website war, wo ihre Bilder und Videos dieser Art indiziert sind, machte Scarlett folgendes Angebot: Für läppische 299,99 Dollar im Monat würde PimEyes dafür sorgen, dass ihre Bilder und Videos nicht in den Suchergebnissen angezeigt würden. Allerdings müsse man dazu eine Reihe von Informationen, darunter aktuelle Fotos von ihr, an die Betreiber schicken. Der Aufforderung, die Bilder und Videos zu löschen, mit Hinweis auf den Digital Copyright Management Act, also dem Recht am eigenen Bild, kam keine einzige der Porno-Websites nach.

Kalifornien machte 2013 als erster US-Bundesstaat die Veröffentlichung von Rachepornos strafbar. Der erste Verurteilte war Noe Iniguez wegen einer Racheaktion. Nachdem er und seine Freundin Schluss gemacht hatten, postete er Oben-ohne-Bilder von ihr auf der Facebook-Seite ihres Arbeitgebers und schrieb die Worte „betrunken" und „Schlampe" dazu, mit dem klaren Ziel, dass sie gefeuert wird. Doch dank dieses Gesetzes kam es anders, als er erwartet hatte. Iniguez wurde zu einem Jahr Haft verurteilt.[67]

Ganz anders die Situation im Vereinten Königreich. Die eingereichte Klage Hills endete mit einem Freispruch der *Daily Mail*, weil der (männliche, muss ich das noch extra erwähnen?) Richter das Abdrucken der Nacktbilder als unter die freie Meinungsäußerung fallende Handlung kategorisierte. Die *Daily Mail* hatte sogar zugegeben, dass ihr die Nacktbilder vom Ex-Ehemann zur Verfügung gestellt worden waren, die die Zeitung dann in 16 Beiträgen abdruckte. Katie Hill wurde dazu verurteilt, die Prozesskosten von umgerechnet fast 200.000 Euro zu zahlen.

Während des Wahlkampfs zum Deutschen Bundestag 2021 wurden auch gefälschte Nacktbilder von Annalena Baerbock, damals Spitzenkandidatin von Bündnis 90/Die Grünen, veröffentlicht. Rachepornos sind spätestens seit damals ins Bewusstsein der deutschen Öffentlichkeit geraten und nicht mehr etwas, was nur irgendwelchen „Schlampen" in den Untiefen des Internets passiert.

Abgesehen vom Gefühl der Verletzung der Intimsphäre durch die ohne Zustimmung erfolgte Veröffentlichung intimer oder gefälschter Fotos und Videos werden viele Frauen noch auf eine weitere Weise erniedrigt. Websites, die sich darauf spezialisiert haben, solche Rachepornos anzubieten, verdienen damit auch noch Geld. Männliche Arschlöcher, die solche Plattformen wie XVideos oder xHamster betreiben und zu den größten Anbietern von Rachepornos zählen, wissen ganz genau, was sie machen. Wie Recherchen von Netzpolitik.org zeigten, tun diese Plattformen wenig, um gemeldete Videos zu entfernen, und versuchen dies im Gegenteil sogar zu erschweren. Die Meldefunktion ist versteckt, und man findet zwar unter den einschlägigen Begriffen wie „rape" („Vergewaltigung") nichts, aber mit kleinen Schreibvarianten der gleichen Worte Zigtausende Videos.[68] Auf dieser Plattform gibt es Videos, bei denen eindeutig zu erkennen ist, dass die sexuell missbrauchte Person ohnmächtig ist, unter Drogen steht oder zu den Handlungen gegen ihren Willen gezwungen wird.[69] Die Plattformbetreiber versuchen, sich weißzuwaschen, indem sie von „simulierten Situationen" und „gutem Schauspiel" sprechen. Wer schon mal Pornos angesehen hat, weiß allerdings, dass die schauspielerischen Fähigkeiten von Pornodarstellern zumeist unter aller Sau sind, und hier sollen sie also plötzlich oscarreife Darstellungen liefern?

Auch Männer werden in Videos hineingeschnitten, allerdings fast ausschließlich als Scherz. Eine beliebte Nachahmung zeigt Präsident Trump, dessen Gesicht mit dem von Nicolas Cage überlagert ist. Die gefälschten Videos von Frauen sind jedoch überwiegend pornografisch und zeigen, wie die sexuelle Objektivierung von Frauen durch dieselbe Art von KI-Technologie gefördert wird, die sie umgekehrt auch schon durch fehlende Daten – siehe Datenfeminismus – für das Maschinenlernen benachteiligt.[70]

Aktuell arbeitet die EU mit dem Digitale-Dienste-Gesetz an Sondervorschriften für die Betreiber solcher Plattformen und die EU-Kommission stellte Pläne vor, die die digitale Gewalt gegen Frauen unterbinden soll.[71] Zumindest ein kleiner Lichtblick. Die Plattformbetreiber sind übrigens nur in einem Fall daran interessiert, dass die Privatsphäre geschützt wird: in ihrem eigenen. Fotos und Details zu ihnen versuchen sie mit allen Mitteln unter Verschluss zu halten. Ein Privileg, das sie den Frauen, mit denen sie, ohne sie gefragt zu haben, Kohle machen, bewusst vorenthalten.

Dogpiling

Der britische Evolutionsbiologe Richard Dawkins prägte den Begriff Meme. Dabei handelt es sich um das Kulturphänomen, wie sich manche Inhalte durch kreative Variation im Internet viral weiterverbreiten. Wir alle sind diesen Memes schon mal begegnet, sei es das süße Kätzchen mit großen Augen und witzigen Beschriftungen, der kleine Junge, der die Faust ballt, oder ein anderes Bild, über dem ein lustiger Text steht. Wenn das mit Inhalten durch einen Cybermob geschieht, wo beispielsweise eine Fotomontage einer Frau auf einem Nacktbild mit immer neueren und noch gemeineren Überschriften geteilt wird, dann wird das *Dogpiling* genannt. Ein „Hundehaufen" wird auf dem anderen gestapelt, immer mehr Scheiße wird aufgehäuft. Dogpiling ist sozusagen das Arschloch unter den Memes.

Sextortion

Eng mit Rachepornos verwandt ist das aus den Worten „Sex" und dem englischen Begriff *Extortion* für „Erpressung" geformte Kunstwort *Sextortion*, das die Erpressung eines Opfers mit der Androhung der Veröffentlichung von Rachepornos beschreibt. In vielen Fällen kam der Täter an die Bilder und Videos durch Sexting, also durch Chats, SMS oder E-Mails, in denen während eines erotisch aufgeladenen Gesprächs einander auch Nacktbilder oder -videos geschickt werden. Besonders heikel ist das bei Minderjährigen, die Cybergrooming zum Opfer fielen.

Mancher Empfänger nutzt diese Bilder dann, um der Senderin mit der Veröffentlichung zu drohen. Oft beginnt das ganz harmlos.

„Zeig mir mal deine Brüste", bis das gutgläubige Opfer dies tatsächlich tut und beim Chat mal kurz die nackten Brüste zeigt. Der Täter verlangt dann Bilder von anderen Körperteilen und droht zuerst spielerisch und dann ganz offen, andernfalls die Oben-ohne-Bilder zu posten. Der Eskalation sind keine Grenzen gesetzt und das kann von Geldforderungen, der Einbeziehung anderer Frauen, die das Opfer dazu nötigen soll, ebenso Fotos und Videos ihrer Brüste und Vagina zu senden, bis hin zu Sex mit dem Opfer führen. Alles immer verbunden mit der Drohung, die Bilder öffentlich zu posten, an Arbeitgeber, Schule, Eltern oder den Bekanntenkreis des Opfers zu senden.

Die Täter selbst können Minderjährige, aber auch pädophile Erwachsene sein, die sich dem oft minderjährigen Opfer gegenüber als gleichaltrig ausgeben. Aber auch Prostituierte und Zuhälter, die Freier damit erpressen. Oder Männer, die sich als junges Mädchen ausgeben und dann Jugendliche auffordern, sexuelle Handlungen auszuführen und aufzunehmen, um sie damit zu erpressen.

Sowohl Cybergrooming als auch Sextortion sind verboten. Bei minderjährigen Opfern wird von „sexueller Nötigung und Erpressung von Kindern im Internet" gesprochen. Cybergrooming ist in Deutschland bereits seit 2004 bei Personen unter 14 Jahren eine Straftat mit bis zu fünf Jahren Gefängnis, in Österreich seit 2012 mit bis zu zwei Jahren Gefängnis.

Zumindest in einem Fall von Sextortion geschah es der Frau (fast) zu Recht. Es handelte sich dabei um die französische Künstlerin Sophie Calle, die durch ihre Fotoserie „Private Game" bekannt geworden war, bei denen sie ihr bekannte, aber auch fremde Männer einlud, in ihrem Bett zu schlafen, und diese intimen Momente mit ihrer Kamera dokumentierte. Auch folgte sie Fremden über Stunden und fotografierte sie auf den Straßen von Paris. Bei einem ihrer Spaziergänge fand sie 1983 ein Adressbuch und fotografierte die Kontakte, bevor sie das Büchlein ihrem Besitzer übergab. Die Adressen nutzte sie, um die einzelnen Personen zu kontaktieren, sich mit ihnen zu verabreden und aus diesen Treffen ein Porträt des

Adressbuchbesitzers für eine Serie in der Zeitung *Libération* zu erstellen. Doch Pierre D., der Besitzer des Adressbuches, erkannte, dass es sich um seine Kontakte handelte, und sandte daraufhin ein Nacktfoto von Calle an *Libération*, die es auch tatsächlich abdruckte. D. hatte die Serie von Calle mindestens genauso als Verletzung der Intimsphäre betrachtet wie Calle dieses Nacktfoto. Der Skandal war perfekt und Calle und er kamen überein, dass sie die vollständige Serie erst nach seinem Tod veröffentlichen würde, was dann 2012 der Fall war. Um das Rätsel zu lösen, wie D. an ein Nacktfoto von Calle gelangt war, musste man nicht lang forschen. Sie war ein paar Jahre als Stripperin in einem Nachtklub aufgetreten, und dort hatte D. es aufgetrieben.[72]

Datendiebstahl

Die Frustration, die Opfer erleben, wird manchmal durch den Leichtsinn der Plattformen oder die geschickte Vorgehensweise der Täter verschärft. Werden Bitten nach Hilfe bei der Aufdeckung der Identität von Tätern oft mit Verweisen auf den Datenschutz und die technische Unmöglichkeit abgeschmettert, so fällt es anderen scheinbar viel leichter, mit den Technologieplattformen zu kooperieren. So gaben sich Hacker als Strafverfolger aus, die „dringende Datenauskünfte" von Firmen wie Apple, Snap Inc., Discord und Meta Inc, dem Mutterkonzern von Facebook, benötigten. Dringende Datenauskünfte (*Emergency Data Requests*) erfordern in den USA im Gegensatz zu einem Durchsuchungsbefehl keine richterliche Genehmigung, weil in Fällen von unmittelbarer Gefahr oft keine Zeit bleibt, einen richterlichen Bescheid einzuholen. Die Hacker hatten ihre Anfragen mit entsprechenden Behörden-E-Mails mit gefälschten Dokumenten und Unterschriften verschickt.[73] Da einige der genannten Firmen darauf hereinfielen, gelangten die Hacker unter anderem an Adressen, Telefonnummern und IP-Adressen der Opfer. Diese seien laut Recherche von Bloomberg zur Online-Belästigung der Opfer und für Finanzverbrechen verwendet worden.

Meta teilte mit, dass von Januar bis Juni 2021 insgesamt 21.700 solcher dringenden Datenauskünfte gestellt wurden, wobei in 77 Prozent der Anfragen „einige Daten" herausgegeben wurden. Die Technologieunternehmen selbst verweisen auf die Schwierigkeit der Überprüfung der Rechtmäßigkeit solcher Anfragen, weil es weltweit Zehntausende unterschiedlichen Strafverfolgungsbehörden gibt. Auch haben die verschiedenen Gerichtsbarkeiten unterschiedliche Gesetze bezüglich der Anforderung und Freigabe von Nutzerdaten.

Doxing

Der Führungscoach Niki Skene fordert sein Publikum gewöhnlich zu einem krassen Schritt auf. Er bittet die Zuhörer darum, ihre Smartphones hervorzuholen, und nach eifrigem Geraschel und Wuseln im Auditorium, das seinem Wunsch nachkommt, verlangt er von allen, das jeweilige Smartphone den Nachbarn auf der rechten Seite zu übergeben. Man hört, wie ein Luftschnappen durch den Raum geht. Fast alle machen es, aber die Unruhe im Saal ist greifbar. Alle halten nun verlegen das Smartphone des linken Nachbarn in der Hand, während aus den Augenwinkeln der rechte Sitznachbar mit dem eigenen Handy misstrauisch beäugt wird.

Die angespannte Situation ist nach wenigen Sekunden vorbei, denn Skene bittet alle, die Handys wieder zurückzugeben. Man hört die Erleichterung; es wird gekichert und aufgeregt geplaudert. Dabei ist die Übung noch nicht vorbei, denn Skene legt nach. Er bitte nun alle, ihr eigenes Smartphone zu entsperren. Noch ahnt das Publikum nichts, vielleicht will er ihnen eine App zum Download vorschlagen. Aber nein, er befiehlt den Anwesenden, das entsperrte Smartphone nun dem jeweiligen linken Sitznachbarn in die Hand zu drücken. Jetzt breitet sich Panik aus. Alle zögern, die Gesichter sagen deutlich „Nein". Niemand will, manche überreichen langsam ihr Handy, nur um es gleich wieder zurückzuziehen. Einige Wagemutige übergeben es mit demonstrativer Zurschaustellung von „Ich habe nichts zu verbergen". Doch ihre Körpersprache sagt etwas anderes.

Das ist der Moment, in dem Skene die Übung abbricht und wieder Ruhe einkehren lässt. Sie hat ihren Zweck erfüllt. Smartphones sind zu einem wichtigen Teil unseres Lebens geworden, auf denen sehr persönliche Daten und Informationen über uns gespeichert sind – viel mehr, als uns bewusst ist.

Wenn nun schon das Wissen, dass eine einzige fremde Person Zugang zu diesen persönlichen Informationen hat, uns unangenehm erscheint, wie muss es erst sein, wenn Hunderte oder Tausende auf sie zugreifen können? Und nicht nur auf die privaten Bilder, E-Mails und Chatverläufe, sondern auch auf Zeugnisse, Versicherungsdaten, Steuererklärungen, Rechnungen und Einkünfte? Oder gar auf die Liste an verschriebenen Medikamenten, psychiatrische Therapieprotokolle, medizinische Unterlagen, Unfruchtbarkeitsbehandlungen? Wem das noch nicht ungeheuerlich genug ist, wie wäre es mit den entsprechenden Daten des eigenen Partners, der eigenen Kinder, der Adresse, wo sie zur Schule gehen, den Telefonnummern unserer Eltern, den Anschriften der Vorgesetzten und der Kunden?

Die unerwünschte Veröffentlichung solcher persönlichen Informationen, die jemand in böswilliger Absicht vornimmt, um der Betroffenen zu schaden, wird als *Doxing* bezeichnet. Das Opfer wird durch einen toxischen Online-Mob bloßgestellt. Nicht nur das: Das Veröffentlichen dieser Informationen kann zu körperlicher Bedrohung führen. Die Comedian Jasmina Kuhnke und ihre Familie mit vier Kindern musste von heute auf morgen aus ihrer Wohnung ausziehen und eine andere Bleibe finden, nachdem in rechtsextremen Netzwerken ihre Privatadresse gepostet worden war.[74] Die Drohungen hörten damit aber nicht auf. Mit rechtsradikalen Netzwerken sympathisierende Polizisten versuchten, ihre neue Adresse, die im deutschen Melderegister mit Auskunftssperre belegt war, abzurufen.

Die amerikanische Spieleentwicklerin Zoë Quinn durchlebte Ähnliches, nachdem ihr Ex-Partner intime Details veröffentlicht hatte: private Fotos, Steuernummer, Namen ihrer Kunden, Name ihres neuen Freundes und von dessen Arbeitgeber und deren Kunden, Telefonnummer des Vaters und natürlich ihre Privatadresse.

Sie musste monatelang bei Freunden wohnen, da ihre eigene Wohnung nicht sicher war. Sie und ihr Vater wurden immer wieder angerufen und beschimpft. Ständig erhielt sie Benachrichtigungen, dass jemand das Passwort ihres E-Mail-Kontos ändern wollte. Auch wurde sie mehrmals beim amerikanischen Finanzamt wegen Steuerhinterziehung gemeldet und wo immer sie zu Vorträgen und Podiumsdiskussionen angekündigt war, wurden die Veranstalter belästigt und bedroht.

Die ehemalige Apple-Mitarbeiterin und Softwareingenieurin Cher Scarlett wurde gleich zweimal gedoxt.[75] Einmal, als sie über Rachepornos schrieb, die jemand von ihr veröffentlicht hatte, und dann, als sie auf der Plattform Blind, auf der Mitarbeiter von Unternehmen anonym über Arbeitsplatzkultur oder Gehälter diskutieren können, eine Umfrage startete, um Gehaltstransparenz bei ihrem Arbeitgeber Apple zu schaffen. Ein anderer Apple-Mitarbeiter, der offensichtlich herausgefunden hatte, wer sie war, veröffentlichte daraufhin ihren Namen und Details.[76]

Zum Doxing gibt es noch eine spezielle Variante, die ein Cybermob bei Transpersonen einzusetzen versucht: das sogenannte *Deadnaming*. Transpersonen ändern im Zuge ihre Umwandlung zumeist ihren Namen. Der (vor der Transformation) beispielsweise weibliche Geburtsname wird nun durch einen neuen männlichen Namen ersetzt. Der alte Name ist somit „tot". In manchen Ländern ist es strafbar, ohne die Zustimmung der Transperson den alten Namen mitzuteilen, da es zu Nachteilen für die betroffene Person kommen könnte. Enthüllt man diesen vorherigen Namen ohne Zustimmung, wird das *Deadnaming* genannt.

Dass nicht nur Frauen gedoxt werden, sondern ganze Organisationen, zeigte sich bei der russischen Invasion in die Ukraine. Wenige Tage nach Kriegsbeginn wurden von der ukrainischen Zeitung *Ukrayinska Pravda* auf 6.000 Seiten die Namen, Registrierungsnummern und Dienstorte von 120.000 russischen Soldaten veröffentlicht.[77] Hacker hatten sich Zugriff auf die Daten der russischen Armee verschafft. Auch die Daten von mehr als 1.600

Soldaten, die die ukrainische Stadt Butscha eingenommen und dort furchtbare Kriegsverbrechen an der Zivilbevölkerung begangen hatten, wurden veröffentlicht. Wer hätte gedacht, dass militärisches Doxing ein Ding ist?

Gewalt durch Fantasien

Hätte ich keine Fantasie, wäre das Leben mit mir selbst wohl nicht sehr spannend. – **Elvira von Ostheim**

Die bisherigen Arten von Online-Gewalt können alle betreffen: Frauen, Männer, Behinderte, LGBTQ+-Personen, egal, welchen Beruf sie ausüben oder nicht, egal, welche Hautfarbe sie haben oder welcher Gesellschaftsschicht sie angehören. Frauen, egal, ob heterosexuell, lesbisch, bisexuell oder queer, werden allerdings zum Ziel einer exklusiven Form von Gewalt, die gegen keine andere Gruppe angewandt wird. Es handelt sich um Gewaltfantasien von toxischen Männern, die sexualisierter Natur sind und, so nebenbei bemerkt, würden sie in die Wirklichkeit umgesetzt, vor allem die Unzulänglichkeiten des von toxischer Fantasie besessenen Mannes bloßstellen würden.

Booty Calls und Antiflirting

Im Englischen gibt es einen Begriff für die oft spätnächtliche Aufforderung von Männern an Frauen, ob sie nicht noch Sex haben wollen: *Booty Call*. Dabei kennen sich die Beteiligten, haben aber nicht unbedingt eine romantische Beziehung. Es geht mehr um Triebbefriedigung, aber eben nicht allein, sondern mit einer dem Mann bekannten Frau.

Mit Booty Calls hat das *Antiflirting* nur noch wenig zu tun. Ja, schon, der Mann will Sex, aber er schreibt wahllos Frauen auf Instagram, TikTok, WhatsApp, Facebook und anderen Plattformen an, nur weil er ihr Profilbild hübsch und sich selbst unwiderstehlich findet. Wie solche Antiflirts aussehen, stellt der Instagram-Account Antiflirting vor, der uns eintauchen lässt in die Verführungskünste dieser Gentlemen.

> Hey! Wie geht's dir? <Smiley Face>
>
> Hi, gut danke. Und dir?
>
> Sehr gut!
>
> Hast du mal Lust auf einen Quickie?
>
> Können uns ja mal auf einen Kaffee treffen und schaun was passiert…
>
> Hey, wie geht es dir? Was machst du so?
>
> Hast du Lust zu ficken?
>
> Überlegs dir, meinen Schwanz bekommt nicht jede
>
> Würde ihn dir überall reinstecken
>
> Deine Lippen passen jedenfalls super zu meinem Schwanz, wenn ich das so sagen darf <Smiley Face mit rausgestreckter Zunge>

Absolut unverständlich, warum die so Angesprochene seinen Verführungskünsten nicht erliegen wollte und nicht mehr zurückschrieb. Das kann nur einen Grund haben, wie er in seinem spekulierenden Abschiedsgruß enthüllte:

> Dreckige Hure

Diese Verführungskünste erinnern mich an die Kaninchen eines Freundes. Er hatte ein Pärchen, und sie gebar ein halbes Dutzend Häschen. Während der Schwangerschaft hatte mein Freund den Rammler weggesperrt, damit sie, die Zibbe, Ruhe vor ihm hatte. Einige Wochen nach der Geburt ließ er die beiden wieder zusammen und der Rammler stürzte sich, ohne zu zögern, auf sie und rammelte, was das Zeug hielt. Mein Freund war, gelinde gesagt, überrascht und sagte mir: „Weißt du, bei uns Menschen geht man zuerst mal miteinander aus, lädt sie ein, fragt sie, wie's ihr geht und so, bevor man dann ranginge. Aber der Rammler? Einfach so auf sie los!"

Heute, wenn ich solche Chatverläufe sehe, kann ich keinen Unterschied zwischen dem Karnickel-Männlein und dem Menschen-Männlein erkennen. Hier ein süßer Leckerbissen mit all der kreativen Rechtschreibung von der Datingplattform OKCupid, die Antiflirting gesammelt hat:

> Hallo! Ich würd dich gern kennenlernen da ich dich sehr attraktiv finde und du äußerst sympathisch rüber kommst. Also lass uns in die Tasten hauen und los geht's <Smiley Face> Vielleicht noch gleich vorweg. Ich bin davon überzeugt dass wenn die Chemie stimmt wir beide ordentlich abgehen und wenn du so süß schmeckst wie du aussiehst hör ich nie wieder auf dich zu lecken <verschämtes Smiley Face> Wünsch dir noch einen schönen Tag und vielleicht liest man sich ja noch... Liebe Grüße, <Name> <Smiley Face>

Sexualisierte Gewalt

> Langsam werde ich mit der Messerspitze deinen Bauch entlanggleiten und dich auf deiner Penisspitze ritzen, bevor ich deine Eier abschneide, sie dir in den Mund stecke und dann genüsslich das Blut ablecke. Meinen Schlagstock werde ich dann in deinen After stecken und dich mal so richtig durchvögeln.

Schon mal so eine E-Mail im Postfach gehabt? Nein? Gratulation, denn dann lebst du als Mann in einer Wirklichkeit, die vielen Frauen verwehrt ist. Frauen, die sich auf sozialen Medien und Netzwerken engagieren, sehen sich nicht nur den allen Teilnehmern üblichen Angriffen ausgesetzt, die von Meinungsverschiedenheiten bis hin zu persönlichen Attacken reichen, sie erleben auch explizit sexualisierte Gewaltandrohungen. Diese toxischen Männer wünschen

Frauen oft nicht nur physische Gewalt an den Hals, sondern fantasieren über Vergewaltigungsszenarien in detailreichen Ausschmückungen. Und die würden selbst den Marquis de Sade erblassen lassen. In seinen gewaltpornografischen Romanen wie „Die 120 Tage von Sodom" oder „Justine" beschreibt der Autor, nach dem der Sadismus benannt wurde, Szenen, die von „einfachen" Auspeitschungen zur Lusterhöhung bis hin zum Defäkieren in Körperöffnungen und der Amputation von Körperteilen führen.

Man muss solche Bücher nicht kaufen. Man muss sie auch nicht lesen. Doch genau solche Beschreibungen tauchen unaufgefordert und mit schöner Regelmäßigkeit in den Postfächern von Frauen auf, die auf sozialen Medienplattformen aktiv sind. Und das unterscheidet die Gewalt und Gewaltandrohungen, die Männer und Frauen online erleben. Frauen erfahren sofort sexualisierte Gewalt, die ihnen unterstellt, „Lesben" zu sein (als ob lesbische Frauen Untermenschen wären), die „mal so richtig durchgevögelt" werden müssten, und zwar „von einem richtigen Mann" (für den sich der toxische männliche Angreifer hält und der sich auch sofort zur Verfügung stellt). Sie würden die Frauen mal ficken, damit ihr „kranker linker Schlampenschädel" zurechtgerückt würde, würden extra aus dem Ausland anreisen, um der Frau „eine Kugel in den Kopf zu verpassen" oder mit der „Kreissäge an den Leib" zu gehen. Und dann gibt es diejenigen, die Frauen seitenweise religiös versponnene Abhandlungen schicken, die von sexueller Gewalt triefen. Die Frau wäre eine „Brut Satans", die, weil sie schädlich wie „Ungeziefer" sei, „vom Erdboden zu vertilgen" sei. In diesen Attacken lassen diese Männer auch immer die aus der Incel-Bewegung bekannten Vorwürfe mitschwingen, dass die heutigen Frauen ihnen nicht mehr so einfach willig zur Verfügung stünden, sondern – wie anmaßend – eine eigene Meinung hätten und selbst Ansprüche stellten, mit wem sie verkehren wollen. Und das ist mit dem Weltbild solcher Neandertaler nicht vereinbar.

Die britische Kolumnistin Laurie Penny schrieb dazu 2011, wie diese Androhungen und detaillierten Beschreibungen sexueller Gewalt zu einem scheinbar normalen Verhalten solcher Männer gehören:[78]

Wie es aussieht, ist die Meinung einer Frau der Minirock des Internets. Wenn du eine hast und sie öffentlich machst, fühlt sich eine amorphe Masse aus fast ausschließlich weißen männlichen Tastenkloppern dazu berufen, dir zu erklären, wie gern sie dich vergewaltigen, töten oder vollpissen würden.

Die britische Journalistin und Frauenrechtsaktivistin Caroline Criado-Perez, Autorin des Buches „Unsichtbare Frauen: Wie eine von Daten beherrschte Welt die Hälfte der Bevölkerung ignoriert" wagte 2013 etwas, das England kollektiv die Luft anhalten ließ. Als die Bank of England ihren Plan öffentlich machte, anstatt der britischen Gefängnisreformerin Elizabeth Fry nun Winston Churchill auf der 5-Pfund-Banknote abbilden zu wollen, prangerte Perez diese Entscheidung an und forderte die Notenbank auf, das zu ändern, weil dann nur noch Männer auf den englischen Banknoten sein würden. 35.000 Unterschriften später machte die Bank of England einen Rückzieher und bildete die Schriftstellerin Jane Austen auf der 10-Pfund-Note ab.

Diese Kampagne führte zu einer Flut an Reaktionen. So trudelten an nur einem Wochenende so viele Vergewaltigungs- und Todesdrohungen ein, dass sie 300 DIN-A4-Seiten füllten.[79] Die meisten waren so hasserfüllt und enthielten solche Grässlichkeiten, dass sie zu obszön waren, um in Zeitungen abgedruckt zu werden. Hier ist eine Auswahl der Drohungen, die Caroline Criado-Perez erhalten hat:

Du brauchst eine Tracht Prügel in den Arsch
Ruft die Bullen, wir vergewaltigen sie auch
Jeder springt auf den Vergewaltigungszug auf -- @Ccriadoperez ist der Schaffner
Ich freue mich schon darauf, dich heute Abend zu tittenficken – ich habe eine Einladung zu deinem Anus
Einige von uns, wie ich, brauchen keine Zustimmung, um zu wissen, was eine Schlampe braucht

Es würde mir nichts ausmachen, diese Schlampe an meinen Ofen zu binden

Du willst mit mir vergewaltigen? (Anmerkung von Criado-Perez: „Das wurde zu einem anderen Mann gesagt, wobei ich in den Tweet einbezogen war.")

Ich flüstere immer „Überraschung", nun ja, nicht immer, aber es wird angedeutet.

Die teppichfressende Fotze muss vergewaltigt werden

All das Fleisch mmmmmm

Kann ich dich vergewaltigen?

Ich werde dich vergewaltigen, habe große Angst – genießt du es, die Medien vor deiner Haustür zu haben? Hoffentlich ist der Vergewaltiger nicht als Reporter getarnt.

Schweigen ist Gold, aber Isolierband ist Silber

Dieser Scherz ist wie ein Vergewaltiger. Er wird Erfolg haben, ob es dir gefällt oder nicht

Und immer und immer wieder in Großbuchstaben das Wort VERGEWALTIGUNG, VERGEWALTIGUNG, VERGEWALTIGUNG, VERGEWALTIGUNG. Und dann gab es die scheinbar unterstützenden Nachrichten, die dann doch mit dem Hashtag #hoffeduwirstvergewaltigt endeten.

Die Männer schickten ihr auch jede Menge Bilder von sexuellen Übergriffen, von häuslicher Gewalt, von Männergesichtern, die einen geistesgestörten Gesichtsausdruck hatten, mit darüber geschriebenen Sätzen wie „Es gibt keine Bremsen auf dem Vergewaltigungstrip".

Waren das noch diejenigen Nachrichten, die Caroline Criado-Perez selbst eher „als Spiel" betrachtete – was angesichts der verstörenden Inhalte zeigt, wie abgebrüht Perez bereits sein musste –, so sind die folgenden Drohungen dann wirklich verstörend.

ZUERST WERDEN WIR DEINE GENITALIEN MIT SCHEREN VERSTÜMMELN, DANN SETZEN WIR DEIN HAUS IN BRAND,

WÄHREND DU FLEHEN WIRST DASS DU HEUTE NACHT NOCH STIRBST.

Ich habe ein Scharfschützengewehr das gerade direkt auf deinen Kopf zielt. Noch einige letzten Worte du hässliches Stück Scheiße? Aufpassen, Hure!

FRAUEN DIE ZU VIEL REDEN SOLLTEN VERGEWALTIGT WERDEN

NIMM MEINEN SCHWANZ MIT DEINEN BEIDEN HÄNDEN UND MASSIERE IHN BIS ICH IN DEINE AUGÄPFEL ABSPRITZE. TU DAS WIE ICH DAS SAGE ODER ICH SCHLITZE DEINEN HALS AUF.

Ich werde dir mit meiner Pistole eine überziehen bis du ohnmächtig wirst, während deine Kinder dabei zusehen, und dann werde ich dein Fleisch verbrennen.

EINE BOMBE WURDE AUSSEN VOR DEINEM HAUS DEPONIERT. SIE WIRD PER ZEITZÜNDER UM GENAU 22:47 UHR HOCHGEHEN UND ALLES ZERSTÖREN

HALTE DEINE HURENFRESSE … ODER ICH WERDE SIE SELBST ZUM SCHWEIGEN BRINGEN UND DICH AN MEINEM SCHWANZ ERSTICKEN LASSEN. OK?

Der beste Weg, eine Hexe zu vergewaltigen, ist, sie zuerst zu ertränken und dann, wenn sie nach Luft schnappt, in sie einzudringen.

Wie wir schon im Kapitel zu Dickpics angesprochen haben, scheinen einige dieser Hassmails erstaunlich optimistisch. Die abgebildeten Schwänze scheinen kaum geeignet, jemanden zum Ersticken bringen zu können. Zumindest zwei der toxischen Männer wurden ausfindig gemacht und gingen ins Gefängnis.

Criado-Perez erhielt in dieser Zeit 50 Vergewaltigungsandrohungen pro Stunde. Anita Sarkeesian, ein anderes Gamergate-Opfer, machte 100 Screenshots von Online-Drohungen in zwei Stunden. Zoë Quinn sammelte 16 Gigabyte Daten an Beleidigungen, Beschimpfungen und Drohungen. Jolanda Spiess-Hegglin sammelte bislang 80.000 Screenshots von Beleidigungen und Bedrohungen. Die britische Abgeordnete Jess Philipps erhielt 5.000 Tweets, in denen die Aggressoren diskutierten, wie sie sie sexuell attackieren würden. 600 davon waren Vergewaltigungsandrohungen, die an einem einzigen Abend eintrudelten.[80]

> Sitz auf einem Schlachtermesser, damit du dich niemals fortpflanzen kannst
>
> Steck dir einen Zahnstocher in die Vagina und stoße dann mit aller Kraft gegen eine Wand
>
> Verpiss dich, du langweilige Schlampe ... ich hoffe, jemand schlitzt dir die Kehle auf und spritzt in deine Fresse
>
> Ich werde deine Brüste abhacken und sie fressen
>
> Holy Shit, du dumme Schlampe, ich schütte dir meinen ganzen Sack ins Gesicht
>
> Dieser verdammte Account bringt mich dazu, Frauen zu beschimpfen, und ich halte mich für ziemlich besonnen
>
> Ich bin noch nie auf einem Avatar eines Mädchens gekommen, aber heilige Scheiße, du dumme Schlampe, ich lade meinen ganzen Sack auf deinem Gesicht ab
>
> Ich werde deinen Arsch zu Tode ficken, du dreckige Hure.
>
> Dein einziger Wert auf diesem Planeten ist als warmes Loch, in das ich meinen Schwanz stecken kann

Für die australische Professorin für Kunst und Medien an der Universität von New South Wales, Emma Jane, ist diese Frauenfeindlichkeit tief in der Geschichte verwurzelt. Sie ist nicht neu, sie war immer da. Soziale Medien erlauben nun aber jedem Frauenfeind, seine Meinung weit zu verbreiten und Gleichgesinnte zu finden.

> Sie gehört zu einer weitaus älteren Tradition des Missbrauchs und der Unterdrückung: einer Tradition, die Frauen auf ihren sexuellen – oder fehlenden sexuellen – Wert reduziert und sie dann für diese Charakterisierung bestraft. Sexy Frauen

verlangen nur deshalb nach erzwungenem Sex, weil sie sexy sind und Männer verführen. Frauen, die nicht sexy genug sind, verlangen nur nach erzwungenem Sex, weil ihnen eine Lektion erteilt werden muss, weil sie nicht die obligatorische Anforderung der Geilheit erfüllen. [Es] kursieren erstaunlich viele Drohungen, Frauen wegen ihrer angeblichen „Unvergewaltigbarkeit" zu vergewaltigen. Gleichzeitig schwärmen Männer davon, bestimmte Frauen vergewaltigen zu wollen, als ob dies ein großes Kompliment wäre.

Sexualisierte Gewalt bleibt nicht ohne Konsequenzen. Speziell als politische Strategie gegen Kandidatinnen eingesetzt, verändert sie die öffentliche Wahrnehmung. Sie führt zu einer Delegitimierung und Dehumanisierung der Frauen. Von Medien und auf sozialen Medien als Sexobjekte dargestellte Frauen werden von potenziellen Wählern als weniger glaubwürdig und ungeeigneter für ein öffentliches Amt wahrgenommen. Das verringert ihre Chancen, im Wahlkampf Erfolg zu haben.[81]

Jolanda Spiess-Hegglin, ehemalige Schweizer Kantonsrätin von Zug, erhielt eine solche Gewaltfantasie, in der ein Mann nicht nur beschrieb, was er mit ihr, sondern auch mit ihren Kindern anstellen würde. Hier die Botschaft mit der wie immer kreativen Grammatik und Rechtschreibung vom 26.8.2017, verschickt um 22:57 Uhr.

Du bist der letzte Abschaum, eine Hure die Vergewaltigungen erfindet. Dir sollte die Muschi verätzt werden. So dumm wie du bist, ist es ein deutliches Zeichen dass du genetisch minderwertig bist. Du und deine drecks Familie müssen ausgelöscht werden. Du Glaubst du wärst beliebt aber die Wahrheit ist, das die Zahl deiner Totfeinde täglich wächst. Ich werde deine drecks Kinder entführen, diese Bastarde von einem Rudel Pädos totficken lassen und dir das Video senden. Wenn du billige Schlampe lange genug gelitten hast werde ich dich langsam und qualvoll töten. Du bist Müll! Ich kriege dich und deine Brut! Wenn die Schweiz von solchem unterbelichteten Gesindel befreit ist, geht es mir dem Niveau aufwärts. Geniesse deine sinnlose Existenz, denn ich kriege dich. Ich hasse dich Zecke und werde dein Leben zerstören und dich töten!

Sich selbst als Ficker anbieten

Eine Einladung in ein Restaurant endet öfter mit Sex als eine Einladung zum Sex.

Ein weiteres Element durchdringt diese Gewaltfantasien: Sosehr diese toxischen Männer der Frau alles Fürchterliche beschreiben, das sie ihr antun werden oder wollen, sie sehen sich gleichzeitig immer als „richtige Männer", deren Sexualorgan (in ihren Augen) als Prachtexemplar gilt und mit dem sie jederzeit solchen Frauen zeigen würden, was ein „richtiger Mann" sexuell leisten kann.

Ihrer Vermutung nach sind Lesben nur deshalb lesbisch, weil sie noch nie einen „richtigen" Mann hatten. Das Konzept von „Queer-Frauen" verstehen diese Männer nicht. Manche toxischen Männer fantasieren über Ästhetik und sehen sich selbst dabei in der Rolle des Künstlers und den Körper der Frau als Leinwand. Den folgenden Kommentar erhielt Jasmina Kuhnke.[82]

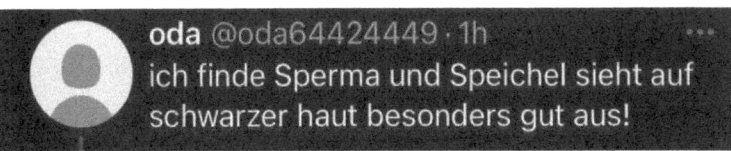

Abbildung 5: Toxische Männer und ihr Sinn für Ästhetik

Den allzeit bereiten Fickern kommt dabei gar nicht in den Sinn, dass ihre eigenen Unzulänglichkeiten vielleicht die Ursache ihres Frusts in Bezug auf Frauen sein könnten und damit zum Ausweichen auf

Gewaltfantasien führten. Hätten sie nämlich ausreichend Sex, müssten sie sich nicht seitenweise sexuelle Gewaltfantasien, in denen sie sich als Protagonist anbieten, ausdenken.

Da klingt das folgende Angebot eines Benutzers auf der Karriereplattform LinkedIn an eine junge Frau fast schon harmlos:

Abbildung 6: Sexuelle Gewalt als Angebot

Brandstifter und Hundepfeifer

Vor allem aus politischen Kreisen kennen wir die Hundepfeifenpolitik (*Dog Whistle Politics*), bei der ein Thema in codierter Sprache angesprochen wird. Phrasen wie der „ehrliche Mann" (die Leute im Publikum), „die da oben" (nicht die Leute im Publikum, sondern Manager, die Mächtigen, die Politiker, die Juden …), „die Ostküste" (die jüdische Diaspora an der Ostküste der USA), „Schmarotzer" (die Linken, die Arbeitsscheuen, die Ausländer), „Querdenker" (die Freiheitsliebenden; Leute, die das System durchschaut haben) oder „die feministische Außenpolitik" („schwache Außenpolitik") sind nur einige solcher codierten Worte.

Wie Hunde, die im Gegensatz zu Menschen das akustische Signal im hohen Frequenzbereich wahrnehmen können, reagiert unterschiedliches Publikum auf spezifische Begriffe. Mit diesen Worten grenzen sich Gruppen von anderen ab, die als fremdartig, faul, böse und moralisch korrumpiert betrachtet werden, während man sich selbst als normal, fleißig, gut und moralisch höherstehend ansieht. Diese Abgrenzung ist auch unter dem Begriff *Othering* in der Philosophie bekannt.

Online-Täter mit einem zahlreichen Publikum benutzen das geschickt, um durch codierte, wenig greifbare Sprache ihre Gefolgschaft auf einen ihrer Meinung nach herrschenden Missstand hinzuweisen, wie beispielsweise eine Frau, die sich als Rechtsextremismusexpertin „aufspielt" und damit ihre traditionelle Rolle als Frau verletzt und „echte Patrioten" beleidigt. Einmal darauf hingewiesen, stellt der Täter suggestive Fragen oder fantasiert, wohin das wohl noch führen werde und ob man dem nicht Einhalt gebieten solle.

Das reicht manchmal schon, um einigen Durchgeknallten aus dem Publikum den Eindruck zu vermitteln, die erwähnte Person müsse attackiert werden: online und physisch. Der Täter selbst wäscht seine Hände in Unschuld. Er (oder sie) habe weder zu Gewalt aufgerufen noch diese ausgeübt. Wie könne man nur denken, dass man diese Absicht gehabt habe? Für die Taten seiner Follower könne man doch nichts!

Die *Zeit* analysierte einige dieser Fälle in einem Artikel mit der treffenden Schlagzeile „Markierte Zielpersonen", in dem zwei Fälle konkret geschildert werden. In einem Beispiel geht es um den Blogger und Kolumnisten der *Welt*, Rainer Meyer, der unter dem Pseudonym Don Alphonso Meinungen veröffentlicht. Dazu schreibt die *Zeit*:[83]

> Ohne selbst je in einen justiziablen Bereich zu geraten, lenkt Meyer die Aufmerksamkeit seiner Fans in seinen Artikeln und Tweets auf bestimmte Menschen, die er nicht zu mögen scheint.

> Diese Menschen – manchmal auch ihre Familien – sind dann teilweise über Jahre hinweg Beschimpfungen, Vergewaltigungs- und Morddrohungen ausgesetzt, mutmaßlich ausgehend von den mutmaßlich rechtsextremen Rainer-Meyer-Fans.

Die „markierten Zielpersonen" waren beispielsweise die Rechtsextremismusforscherin Natascha Strobl und die Autorin Sibel Schick. Beides Frauen, die wegen ihrer Themen und ihrer Expertise den Puls dieser Männer hochtreiben. Strobl erhielt wochenlang Hassmeldungen auf Twitter, nachdem Don Alphonso über sie geraunzt und ihr unterstellt hatte, sie sei eine bei linken Organisationen auftretende Aktivistin.

Sibel Schick wiederum wurde zum Ziel, weil sie Männer für ihre Privilegien kritisiert hatte. Daraufhin wurden an ihre Adresse in Berlin nie bestellte Warensendungen geschickt, ihr Arbeitgeber wurde angerufen, ihr Twitter-Konto mit Hasskommentaren geflutet und sie erhielt Mord- und Vergewaltigungsdrohungen. Als sie ihre Wohnung in Berlin aufgab, wurde bereits ihre neue Adresse veröffentlicht, noch bevor sie sich dort angemeldet hatte.

Im anderen Beispiel geht die *Zeit* auf die frühere CDU-Politikerin Erika Steinbach ein. Diese scheint sich immer mehr radikalisiert zu haben, denn seit März 2022 gehört sie der AfD an. Aber nun zu dem, was die *Zeit* zu ihr schreibt:

> Ein anderes, extremes Beispiel für dieses Muster ist die frühere CDU-Politikerin Erika Steinbach (derzeit etwa 90.000 Follower), die durch einen Tweet den rechten Hass auf den damaligen Kasseler Regierungspräsidenten Walter Lübcke neu anfachte. Lübcke vertrat eine offene Haltung gegenüber Geflüchteten und wurde deswegen im Internet regelmäßig von Rechtsextremisten bedroht. Unter Steinbachs Tweet vom Februar 2019 wurden Morddrohungen gepostet, gut drei Monate später wurde Lübcke von einem Rechtsextremisten erschossen. Ein Zusammenhang zwischen Steinbachs

Tweet und dem Mord ist nicht belegt. Steinbach selbst sagt, sie sei für die Kommentare ihrer Follower nicht verantwortlich.

Steinbach fühlt sich nicht verantwortlich für Aktionen ihrer Follower, ebenso wenig Meyer oder auch dessen Chef, Ulf Poschardt, der Chefredakteur der *Welt*.

Poschardt selbst scheint übrigens sehr wehleidig zu sein. Während ihm die Online-Attacken gegen die von seinem Kolumnisten Don Alphonso markierten Zielpersonen ziemlich schnuppe zu sein scheinen, ist ihm die gegen sich selbst gerichtete Kritik zu viel.[84]

> Ich habe Twitter geschätzt, weil ich das Gefühl hatte, es ist eine Art Debattierclub, ein freier Ort. Aber es entwickelte sich wie im Nachtleben: Wenn dir ein Club keine gute Laune mehr macht, wenn er dir nichts mehr gibt, dann gehst du da auch nicht mehr rein. Ich bin Hedonist, kein Masochist.

Ihn schützt seine Organisation, nämlich die Tageszeitung *Die Welt*, doch freischaffende Frauen wie Strobl und Schick haben kein solches Schutzmäntelchen, unter dem sie sich verstecken können. Männliches Privileg in reinster Form.

Intersektionalität

„Sie sind schwarz? Und eine Frau?" – **John Cleese stellt Tina Turner 1989 bei einem Konzert in England vor**

Wie schon in Dante Alighieris „Die Göttliche Komödie" gibt es auch in der Hölle des Internethasses mehrere Ebenen. Ist es schon schlimm genug, was weißen Frauen im Internet an Hass entgegenschwappt, potenziert sich das Ganze, wenn die Frau einer marginalisierten Minderheit angehört. Ist die Frau dazu noch dunkelhäutig, behindert, hat einen Migrationshintergrund oder eine andere sexuelle Orientierung, dann lassen toxische Männer erst so richtig ihre Fäkalsprachendiarrhö los.

Man nennt diese Überschneidung von mehreren Diskriminierungskategorien *Intersektionalität*. Die deutsche Comedy- und Buchautorin Jasmina Kuhnke weiß aus eigener Erfahrung, wie es ist, als dunkelhäutige Frau und vierfache Mutter zum Ziel eines rechten, vorwiegend männliche Mobs und einiger rechter Prachtmädels zu werden. Neben sexuellen Gewaltfantasien, wie sie Frauen erleben, kommen rassistische Untertöne hinzu.[85]

> Sei dankbar, dass wir dich von den Bäumen geholt haben, Drecksviech!
> Man fragt sich eh, wie sie die Blagen aus dem dürren Junkyarsch gedrückt hat?
> Ich kenne Ochsen und Affen mit mehr Hirn.
> Sklavenhändler hinbestellen mitnehmen lassen.
> Ich will dich massakrieren.
> Gegenüber steht mein PC, in meiner Phantasie tue ich dir weh, du blutest.

Behinderten Frauen wird deren Lebenswert abgesprochen, deren Eltern wohl besser verhütet hätten, der Vater hätte „seinen Samen lieber woanders abspritzen" oder „eher eine Kuh als ihre Mutter ficken" sollen.

Die Menschrechtsanwältin Haben Girma bekam gleich mehrere Hindernisse in ihrem Leben in den Weg gelegt. Sie ist eine Frau, und das in einer misogynen Welt. Sie ist dunkelhäutig, und das in einer rassistischen Welt. Sie ist blind, und das in einer Welt, in der so viel Informationen visuell vermittelt werden. Und sie ist taub, und das in einer Welt, wo niemand zuhören will. Dennoch hat Haben Girma das für viele Unerreichbare erreicht: Sie absolvierte ein Rechtsstudium an der Harvard University und setzt sich seither für Behindertenrechte ein. Außerdem schrieb sie ein Buch über ihre

Erfahrungen und ihr Leben und wie sie dieses meistert. Auch sie wird online massiv belästigt, denn von dieser Intersektionalität von Minderheitencharakteristiken fühlen sich toxische Männer angezogen, ihren Hass über sie zu ergießen. Warum? Haben Girma erinnert sie daran, wie wenig sie selbst – trotz der Privilegien, ein Mann, weiß und gesund zu sein – in ihrem Leben erreicht haben.[86]

Physische Gewalt

Die bisher besprochenen Formen von Gewalt waren verbaler Natur, die online geschehen und vor allem seelische Schmerzen bewirken. Doch diese Art der Gewalt eskaliert in viel zu vielen Fällen zu körperlicher Gewalt. Seelische Gewalt ist sicherlich nicht weniger schmerzhaft als körperliche Gewalt. Es ist eine andere Form, aber beide können zum selben Ergebnis führen. Seelische Gewalt wirkt sich immer körperlich und körperliche Gewalt immer auch seelisch aus.

Manche Form körperlicher Gewalt mag für Unbeteiligte harmlos erscheinen, ist sie aber nicht, wie ein Post von Natascha Strobl zeigt, der auf der Straße ein Mann körperlich nahekam und sie einengte.

Abbildung 7: Tweet zu einer Erfahrung körperlicher Gewalt

Hier zeigt sich das Anspruchsdenken mancher Männer. Sie glauben, ein Recht zu haben, dass eine Frau sich ihrem Willen unterordnet. Es kommt ihnen nicht in den Sinn, dass eine Frau nicht mit ihnen reden möchte und „Nein" wirklich nein bedeutet. Er hat kein Recht darauf, ihr seine Meinung aufzudrängen, wie es auch keine Frau interessiert, wie ein wildfremder Mann ihr Aussehen beurteilt.

Die Faszination von Gewalt Frauen gegenüber manifestiert sich auch in der Kunst. Warum wurde beispielsweise die Verführung von Leda, der Königin von Sparta, durch Zeus, der sich in einen Schwan verwandelt hatte, so oft malerisch festgehalten? Schließlich ist diese angebliche „Verführung" nichts anderes als eine Vergewaltigung. In vielen Fällen schläft die von Zeus Vergewaltigte, was uns an die modernen K.-o.-Tropfen erinnert, die Vergewaltiger auf Partys und in Bars einsetzen, um ihre Opfer willenlos zu machen.

Die römische Göttin Proserpina wird vom römischen Totengott Pluto entführt und vergewaltigt, was Jupiter, ihr Vater, gutheißt. Der Mythos vom „Raub der Sabinerinnen", als Romulus, Gründer der jungen Stadt Rom, die an Frauenmangel litt, unverheiratete Mädchen aus den Nachbarstädten entführte und die Familien vor vollendete Tatsachen stellte, indem seine Männer diese Mädchen rasch schwängerten, wird in der Kunst glorifiziert: Das Geschehen wird vom männlichen Standpunkt aus dargestellt, die nackten Frauen werden in ihrer Pracht abgebildet, wie sie gegen ihren Willen von Männern zu sexuelle Handlungen gezwungen werden.

Die *BBC* stellte 1971 in einer kleinen Dokumentation sexuelle Gewalt auf den Kopf. Der Fernsehsender schickte die junge Reporterin Nicky Woodhead auf die Straßen Londons, um Männern in den Po zu zwicken. Den erstaunten Männern sagte sie dann auf den Kopf zu, dass es sich bei diesem „Pozwickexperiment" (der Titel im englischen Original lautete *Bottom pinching experiment*) um sexuelle Gleichberechtigung handelt, und fragte sie dann, wie sie dies empfunden hätten.[87] Was war die Reaktion der Männer? Wie zu erwarten, war es einigen nicht unangenehm, von einem schönen jungen Mädchen in den Po gezwickt zu werden, für die meisten aber war es eher ein Schock und sie meinten, es wäre schlechtes Benehmen. Immerhin, ein erfreuliches Eingeständnis.

Virtuelle Gewaltwelt

Beginnen wir mit physischer Gewalt in virtuellen Welten. Das klingt im ersten Moment paradox, aber ich erläutere gleich, was damit gemeint ist. Ich spreche nicht von der Gewalt in First-Person-Shootern oder Massive Multiplayer Online Role-Playing Games, die heute in jedem Wohn- und Kinderzimmer auf Spielekonsolen täglich millionenfach gespielt werden. Vielmehr spreche ich von virtuellen Welten, die eigentlich für etwas ganz anderes gedacht waren. Darunter fallen das schon bejahrte Second Life oder das derzeit vielbeschworene Metaverse. In diesen Online-Welten gibt es keine aufgestülpte Spielehandlung oder vorgegebene Mission zu absolvieren. Ihre Aufgabe ist es, der realen Welt eine virtuelle gegenüberzustellen, in der echte Menschen in Form eines virtuellen Avatars ihre eigene Fantasiewelt aufbauen und mit anderen Teilnehmern interagieren können.

Hatten die Entwickler dieser Plattformen gedacht – wie auch schon die Entwickler des Internets –, dass online alle Grenzen verschwinden und Menschen nur das Gute im Auge haben werden, so wurden sie bitter enttäuscht. Die Grenzen verschwanden tatsächlich, doch gibt es auch immer Menschen, die Schlechtes damit im Sinn haben.

Kaum hatte die Facebook-Mutterfirma Meta ihre erste Virtual-Reality-Social-Media-Plattform Horizon Worlds für Testbenutzer eröffnet, geschah es schon. In den Räumen, in denen sich bis zu 20 Avatare einfinden können, wurde der Avatar einer Testerin sogleich befummelt. Oder um es korrekter und in aktiver Form zu formulieren: Ein männlicher Tester, der einen männlichen Avatar bediente, begrapschte den Avatar der weiblichen Testerin.[88]

Die Reaktion von Meta nach einer internen Untersuchung war genau so, wie es Frauen in der Wirklichkeit ergeht: Was zieht sie auch einen Minirock an und provoziert den Grapscher? Ähm, nicht in diesen Worten, aber Meta sagte etwas Bedeutungsgleiches: Die Testerin hätte eine Funktion namens Safe Zone („Sicherheitszone") einschalten sollen. Dabei handelt es sich um eine Art Blase um den

Avatar herum, der es anderen Avataren nicht erlaubt, näher an sie heranzutreten.

Wie auch immer, man bekommt den Eindruck, nicht der Täter wäre etwa schuld, dass er da jemanden sexuell belästigt, sondern die Frau, die zu dämlich ist, mitzudenken und damit zu einer sexuellen Handlung einlädt. Dass die Safe Zone vielleicht standardmäßig eingeschaltet werden sollte, das kam den Meta-Entwicklern nicht in den Sinn. Wie auch? Es sind ja alles Männer.

Dabei hätte man aus der Vergangenheit lernen können. Schon 2016 berichtete Jordan Belamire von der verstörenden Erfahrung, als ihr Avatar im Online-Spiel QuiVr, in dem man in Teams mit Pfeil und Bogen auf die Jagd geht und die Spielenden nur durch ihre Stimmen als Mann oder Frau erkennbar sind, plötzlich von einem Mitspieler nicht nur befummelt, sondern regelrecht einer Vergewaltigung ähnlichen Handlung unterworfen wurde.[89] Darauf reagierten die Entwickler von QuiVr sofort: Sie führten die Funktion Personal Bubble ein und stellten sie als Open-Source-Code für den Softwarerahmen VR Toolkit zur Verfügung.

Microsoft machte dieselbe Erfahrung mit der AltspaceVR, einer virtuellen Welt in 3D. Dort musste das Unternehmen eine Funktion ausschalten, die es Benutzern erlaubte, zusammenzukommen und frei miteinander zu agieren. In den sozialen Räumen Campfire, News und Entertainment Commons kam es ebenfalls zu Belästigungen.[90]

Zwischen der virtuellen und realen Welt verschwimmen schon heute die Grenzen. Ein Erlebnis in einer virtuellen Welt, das heute mit einer VR-Brille wahrgenommen wird, kann die gleichen Gefühle auslösen, als ob man es in der physischen Welt am eigenen Körper erlebt. Ein Avatar in einer virtuellen Welt wird damit für viele zu einer Repräsentanz des Selbst – mit den entsprechenden Reaktionen, wenn dieser Avatar misshandelt oder sexuell belästigt wird. Damit lässt sich die intensive Reaktion der Frauen auf die sexuelle Belästigung in einer virtuellen Welt verstehen. Wie wird die Reaktion erst sein, wenn frau nicht mehr nur eine VR-Brille, sondern einen VR-

Bodysuit trägt, mit dem durch Motoren, Sensoren und Elektrizität virtuelle in echte physische Berührungen umgewandelt werden?

Stalking

Der Schatten ist der Stalker des kleinen Mannes.
– Cartoon von Oliver Ottitsch

Als die amerikanische Krankenschwester Justine H. von einer zwölfstündigen Schicht nach Hause kam, wollte sie nur schnell noch etwas essen, um dann müde ins Bett zu fallen. Nachdem ihr der UberEats-Fahrer das Essen überreicht hatte, begann er sie vollzulabern und wollte nicht aufhören. Sie verabschiedete sich und schloss die Tür, doch dann ging es erst so richtig los. Er begann ihr auf der UberEats-App Nachrichten zu schreiben, fragte, ob sie Single sei, verheiratet oder einen Freund hatte, gefolgt von einem Küsschen-Emoji. Er sandte ihr seine Telefonnummer, für den Fall, dass sie Interesse an ihm haben sollte, und verweilte vor ihrem Haus.

Eine andere Frau berichtete, ein Zusteller hätte am nächsten Tag bei ihr vorbeigeschaut, ob alles in Ordnung wäre. Eine Mutter mit zwei Kindern wurde drei Wochen lang von einem Zusteller gestalkt. Dieser versuchte, ihre Aufmerksamkeit zu erregen, indem er durch den Briefschlitz laut ihren Namen rief. Um fünf Uhr früh.[91]

Apps öffnen die Türen für Stalker, an persönliche Informationen wie Telefonnummer oder Adressen ihrer Opfer zu gelangen. Ob es wirklich hilft, dass die Betroffenen dies an die Firmen melden, sei dahingestellt. Diese privaten Informationen sind zu diesem Zeitpunkt bereits in den Händen der Stalker. Und nicht immer wird den Betroffenen das entsprechende Verständnis entgegengebracht, vor allem von den oft männlich dominierten Tech-Unternehmen, die diese Apps entwickeln. Dem Schutz von Kundinnen wird oftmals wenig Aufmerksamkeit geschenkt.

Die Opfer von Stalkern sind oft sehr jung. So hat die Twitter-Benutzerin Jule Stinkesocke von einem Stalker ihrer 15-jährigen

Tochter berichtet. Ein Mitschüler stalkt sie hartnäckig und trotz Meldung an die Schule und Konferenzgespräch mit dem Mitschüler und seinen Eltern behält er sein Verhalten bei.[92]

Abbildung 8: Stalking einer 15-Jährigen

Nicht alle haben das Glück, jemanden zu treffen, der ihnen nicht nur glaubt, sondern sogar mitfühlen kann und helfen will. Die Chefredakteurin des Magazins *Sheconomy*, Michaela Ernst, zeigte einen unbekannten Stalker bei der Polizei an und der Beamte erwies sich als sehr hilfreich. Seine eigene Frau hatte einen Stalker und er erlebte hautnah mit, was das mit Frauen und deren Angehörigen macht.

Was diese Stalker dazu bringt, sich ihre Opfer auszusuchen, hat nur selten etwas mit diesen selbst zu tun. Drei Jahre lang war die amerikanische Leichtathletikolympiasiegerin Emily Infeld von einem Stalker verfolgt worden. Es begann harmlos mit Nachrichten auf Facebook, die sie von einem gewissen Craig Donnelly erhalten hatte. Er gab sich als Leichtathletikcoach aus und gab ihr Ratschläge, wie sie ihre damalige Fußverletzung behandeln sollte. Doch Infeld konnte nicht herausfinden, ob er wirklich das war, was er vorgab. Donnelly hatte Berichte über sie online gesehen und wurde besessen von ihr. Sie hatte ihn nie getroffen, sie wohnte in Oregon, der Stalker in New Jersey, also am entgegengesetzten Ende der Vereinigten Staaten.

Die Nachrichten trudelten unaufhörlich herein, und sie blockte ihn auf Facebook. Doch dann kamen Anrufe von einer unbekannten Telefonnummer. In den hinterlassenen Sprachnachrichten begann der Anrufer, von Hochzeitsvorbereitungen zu fabulieren, wo die Hochzeit stattfinden würde und dass sie der Erzbischof trauen würde. Und dass sie an einem bestimmten Tag eine Limousine abholen würde, damit sie getraut werden könnten. Das war der Moment, wo sie und ihr Mann vor Gericht ein Kontaktverbot gegen Donnelly ausstellen ließen. Das hielt ihn aber nicht davon ab, knapp drei Kilometer von ihrer Wohnung in Portland entfernt eine Wohnung zu mieten. Auf LinkedIn hatte er gepostet, er sei nach Portland gekommen, um sie umzubringen. Das FBI nahm ihn in Verwahrung.[93]

All diese Jahre belastete sie dieser Stalker. Sie sollte sich auf Wettkämpfe vorbereiten, doch das konnte sie nicht, da sie ständig Angst haben musste, dass ein Fremder auftauchen und ihr etwas antun wolle. Nun glaubte sie, Ruhe vor ihm zu haben. Doch Ende 2021 entschied ein Richter, der Stalker sei aufgrund seines mentalen Zustands nicht verhandlungsfähig und müsse sich einer Behandlung unterziehen. Donnelly hatte vor einigen Jahren nach einem Sturz eine Gehirnverletzung davongetragen, die zu einer wahnhaften Störung geführt hatte.

Die Start-up-Gründerin Patricia Bubner ist ein anderes Beispiel. Als 18-Jährige arbeitete sie als Kellnerin in der Schweiz. Einer der Stammgäste fühlte sich zu ihr hingezogen und unterhielt sich ständig mit ihr. Bevor sie nach Österreich zurückkehrte, um ihr Studium anzutreten, sagte er ihr, er käme sie mal besuchen. Was er allerdings machte, ging weit über das hinaus. Er kündigte seine Pensionsversicherung und kam nach Graz, um „sie zu heiraten". Er stellte ihr nach, bedrohte sie, bekundete seine Liebe, suchte in Lokalen nach ihr, fragte herum, er rief sogar an der Universität an und versuchte, ihre Wohnanschrift herauszufinden. Nicht nur das ist unangenehm und bedrohlich, auch dass sie alle Freunde, Familienmitglieder und Kollegen vor ihm warnen musste, belastete Bubner. Denn er gab sich als Freund aus und im ersten Moment dachten sich die meisten nichts dabei. Doch der vorgebliche Freund war ein Stalker.

Für Bubner war das in mehrfacher Hinsicht belastend: Sie hatte minderjährige Geschwister, die es zu schützen galt. Aus Sicherheitsgründen musste sie ihrem Arbeitgeber mitteilen, dass sie einen Stalker hat, damit die Kollegen Bescheid wussten, sollte er sie aufsuchen. Und das war ihr extrem peinlich. Auch hatte sie sich jahrelang in ihren Online-Aktivitäten stark eingeschränkt und genau kontrolliert, ob Bilder von ihr online gestellt wurden, ob sie selbst in sozialen Medien präsent ist und wie die Sicherheitseinstellungen sind. Doch dieser Typ ist absolut hartnäckig. Selbst zwei Jahrzehnte später stalkt er sie noch.

Damals gab es noch keine Stalkinggesetze, was die Sache erschwerte. Heute ist es ein Straftatbestand und kann verfolgt werden. Doch Bubner sagt auch ganz klar, dass es ein gesellschaftliches Problem ist. Eine Frage, die ihr immer wieder gestellt wurde, sei nämlich, ob sie denn sicher sei, dass sie ihm keine missverständlichen Signale gesandt habe. Als ob sie selbst daran schuld sei, dass er ihr so hartnäckig und aggressiv nachstellte.

In meinen Interviews mit Frauen zu Online-Belästigung berichteten mir einige, ohne dass ich danach gefragt oder den Fokus darauf hatte, von ihren Stalkern. Mehr als die Hälfte der Frauen erzählte mir, dass sie einen gehabt hatten oder noch haben. Und das Internet macht es Stalkern einfacher, ihren Opfern nachzustellen und Informationen über sie zu sammeln.

Nicht nur Frauen werden von toxischen Männern gestalkt, auch Männer werden zu Opfern von Stalkerinnen. Professor Thomas Köhler, Experte für Cybersicherheit und bekannter Buchautor, hatte eine aufdringliche Stalkerin. In einem Münchner Vorort war er bei einem Wochenendausflug drei Frauen in einem Lokal begegnet, mit denen er sich unterhielt. Nach der Verabschiedung erhielt er plötzlich E-Mails von einer der Frauen. Er hatte diese Begegnung eigentlich fast schon vergessen, doch die Nachrichten trudelten weiterhin ein. Sie rief auf WhatsApp an und einmal ging er unvorsichtigerweise ran. Kaum hatte er den Videoanruf angenommen, entblößte sie sich vor der Kamera. Er legte auf. Daraufhin wurden die Nachrichten immer expliziter. Intimvideos mit dem vielversprechenden Satz „Das erwartet dich!" fluteten seinen Maileingang. Und dann tauchte sie vor seinem Haus auf und stand dort stundenlang. So lange jedenfalls, dass ihn später die Nachbarin fragte, wer denn die merkwürdige Frau gewesen sei.

Was die Stalker motiviert, ist ihr Irrglaube, das Ziel ihrer Begierde würde sie ebenfalls begehren, auch wenn das, was das Opfer sagt oder ausdrückt, das Gegenteil aussagt. Wenn der Stalker nur die Chance hätte, mit dem Opfer allein zu sein, dieses ihm zuhören würde und er ihm seine Liebe gestehen könnte, würde es schon einsehen, was für ein toller Typ sie/er ist. Bestärkt wird das durch einen weiteren Irrglauben, dass das Opfer mit dem Täter geheim kommuniziert. Treten Frauen öffentlich in Erscheinung, zum Beispiel bei Interviews, dann interpretieren ihre Stalker jede kleine Bewegung, jedes Lächeln, jede Kleiderwahl, jeden Blick in die Kamera als geheimes, vertrauliches Signal an den Stalker.

So ganz abwegig erscheinen derartige Gedanken auch vielen anderen Männern nicht. Dass die Frau sich für sich selbst schön macht oder weil sie sich damit besser fühlt, kommt diesen Männern nicht in den Sinn. Sie sehen es als Einladung, der Frau auf die Pelle zu rücken. Frauen empfinden solch ein Verhalten dieser Männer – zu Recht – vor allem als Machtverhalten. Das Selbstbild der gestalkten Frauen verändert sich definitiv, sagt *Sheconomy*-Chefredakteurin Michaela Ernst. Man sieht sich als Verfolgte, das Selbst wird verkleinert, man muss ständig über die Schulter schauen und hat Angst, dass der Stalker vor der Wohnungstür, der Arbeit oder bei einer öffentlichen Veranstaltung auftaucht. Die Gestalkten werden sogar in ihrer eigenen Wohnung beobachtet.

Gamergate-Stalker drohten Konferenzveranstaltern, bei denen Zoë Quinn einen Vortrag halten sollte, sie würden dort auftauchen, woraufhin die Veranstalter die notwendigen Konsequenzen zogen. Wir erraten wohl, welche? Sie luden Quinn wieder aus. Auch Jasmina

Kuhnke fühlte sich bedroht, als sie 2021 auf der Frankfurter Buchmesse ihre Buchvorstellung absagte, weil rechtsextreme Verlage, in deren Schriften sie bedroht worden war, ebenfalls Stände auf der Buchmesse hatten und sie die Leserschaft dieser Verlage auf der Messe fürchtete.

Wie wenig Anti-Stalking-Gesetze greifen, zeigt sich am Fall des katholischen Priesters Michael Hammerschmidt in Meschede, Nordrhein-Westfalen. Ihm war seit mehr als 20 Jahren von einer mittlerweile 79-Jährigen nachgestellt worden, die mit Nackttänzen vor dem Pfarrhaus, obszönen Liebesbotschaften sowie vulgären Rufen und Gesten seine Aufmerksamkeit erregen wollte. Sie war sich sicher, dass er sie lieben würde, dies jedoch als katholischer Priester nicht offen ausdrücken könne. Als es endlich zum Prozess gegen sie kam, wurde sie wegen Schuldunfähigkeit freigesprochen. Ihr Liebeswahn sei durch einen chronischen Hirnschaden hervorgerufen.[94] Für Hammerschmidt geht damit das Leid weiter. Als Opfer sei man in diesem Land verloren, sagte der sichtbar frustrierte Priester nach dem Freispruch. Seit 20 Jahren mache sie ihn krank und schränke sein Leben ein, aber sie habe überhaupt keine Einschränkungen, fügte er hinzu.

Auch die Unternehmerin und ehemalige FDP-Politikerin Marie-Christine Ostermann hat einen Stalker, der trotz Kontaktverbot und Gefängnisstrafe nicht aufgibt. Hinzu kommt, dass die Behörden sie nicht in Kenntnis setzten, dass er seine Strafe abgesessen hatte und wieder freigekommen war. Erst durch Journalisten, die sie darüber informierten, wurde sie der neuerlichen Gefahr gewahr. Prompt schickte der Stalker ihr neues Material: Fotos von abgehackten Frauenköpfen.[95] Stalker beeinträchtigen nicht nur die Lebensqualität der Opfer, sie kosten auch viel Geld. Zigtausende Euro an Anwaltskosten hat Ostermann bislang in die Abwehr des Stalkers gesteckt, Kosten und Zeit, die sie nicht ersetzt bekommt.

Tracking

Brooks Nader, die auf Instagram mehr als 800.000 Follower hat und als Model arbeitet, saß Anfang 2022 in einer vollen Bar in New York City, während sie auf Freunde wartete. Auf dem Heimweg erhielt sie kurz vor Mitternacht auf ihrem iPhone eine merkwürdige Nachricht: „Ein AirTag bewegt sich mit dir." In ihrer Manteltasche fand sie ihn dann. Bis dahin hatte sie noch nie von AirTags gehört.[96] Ähnlich überrascht war eine 23-Jährige in Mobile im US-Bundesstaat Alabama, als sie die gleiche Meldung erhielt, während sie im Auto saß. Nach einem hektischen Telefonat mit ihren Eltern fanden sie schließlich einen AirTag im Radkasten.[97]

Im eigenen Rucksack verstaut oder in einem Paket mitverschickt lassen sich mit Apple AirTags die Aufenthaltsorte von Objekten nachverfolgen. In Manteltaschen geschoben oder an Autos angebracht, verwenden Stalker sie zum Aufspüren und Nachverfolgen ihrer Opfer. Zwar werden auf den iPhones der Opfer dann Meldungen verschickt, aber nicht jede Gestalkte hat ein iPhone. Android-Smartphones bekommen davon nichts mit. Und das macht die Opfer verletzlich. Die Täter können ohne viel Aufwand und Kosten – ein AirTag kostet 35 Euro – Bewegungsmuster und Aufenthaltsorte der so markierten Personen nachvollziehen.

Aber nicht nur AirTags kommen zum Einsatz. Apps, die auf dem Smartphone eines Opfers installiert werden und die den Standort der Person dann auf dem eigenen Smartphone anzeigen, eignen sich ebenso zum Tracken. Oft handelt es sich hierbei um Paare, wobei der Mann der Frau – unter dem Vorwand, dass er besorgt um ihre Sicherheit sei – eine solche App installiert. Sukzessive schränkt solch ein Gaslighter dann ihren Bewegungsfreiraum ein.

Apps wie mSpy, uMobix, eyeZy, SpyBubble, CocoSpy, ClevGuard, FlexiSpy oder Hoverwatch erlauben es Tätern auch, die E-Mails, Chatnachrichten, Anrufe, besuchte Websites und soziale Medien sowie andere Aktivitäten auf dem Smartphone der verfolgten Person zu überwachen. Um solche Spionagesoftware hat sich eine eigene

Industrie mit unterschiedlichsten Dienstleistungen und Angeboten etabliert. Es wird immer leichter, einem Opfer nachzustellen. Solche Tracking-Geräte sind Formen digitaler Gewalt.

Sachbeschädigung

Die russische Journalismusstudentin und Menschenrechtsaktivistin Olga Misik hat ihre eigenen Erfahrungen damit gemacht, wie rasch Online-Drohungen und Hass physische Realität werden können. Mit 17 Jahren war sie durch ihre Protestaktionen für die Aufnahme des russischen Oppositionellen Alexej Nawalny – derselbe Nawalny, den Putin zu vergiften versuchte und der in Berlin geheilt worden war – in die Kandidatenliste für die russischen Präsidentenwahlen aufgefallen, als sie in Moskau mitten auf der Straße saß und der Bereitschaftspolizei die russische Verfassung vorlas. Drei Wochen nach dem Beginn der russischen Invasion in die Ukraine schilderte sie lapidar in einem Tweet:

Meine Wohnung wurde einer kosmetischen Prozedur unterzogen.

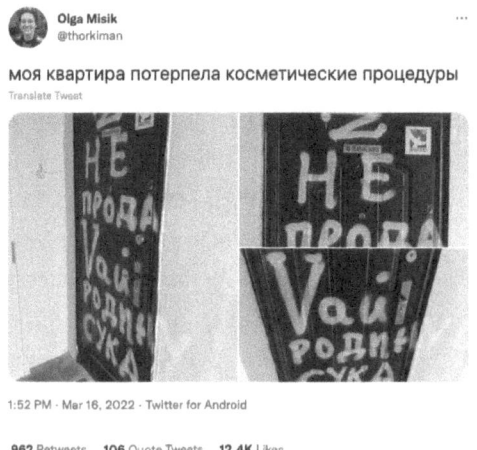

Abbildung 9: Die mit Kriegsslogans beschmierte Wohnungstür der russischen Journalismusstudentin und Aktivistin Olga Misik

Ihre Wohnungstür war mit einem „Z" – das als neues faschistisches Symbol für Putin-Anhänger gilt – und den Worten „Verrate nicht dein Vaterland, Schlampe" „dekoriert" worden. Diese Taktik soll vor allem eines mitteilen: Wir kennen deine Adresse, hinterlassen dir eine Warnung und wir scheuen nicht davor zurück, notfalls auch physische Gewalt auszuüben. Solcher Vandalismus durch toxische Männer kann vom Beschmieren der Wohnungstür oder Hauswände, dem Aufstechen von Autoreifen, Zerkratzen des Lacks und Einschlagen von Autoscheiben, dem Stopfen toter Tiere ins Postfach, dem Abladen von Kot vor der Haustür oder dem Verschicken von Ausscheidungsprodukten in Paketen bis hin zu Briefbomben reichen.

Swatting

Wie so oft treten manche Trends zuerst in den USA auf. Wie die als *Swatting* bekannte, hochgefährliche Form der physischen Online-Belästigung. Darunter wird ein Anruf bei der Polizei verstanden, bei der ein Anrufer vortäuscht, eine Straftat oder eine verdächtige Person an einer bestimmten Adresse wahrgenommen zu haben. Da die Meldung oft sehr dramatisch dargestellt wird – es seien beispielsweise Schüsse vernommen worden oder eine tote Person liege im Garten –, sendet die Notrufstelle zumeist eine Spezialeinheit hin. In den USA heißen diese schnellen Polizeieinheiten SWAT, was als Abkürzung für *Special Weapons And Tactics* steht. Daraus leitet sich die Bezeichnung Swatting ab.

Vor Ort verschafft sich die Polizei mit Gewalt und gezogenen Waffen Zutritt zur Wohnung, wo sie dann auf völlig verblüffte Bewohner trifft. Diese Situation ist gefährlich, denn die Polizei rechnet mit dem Schlimmsten, während die aufgeschreckten Bewohner an einen Raubüberfall denken. In den dramatischen Momenten kann es rasch zu einer Fehleinschätzung der Situation und Menschen zu Schaden kommen.

Im Jahr 2017 kam ein Mann in der amerikanischen Stadt Wichita ums Leben, als ein anderer Videospielspieler, mit dem er in Streit geraten war, den Polizeinotruf tätigte und eine Geiselnahme meldete. Die Polizei stürmte die Wohnung und schoss den vermeintlichen Geiselnehmer an, der später seinen Verletzungen erlag.[98] Der Täter wurde zu 20 Jahren Haft verurteilt. In einem anderen Fall im US-Bundesstaat Tennessee starb ein Mann bei einem solchen Swatting an Herzversagen.[99]

Längst ist dieser Trend auch in Deutschland angekommen. 2017 wurde bei einem Haus in Franken ein Feuer gemeldet. 110 Feuerwehrleute in 20 Wagen, zwei Streifenwagen und zwei Ambulanzen fuhren daraufhin zur Adresse. Doch dort gab es kein Feuer. Der 25-jährige Anrufer wurde zu drei Jahren und fünf Monaten Haftstrafe verurteilt. Das Opfer, auf den es der 25-Jährige abgesehen hatte, war ein als „Drachenlord" bekannter Influencer, der seit Jahren mit toxischen Männern konfrontiert ist und von ihnen belästigt wird.[100]

Geradezu harmlos erscheint da eine Variante, bei der „nur" Pizzabestellungen an die Adresse des Opfers geschickt werden. Auch im eigenen Umfeld kenne ich das: Meine Frau erzählte mir von Paketen mit Reizwäsche, die sie eine Zeit lang erhalten, aber nie bestellt hatte, und wo die Rücksendeadresse ungültig war. So harmlos dieses Beispiel klingt, es schafft Unsicherheit bei den Betroffenen. Ein Täter zeigt damit dem Opfer, dass er seine Adresse hat, und versucht, durch diese Sendungen Aufmerksamkeit zu erregen.

Darüber hinaus gibt es *serielles Swatting*. Nicht nur einmal, sondern wiederholt wurden an die Privatadresse und Universität der Studentin Allison Henderson von einem Internetbenutzer namens Obnoxious („Widerwärtig") SWAT-Teams geschickt.[101] Der zum Tatzeitpunkt 16 Jahre alte kanadische Teenager rief mehr als 40 Mal SWAT-Teams zu den Häusern seiner vielen Opfer, wobei er unter anderem behauptete, er hätte Geiseln und würde die Einsatzkräfte bei der ersten Sichtung erschießen. Die Polizei rückte jeweils in voller Montur und mit Hunden und Hubschraubern an.

Auch Prominente wie Miley Cyrus, Justin Bieber, Ashton Kutcher und Rihanna haben schon Erfahrung mit Swatting gemacht.

Falschanzeigen

Eine weitere Taktik, dem Opfer zu schaden, ist eine Abwandlung des Swattings. Anstatt ihm die Polizei ins Haus zu schicken, meldet man das Opfer beim Finanzamt als Steuerhinterzieher, in der Hoffnung, damit eine Finanzprüfung auszulösen, die für niemanden angenehm ist. Oder man fordert eine Gewerbeprüfung oder Familienfürsorge an oder wendet sich an eine andere Behörde, die zu einer Prüfung gesetzlich verpflichtet ist.

Doxing mit entflammbarem Material

Noch gefährlicher ist das Veröffentlichen der Telefonnummer und Adresse der Frau mit dem Hinweis, dass diese Frau Sex haben will oder für Sex zur Verfügung steht. Hier wird von den toxischen Männern überhaupt nicht mehr vorgetäuscht, dass es sich um öffentlich zugängliche Information handle, wie sie in jedem Telefonbuch zu finden sei. Diese Männer nehmen nicht nur in Kauf, dass die Frau sexuell gedemütigt und ihr körperlicher Schaden zugefügt wird, es ist das eigentliche Ziel.

So erging es der Amerikanerin Rebecca Scheffler (ein Pseudonym), die eines Tages eine anzügliche Textnachricht erhalten hatte.[102]

> Hallo … Ich habe deinen Beitrag auf Craigslist gesehen … Hast du immer noch Bock auf Spaß?

Darauf folgten weitere, noch explizitere Nachrichten, so wie diese hier:

> Ich will deinen Arsch ficken.
> Hallo du. Ich beantworte deine Anzeige auf Craigslist. Ich will deine Muschi und deinen Arsch lecken, bevor ich sie zertrümmere.
> Mein Schwanz pulsiert für dich. Reizt dich das?

Das Löschen der Nachrichten und Blocken der Telefonnummern half nichts. In den folgenden Wochen erhielt Scheffler Androhungen von Körperverletzung, Bilder von Genitalien und unzählige erniedrigende Nachrichten, die alle auf Craigslist-Sexanzeigen reagierten, die sie nie gepostet hatte. Die Textnachrichten kamen von Telefonnummern aus den ganzen USA. Sie wusste weder, wer diese Anzeigen auf der Online-Börse Craigslist aufgegeben hatte, noch, wie sie und ihre Telefonnummer die Aufmerksamkeit von jemandem erhalten hatten. Suchen auf Google und Craigslist blieben ergebnislos. Sie fragte die Männer, die ihr die Textnachrichten geschickt hatten, auf welche Craigslist-Anzeige sie denn antworten würden. Ein Mann hatte sogar ein Foto von ihr, das er ihr zusandte. Auf ihre Frage, woher er das habe, verlangte er zuerst Nacktfotos von ihr. Da diese Männer außerdem Schefflers Profile auf Facebook, Twitter, Instagram und LinkedIn kommentierten, setzte sie alle Profile auf die Einstellung „privat", damit keine Fremden darunter posten konnten. Schließlich fand sie mehr als ein Dutzend Kleinanzeigen unter ihrem Namen, die in verschiedenen lokalen Kleinanzeigenbereichen auf Craigslist gepostet worden waren. In einer Anzeige wurde sie als „seltsam aussehende Jungfrau und mittelmäßige Autorin mit Vergewaltigungsfantasie" bezeichnet. Eine behauptete, sie müsse lernen, den Mund zu halten, eine andere behauptete gar: „Ich will, dass du mich vergewaltigst. Akzeptiere kein Nein als Antwort."

Sobald sie die Anzeigen bei Craigslist gemeldet hatte und sie entfernt worden waren, tauchten umgehend neue auf. Diese Belästigungen dauerten an. Gelegentlich gab es mehrmonatige Pausen, bis es von vorn losging. Dabei hatte Scheffler noch Glück im Unglück. Es kam zu keinen physischen Attacken. Der Ex-Freundin des 28-jährigen ehemaligen Marinesoldaten Jebediah James Stipe aus Kalifornien erging es schlechter. Stipe hatte ebenfalls solche Kleinanzeigen auf Craigslist veröffentlicht und ausdrücklich auf angebliche Vergewaltigungsfantasien hingewiesen. Als sich ein Mann meldete, gab Stipe sich als seine Ex aus und gab ihm ihre Adresse. Der Mann brach daraufhin in ihre Wohnung ein, fesselte und vergewaltigte sie mit vorgehaltener Waffe. Für dieses Verbrechen erhielt Stipe 60 Jahre Gefängnis.[103]

Physische Attacken

Wie rasch es zu physischen Attacken kommen kann, haben wir schon von der Influencerin Niki Irani gelernt, die nach Vergewaltigungsvorwürfen gegen den Rapper Samra von Männern in einem Restaurant bedrängt und geschlagen worden war.

Auch Attacken auf Frauen mit Säuren, um dem Opfer das Gesicht zu entstellen, sind keine Seltenheit. Jedes Jahr werden weltweit an die 1.500 solcher Attacken gemeldet. Dabei schütten die Täter ihren Opfern ein Gemisch aus aggressiven Säuren, wie sie beispielsweise bei der Entfernung von Autolacken zum Einsatz kommen, ins Gesicht. Das Beispiel von Yocairi Amarante, deren Ex-Partner und Vater ihres Kindes zwei Bekannte angeheuert hatte, um sie mit Säure zu überschütten, zeigt, wie dramatisch sich das auswirkt. Die Schmerzen, als die sogenannte Teufelssäure über ihr Gesicht und ihren Körper flossen, sind unbeschreiblich. Sie verlor ein Auge, ihr Gesicht und andere Körperteile sind entstellt.

Auch hier geht es wieder um die Kontrolle über die Frau. Wenn ich sie nicht haben kann, dann soll sie keiner haben, denn solcherart entstellt nimmt sie kein Mann mehr. Während es in den meisten Fällen zu keiner Aufklärung und Verurteilung der Täter kommt, wurde im vorliegenden Fall allerdings durch SMS des Ex an die Täter der Fall sehr rasch aufgeklärt: Alle drei wurden zur Höchststrafe verurteilt.[104]

Femizid

Als hätte Covid nicht schon genug an den Nerven der Menschen gezehrt, wurden die Bewohner eines städtischen Gemeindebaus der Stadt Wien an einem kühlen Aprilabend durch zwei laute Schüsse aufgeschreckt. Die herbeieilenden Einsatzkräfte fanden eine blutige

Szene vor. Eine 35-jährige Frau lag mit Schussverletzungen an Kopf und Fuß in einer Blutlache, der tatverdächtige 42-Jährige saß mit entblößtem Oberkörper und einer Wodkaflasche in der Hand im Innenhof. Die Polizei stellte mehr als drei Promille Blutalkohol fest und brachte ihn zuerst einmal wegen Alkoholvergiftung ins Krankenhaus. Dem Schussopfer konnte nicht mehr geholfen werden, die Frau verstarb kurze Zeit später im Krankenhaus. Ein typisches „Beziehungsdrama", wie die Medien es so gern reißerisch nennen? Das Opfer und der Täter hatten gemeinsam zwei Kinder im Alter von 2 und 13 Jahren, und vor dem Mord hatte die Frau ihrem Ex-Partner mitgeteilt, dass die Beziehung endgültig beendet sei. Diese Geschichte hat aber noch eine weitere Wendung zu bieten.

Der mutmaßliche Täter betrieb einen Laden für Bierspezialitäten namens Bierwirt. Dieser lag auf dem Nachhauseweg der Klubobfrau der Grünen Partei, Sigrid Maurer. Eines Tages fand sie von ihm gesandte obszöne Facebook-Nachrichten in ihrem Postfach vor:[105]

> Hallo, Du bist heute bei mir beim Geschäft vorbeigegangen und hast auf meinen Schwanz geguckt, als wolltest du ihn essen. (…) Dein fetter Arsch turnt mich ab, aber da du prominent bist, ficke ich dich gerne in deinen fetten Arsch, damit dir einer abgeht, du kleine dreckige Bitch!!!

Sigi Maurer reagierte, wie wohl jeder reagieren würde: empört. Sie postete diese Nachricht öffentlich auf Facebook mit dem Namen des Mannes. Dieser verklagte sie wegen übler Nachrede und Geschäftsschädigung und tatsächlich sprach das Landesgericht Wien Maurer in erster Instanz schuldig, weil sie nicht nachweisen konnte, dass der Mann diese Nachricht selbst von seinem Facebook-Account verschickt hat, da der Computer im Bierladen auch anderen Personen zugänglich war. Maurer ging in Berufung und die zweite Instanz sprach sie frei. So weit, so gut – bis er seine Ex erschoss!

Femizide sind die ultimative Gewalt, die mit einem beleidigenden Kommentar beginnen, sich zu sexuellen Gewaltfantasien steigern, zu Stalking führen und in Mord enden. Allein in Deutschland wird alle zweieinhalb Tage eine Frau von einem Mann ermordet. Im Zeitraum von 2015 bis 2020 lagen die Zahlen laut Bundeskriminalamt zwischen 117 (2019) und 155 (2016) pro Jahr.[106]

Der verschmähte Liebhaber, der Ex, von dem sich die Frau trennte, hat dank digitaler Technologien immer mehr Möglichkeiten, die Frau zu verfolgen und zu belästigen. Deshalb ist es wichtig, bereits Online-Belästigungen ernst zu nehmen und nicht erst zu reagieren, wenn eine Frau in einer Blutlache liegt. Viele Opfer von Femiziden hatten Kontaktverbote gegen den Täter erwirkt oder die Polizei hatte Platzverweise ausgesprochen. Doch das schreckt motivierte Täter nicht ab.

Die Komplexität dieser Art von Straftat benötigt spezialisiertes Polizeipersonal und dazugehörige Werkzeuge. In Spanien wird die Entscheidung, ob eine Anzeige angenommen wird und ob es Personenschutz gibt, nicht jedem „Dorfpolizisten" (ich zitiere) überlassen. Die spanische Regierung sieht es als Staatsauftrag, Femizide zu verhindern, und der breite gesellschaftliche Konsens, Morde an Frauen als Problem anzuerkennen, half dabei.[107]

Mithilfe von VioGén, einem System, mit dem häusliche Gewalt erfasst wird, schätzen Behörden ab, wie akut die Bedrohung ist. Der Algorithmus spuckt eine Risikoabschätzung aus, die von Maßnahmen lokaler Behörden flankiert wird. Das System ist nicht perfekt, wie Einzelfälle zeigen, aber es hat trotzdem bereits erste Erfolge vorzuweisen.[108] Zu den Maßnahmen zählt auch, dass Gespräche mit dem Mann geführt werden und ihm in manchen Fällen ein Kontrollarmband angelegt wird, das ihn trackt. Nähert er sich dem Aufenthaltsort der Frau werden sofort lokale Exekutivorgane verständigt und hingeschickt. Zumindest in einem Fall wurde in Sevilla so ein Täter rechtzeitig gestoppt, der seine Ex umbringen wollte.

Suizid

Die Täter müssen gar nicht selbst physische Gewalt ausüben, es reicht, dass ihre online ausgeübte Gewalt so weit geht, dass das

Opfer keinen anderen Ausweg mehr sieht, als sich umzubringen. Die Impf-Ärztin Lisa-Maria Kellermayr aus Seewalchen in Österreich wurde von Impfgegnern so stark online gemobbt und mit dem Tod bedroht, dass sie zuerst ihre Praxis vorübergehend schloss und dann, nach Rücksprache mit ihrem Personal, die Praxis ganz aufgab. Unter den erhaltenen Drohungen, die Kellermayr auf der Webseite ihrer Praxis veröffentlicht hatte, befand sich unter anderem diese:

> Ich werde dich niederschlagen und an deinen Arztstuhl fesseln. Dann darfst du zuerst zusehen, wie ich einem deiner Mitarbeiter die Kehle durchschneide.

Oder jene:

> Wir beobachten Sie und wir werden solche Kreaturen vor die in Zukunft einzurichtenden Volkstribunale bringen.

Anzeigen bei der Landepolizeidirektion Oberösterreich wurden mit den Worten quittiert:

> Jetzt ist schon eine Woche vergangen und es ist nichts passiert. Jetzt wird schon nichts mehr sein.

Personenschutz wurde nicht angeboten, ganz im Gegenteil: Es wurde ihr gesagt, dass sie nur nach „Aufmerksamkeit heischen" würde.[109] Auch von anderen Einrichtungen, wie der Ärztekammer, kamen keine Hilfsangebote. Am 29. Juli 2022 wurde Dr. Kellermayr tot in ihrer Praxis aufgefunden.[110] Sie hatte keinen Ausweg mehr gesehen und sich das Leben genommen.

In den einschlägigen Foren der Impfgegner wird ihr Tod als Erfolg gesehen und es werden bereits Drohungen gegen andere Mediziner ausgestoßen. Ganze Listen von weiteren Arztpraxen, in denen Impfungen gegen Covid vorgenommen werden, wurden dort gepostet.

WER SIND DIE TÄTER?

Seit 5.000 Jahren wird die Frau vom Mann unterdrückt.
Warum? Hahahaaa. Es hat sich bewährt!
(Das Publikum klatscht.)
Dass da geklatscht wird, tut mir weh!
– Olaf Schubert

„Schlampe", „Drecks Fotze", „Sondermüll", „Geisteskranke", „Alte perverse Drecksau", „Pädophilen-Trulla", „Stück Scheisse": So wurde die Bundestagsabgeordnete der Grünen Renate Künast auf sozialen Medien bezeichnet, nachdem der Rechtsextremist Sven Liebich in einem Blog eine Wortmeldung der Politikerin aus dem Jahr 1986 zu Pädophilie aus dem Zusammenhang gerissen und kommentiert hatte. Die Sache sieht im ersten Moment ziemlich – stereotypisch – klar aus: hier eine Grünenpolitikerin, die mit ihren „schrillen" Aussagen reizt und mit ihrem Aussehen dem „männlichen Schreckensbild" einer Feministin entspricht, dort ein Rechter, der auf Frauen nicht gut zu sprechen ist und sich ein „deutsches Mädel" als blond, blauäugig und für ihn willig die Beine spreizend vorstellt, das zu kuschen hat. Bei genauer Betrachtung ist die als „Fall Künast" einer breiteren Öffentlichkeit bekannt gewordene Auseinandersetzung doch etwas komplexer. Der Blogbeitrag des unter Beobachtung des deutschen Verfassungsschutzes stehenden Liebich führte zu den oben genannten Beleidigungen in diversen Internetforen. Der kreative Umgang mit der deutschen Grammatik dieser Anhänger deutscher Werte und Kultur und die Wortwahl der zumeist männlichen Hasskommentatoren waren weniger schockierend als das, was danach folgte.

Die Politikerin hatte sich geweigert, diese 22 Beleidigungen hinzunehmen, und erstattete Anzeige mit dem Ziel, dass Facebook die Benutzerdaten herausgäbe, damit die Hetzer angeklagt werden können. Man sollte meinen, dass hier ein ziemlich eindeutiger Fall von Ehrenbeleidigung vorliegt. Doch die Richter des Landgerichts Berlin sahen diese Aussagen als von der Meinungsfreiheit gedeckt an. Eine Politikerin müsse sich eben mehr gefallen lassen, meinten sie. Alle 22 beleidigenden Kommentare waren vom Richter zunächst als zulässig gesehen worden. Nach einer Beschwerde ging das Landgericht in sich und sah nun sechs der Kommentare als „beleidigend" und über die Form einer Schmähkritik hinausgehend an. Das Kammergericht in nächster Instanz war noch großzügiger und bewertete zwölf Kommentare als Beleidigungen.[1] Das Bundesverfassungsgericht hob schließlich die Entscheidungen der Berliner Gerichte auf, womit alle 22 Kommentare als Formalbeleidigungen zu betrachten sind und Facebook alle Benutzerdaten herausgeben muss. Mit anderen Worten: Selbst wenn man sich noch so sehr an Personen mit anderen Meinungen abarbeiten möchte, Beleidigungen sind tabu. Auch wenn es sich um einen Politiker oder eine Politikerin handelt.

Bei genauerem Hinsehen sind nicht nur rechtsradikale, glatzköpfige Knallköpfe oder bierbauchige Neandertaler mit einem Frauenbild aus der Steinzeit die Täter. Es finden sich Vertreter der männlichen Spezies (und auch Frauen) aus allen Schichten und Lebensbereichen. In einem von Inge Bell angezeigten Fall, in dem sie unter anderem als „Feminazi" bezeichnet worden war, handelte es sich bei dem toxischen Mann um einen gut situierten Manager mit Familie und zwei Kindern.

Diese Denke beschränkt sich nicht nur auf die Männer, die online Frauen attackieren. Das Problem verschärft sich, wenn die Personen, die diesen Frauen Hilfe bieten sollten und deren Aufgabe es ist, dagegen vorzugehen, selbst zu Tätern werden, indem sie die Situation absichtlich oder unabsichtlich missverstehen und Hilfe unterlassen. Wie Richter beispielsweise. Sie interpretieren und legen Gesetze in einer Form aus, wie sie designt worden sind: für Männer wie sie selbst. Aber die Probleme beginnen schon früher. Von Männern attackierte Frauen scheitern schon beim Versuch, eine Anzeige zu erstatten. Da Beleidigungen im Internet schwer nachzuverfolgen seien, raten ihnen die Polizeibeamten stattdessen, sich nicht mehr online zu betätigen.

In einem System, in dem Frauen von Männern attackiert und belästigt werden und sich um Hilfe an andere Männer wenden müssen, entsteht viel Reibung. Die Polizisten, die eine Anzeige entgegennehmen, verdächtigen sie oft der Übertreibung oder dass sie „nach Aufmerksamkeit heischen" und die Tat durch ihr Verhalten oder „aufreizende Kleidung" provoziert hätten. Wir haben schon von Trevor Noahs Mutter gehört, deren Anzeigen wegen Gewalt in der Ehe von den Polizisten nicht ernst genommen worden waren. Als ihr Mann ihr dann in den Kopf geschossen und sie schwer verletzt hatte, war er rasch wieder freigekommen, weil bislang nichts gegen ihn vorgelegen hatte. Nicht selten wird das Opfer sogar zum Täter gemacht.

Im Sommer 2021 rief eine 37-jährige Mutter die Polizei, weil ihr Mann wieder einmal betrunken nach Hause gekommen und dabei aggressiv geworden war. Die herbeigerufenen Beamten ließen die Frau nicht zu Wort kommen und drehten den Spieß um. Einer der Beamten sagte ihr ins Gesicht:[2]

> Wenn Sie Streit haben, ist mir das prinzipiell egal (...) Es ist mir eigentlich egal, wer wen schlägt. (...) Was sollen wir jetzt machen, was stellen Sie sich vor, dass wir ihn rauswerfen?

Die Wienerin erklärte daraufhin:

> Ja, bitte. Wir haben Angst vor ihm. Er trinkt viel Alkohol.

Der Polizist zeigte sich ungerührt:

> Es haben immer alle Angst. Schauen Sie, Sie wirken auf mich eher bedrohlich als der Mann. (…) Sie müssen sich das selbst ausmachen, wer geht und nicht geht. Wir können niemanden aus der Wohnung werfen.

Der Polizeibeamte beließ es nicht dabei, sondern legte noch nach:

> Ich hab schon Frauen mit Kindern eingesperrt, weil sie nicht aufgehört haben zu reden. (…) Wenn Sie mit Ihrem Mann auch so reden, wundert es mich nicht, dass er irgendwann zu schreien anfangt. Ich werd auch laut mit Ihnen.

Einige Tage später erhielt die Frau dann einen Polizeibrief, in dem sie wegen „Lärmerregung und Anstandsverletzung" eine Strafe von 200 Euro aufgebrummt bekam. Diese Opfer-Täter-Umkehr zieht sich durch das ganze System. Von den Polizeibeamten angefangen über Anwälte und Strafverteidiger bis hin zu den Richtern wird die Frau verdächtigt. Und es ist egal, ob es sich um männliche oder weibliche Beamte, Anwälte oder Richter handelt. Frauen in diesem System können unter Umständen noch päpstlicher als der Papst sein, um ihren männlichen Kollegen zu demonstrieren, dass sie keine „Softies" sind (ein ähnliches Phänomen ist in den USA zu beobachten, wo Richter mit Migrationshintergrund oft strengere Urteile gegen Immigranten verhängen als ihre weißen Kollegen). Würde ein Mann von einem anderen zusammengeschlagen, dann nähme die Sache einen gänzlich anderen Verlauf: Dem Opfer würde nicht vorgeworfen werden, er sei „provozierend" gekleidet oder höre nicht auf zu reden. Es verwundert somit nicht, warum sich betroffene Frauen nur zögerlich an die Behörden wenden. Sie werden dort nochmals zu Opfern des Systems gemacht. Und nicht nur dort: Auch andere Organisationen tendieren dazu, sich bewusst oder unbewusst auf die Seite der Täter zu stellen und ihnen damit ein Forum zu bieten. Es sind auch Medien, die sich auf Opfer einschießen, wie Jolanda Spiess-Hegglin in der Schweiz erfahren musste. Gleich zwei große Medienhäuser publizierten jahrelang Artikel über sie, die vor allem dazu dienten, den Unternehmen Klickzahlen und Werbeeinkünfte zu verschaffen.

Soziale Medienplattformen wie Twitter, Facebook oder LinkedIn tolerieren und verstärken die Online-Attacken und sperren oft die Benutzerkonten der Opfer und Helfer. Unternehmen wie Apple und Google feuern aufmüpfige Mitarbeiter und gaslighten sie dann, wie beispielsweise die aus Äthiopien stammende KI-Expertin Timnit Gebru bei Google erleben musste. Die Täter kommen aus allen Schichten und Berufen, aber sie haben eines gemeinsam: In ihrer Meinung über Frauen unterscheiden sie sich nicht. Das stellte übrigens schon die britische Moralphilosophin Mary Midgley fest, als sie die Meinungsunterschiede zwischen den großen westlichen Philosophen betrachtete.[3]

> Es gibt nicht viele Dinge, in denen Freud, Nietzsche, Rousseau und Schopenhauer sowohl untereinander als auch mit Aristoteles, Paulus und Thomas von Aquin herzlich übereinstimmen, aber ihre Ansichten über die Frauen sind sich sehr ähnlich.

Wollen wir uns nun einige davon genauer ansehen. Und zwar nicht die alten Philosophen, sondern die heute aktiven toxischen Männer.

Toxische Männer

Mann schimpft online rücksichtslos über anderen Mann im Internet, weil der eine Meinung hat, die er selbst noch vor weniger als zwei Jahren vertrat. – The Onion

Man muss kein bestimmtes Alter erreicht haben, um ein Arschloch zu sein. Das gilt auch für einen damals 16-jährigen Kanadier, der unter dem Namen Obnoxious seine Untaten verübte. Eines seiner Opfer, die Studentin Allison Henderson, war ihm auf der Videostreamingplattform Twitch aufgefallen. Auf dieser Plattform sind beispielsweise Live-Übertragungen von Videospielen aus der Sicht einzelner Spieler ein großer Hit und Henderson teilte ihr Spiel mit ihren zahlreichen Followern. Obnoxious hatte ab August 2013 mit der Belästigung von Frauen auf dieser Plattform begonnen. Zuerst begann er, die weiblichen Spieler mit sogenannten DDoS-Attacken zu behindern. Bei „Distributed Denial of Service"-Attacken verlangsamen eine Vielzahl an Zugriffen von vielen verschiedenen Computern den Rechner so, als ob plötzlich Hunderte Kunden auf einmal in einen Tante-Emma-Laden strömen. Der Kanadier begann, die Rechnerverbindung zu attackieren und zu verlangsamen. Damit behinderte er die Spielerinnen im Spiel, die nicht mehr rasch genug reagieren konnten, weil ihre Internetverbindung zu langsam wurde.[4] Er prahlte gegenüber den Spielerinnen, dass er hinter den Attacken stecke. Damit er sie fortan nicht weiter behinderte, verlangte er von ihnen, sich mit ihm auf Skype zu verbinden. Dort ließ er sich dann über sein Leben aus.

Dabei erfuhren die Spielerinnen, dass er ein 16-jähriger kanadischer Teenager war, der Missbrauch in seiner Familie und an sich erlebt hatte. Diese Skype-Anrufe benutzte er allerdings auch, um an mehr persönliche Informationen über die Frauen zu gelangen. Er begann, ihnen zuerst Direktnachrichten zu schicken, die rasch zu Sexthemen überwechselten. Wenn die Frauen sich weigerten, bombardierte er sie mit Hunderten Direktnachrichten, um sie dann zu doxen. Die Informationen hatte er teils von den Frauen selbst erhalten. Er nutzte sie, um bei Telefon- und Internetanbietern und öffentlich einsehbaren Registern noch mehr persönliche Details zusammenzutragen. Er bestellte Pizzen an die Adressen der Frauen und SWAT-Teams.

Die Polizei hatte kein Verständnis – für die Frauen. Sie sollten einfach Twitch verlassen, mit dem Videospielen aufhören und stattdessen ein Buch in die Hand nehmen, wurde ihnen geraten.[5] Nachdem keine Hilfe von der Polizei zu erwarten war, taten sich die betroffenen Frauen zusammen und sammelten in einer Chatgruppe Informationen über ihren Belästiger. Sie identifizierten insgesamt 99 von ihm belästigte Opfer, darunter Schülerinnen, Studentinnen, berufstätige Frauen, aber auch männliche Spieler, die versucht hatten, Spielerinnen vor Obnoxious zu schützen.

Mit der Hilfe eines Kriminalbeamten, der den Fall zu untersuchen begann und das FBI einbezogen hatte, gelang es im Dezember 2014, den Teenager festzunehmen. Eine Information, die sie auf die Spur gebracht hatte, war ein Post eines Users, der Obnoxious selbst gedoxt hatte. Der in einem Vorort von Vancouver wohnende Teenager wurde zu 16 Monaten im Jugendstrafvollzug verurteilt, zeigte aber keinerlei Einsicht und Reue, was sein Verhalten angeht. Der psychiatrische Bericht stellte fest:

> Die Beschreibung des Vergnügens, das er empfindet, wenn er jemanden demütigt und verletzt, [...] weist auf eindeutig psychopathische Züge hin.

Woher kommt dieser Hass? Diese Männer fühlen sich in ihrer Männlichkeit bedroht. Männlichkeit geht nicht automatisch einher mit dem Erwachsenwerden. In manchen Kulturen gibt es schmerzhafte und gefährliche Rituale, die Jungen durchleben oder vielmehr durchleiden müssen, um zum Mann zu werden. Männlichkeit ist für diese Männer etwas, das hart erarbeitet werden muss, aber leicht verloren werden kann, wenn sie „weiblich" handeln oder sich „weiblich" geben, sagen die Psychologen Joseph Vandello und Jennifer Bosson von der University of South Florida in ihrer Studie „Hart erkämpft und schnell verloren: Ein Überblick und eine Synthese von Theorie und Forschung über prekäre Männlichkeit".

Solche Männer sind sich ihrer Männlichkeit nicht sicher, fühlen sich ständig bedroht, müssen sich andauernd beweisen, um bloß nicht als verweichlicht und somit als „weiblich" zu gelten. Psychotherapeuten gemäß beginnt alles mit der absoluten Abhängigkeit eines Kindes von der Mutter.[6] Sie schenkt ihm das Leben, sie bietet Geborgenheit und gibt ihm Nahrung. Doch es kommt der Moment für das Kind, unabhängig zu werden und sich von der Mutter zu lösen. Mädchen müssen sich nicht wirklich trennen, sondern die Mutter nur imitieren, sich mit ihr identifizieren. Jungen hingegen müssen sich von ihr ent-identifizieren, auch wenn sie es nicht wollen und ihr nahe bleiben wollen, und sich gleichzeitig mehr dem Vater zuwenden, sich mit diesem identifizieren. Das ist kein einfacher, natürlicher Prozess.

Auch wenn diese Sehnsucht nach Nähe zur Mutter bleibt, wird sie für Männer, die sich ihrer Männlichkeit nicht sicher sind, zu einem Problem. Sie tendieren aufgrund dieser widersprüchlichen Gefühlslage dazu, Frauen gegenüber unsicher zu sein, und versuchen sie deshalb zu kontrollieren, sie zu dominieren.[7] Sie hängen einer, wie es die Sozialwissenschaften bezeichnen, „hegemonialen Männlichkeit" an. Eine Frau, die Macht und Autorität hat, wird somit als Gefahr für das eigene Männlichkeitsbild gesehen. Eine Vorgesetzte oder eine Politikerin bedroht den Machtanspruch, der „nur Männern zustünde". Eine Frau, die eine Expertin in einer als männlich betrachteten Domäne ist, wird zum Feindbild.

Männlichen Testsubjekten, denen eine weibliche Aufgabe wie das Flechten von Haaren gegeben wurde, hatten anschließend die Wahl, aus zwei weiteren Aufgaben eine zu wählen. Sie konnten entweder ein Puzzle lösen oder auf einen Boxsack einschlagen. Männer, die vorher Haare flechten mussten, wählten doppelt so häufig die „männlichere" Option – auf einen Boxsack einzuschlagen – als Männer, die vorher nicht Haare flochten, sondern Seile. Mit dem Einschlagen auf den Boxsack stellten diese Männer offenbar ihre „Männlichkeit" wieder her. Diese Männer verhalten sich somit nicht frauenfeindlich, sondern „männlichkeitserhaltend". Sie sind gefangen in den Rollen, die Männer und Frauen für sie ausgeheckt haben. Sind diese Männer dann selbst nicht sonderlich erfolgreich in ihrem Ausbildungsweg, ihrer beruflichen Karriere oder generell ihrem Leben, wird rasch Frauen und anderen Gruppen die Schuld in die

Schuhe geschoben. Manche dieser Männer haben auch Schwierigkeiten, eine Partnerin zu finden. Sie werden zu *Incels*, den *Involuntary Celibates*, also den unfreiwillig Zölibatären, die keinen Geschlechtsverkehr und keine Partnerin haben, und geben den Frauen die Schuld daran, dass sie sich ihnen als Sexpartner „verweigern".

Der britische Psychotherapeut Philipp Hodson sagte dazu:

> Die Männer, die sich am meisten mit diesem Thema befassen, sind bereits am eher unsicheren/besorgten/machohaften Ende des klassischen Männlichkeitsspektrums zu finden. Entmannung bedeutet wörtlich den Verlust des Penis; im weiteren Sinne bedeutet es Kastration. Das Problem besteht darin, dass eine Frau mehr Macht besitzt als der Mann; oder mehr Macht, als er glaubt, dass sie haben sollte; oder mehr Macht in den falschen Tätigkeitsbereichen, als er glaubt, dass sie haben sollte.

Nicht nur ist ihnen diese Macht und Autorität ein Dorn im Auge, es erfasst sie eine Wut, eine sexuelle Wut, die noch dadurch gesteigert wird, dass für diese Männer diese Frauen sexuell nie erreichbar sein werden. Und selbst wenn sie sich mit ihm einließen, er würde vermutlich gar nicht die erwartete „Leistung" erbringen könnte, meint Mary Anne Sieghart in ihrem Buch „The Authority Gap". Ein Vergleich der in Incel-Foren verwendeten Sprache mit einer zufälligen Auswahl an anderen Foren kam zum Ergebnis, dass die Incel-Inhalte dreimal wahrscheinlicher „toxische, hochtoxische, beleidigende, profane und sexuell explizite" Inhalte hatten, und – wenig überraschend – auch kaum freudvolle Sprache und Inhalte aufwiesen.[8]

In Familien aus Kulturen, in denen verwandtschaftliche Beziehungen einen hohen Stellenwert haben und Großfamilien vorherrschen, werden Jungen oft stärker verwöhnt und eher für „höhere" Aufgaben vorbereitet als die Mädchen. Der Clan soll von ihnen einmal geführt werden, die Bevorzugung verwandter Personen ist wichtiger, als jemand von außen hereinzulassen. Viele westliche Gesellschaften haben sich davon entfernt.

Joseph Henrich, Professor für evolutionäre Humanbiologie in Harvard, beschrieb diese Unterschiede in seinem Buch „Die seltsamsten Menschen der Welt: Wie der Westen reichlich sonderbar und besonders reich wurde". Er erläutert, wie wir uns von Stämmen und Clans mit einem starken Fokus auf Verwandtschaft und deren Bevorzugung zu einer Gesellschaft von Kleinfamilien mit starkem Fokus auf Menschen außerhalb unserer direkten Verwandtschaft gewandelt haben und damit die modernen, wohlhabenden westlichen Gesellschaften erst ermöglicht haben. Länder, in denen die Menschen mehr sogenannte „unpersönliche Prosozialität" – also keine Bevorzugung der Verwandtschaft – zeigen, haben ein höheres Nationaleinkommen, eine höhere wirtschaftliche Produktivität, effektivere Regierungen, weniger Korruption und schnellere Innovationsraten. In solchen Ländern übernimmt die Gesellschaft Aufgaben, die traditionell in der Familie lagen. Kinderaufsicht und -erziehung, soziale Dienstleistungen oder die Bestrafung von Vergehen werden vom Staat übernommen. In Gesellschaften mit starkem Verwandtschaftsfokus hingegen wird eine Beleidigung oder ein Schaden, der einem Mitglied zugeführt wird, der gesamten Familie zugeführt. Damit ist die Familie in der Verpflichtung, von der anderen Familie den Schaden ersetzt zu bekommen oder Rache auszuüben. Tötet ein Mann aus einer Familie ein Mitglied aus einer anderen, dann muss das ausgeglichen werden, indem die betroffene Familie einen Mann aus der Täterfamilie tötet oder die Familie eine Wiedergutmachung anstrebt.

Läuft eine Frau aus einer Familie mit dem Mann einer anderen weg, ist das eine Schande für ihre Familie, die getilgt wird, indem die Frau von den Männern ihrer Familie zurückgeholt und bestraft wird. Das ist nichts weniger als der Plot von „Romeo und Julia". Ehrenmorde sind aus dieser Denkweise abgeleitet. Frauen bestimmen ihr Schicksal nicht selbst, werden nicht zu Führungspositionen herangezogen noch wird erwartet, dass sie solche innehaben. Und damit gilt auch ihre Meinung wenig.

Dies führt uns zu einem anderen Aspekt von Online-Gewalt: Männer aus Gesellschaften mit einem ausgeprägten Verwandtschaftsbezug stehen den Online-Aktivitäten von Frauen weniger offen gegenüber, da stets zu befürchten ist, dass die Frau der Familie Schande bereiten kann. Und das geschieht durch ihren Körper, ihre Kleidung, ihre Meinung, ihre Expertise und dadurch, dass sie eigenständig, ohne Mann, handelt.

„Spiegel TV" machte sich 2021 auf die Suche nach Männern, die online verbal ausfällig geworden waren, um herauszufinden, wer sie sind und was sie dazu bewegt.[9] Doch viele der Männer waren nicht daran interessiert, mit den Medien zu sprechen. Die Redakteure kommentierten lapidar: „Online ist die Klappe größer."

Einer der Männer willigte ein, vor die Kamera zu treten und seine Motivation für seinen Kommentar gegen die damalige Bundeskanzlerin Angela Merkel zu begründen. Er hatte unter dem Namen Mad Maddison der Bundeskanzlerin mit folgendem Satz (und einigen zornigen Emojis) gedroht:

> Dämliches Merkel Vieh lass mich dich nie in die Finger bekommen

Seine Begründung war, dass er wegen der Coronamaßnahmen bereits zweimal seinen Job verloren hatte. Und er habe den Kommentar aus der Emotion heraus geschrieben. Er gab zu, dass es sicherlich einfacher ist, solche Sätze im Internet zu schreiben, als sie persönlich, beispielsweise im Gespräch mit Kollegen, zu sagen. Als rechten Extremisten würde er sich nicht bezeichnen, aber in seinem Umfeld würden die Leute ähnlich denken, und es sei eher Zufall, dass er online vor allem AfD-Inhalte teile.

Der Mann, der die TV-Korrespondentin und Journalistin Nicole Diekmann auf Twitter eine „Hure" genannt hatte, war ebenso unscheinbar. Sie hatte ihn angezeigt und vor Gericht war er zu einer Strafe von 4.000 Euro verurteilt worden, die er an eine gemeinnützige Organisation spenden sollte.[10] Die Spende entsprach einem Monatsnettolohn dieses offensichtlich doch ein stabiles Leben führenden Mannes.

Der singapurischen Influencerin Cheng Yan Yan Wendy, besser bekannt unter ihrem Online-Namen Xiaxue (auf Chinesisch 下雪 für „Schneefall"), sind Hater ebenfalls nicht unbekannt. Ihr Schönheitsblog zieht immer wieder Kontroversen an, selbst zu scheinbar harmlosen Themen wie Schminktipps und Frisuren. Sie nimmt sich gelegentlich die Zeit, ihre Hater aus dem Schatten der Anonymität ins Rampenlicht zu zerren und zu entblößen. Dabei zielt sie vor allem auf toxische Männer ab, die ihr vorwerfen, ihr Aussehen sei Fake und das Ergebnis von Schönheitsoperationen und nach dem ersten Baby würde sie alle Fotos von ihr im Bikini photoshoppen.

Sie stellte auf ihrem Blog die hasserfüllten Facebook-Kommentare zu den harmlosen Fotos von ihr und anderen Frauen vor, ergänzt um ihre eigenen ironischen Antworten. Auffallend war, dass viele der Kommentatoren ein falsches Profilbild hatten, doch das hielt Xiaxue nicht davon ab, ihr wahres Aussehen zu ermitteln. Sie durchleuchtete die Facebook-Profile von neun Männern und stellte die dort geposteten Bilder und biografischen Details den Kommentaren, die sie unter Xiaxues Fotos gepostet hatten, gegenüber. Die meisten waren zwischen 30 und 60 Jahre alt, verheiratet und hatten Kinder. Auffallend war, dass keiner von ihnen ein Adonis war. Manche, die spekuliert hatten, dass die von ihnen belästigten Frauen wohl in Sexberufen arbeiten würden oder ihr Gesichtsausdruck wohl darauf hindeutete, dass sie „Samen im Mund" hätten, den „sie nicht schlucken wollten", hatten Töchter. Xiaxue fragte, wie sie wohl reagieren würden, wenn ihre Töchter solche Kommentare erhalten hätten.[11]

Auf diese Bloßstellung folgte Panik unter den Männern, deren Familien und Freunden. Xiaxues Blog hat nämlich eine große Leserschaft und damit in dem Stadtstaat eine vergleichsweise hohe Verbreitung. Die Männer beschwerten sich vor allem, dass Xiaxue deren Familien erwähnt und private Fotos eingestellt hatte. Doch sie wies darauf hin, dass die Männer die Fotos selbst auf Facebook und anderen sozialen Medien ohne Privateinstellung hochgeladen hatten. Die Frauen und Freunde der Trolle kamen ihnen zu Hilfe und beschwerten sich, dass Xiaxue der eigentliche Cybermobber sei und kein Benehmen habe. Die Männer sahen sich sogar selbst als Opfer. Dass sie die Täter waren und es aus dem Wald zurückschallte, wie sie selbst hineingerufen hatten, dazu fehlte es ihnen an geistiger Kapazität. So viel Spaß die Reaktionen ihrer Hater Xiaxue gemacht hatten und es sich gut angefühlt hatte, einmal zurückzuschlagen, so sehr war sie enttäuscht, dass kein einziger dieser Männer Reue zeigte oder sich gar bei ihr für seine Hasskommentare entschuldigte.[12]

Nicht erst seit den Skandalen im britischen Parlament, wo männliche Abgeordnete während Unterhaussitzungen Pornofilme schauten, wissen wir, dass sich auch unter Politikern viele toxische und frauenfeindliche Männer befinden. In Österreich gab es vor fast 30 Jahren einen Skandal im Nationalrat, der als „Lutsch-Affäre" in die Annalen einging. Damals hatte der ÖVP-Abgeordnete Paul Burgstaller die Grünen-Abgeordnete Terezija Stoisits aufgefordert, sie solle das Sprechermikrofon „in den Mund nehmen und fest dran lutschen". In jüngster Vergangenheit fiel der mittlerweile geschasste Umweltstadtrat in Berlin-Neukölln Bernward Eberenz negativ auf, als er der Comedian Jasmina Kuhnke auf Twitter eine Massenvergewaltigung wünschte.[13]

Die ehemalige Schweizer Politikerin Jolanda Spiess-Hegglin sprach mit den Männern, die sie online beleidigt, bedroht und belästigt hatten. Sie hatte sie angezeigt. Manche wurden verurteilt, bei anderen kam es zu Vergleichen. Die Männer waren im Allgemeinen meist SVP-Wähler, Rentner, durchschnittlich intelligent. Aber auch ein ehemaliger Redenschreiber für den Bundesrat, ein Oberarzt einer Privatklinik, Kaminfeger, einfache Handwerker und bekennende Antifeministen befanden sich darunter. Etlichen war nicht bewusst, dass solche Beleidigungen und Drohungen strafbar sind. Die Männer waren alles „Bio-Schweizer" (so Spiess-Hegglins Worte), also alles echte Eidgenossen. Migranten haben sich bislang nicht darunter befunden. In den Gesprächen mit ihnen hatte Spiess-Hegglin das Gefühl, diese wären ganz froh, mal mit jemandem sprechen zu können und dass ihnen jemand einmal zuhört. Vielen Männern konnte sie zeigen, dass hinter dem Online-Profil und dem verzerrten Medienbild einer Politikerin ein Mensch steckt. Manche hörten tatsächlich mit den Belästigungen auf, andere wurden sogar ihre Fans und Mitglied bei NetzCourage. Andere hingegen wurden aufdringlich.

Eine Studie aus dem Jahr 2021 gelangt zu der Erkenntnis, dass Politik für einen Diskurs von Angesicht zu Angesicht „designt" ist.[14] Verlagert er sich in die Online-Welt, dann verschlechtert sich der Diskurs fast immer. Es komme dabei zu einer Nichtübereinstimmung zwischen menschlicher Psyche und den neuen Kommunikationsformen.

Der Synchronsprecher Stuart Baker, der unter anderem der amerikanischen Zeichentrickserie „Squidbillies" seine Stimme leiht, vergaß sich – oder sollen wir eher sagen, zeigte sein wahres Gesicht? –, als er die Country-Sängerin und Liedermacherin Dolly Parton in einem Facebook-Post kritisierte. Sie hatte es gewagt, die „Black Lives Matter"-Bewegung zu unterstützen. Hierzu muss man sagen, dass die Welt der Country-Sänger traditionell eher einem konservativen Spektrum zuzuordnen ist. Die Sängerinnen und Sänger sind vorwiegend weißer Hautfarbe. Dunkelhäutige Personen, Minderheiten und Werte, die eher Städtern zuzuordnen sind, sind verpönt. Dolly Parton, die ohne Zweifel die beste lebende Künstlerin in diesem Fach ist, mag zwar dem weißen Klischee der „Rednecks" – also der „Rotnacken", eine Bezeichnung für die ländliche Bevölkerung, denen im Schweiße ihres Angesichts auf dem Feld die Sonne den Nacken verbrennt – entsprechen, setzt sich aber in ihren Liedern und wohltätigen Handlungen für Kinder und unterdrückte und benachteiligte Gruppen ein.

Wie also formulierte Baker seine Unzufriedenheit mit Dolly Partons Eintreten für schwarze Mitbürger? Mit nicht ganz so vornehmen Worten:

> Jetzt ist diese alte Südstaaten-Tussi also eine BLM-Liebhaberin? Denk dran, Schlampe, Rednecks haben dich zur Millionärin gemacht!

Der Mann hat offensichtlich großes Talent, ganz tief ins Fettnäpfchen zu treten. Das schien ihm auch zu dämmern, aber nicht wirklich die Art und Weise, wie er dorthin gelangt war. Am nächsten Tag ruderte er beleidigt zurück:[15]

> [Ich] entschuldige mich aufrichtig für meinen Beitrag über Dolly Parton, BLM, Rasse und alles andere. Ich entschuldigte mich für meine Handlungen, meine schlechte Wortwahl und jede Beleidigung, die ich jemandem zugefügt haben könnte. Ich weiß nicht, was Sie noch von mir wollen. Wenn Sie mit meiner Entschuldigung nicht zufrieden sind, sagen Sie mir einfach, was Sie noch wollen.

Liebe Güte, was sind die Leute auch so sensibel? Es war nichts mehr zu retten, selbst Facebook hatte seinen Post gelöscht.

> Leute, ich bin aus meiner Cartoon-Show gefeuert worden, habe meine Werbeverträge verloren und meine Chance, jemals wieder als „Unknown Hinson" von einem Musikveranstalter gebucht zu werden. Ich hoffe nur, dass ihr Arschlöcher froh seid, dass ihr einen guten Mann und ein Talent zu Fall gebracht habt. Ihr habt es geschafft. Seid stolz darauf, dass ihr das Leben eines Menschen ruiniert habt, nur wegen einer Freakshow namens „Dolly Parton und BLM". Vielen Dank. Ich habe über 30 Jahre lang mein Bestes für euch Arschlöcher gegeben. Ich schätze, ihr liebt es einfach, jemanden zu treten, wenn er am Boden liegt. Das ist so verdreht und pervers. Nochmals, danke! Ich werde mich an euch Bastarde erinnern!

Die Selbstzerstörung war absolut, er setzte sein Online-Geschimpfe gegen alles und jeden noch einige Zeit fort.

Internetinquisitoren

Als Gamergate über Zoë Quinn hereinbrach, wurde sie auf eine spezielle Sorte toxischer Männer aufmerksam. Sie bezeichnete sie als „Internetinquisitoren". Darunter versteht sie Personen, die

> sich als Autoritätspersonen und Wahrheitsverkünder positionieren; sie bestätigen den Hass, die Paranoia und die Unsicherheiten des Mobs und lenken ihn auf die nächste brennbare Hexe auf ihrem Radar.

Diese Internetinquisitoren sind in den meisten Fällen nicht diejenigen, die mit der Online-Gewalt beginnen, aber sie springen darauf auf, wenn sie sie erkennen, und nutzen ihre eigene Reichweite, um sie zu verstärken. Damit legitimieren sie die toxischen Männer, die mit den Attacken begonnen haben, holen sie aus der Versenkung und geben ihnen eine Zielrichtung. Ohne Führung zerfällt solch eine Gruppe meistens, weil sie sich mit der Zeit in interne Grabenkämpfe und Führungsansprüche verstrickt. Was aber motiviert diese Internetinquisitoren?

Einige von ihnen glauben an ihre Mission und Aufgabe, wenn sie online über andere Leute urteilen und sie attackieren. Sie fühlen sich in ihrem unbändigen Drang nach Selbstgerechtigkeit bestätigt, egal, wie sehr diese anderen schadet. Andere wiederum gelangen durch die Likes, die Kommentare, steigenden Abonnentenzahlen und die generelle Aufmerksamkeit für ihre „Arbeit" in einen Rausch. Sie fühlen sich durch diesen Zuspruch und die Kontroverse bestätigt.

Und dann gibt es diejenigen, denen es vor allem ums Geld geht. Kontroverse Inhalte führen zu steigenden Abonnentenzahlen, und diese lassen sich monetarisieren. Den Followern kann man etwas vertickern. Wie Zoë Quinn nüchtern feststellt:

> Man kann aus Online-Missbrauch eine Karriere machen.

Vor allem in den USA sehen wir, wie mit Online-Hass Geld gescheffelt wird. Internetinquisitoren nutzen ihn, um Nahrungsergänzungsmittel, Potenzpillen, eigenproduzierte DVDs, Goldmünzen, Kryptowährungen oder ähnlich dubiose Produkte zu verkaufen. Ob Verschwörungstheorie oder Online-Gewalt gegen Frauen, solange sie Reichweite und damit Verkäufe generieren, ist jedes Mittel recht. Und je mehr Reichweite und Verkäufe diese Internetinquisitoren haben, desto weniger motiviert ist eine Medienplattform, sie von der Plattform zu verbannen.

Internetinquisitoren sind nicht nur obskure Leute in den fernen USA, sie treten auch hierzulande unter dem Deckmäntelchen „Journalist" oder „Kolumnist" auf. In der Schweiz erwirtschafteten Medienhäuser viel Geld mit Werbeanzeigen durch die Klicks, die Berichte über Jolanda Spiess-Hegglin generierten.

In Deutschland versuchen manche Medien auch, davon zu profitieren. Einem Oberstleutnant, der für die sozialen Medienkanäle der Bundeswehr zuständig war, war von der Fernsehsendung „Panorama" der *ARD* Sympathie mit Rechtsradikalen unterstellt worden.[16] Die Bundeswehr leitete daraufhin Untersuchungen ein und stellte ihn von seinem Posten frei. Natascha Strobl selbst war in die Nachforschungen der *ARD* nur am Rande involviert, sie prüfte lediglich, ob einige der vom Oberstleutnant mit „Gefällt mir" markierten Instagram-Posts rechtsextremistisch waren. Erst als der schon erwähnte *Welt*-Kolumnist Don Alphonso einen Beitrag zu Strobl verfasste und ihr eine größere Rolle bei der „Panorama"-Recherche zuschrieb, als sie hatte, begann der Mob, sich auf sie zu stürzen. Und diese Meute schaukelte sich selbst auf, indem sie Strobl „Nazimethoden" vorwarf: Sie habe monatelang den Oberstleutnant beobachtet, Vorwürfe konstruiert und damit Rufmord begangen. Dabei wurde ihr Ähnliches vorgeworfen wie Jolanda Spiess-Hegglin: dass die Karriere eines „guten Mannes" von einer „Linken" zerstört werde. Was waren die Konsequenzen? Natascha Strobl wurde online auf Twitter und anderen Kanälen auf das Übelste beschimpft, sie und ihre Kinder erhielten Morddrohungen und selbst die Gedenkseite ihres verstorbenen Vaters wurde mit verbalen Ausfällen wie folgenden geflutet:

> Dein Vater wird ausgebuddelt und dann in Einzelteilen auf einem Haufen vor deiner Haustüre abgeladen. Dann hast du ein tolles Puzzle das du spielen kannst, anstatt Müll auf Twitter in die Welt zu kotzen. Den Schädel behalten wir als Suppenschüssel. – *Lisa Heitzmann*
>
> Wäre ich ihr Vater, würde ich mich nach meinem Tod sicherheitshalber umbringen. – *Freidenker @KdlPtrt*
>
> Kein Wunder, dass Ihr Vater tot ist. Wären sie me[i]ne Tochter, dann wäre ich auch lieber tot.

Don Alphonso – mit bürgerlichem Namen Rainer Meyer – selbst brauchte sich nur zurückzulehnen und den Mob die Arbeit machen lassen. Sollte ein Kalkül des monetären Profitierens dahintergestanden haben, dann ging es jedenfalls nicht auf. Nach einem Wachstum zwischen 2003 bis 2020 verlor *Die Welt* in nur einem Jahr 120.000 Leser: von 890.000 im Jahr 2020 auf 770.000 im Jahr 2021.[17]

Ein interessantes Detail zu Internetinquisitoren ist, dass sie, wie schon die Betreiber von Rachepornoplattformen, ihr Privatleben wie einen Augapfel hüten. Die Details, die dann aber bekannt werden, zeichnen ein oft wenig schmeichelhaftes Bild. *Die Zeit* stellte 2021 die rhetorische Frage: „Ist der Blogger Don Alphonso dafür verantwortlich, dass Menschen, über die er schreibt, anschließend von Rechten bedroht werden?"[18]

Natascha Strobl war nämlich bei Weitem nicht die einzige Person, die in das Fadenkreuz des Mobs geriet. *Die Zeit* führt Anne Helm (Politikerin, Die Linke), Hasnain Kazim (Autor), Jasmina Kuhnke (Comedian), Alex Urban (Leiter der Aktionsgruppe #ichbinhier gegen Hatespeech im Internet) und Anne Wizorek (Autorin) an. Interessant ist dabei die Auswahl der Zielpersonen. So identifizierte die *Zeit* die Gemeinsamkeiten der Personen, über die Meyer schreibt und womit er den Mob anstachelt:

[...] weiblich, migrantischer Background, dem linken Spektrum zuzuordnen, für staatlich finanzierte Projekte oder Institutionen tätig („Steuergelder"). Ein weiterer wichtiger Aspekt ist, dass Rainer Meyers Zielpersonen, anders als er, häufig keiner Institution angehören, die sie schützen würde.

Wie wir bereits gesehen haben, verstecken sich viele toxische Männer entweder hinter anonymen Konten oder hinter einer Organisation. Courage ist keine Charaktereigenschaft solcher „harten Kerle". Mit vollen Hosen im Dunkeln lässt sich leicht stinken. Aber wehe, es erwischt sie die gerechte Strafe, dann sind diese harten Kerle plötzlich ziemlich kleinlaut. Dazu werden wir noch Beispiele sehen und wie sie sich herauszureden versuchen.

Sind Internetinquisitoren nur Männer? Nein, auch Frauen treten in dieser Rolle auf und wir werden sie im Kapitel zu toxischen Frauen vorstellen.

Gaslighter

Gaslighting ist die Form von Gewalt, in der man einem Opfer mehr und mehr das Selbstwertgefühl und damit die Lust am Leben nimmt. Die Gaslighter selbst sind Personen, die auf der einen Seite selbst sehr unsicher sind und sich dadurch erhöhen, dass sie andere kontrollieren, und auf der anderen Seite einen narzisstischen, also selbstverliebten Blick auf sich haben. Sie sehen sich als besonders wichtig an, wollen angehimmelt werden, doch gleichzeitig haben sie Zweifel daran, warum man sie lieben sollte. Und ihnen fehlt es in vielen Fällen an Empathie.

Um über einer Person stehen und sie kontrollieren zu können, müssen sie in ihrer eigenen Logik die andere Person erniedrigen. Das machen sie, indem sie langsam das Selbstwertgefühl des Opfers auszuhöhlen versuchen. Dazu stellen sie anderen Fallen, indem sie diese etwa falsch oder gar nicht informieren. Dann kann ein Gaslighter dem Opfer vorwerfen, falsch gehandelt zu haben. Das kann beispielsweise das Ausmachen eines Treffpunkts sein. Eine Uhrzeit wird angegeben oder eine vage Ortsangabe gemacht, und wenn das Opfer nicht erscheint, wird der Gaslighter zornig und wirft ihm vor, ihn nicht zu schätzen oder zu lieben. Das Opfer wird in eine defensive Position gedrängt, meint, an Gedächtnisverlust zu leiden, die Realität nicht mehr richtig zu erfassen. Die Kontrolle geht immer mehr auf den Täter über und dieser genießt seine neu gewonnene Macht. Nicht nur das: Gaslighter interpretieren ihr Handeln, die verbale und physische Gewalt als etwas, wofür das Opfer selbst verantwortlich ist, und sind überzeugt, dass es für das Opfer das Beste ist. Es ist klar, dass es nur für den Täter selbst von Vorteil ist.

Warum aber fallen so viele Frauen (und auch Männer) auf Gaslighter herein? Warum werden sie Opfer eines solchen Missbrauchs? Interessanterweise geschieht dies oft Frauen, die als sehr erfolgreich und smart gelten. Wenn ihr Erfolg auf viel Einfühlungsvermögen basiert, tendieren sie dazu, die Schuld bei sich zu suchen und diejenigen zu sein, die die Hand ausstrecken, um die Beziehung zu retten. Und damit ist die Teufelsspirale in Gang gesetzt, denn ein Gaslighter schwankt zwischen intensiven Liebesbezeugungen und Zornausbrüchen. Er tue das alles nur für die Frau, zu ihrer Sicherheit, wenn er sie überwache, eine Spionage-App auf ihrem Smartphone installiere, einen AirTag in ihre Handtasche lege oder am Auto anbringe. Damit beginnt er, sie von Familie und Freunden zu isolieren, jenen, die ihr helfen könnten. Er weiß auch sehr gut andere Menschen zu manipulieren, bei ihnen zeigt er sich von seiner besten Seite. Doch dahinter steckt Kalkül. Denn wenn die betroffene Frau von den merkwürdigen Vorgehensweisen erzählt oder vermeintlichen Gedächtnisverlusten, dann glauben ihr das die Freunde und Familienangehörige nicht.

Der Täter geht sogar noch weiter. Er versucht, Freunde und Familie zu manipulieren, indem er ihnen unter vier Augen gesteht, dass er sich Sorgen um das Opfer mache. Sie werde vergesslich, scheine immer dünnhäutiger zu werden und sich generell sonderbar zu verhalten. Die Personen, die dem Opfer helfen könnten, werden damit in die Verschwörung eingebunden und helfen ihr nicht, denn „er" kümmere sich schon um sie.

Von Ex-Partnern versucht der Gaslighter sein Opfer zu isolieren, indem er extrem eifersüchtig reagiert. Die Eifersucht, die er dabei an den Tag legt, hat einen guten Grund. Während Freundinnen sich untereinander gerade in Beziehungssachen nicht immer die Wahrheit sagen, um nicht als Miesmacherin zu gelten, durchschauen Männer sehr viel rascher das Verhalten eines männlichen Gaslighters. Und davor hat dieser Angst. Er muss sein Opfer davon abhalten, männliche Kontaktpersonen zu haben.

Gaslighting-Verhalten tritt online und offline auf. Täter wirken auf ihre Opfer online ein, um sie vorzubereiten. Vorwürfe, Komplimente, kleine Spitzen, Liebesbezeugungen wechseln sich ab und das führt dann zur Überwachung durch digitale Werkzeuge: die Kontrolle über die sozialen Medienprofile des Opfers, die E-Mails, die Telefongespräche, die Textnachrichten bis hin zu den bereits erwähnten Überwachungs-Apps, die man dem Opfer vorgeblich zu seiner Sicherheit auf das Smartphone installiert.

Polizei

Wer meint, der erste Weg von Opfern von Online-Gewalt führe zur Polizei, der sollte die folgenden Zeilen genau durchlesen, um zu verstehen, warum viele Opfer damit hadern beziehungsweise eine Anzeige von vornherein ausschließen. In etlichen Fällen werden sie bei der Polizei nochmals zu Opfern. Der Innenausschuss des Landtags in Wiesbaden beispielsweise fand bei einer Untersuchung heraus, dass 16 hessische Polizeibeamte, gegen die wegen rechter Chats ermittelt worden war, auch in Chatgruppen Mitglied waren, in denen Kinderpornografie geteilt worden war.[19] Wenig vertrauenerweckend ist auch, dass der Wiesbadener Polizeipräsident in einer Besprechung das N-Wort verwendet hat.[20]

Die Comedy-Autorin Jasmina Kuhnke musste wie gesagt mit ihren vier Kindern von heute auf morgen aus ihrer Wohnung ausziehen und eine andere Bleibe finden, nachdem in rechtsextremen Netzwerken ihre Privatadresse gepostet worden war. Die Vermutung liegt nahe, dass diese Information aus Polizeikreisen kam, denn auch nachdem ihre neue Adresse im deutschen Melderegister mit einer Auskunftssperre versehen worden war, drohten mit rechtsradikalen Ideologien sympathisierende Polizisten damit, diese abzurufen.

Auch haben viel zu viele Frauen die Erfahrung gemacht, dass sie beim Versuch einer Anzeige von der Polizei zu Tätern gemacht werden und damit nochmals Opfer werden. Unter Polizeibeamten kursiert der Mythos, dass Frauen überproportional viel Sexualdelikte oder Partnerschaftsgewalt falsch anzeigen, um sich an ihrem Ex zu rächen oder davon zu profitieren. Polizisten scheinen untereinander ein zweifelhaftes Verständnis davon zu haben, wie eine „echte Vergewaltigung" auszusehen hat. Das ist zumeist ein Fremder, der einer weißen Frau in einer dunklen Allee auflauert, sie schlägt, ihre Kleidung zerreißt und nach heldenhaftem Widerstand der Frau sich diese „nimmt". Dass ein Ex, ein Partner oder Bekannter die Frau vergewaltigen, dabei andere Arten von Zwang ausüben oder die Frau mit K.-o.-Tropfen außer Gefecht setzen kann, klingt für manche Beamten nicht nach Vergewaltigung. Selbst die Frau in der dunklen Allee wird rasch beschuldigt, selbst an der Vergewaltigung schuld zu sein. Was macht sie auch allein in einer dunklen Allee? Und dann noch Minirock oder tiefen Ausschnitt getragen? Sie forderte es geradezu heraus.

Dabei ist es völlig egal, was eine Frau trägt. Das geht erstens niemanden etwas an und ist nie ein Signal an Männer, dass sie Freiwild ist oder „es will". Das im US-Bundesstaat Utah beheimatete „Dove Center" hat eine permanente (Online-)Ausstellung mit dem Titel „Was hast du getragen?" mit gespendeter Kleidung. Das Besondere an diesen Kleidungsstücken ist, dass sie von den Spenderinnen getragen worden waren, als sie von Männern vergewaltigt wurden. Die Frauen trugen vorwiegend Jeans, Leggings, T-Shirts, Hoodies, sogar ein Hosenanzug war darunter. Auch indische Frauen zeigten die Kleidung, die sie trugen, als sie vergewaltigt wurden: vor allem Pullover, Hosen – und ein Schlafsack. In dem steckte nämlich die Klimaforschungsjournalistin Manon Verchot tief schlafend, als sich ein Mann gewaltsam Zugang zu ihrem Zelt verschaffte und sie vergewaltigte.[21]

Nicht Miniröcke vergewaltigen Frauen, es sind Männer. Auch hier kommt wieder das Defizitnarrativ ins Spiel, dass die Frauen „repariert" werden müssten. Sie müssten lernen, wie man sich anziehe, damit sie wildfremde Männer nicht ungewollt sexuell provozieren. Dabei wäre die Lösung so naheliegend: Warum „reparieren" wir nicht die Männer? Es ist nicht die Schuld der Frauen, dass Männer zu Vergewaltigern und Online-Hetzern werden. Daran sind schon die Männer selbst schuld und die Gesellschaft, die das ermöglicht und toleriert. Frauen, die Miniröcke tragen und sich nicht davon abhalten lassen – warum auch? –, sind sogar seltener Vergewaltigungsopfer. Sie werden als selbstbewusster wahrgenommen und potenzielle Vergewaltiger erwarten, dass sie sich stärker wehren werden. Da ist es einfacher, sich an der „grauen Maus" in Jogginghose und T-Shirt zu vergehen.[22]

Doch leider lassen sich Polizei, Richter, Zeugen, Gesellschaft und Medien stark von der Kleidung beeinflussen.[23] Einer Frau im Minirock wird eher gesagt, sie habe die Vergewaltigung herausgefordert. Aber auch Frauen, die keinen Minirock trugen, wird immer noch unterstellt, sie hätten sich provozierend verhalten. Und diese Argumentation kommt auch bei Online-Gewalt zur Anwendung: Eine Frau, die diese „auf sich zieht", hat vermutlich die Männer „provoziert". Jill Filipovic von der Zeitung *The Guardian* fasst das so zusammen:[24]

> Vergewaltiger vergewaltigen nicht, weil sie anderswo keinen Sex „bekommen" können. Vergewaltiger vergewaltigen nicht, weil sie beim Anblick eines Dekolletés, einer Taille, eines roten Lippenstifts oder eines Knöchels unkontrollierbar erregt sind. Sie vergewaltigen, weil sie frauenfeindliche Sadisten sind, und sie gedeihen in Gegenden, in denen Frauenfeindlichkeit als Tradition legitimiert ist und in der Männlichkeit mit Gewalt assoziiert wird.

Ist die Frau nicht weiß, hat sie Migrationshintergrund, ist sie vielleicht eine „Linke" oder „Feministin", entspricht sie in den Augen mancher Polizisten nicht dem Bild einer stereotypischen Frau. Ist sie beim Vorbringen der Anzeige emotional aufgewühlt – wer ist das nicht, wenn einem Gewalt angetan wurde? – und in zerrissener Kleidung oder zu perfekt angezogen: Egal wie, die Kleidung ist immer falsch in den Augen der die Anzeige Entgegennehmenden. Trägt sie Tattoos oder Piercings, kann sich in ihrem emotionalen Zustand nicht genau ausdrücken oder spricht nur gebrochen oder gar kein Deutsch, dann viel Glück!

Fakt ist: Die Falschanzeigen durch Frauen weichen nicht von Falschanzeigen anderer Verbrechen ab. In Deutschland liegen die Falschanzeigen bei Sexualdelikten bei äußerst niedrigen drei Prozent.[25] Und das sind nur die vorgebrachten Anzeigen. Die Verurteilungen in den Fällen, die vor Gericht verhandelt werden, liegen ebenfalls im einstelligen Prozentbereich. Dabei will ich gar nicht erwähnen, dass im Fall einer Anklage die persönlichen Daten der Frau dem Anwalt des Täters weitergegeben werden. Damit hat sie auch der Täter, und was das bedeutet, kann man sich ausmalen.

Eine Frau, die wegen Vergewaltigung Anzeige bei der Polizei erstattet, ist somit entweder blöd, ausgesprochen selbstbewusst oder masochistisch veranlagt. Wie auch immer, es wird ein Spießrutenlauf. Den Fall des südafrikanischen Comedians Trevor Noah und seiner Mutter, die von ihrem Mann angeschossen worden war, haben wir schon erwähnt. Dem Täter geschah nichts, weil keine Anzeigen gegen ihn vorgelegen hatten, weil sie jedes Mal, wenn sie Anzeige wegen häuslicher Gewalt gegen ihn erstatten wollte, von den Polizisten abgewimmelt worden war. Im ebenfalls bereits erwähnten Fall in Wien hatte eine Frau die Polizei um Hilfe gerufen, weil sie von ihrem betrunkenen und aggressiven Mann in ihrer Wohnung attackiert worden war. Obwohl sie bereits die Scheidung eingereicht hatte, lebten sie unter demselben Dach und sie war täglich seinem aggressiven Verhalten ausgesetzt.[26] Dass sie aus der Wohnung auszieht, kann vom Gericht als „böswilliges Verlassen" betrachtet werden und damit als „Eheverfehlung". Damit wäre sie schuld an der Scheidung mit allen finanziellen Verpflichtungen. Bleibt sie aber in der Wohnung, ist sie seinen gewalttätigen Angriffen ausgesetzt. Man würde also meinen, Polizeibeamte wüssten darüber Bescheid und würden entsprechend handeln.

In einem anderen Fall führte die Beschwerde über den rechtsradikalen Beamten und das ehemalige Mitglied der Republikaner Bodo Pfalzgraf zur Weitergabe persönlicher Daten des Beschwerdeführers an Bodo Pfalzgraf selbst.[27] Darunter befanden sich der Name, die Privatadresse, die E-Mail und Mobiltelefonnummer des Beschwerdeführers. Auch wenn der Datenschutzbeauftragte nachfolgend feststellte, dass die Weitergabe unzulässig war und die Berliner Polizei ihre Vorgehensweise ändern musste, war das Unheil schon angerichtet.

Wie dysfunktional manche Polizeidienststellen sind, zeigte Jan Böhmermann im „ZDF Magazin Royale" auf. Im August 2021 schickte das Magazin zur selben Zeit 16 Korrespondenten in den 16 deutschen Bundesländern zur Polizei, um Anzeige zu erstatten. Grund waren sieben Posts mit eindeutig rechtsextremen und beleidigenden Inhalten, die auf Facebook, Twitter und Instagram veröffentlicht worden waren. Mehrere Polizeidienststellen wimmelten die Korrespondenten ab, dass man „nichts machen könne", andere ließen die Anzeigen liegen, verfolgten sie nicht weiter oder konnten die Täter nicht ermitteln. Nur einige wenige fanden wirklich die Täter und brachten sie vor Gericht. Erst auf Nachfrage des *ZDF* im Mai 2022 wurden die jeweiligen Polizeibehörden aktiv und es wurde gegen mehrere Polizisten wegen Strafvereitelung ermittelt.[28]

Toxische Frauen

Es gibt einen speziellen Platz in der Hölle für Frauen, die anderen Frauen nicht helfen. – **Madeleine Albright**

In ihrem 1949 erschienenen, epochalen Werk „Das andere Geschlecht" beschreibt Simone de Beauvoir die Faktoren, die dazu führten, dass Frauen in der Gesellschaft in der zweiten Reihe stehen. Das Buch erschien zu einer Zeit, als Frauen noch kein eigenes Bankkonto eröffnen konnten oder der Besitz von Frauen von ihrem Ehemann oder einem männlichen Vormund verwaltet wurde. Erst in den 1970er- und 1980er-Jahren durften Frauen beispielsweise eigene Bankkonten ohne die Unterschrift eines Mannes eröffnen. Überraschenderweise gibt de Beauvoir aber nicht nur den Männern die Schuld an der Schlechterstellung der Frau, sondern auch den Frauen. Die weiblichen Verwandten und Bezugspersonen eines Mädchens hätten diese oft auf ihre Rolle als unterwürfiges Objekt der Männer vorbereitet und erzogen. Simone de Beauvoir, die selbst in einer offenen Beziehung mit Jean-Paul Sartre lebte und keine Kinder hatte, lebte außerhalb dieser Erwartungen und muss den Druck des traditionell weiblichen Rollenbilds selbst gespürt haben. Ihrer Ansicht nach sind eigene Erfahrungen mit dem weiblichen Rollenbild ein Grund für das Verhalten der weiblichen Verwandten und Bezugspersonen. Die meisten Frauen hätten nie die Möglichkeit gehabt, ein eigenständiges Leben zu führen, und der bloße Gedanke daran musste den jungen Mädchen von Anfang an „ausgetrieben" werden.

Dies führt uns zum weiblichen Gegenstück des toxischen Mannes: der toxischen Frau. Entgegen den Erwartungen, Frauen würden zueinanderhalten und sich gegenseitig unterstützen, finden sich zu viele Beispiele toxischer Frauen, die dieselben Techniken gegen Frauen anwenden, wie es toxische Männer tun. Nicht nur hören wir von Fällen wie Ghislaine Maxwell, die Jeffrey Epstein über Jahre hinweg junge und oft minderjährige Frauen für Sex zuführte. Melissa DeRosa, die ehemalige Assistentin des New Yorker Gouverneurs Andrew Cuomo, der wegen sexueller Belästigung gegen mehrere Frauen angeklagt worden war und abdanken musste, trat zurück, nachdem Vorwürfe gegen sie erhoben worden waren, dass sie ihrem Chef bei den ihm vorgeworfenen sexuellen Belästigungen geholfen hatte.[29] Hierbei ist die Ironie nicht zu übersehen, weil sie die Vorsitzende des New York State Council on Women and Girls war, das Cuomo 2017 ins Leben gerufen hatte, um unter anderem „sicherzustellen, dass jede Politik, die verabschiedet wird, und jedes Programm, das geschaffen wird, die Erfahrungen von Frauen und Mädchen berücksichtigt und versucht, die Gleichstellung in unserem Staat weiter voranzutreiben".

Solche Frauen werden zu Befähigerinnen von Geschlechterdiskriminierung und Online-Hass im falschen Verständnis von Solidarität mit toxischen Männern. Das hilft den Frauen aber nur bedingt, denn sie selbst fallen den toxischen Männern in ihrem Umfeld zum Opfer. Und sie werden – im Gegensatz zum Rückhalt, den toxische Männer von den Organisationen, die sie beschäftigen, erhalten – schnell fallen gelassen, sobald der Gegenwind zu scharf wird.

Ein Beispiel ist die deutsche Journalistin Anna Dobler, die unter dem Twitter-Namen @doblerin aufgetreten war. Ähnlich wie Don Alphonso nutzte sie ihre Reichweite als Journalistin – sie war zuletzt stellvertretende Chefredakteurin beim Online-Boulevardmedium *eXXpress* –, um immer wieder Frauen wie Jasmina Kuhnke oder Natascha Strobl zu kritisieren. Die damit ausgelösten Shitstorms schadeten ihr selbst wenig, bis sie einmal nicht eine Frau kritisierte, sondern ein eigenartiges Geschichtsverständnis zu den Nationalsozialisten offenbarte. In einem Tweet über die Wannsee-Konferenz, bei der die „Endlösung der Judenfrage" beschlossen worden war, vertrat sie folgende Meinung:

> Das waren nicht nur Mörder, sondern auch durch und durch Sozialisten.[30]

Das war dem Boulevardblatt dann doch zu viel und man ließ sie wie eine heiße Kartoffel fallen. Dobler lamentierte zuerst über ihr Schicksal auf Twitter, wie sehr sich plötzlich ihr Leben geändert habe, ohne dass sie sich je Gedanken darüber gemacht hatte, wie sehr ihre eigenen Tweets das Leben ihrer Zielpersonen miserabel gemacht hatten.

Wie auch immer: Sie deaktivierte vorübergehend ihr Twitter-Konto. Die Zeit hat sie scheinbar wenig genutzt, um in sich zu gehen, denn kaum war sie wieder online, setzte sie ihr Verhalten auf Twitter fort.

In der Schweiz fällt einem sofort die Journalistin und Autorin Michèle Binswanger ein. Auch sie vertritt konservative Meinungen und traditionelle Frauenbilder, und damit sind für sie Fälle wie derjenige der ehemaligen Grünen-Politikerin Jolanda Spiess-Hegglin ein gefundenes Fressen, an denen sie sich unermüdlich abarbeitet. So weit, dass sie wegen Verleumdung verurteilt und vom Schweizer Presserat wegen Verletzung der Wahrheitspflicht und des Gebots des Anhörens bei schweren Vorwürfen des Journalistenkodex gerügt wurde.

Jolanda Spiess-Hegglin war als frischgebackene Kantonsrätin 2014 auf der Landammannfeier (ein Landammann ist der Vorsitzende einer Schweizer Kantonsregierung) eingeladen worden, doch am nächsten Tag war sie ohne Kater, mit einem Filmriss und Unterleibsschmerzen aufgewacht. Sie konnte sich an nichts erinnern. Im Krankenhaus konnte zwar nicht bestätigt werden, dass ihr K.-o.-Tropfen verabreicht worden waren, weil es davon gleich mehr als 100 verschiedene gibt und die Nachweisbarkeit im Blut von manchen nach acht Stunden endet, doch es fanden sich DNA-Spuren eines Abgeordneten der rechtskonservativen Schweizer Volkspartei in ihrem Unterleib sowie die eines anderen Unbekannten in ihrer Unterwäsche. Es kam zu Klagen und Gegenklagen, 2018 wurden dann die Anzeigen zurückgezogen und das Verfahren wurde aus Mangel an Beweisen eingestellt. Die Umstände der Vergewaltigung sind nach wie vor ungeklärt.

Eine Frau in der Politik, gut aussehend, jung: Für konservative Gemüter mit ebensolchem Frauenbild ist das ein rotes Tuch. Mit anderen Worten: Solch eine Frau fordert eine Vergewaltigung geradezu heraus. Ein gefundenes Fressen für die Mediengruppen des Alpenlandes, die diese Affäre nunmehr seit Jahren genüsslich ausschlachten. Mehr als 3.000 Artikel sind seither erschienen. Spiess-Hegglin wolle „einen Seitensprung verheimlichen", sie sei ein „Luder", mit dem „Nümmerchen" habe sie sich gerichtlich Geld erschleichen wollen – mit derartigen Unterstellungen wurde das Opfer zur Verführerin, zur Täterin gemacht, immer neue „Details" wurden veröffentlicht und der Mythos geschaffen, dass hier eine „linke" Politikerin einen „rechten" Politiker fertigmachen wolle.

Auch Frauen schrieben über diesen Fall und ganz prominent vorn mit dabei Michèle Binswanger. Doch sie stand nicht etwa auf der Seite ihrer Geschlechtsgenossin, sie warf Spiess-Hegglin vor, einen Unschuldigen der Tat zu bezichtigen.[31] Binswanger, die als Journalistin des *Tages-Anzeiger* eine mächtige Mediengruppe hinter sich hat, scheint ohne Umschweife bereit, eine andere Frau vor den Medien- und Online-Mob zu werfen, ohne Rücksicht auf deren Persönlichkeitsrechte. Selbst aber wird Binswanger ziemlich empfindlich, wenn ihr oder Menschen, mit denen sie sich identifizieren kann, auf Twitter der Wind scharf ins Gesicht bläst. Als die ehemalige Schweizer Skifahrerin Mimi Jäger wegen rassistischer Aussagen Gegenwind erhielt oder die „Harry Potter"-Autorin J.K. Rowling wegen transmenschenfeindlicher Aussagen das Ungemach ihrer Fans auf sich zog, sprang die sich auf Twitter selbst so nennende „Jeanne d'Arc der Pressefreiheit" sofort mit mitfühlsamen Kolumnen ein, die von „sozialen Hinrichtungen" sprachen.

Rassistische und transphobe Aussagen konservativer Frauen sind scheinbar schützenswert, aber die Verabreichung von K.-o.-Tropfen und Vergewaltigung einer linken Politikerin sind es offensichtlich nicht. Nicht nur das, dort tritt man noch nach. Mediengeil sei Spiess-Hegglin, sie heische nur nach Aufmerksamkeit und wolle im Rampenlicht stehen. Für ihre Parteikolleginnen war die Geschichte peinlich, sie forderten Spiess-Hegglin auf, sich zurückzuziehen, und warfen ihr sogar vor, noch nachzulegen, indem sie die Zeitungen wegen Verleumdung verklagte.[32]

Michèle Binswanger plant acht Jahre nach der Affäre ein Buch, nicht etwa, um Details zur Person zu enthüllen, die Spiess-Hegglin die K.-o.-Tropfen verabreicht hat, noch um über die Rolle des ehemaligen SVP-Präsidenten des Kantons Zug, Markus Hürlimann, zu schreiben, dessen DNA in Spiess-Hegglin gefunden worden war, nein, sie schreibt natürlich über das erste T von „Titten, Tränen, Tiere" – der Erfolgsformel von Boulevardzeitungen. Diese Formel lautet eben nicht „Schwänze, Schummeln, Schieber".[33]

Die britische Linguistikprofessorin Deborah Cameron bezeichnete diese rechtskonservativen Autorinnen als „Schoßtiere".[34] Diese würden – mit Blick auf die britischen Verhältnisse –

> dafür belohnt, dass sie als Sprachrohr für die Vorurteile der Männer fungieren, die die Tory-Presse kontrollieren. Ihre Redakteure wissen, dass ein Mann, der Nicola Sturgeon als machtbesessene Lady Macbeth mit einem Haarschnitt wie ein Tunnock's Teacake beschreibt, als grober chauvinistischer Rüpel dastehen würde. Also wird die Aufgabe, Frauen zu verunglimpfen, an die Damen delegiert, die einen stetigen Strom von Beiträgen mit dem Titel „Warum ich [Name der Politikerin einfügen] nicht ausstehen kann" verfassen.

Auch das amerikanische Monatsmagazin *Harper's Bazaar* widmete dem Phänomen der Akzeptanz von Belästigungen durch zumeist konservative Frauen einen Beitrag. Für konservative Frauen, die Donald Trumps Audioaufnahme hörten, in der er schildert, wie er Frauen belästigt und ihnen „an die Möse greift", war das kein Grund, nicht für ihn zu stimmen. Auch das Verhalten des konservativen Kandidaten für den Obersten Gerichtshof der Vereinigten Staaten, Brett Kavanaugh, dem mehrere Frauen Vergewaltigung und sexuelle Belästigung und eine Reihe weiterer Verfehlungen vorgeworfen hatten, sahen konservative Frauen als annehmbar an.

„Boys will be boys" wurde als Standardphrase vorgebracht. Diese Frauen haben einerseits diese Standards so verinnerlicht, dass sie diese als normal und damit fast schon verzeihbar ansehen, andererseits erwarten sie durch ihr zustimmendes Verhalten gegenüber toxischen Männern persönliche Vorteile. Sie erdulden diese Übergriffe, solange sie in einem goldenen Käfig leben dürfen und der

Schein einer vorbildlichen Ehe und Familie aufrechterhalten werden kann. May Ann Sieghart bezeichnet das als die „patriarchalische Abmachung":[35]

> Dies beschreibt die Idee, dass Frauen, um in einem System mit starren Geschlechterregeln zurechtzukommen, ihre Gruppenidentität oder ihre Interessen vernachlässigen, um als Einzelne so viel wie möglich aus dem System herauszuholen. Im Fall der republikanischen Frauen hat die patriarchalische Abmachung viel damit zu tun, dass sie sich auf Männer verlassen, um wirtschaftliche Ressourcen und männliche Bestätigung zu erhalten.

Wie schon Simone de Beauvoir bemerkte, wird das Patriarchat nicht nur von Männern aufrechterhalten, denn letztendlich sind es Frauen, die Trägerinnen der sozialen Geschlechternormen sind und sie weiterverbreiten. Die Ironie an der Sache ist, dass rechtskonservative Frauen sich darüber beschweren, rechtskonservative Männer würden sie schlecht behandeln. Wie das Magazin *Salon* nach Trumps Wahl zum amerikanischen Präsidenten berichtete, waren die Frauen, die sich dieser Szene weißer, nationalistisch gesinnter Amerikaner zuordneten, aufgebracht, dass sie selbst in den Online-Foren zu Opfern würden. Die sich selbst als „Ethnonationalistin" bezeichnende Tara McCarthy lamentiert über ihr Schicksal:[36]

> Frauen aus der Alt-Right werden ständig von anonymen Trollen mit niedrigem Status belästigt, die versuchen, uns in die Schranken zu weisen.
>
> Frauen jeden Alters, die Kinder haben oder nicht, werden aus verschiedenen „Gründen" belästigt.
>
> Das Ziel scheint letztlich zu sein, uns aus dem Internet zu drängen.

Schlimm, wenn man erkennen muss, dass die eigenen Leute und man selbst das Problem und nicht die Lösung ist. Den Bogen zu spannen, dass ein derartiges Verhalten nicht nur in der eigenen „In-Gruppe", sondern vielleicht auch für die gesamte Gesellschaft zu einem Problem wird, scheint ihren Twitter-Horizont allerdings zu überschreiten.

> Das Problem, das ich hier anspreche, ist nicht, dass es „Trolle im Internet" gibt, sondern dass Leute, die behaupten, auf unserer Seite zu sein, versuchen, Frauen in unserer In-Gruppe zu verletzen. Wenn Sie nicht sehen können, warum das dysfunktional ist, kann ich Ihnen nicht helfen.

Im selben Forum unterschrieb die damals 22-jährige, unverheiratete Lauren Southern zwar ihr Bekenntnis zu „traditionellen Familienwerten" – Frau ist mit einem Mann verheiratet und damit erst wertvoll; macht Babys mit ihm; bleibt zu Hause und kümmert sich um den Haushalt –, konnte aber die Vorwürfe ihrer eigenen Ethnonationalisten nicht ganz begreifen, als sie in einem Youtube-Video offenlegte, warum sie immer noch unverheiratet und kinderlos ist.[37]

> Ich versuche nicht, mir einzureden, dass ich als 22-Jährige sofort heiraten muss, um der Tradition willen und um nicht zu degenerieren. Was mich ebenfalls schockiert, ist der völlige Mangel an Verständnis für Nuancen.

„Nuancen" verlangt sie für sich selbst, verweigert sie aber allen, die nicht in ihr eingeschränktes, ideologisches Nuancenspektrum passen.

Die Angst von Frauen, man könnte ihnen vorwerfen, Geschlechtsgenossinnen sanfter anzufassen oder ihnen Vorteile zu verschaffen, ist so tief verankert, dass sich das tatsächlich auf die Qualität der Arbeit dieser Frauen auswirkt. Der Journalistin und *ARD*-Moderatorin Tina Hassel fiel das in ihren Sommerinterviews der Kanzlerkandidaten bei der Bundestagswahl 2021 auf die Füße. Ihre Interviewführung mit der einzigen weiblichen Spitzenkandidatin, Annalena Baerbock, erschien viel aggressiver als mit den männlichen Spitzenkandidaten. Die Sprachwissenschaftlerin Simone Burel analysierte neben der Rahmengestaltung des Interviews vor allem die Art der Fragestellungen. So fiel ihr auf, dass Hassel die Eröffnung des Interviews bei Baerbock gänzlich anders begonnen hatte als bei den männlichen Spitzenkandidaten:[38]

> Die dialogische Einführung wird überwiegend bei Laschet und Scholz gewählt („Herr Laschet/Herr Scholz, Sie haben …"), während bei Baerbock eine Meta-Einführung geschieht („Wen begrüße ich hier eigentlich? Wir haben hier Annalena Baerbock …"). Wie dem Zitat zu entnehmen ist, wird die Vorstellungssequenz nicht gemeinsam mit Baerbock, sondern über sie redend, realisiert, sodass dadurch kommunikative Distanz erzeugt und sie nicht ins Gespräch integriert wird.

Solches Verhalten ist für die amerikanische Psychologieprofessorin Phyllis Chesler wenig überraschend. Sie hatte mehr als 500 Interviews mit Frauen durchgeführt und es wurde ihr klar, dass etwas mit den Antworten nicht stimmen konnte. Die meisten Frauen konnten ihr von mindestens einer Situation berichten, in denen ihnen eine Frau in den Rücken gefallen war. Sie selbst aber konnten keine einzige Situation nennen, in denen sie Ähnliches anderen Frauen angetan hatten. Mathematisch ist das unmöglich.[39]

Toxische Frauen finden sich auch unter jungen Personen, wie das Beispiel einer Vorarlberger Schülerin mit Migrationshintergrund zeigt, die wegen Cybermobbing von der Schule suspendiert worden war. Eine 13-jährige Schülerin hatte von einem anonymen Konto über verschiedene soziale Medien Hassmeldungen erhalten. Dabei wurde sie beschimpft, ihr wurde Vergewaltigung und der Tod angedroht. Der Verdacht war auf die Mitschülerin des Mädchens gefallen, sie wurde von der Mutter des bedrohten Mädchens angezeigt, vor der Klasse bloßgestellt und vom Unterricht suspendiert. Daraufhin erhielt die Familie der suspendierten Schülerin Drohungen, die Geschwister wurden von Autos verfolgt, vor der Haustür hatten Unbekannte randaliert und eine Matratze vor dem Haus angezündet. Die Schülerin hatte die Vorwürfe allerdings immer bestritten und die beschlagnahmten elektronischen Geräte wiesen keinerlei Spuren dieser Hassmails auf, ganz im Gegensatz zu denen der gemobbten Schülerin. Nach einer Untersuchung der IP-Adressen stellte sich heraus, dass die Hassmeldungen von den zwei Smartphones der vorgeblich gemobbten Schülerin selbst stammten. Da die Täterin zum Zeitpunkt der Tat noch nicht 14 Jahre gewesen war, wurde das Verfahren wegen Verleumdung, Fälschung eines Beweismittels und falscher Zeugenaussage eingestellt.[40]

Toxische Organisationen

Wenn toxische Männer und Frauen zusammenkommen, dann sind das Ergebnis toxische Organisationen, und die haben dank ihrer gebündelten Ressourcen die Fähigkeit, besonders gewalttätig gegen Einzelne zu sein.

Attackieren, Verhören, Entlassen, Anschmieren

Die aus Äthiopien stammende KI-Forscherin Timnit Gebru war von Google eingestellt worden, um die ethischen Aspekte der KI-Modelle und Datensätze zu erforschen. Als sich herausgestellt hatte, dass in vielen Fällen Minderheiten durch die Google-KI benachteiligt werden, wurde Gebru aufgefordert, ihre Veröffentlichungen dazu zurückzuziehen. Als sie das nicht tat, wurde sie gefeuert, wie auch einige Wochen später ihre Chefin Margaret Mitchell. Die beiden hatten nichts anderes getan als den Job, für den sie eingestellt worden waren. Das Muster, das folgte, ist bekannt. Gebru wurde intern und extern von Google unter Berufung auf nicht näher genannte

Mitarbeiter als „schwierig" bezeichnet, als jemand, der immer wieder Kontroversen auslöste und Kollegen brüsk angefahren hätte.[41]

Das wurde auf Twitter, durch Streuung von Gerüchten an die Medien oder anonyme Posts auf sozialen Medien verbreitet. In Gebrus Fall war das Ergebnis für Google allerdings sehr schmerzhaft. Nicht nur verließen eine Reihe von Mitarbeitern in den KI-Abteilungen in den folgenden Wochen und Monaten das Unternehmen und erwähnten als Grund ausdrücklich die Behandlung von Timnit Gebru und ihrer Managerin, auch die Recruiting-Anstrengungen von Google an den Topuniversitäten für offene KI-Positionen erfuhren reihenweise Absagen von den Absolventen, die diesen Fall sehr genau verfolgt hatten. Konferenzveranstalter und Universitäten lehnten weitere Kooperationen mit Google in diesen Feldern ab. Und Hunderte Google-Mitarbeiter hatten einen offenen Brief an ihren Arbeitgeber unterzeichnet, in dem sie ihren Unmut über die Behandlung und Entlassung von Timnit Gebru zum Ausdruck brachten.

Wie schon Tabakfirmen und Ölunternehmen seit Jahrzehnten Rufmordkampagnen durchführen und mit aufmüpfigen Mitarbeitern harsch umgehen, so treten nun die großen Internetfirmen in diese Fußstapfen. Ähnliche Geschichten hören wir von Apple, Amazon, Twitter, Uber und anderen Tech-Giganten, die nicht zimperlich mit Abweichlern umgehen.[42] Die Industrie verliert an Reputation.[43]

Doch nicht nur im fernen Amerika bei den bösen Big-Tech-Firmen gibt es solche toxischen Organisationen, auch bei uns gibt es Beispiele. Wie das der *ZDF*-Reporterin Birte Meier, die erkennen musste, dass sie viel schlechter bezahlt worden war als ihre männlichen Kollegen. Als sie deshalb vors Gericht zog, wurde die mehrfach preisgekrönte Journalistin zu einem Spartenkanal „strafversetzt", also *gesilenct*.[44] Diese Ungleichbehandlung hatte System, wie das Bundesarbeitsgericht feststellte.

Die chinesische Regierung wiederum geht gezielt gegen asiatische Reporterinnen im Ausland vor, um sie zu silencen.[45] Ein Netzwerk von Konten flutet regelmäßig die chinakritischen Berichte der Reporterinnen in westlichen sozialen Medien mit Hasskommentaren.

Diese Taktik ist als *Spamouflage*, ein Kunstwort aus Spam und Camouflage (deutsch: Tarnung), bekannt, bei der ein kritischer Bericht in der Flut der Kommentare untergeht oder untergehen soll. Den Reporterinnen, die oft chinesischstämmig sind, wird „umgekehrter Rassismus" vorgeworfen oder ihre Berichterstattung als der Versuch einer westlichen Einflussnahme auf innere chinesische Angelegenheiten ausgelegt.

Autorschaft

Im Kapitel zu „spurenlosen Frauen" wurde bereits beschrieben, wie Frauen aus der Geschichte herausgeschrieben werden. Ihre Namen werden nicht aufgezeichnet oder verschwinden. Patricia Bubner erlebte das an der TU Graz, als bei Forschungsprojekten, die sie auf die Beine gestellt und vorangebracht hatte, systematisch ihr Name aus den Forschungsergebnissen und Veröffentlichungen getilgt wurde. Die österreichische Kernphysikerin Lise Meitner, die als Erste die Kernspaltung erklärte, wurde nicht für den Nobelpreis berücksichtigt, dafür erhielt ihn ihr Kollege Otto Hahn. Für die Entdeckung der Doppelhelixstruktur der DNA wurden James Watson und Francis Crick mit dem Nobelpreis belohnt. Dass aber die Arbeit auf den Röntgenaufnahmen der britischen Biochemikerin Rosalind Franklin beruhte, deren Ergebnisse Watson und Crick ohne ihre Zustimmung erhalten hatten, ging unter.

In jüngerer Zeit wurde beispielsweise die KI-Forscherin und ehemalige Google-Mitarbeiterin Margaret Mitchell in Veröffentlichungen zu einem KI-Datensatz, an dem sie zwei Jahre mitgearbeitet hatte, nicht erwähnt, nachdem sie von Google im Zuge des Falles Timnit Gebru gefeuert worden war.[46]

Die chinesische Makerin und Influencerin Naomi Wu wird beharrlich von Medien in der Technologie- und Makerszene totgeschwiegen. Als sie auf Twitter begann, eine Maske der kalifornischen Firma Razer zu kritisieren, die auf der Firmenwebsite als N95/FFP2-standardkonform angepriesen worden war, das aber nicht war, ignorierte das Unternehmen sie und antwortete nur auf Posts männlicher Benutzer.[47] Es war lächerlich, zu sehen, wie das Unternehmen ihr die kalte Schulter zeigte und selbst Medien große Mühen auf sich nahmen, Naomi Wu nicht zu erwähnen.

Harassment for Hire

Die Affäre um Margaret Mitchell und Timnit Gebru geht übrigens weiter. Denn was sie nach ihren Entlassungen erlebten, war eine fortwährende Belästigung, die zum Teil nur durch Informationen, die direkt von ihrem ehemaligen Arbeitgeber stammten, erfolgen konnte. Dieses *Harassment for Hire*, also „angeheuerte Belästigung", ist eine „Dienstleistung", die wir einerseits von kriminellen Banden kennen – man schickt ein paar Mafiosi vorbei, die einem die Scheiben einschlagen –, andererseits von den Tabak- und Ölfirmen. Kritiker werden gezielt belästigt, indem beispielsweise Forscher, die auf Konferenzen über einen Zusammenhang zwischen Rauchen und Lungenkrebs oder zwischen Klimawandel und dem Verbrennen fossiler Brennstoffe berichten, eingeschüchtert oder lautstark kritisiert werden.

Was früher in der physischen Welt geschah, setzt sich heute online fort. Online-Bots müllen die Kommentarleisten zu Beiträgen mit Beschuldigungen und Beleidigungen zu. Und diese Bots werden von Firmen und Interessengruppen losgeschickt. Die kalifornische Rechtsprofessorin Veena Dubal hatte sich für die Anerkennung von sogenannten Gig-Workern, den Fahrern von Lieferdiensten oder Ridesharing-Services wie Uber, als Mitarbeiter und nicht freie Unternehmer eingesetzt, weil sich damit deren Rechte, Urlaubsansprüche, Krankenversicherungen und Gehälter verbessern würden. Dazu gab es in Kalifornien eine Abstimmung zum Vorschlag für eine Gesetzesanpassung, die sogenannte Proposition 22. In der gesamten Vorlaufphase bis zur Abstimmung erlebte Veena Dubal auf Twitter und anderen sozialen Medien eine Flut an Kritik und Beleidigungen, die am Tag nach der Abstimmung, die zugunsten der Unternehmen ausgegangen war, schlagartig aufhörte.[48]

Waren früher „Big Oil" und „Big Tobacco" die Meister dieser *Harassment for Hire*-Taktik, so sind es nun Big-Tech-Firmen, die das in der Online-Welt fortsetzen.

Überwachung und Stolperfallen

Dass Vertrauen in Unternehmen nicht immer gegeben ist, ist keine Neuigkeit. Zu viele Firmen missbrauchten in der Vergangenheit bereits dieses Vertrauen ihrer Kunden. Aber auch Mitarbeiter sollten ihre Skepsis nicht verlieren.

Apple beispielsweise ermutigt Mitarbeiter, auch im Arbeitsumfeld ihre privaten Apple IDs und iPhones zu verwenden. Doch das kann sehr rasch zu einer Falle werden. Firmenkommunikation über private Geräte und Benutzerkonten kann bei Arbeitskonflikten rasch als eine Verletzung von Firmengeheimnissen interpretiert werden und damit den Vorwand liefern, dass Mitarbeiter entlassen werden und bestimmte Ansprüche verlieren.[49]

Gerade mit einer Renaissance von Gewerkschaften und dem Einsetzen von Betriebsräten in vielen Unternehmen, auch in den USA, wo wir die letzten Jahrzehnte einen Niedergang in der Organisation der Arbeiterschaft sahen, wird das problematisch. Beispiele von Datenschutzverletzungen durch Arbeitgeber tauchen immer häufiger auf, und gerade Tech-Firmen wie Apple stehen da an vorderster Front.[50]

Die ehemalige Apple-Mitarbeiterin Ashley Gjøvik kann ein Lied davon singen. Nachdem sie über Sexismus am Arbeitsplatz getweetet hatte, wurde sie zuerst in den bezahlten Urlaub geschickt und dann entlassen. Auf der intern verwendeten Kommunikations- und Kollaborationsplattform Slack war sie immer wieder von Mitarbeitern belästigt worden. Statt die Männer zu beurlauben, wurde sie gebeten, Slack zu meiden, was bei ihrem Job kaum möglich ist.[51] In den nachfolgenden Untersuchungen der Nachrichten wurde ihr auch verboten, private Nachrichten und Nacktfotos, die auf ihrem privaten Apple-Konto und Apple-Gerät gespeichert waren, zu entfernen. Mittlerweile ist dieser Fall beim Arbeitsgericht anhängig, wo wegen der offensichtlichen Vergeltungsmaßnahmen gegen die ehemalige Apple-Mitarbeiterin verhandelt wird.

Geheimhaltungsvereinbarungen

Während toxische Organisationen durch fast nichts und niemanden von Belästigung und nachhaltiger Schädigung von Abweichlern abzuhalten sind, werden die „Abweichler" oder ehemaligen Mitarbeiter durch Geheimhaltungsverträge geknebelt. Schon bei der MeToo-Bewegung wurde deutlich, dass sexuell belästigten Frauen oft ein Vergleich angeboten worden war, der sie zu Stillschweigen verpflichtete, während die Filmindustrie gleichzeitig die betroffenen Frauen auf eine schwarze Liste setzte. Die Frauen erhielten mehr oder weniger ein Berufsverbot, weil sie niemand mehr für eine Rolle besetzen wollte.

Auch in der Tech-Industrie waren solche Verträge üblich. Fehlverhalten wurde von den Unternehmen nicht zugegeben, eine Zahlung und Stillschweigen wurde vereinbart und die Person hatte kaum noch Chancen, in der Branche weiter tätig zu sein.[52] Dass wir heute davon wissen, haben wir den Frauen zu verdanken, die in der MeToo-Affäre ihre Geheimhaltungsvereinbarungen brachen und vor Gericht aussagten. Die Folge war, dass Kalifornien diese nun in solchen Fällen verboten hat.[53]

Toxische Technologien

Das eigentliche Problem der Menschheit ist das folgende: Wir haben paläolithische Emotionen, mittelalterliche Institutionen und gottgleiche Technologie. Und das ist furchtbar gefährlich, und es nähert sich jetzt insgesamt einem Krisenpunkt. – **Edward O. Wilson**

Toxische Technologien umfassen einerseits Plattformen und Apps, auf denen die toxischen Inhalte von menschlichen Benutzern durch Algorithmen verstärkt Verbreitung finden, aber auch Bots. Das sind künstliche Benutzer, die mithilfe von Algorithmen menschliches Verhalten simulieren und die ihnen von ihren Schöpfern vorgegebenen Ansichten verbreiten. Bots können vielfältig sein und durchaus nützlich. Weil ich in Kalifornien wohne, das in einem Erdbebengebiet liegt, folge ich einem Erdbebenbot, der zuverlässig die Messdaten der Erdbebenstationen in der Gegend tweetet und mich damit informiert, ob es in meiner Nähe eines gegeben hat. Bots können aber auch zum Schaden von Menschen und Gesellschaft eingesetzt werden. Sie können extreme Meinungen, falsche Informationen und Hass automatisiert verbreiten und damit eine ihrer Bedeutung nicht entsprechende Verbreitung erreichen. Auch wenn die Plattformen immer darum bemüht sind, schädliche Bots und Bot-Netzwerke von ihren Plattformen zu entfernen, es bleibt ein Katz-und-Maus-Spiel. Millionen von Bots werden jährlich von den Plattformen entfernt, nur um neue, noch raffiniertere Bots zu finden.

Forscher der Stern School of Business der New York University stellten fest, dass es entgegen den Behauptungen konservativer Politiker und Experten keine Benachteiligung oder Zensur von konservativen Usern in sozialen Medien gibt.[54] Tatsächlich wurde sogar das Gegenteil festgestellt. Die Forscher benutzten Bots in den sozialen Medien, die jeweils konservativen oder liberalen Medien folgten. Über einen Zeitraum von mehreren Monaten konnten die Bots dabei selbst Nachrichten verbreiten und Follower sammeln. Dann analysierten die Forscher die jeweiligen Interaktionen mit den Bots durch menschliche Benutzer.

Konservative Beiträge der Bots erfuhren mehr Verbreitung, sie wurden öfter geteilt und kommentiert. Die liberalen Bots tendierten dazu, mehr in die politische Mitte zu driften, während konservative eher sogar extremer wurden. Insgesamt entwickelte sich bei den Followern der konservativen Bots eine stärker abgeschottete Echokammer. Interessant war auch zu sehen, dass Wähler der konservativen republikanischen Partei eher konservative Bots in sozialen Medien mit Menschen verwechseln, während Wähler der demokratischen Partei eher konservative menschliche Benutzer mit Bots verwechseln.[55]

Twitter selbst fand heraus, dass in sechs von sieben untersuchten Ländern konservative Stimmen durch Algorithmen stärker verbreitet werden als liberale. Das traf für die USA, Japan, Großbritannien, Frankreich, Spanien und Kanada zu, nicht aber für Deutschland. Dort werden die politischen Richtungen algorithmisch gleichbehandelt.[56]

Auch werden auf Plattformen wie Twitter, TikTok oder Instagram unterschiedliche Herangehensweisen von böswilligen Akteuren eingesetzt, die schwer nachzuverfolgen, aber hocheffizient sind. Solche Benutzerkonten, ob Bot oder Mensch, folgen sich untereinander, teilen und kommentieren ihre Beiträge konsequent und verstärken damit ihre Reichweite weit über ihre Bedeutung hinaus. Das wird als sogenannter „Follow Train" (Folgezug) oder „Follow Chain" (Folgekette) bezeichnet.[57]

Eine andere Methode, wie Hass und Online-Gewalt verbreitet werden können, ist das Posten und nach kurzer Zeit folgende Löschen von Beiträgen, die die Plattformrichtlinien verletzen. Die kurze Zeit reicht, damit die jeweiligen Follower diesen Beitrag gesehen und damit interagiert haben und neue Follower gewonnen werden konnten. Innerhalb kurzer Zeit können so Bot-Accounts eine große Anzahl von Followern und eine damit einhergehende verstärkte Verbreitung ihrer Beiträge erreichen. Auch können damit Beschränkungen zur Anzahl der Posts pro Tag umgangen werden. Twitter beispielsweise erlaubt pro Benutzer nicht mehr als 2.400 Tweets pro Tag, solche Bots aber schaffen Zehntausende Tweets pro Tag, weil sie den Großteil wieder löschen.[58] Deshalb ist Contentmoderation auf diesen Plattformen so notwendig, aber auch so schwierig.

Mob

Wie kommt es zum Mob? Als Stanley Milgram 1961 seine nun berühmt-berüchtigten Experimente in New Haven durchführte, zeigte er, wie eigentlich harmlose Leute, die keiner Fliege etwas zuleide tun können, zu Folterknechten werden. In diesem Experiment waren die Testpersonen angewiesen worden, einer in einem anderen Raum befindlichen Person Elektroschocks zu verabreichen. Auf einer Schalttafel konnten sie als „Lehrer" den unsichtbaren „Schüler" bei falschen Antworten mit immer höheren Elektroschocks bestrafen. Dabei waren bis auf die „Lehrer", also den Testpersonen, alle anderen Schauspieler beziehungsweise die Forscher selbst.

Das Ergebnis dieses Experiments beschäftigt seither Generationen von Verhaltensforschern, die sich mit der Frage befassen, warum sich Menschen autoritären Personen unterwerfen, ihnen glauben, selbst inhumanen Befehlen folgen und damit anderen und sich selbst Schaden zufügen. Wie werden Menschen zu Mitläufern oder sogar Fanatikern?

Seit Milgram gab es eine Reihe von Experimenten, bei denen die Testpersonen Anweisungen folgten oder sozialem Druck nachgaben und es für sich rational zu rechtfertigen versuchten. Die Probanden unter Stress zu setzen, macht es leichter, ihr Verhalten zu steuern, was die Testpersonen oft gar nicht realisieren.

Bislang lag im Mittelpunkt des Interesses vieler ähnlich gearteter Experimente die Testperson. Erst in den letzten Jahren fiel der Fokus der Forscher auf den Experimentator, den Anweisungsgeber selbst. Die australische Historikerin Gina Perry machte sich die Mühe, die Originalaufzeichnungen der Milgram-Experimente zu durchforsten, wie auch die vom Stanford-Prison-Experiment, ersonnen von einem Schulkollegen von Stanley Milgram, Philip Zimbardo.[59] Die Audioaufzeichnungen zeigten deutlich, dass die Testpersonen die Höhe der Elektroschocks nicht aus eigenem Antrieb steigerten oder die Vorgehensweise gegen Gefängnisinsassen verschärften, sondern durch die Anweisungsgeber mehr oder weniger dazu genötigt wurden. Diese schalteten die Elektroschockmaschine wieder ein, nachdem die Testpersonen sie abgeschaltet und sich geweigert hatten, weiterzumachen. Oder sie wurden angeschrien und wiederholt zur Fortsetzung des Experiments aufgefordert.

Milgram selbst wollte mehr über den Einfluss von Anweisungs-gebern herausfinden und führte 1968 mit seinen Kollegen Versuche auf den Straßen von New York City durch. Dabei wurden Assisten-ten auf den Gehsteigen positioniert, die angewiesen worden waren, spontan stehen zu bleiben und auf ein zufällig ausgewähltes Fenster im sechsten Stock eines Nachbargebäudes zu blicken und so zu verharren. Eine versteckte Kamera filmte das Verhalten der anderen Passanten. Wenn eine Person anhielt und hochschaute, dann stopp-ten vier Prozent der Passanten und sahen auch nach oben. Hatten aber 15 Personen gleichzeitig den Blick nach oben geworfen, sahen 86 Prozent der Personen nach oben, 40 Prozent blieben stehen.[60]

Ähnlich ansteckend sind der Zigaretten- und Alkoholkonsum sowie Übergewicht im Freundes- und Verwandtenkreis. Ist man von übergewichtigen Personen umgeben, dann ist es wahrscheinli-cher, dass man selbst an Gewicht zulegt.[61]

Typischerweise schweißen starke Bindungen eine Gemeinschaft zusammen, aber sie können auch dazu führen, dass Gemeinschaften isoliert werden und sich weniger gut an Veränderungen anpassen oder diese akzeptieren. Leute, die in ihren eigenen Blasen und Echokammern leben, verstehen durch die in diesen Räumen sich selbst verstärkenden radikalen Meinungen immer weniger andere und sind weniger bereit, alternative Ansichten zuzulassen. Abwei-chende Meinungen werden als direkter Angriff auf die eigene Gruppe betrachtet. Dasselbe geschieht, wenn Frauen dieses radi-kalisierte Selbstverständnis einer Gruppe unbeabsichtigt infrage stellen und zu gefährden drohen. Die Gruppe beginnt, sich in einen Mob zu transformieren.

Diese Unkenntnis, wie ein Mob sich zusammenrottet und funk-tioniert, macht es den Opfern schwer, bei Behörden ernst genommen zu werden. Anzeigen bei der Polizei mit der Bitte um Hilfe sind oft ergebnislos, weil die Beamten das als Einzelfall sehen. Der Antisemitismusbeauftragte für Baden-Württemberg, Michael Blume, kennt das Problem:[62]

> Es wird immer noch so getan, als ob das Ausrutscher von Einzelnen wären, es wird nicht gesehen, dass wir Situationen haben, wo geradezu Kampagnen gefahren werden, vor allem auch gegen Frauen. Deswegen braucht es da ganz klar eine Sensibilisierung, dass wir erkennen, der Schutz dieser Menschen ist nicht irgendetwas, das man auch tun könnte oder eben nicht tun könnte, sondern da geht es um die Kernfrage von Freiheit und von Äußerungsfreiheit überhaupt.

Hass ist wie Übergewicht sozial ansteckend. Die Gefahr der Radikalisierung durch Gruppenführer wie Internetinquisitoren oder Hundepfeifer kann labile Personen zur Teilnahme an einem solchen Mob verführen. Das entschuldigt ihre Beteiligung allerdings nicht.

Tinder

Die beliebte Dating-App Tinder hat, um die Sicherheit der User zu gewährleisten, einen Backgroundcheck als Angebot eingeführt. Damit soll gewährleistet werden, dass beispielsweise Frauen nicht mit gewalttätigen oder zu Missbrauch tendierenden Männern gematcht werden. Doch leider hat das einen Haken: Die überwiegende Mehrheit an häuslicher Gewalt wird weder angezeigt noch führt sie in den wenigen Fällen, wo es zu einer Anzeige kommt, zu einer Verurteilung. Und damit liegen gar keine zuverlässigen Daten für eine Hintergrundprüfung vor. Was dadurch eher herauskommt, sind Drogenmissbrauch und finanzielle Schwierigkeiten.[63] Hinzu kommt, dass dieser Service von Tinder nur während einer Probephase gratis ist. Kann eine Frau sich dies nicht leisten und fällt in die Hände eines Gewalttäters, dann kann schnell von den Behörden der Spieß umgedreht und die Frau wegen ihrer Unvorsichtigkeit beschuldigt werden.

Whitney Wolfe Herd war gerade einmal 23 Jahre alt, als sie mit vier anderen (männlichen Kollegen) Tinder gründete. Sie war es, die den Namen „Tinder" (auf Deutsch: „Zunder") ausgewählt hatte. Aber nach nur zwei Jahren verließ sie das Start-up, nachdem sie zum Opfer sexueller Belästigung in ihrem eigenen Unternehmen geworden war. Sie war mit einem der Mitgründer eine Zeit lang liiert gewesen, doch er begann, sie zu bedrohen und zu beleidigen, als sie ihn verlassen wollte. Nachdem sie das Unternehmen wegen sexueller Belästigung verklagt hatte, erhielt sie Vergewaltigungs- und Morddrohungen in sozialen Netzwerken. Sie machte das Beste aus der Situation und gründete eine neue Dating-App: Bumble. Hier können nur Frauen die Initiative ergreifen und die Männer kontaktieren. Männer können ihr Interesse an einer Frau anmelden, aber nur die Frau kann den Kontakt initiieren. Mittlerweile hat Bumble an der Börse eine Bewertung in Milliardenhöhe, die Whitney Wolfe Herd zur jüngsten Selfmade-Milliardärin gemacht hat.

Grindr

Grindr ist eine Dating-App für schwule, bisexuelle und transsexuelle Männer. Nicht alle Benutzer dieser App hatten ihr Coming-out beziehungsweise haben überhaupt vor, sich zu outen – und genau darin liegt die Gefahr. Viele Firmen, die Apps entwickeln, kommerzialisieren die von ihren Nutzern generierten Daten, indem sie diese an Interessenten verkaufen. Meist sind das Werber, die personalisierte Werbung schalten wollen, unter den Kunden befinden sich allerdings auch Regierungsbehörden wie das FBI oder die CIA. Einzelpersonen oder Zeitungen können ebenfalls die Daten erwerben. Und das machte „The Pillar", eine Medienseite, die sich auf Nachrichten über die katholische Kirche spezialisiert hat. Die Bewegungsdaten wurden von Grindr erworben und mithilfe von Daten anderer Apps konnte der ehemalige Sekretär der Bischofskonferenz, Monsignore Jeffrey Burrill, überführt werden, Schwulenbars und -lokale aufgesucht zu haben. Der Priester trat daraufhin von seinen Ämtern zurück.[64]

LinkedIn

Das Karrierenetzwerk LinkedIn war eher ein Nischennetzwerk, in dem Benutzer vor allem ihre Ausbildung und Arbeitserfahrungen eintrugen, was bei der Jobsuche praktisch war. Personalchefs und Recruiter konnten sich dort die Lebensläufe ansehen, während Jobsuchende Informationen zu Unternehmen und Mitarbeitern fanden. Mit der Zeit wurden immer mehr Beiträge gepostet, vorwiegend zu Themen wie Karrierechancen, Weiterbildung, Jobwechsel oder Work-Life-Balance. Mit dem Beginn der Pandemie veränderte sich die Art der Beiträge und Kommentare. Kam es vorher selten vor, dass extreme Meinungen gepostet wurden oder Hasskommentare zu Beiträgen, so stieg deren Zahl plötzlich stark an. Was verwundert, können doch diese Hasskommentare Benutzern zugeordnet werden, was diese beruflich ziemlich in die Bredouille bringen könnte.[65]

Für Frauen war das nichts Neues. Schon in der Vergangenheit diente LinkedIn Männern dazu, Frauen anzumachen oder sexistische Kommentare zu posten. Sarah Stein, stellvertretende Leiterin des Bereichs Audience Development beim *Südwestrundfunk*, erhielt folgende Nachricht:[66]

> Moin Sarah, normalerweise mache ich das nicht mit dem kommentarlosen Adden, aber du hast wirklich mal ne außergewöhnliche Ausstrahlung hier. Nicht so Standard wie viele Profile hier … da habe ich mir gedacht ich sag einfach mal Hallo und schau was passiert;

3.000 Likes und 450 Kommentare später war klar, dass Sarah Stein nicht die einzige Frau war, der es auf LinkedIn so ergangen ist. Das fanden auch alle ziemlich scheiße. In der ersten Jahreshälfte 2020 wurden laut Transparenzbericht von LinkedIn weltweit rund 17.000 Beiträge wegen Belästigung und 2.588 Beiträge wegen herabwürdigender Inhalte entfernt. Die Zahlen des zweiten Halbjahres zeigen noch einmal einen massiven Anstieg. Neunmal so viele Belästigungen (157.108) und fünfmal so viele Hassbeiträge (13.815) wurden gelöscht.

Metaverse

Das Metaverse ist spätestens seit der Umbenennung des Unternehmens Facebook in „Meta" und Mark Zuckerbergs Ankündigung, das Metaverse als Cyberspace der Zukunft zu forcieren, in aller Munde. Die Ankündigung war noch nicht verklungen, als es schon die ersten Fälle von Cyberbelästigung in dieser virtuellen 3D-Welt gab.

Die Journalistin Yinka Bokinni hatte kaum zehn Minuten ihr Virtual-Reality-Headset aufgesetzt, da wurde sie bereits Zeugin rassistischer Aussagen, sexueller Belästigung und Vergewaltigungswitzen. In einem Raum sah sie die Avatare von Minderjährigen beim Ausüben von Oralsex, und ein anderer Benutzer erzählte ihr von seiner Vorliebe für Sex mit Minderjährigen. Das sei „sein Ding", gestand er ihr.[67] Sie wurde mehrmals aufgefordert, ihren Safety-Shield – eine Abstandszone zwischen ihrem Avatar und den Avataren anderer Benutzer – auszuschalten. Ähnlich war es schon einige Wochen vorher einer Testerin ergangen, deren Avatar von einem anderen User virtuell befummelt worden war.[68]

Was Bokinni besonders frustrierte, war, dass auch im Metaverse das Anzeigen dieser Benutzer fast ein Ding der Unmöglichkeit ist. Um diese an Meta zu melden, braucht man Identifikationsnummern, Namen und Beweismittel. Doch wer zeichnet dort schon alle Konversationen und Bewegungen der Avatare auf?

Wikipedia

Es gibt kaum jemanden, der nicht mehrmals pro Monat Wikipedia zur Begriffserklärung oder für einen Faktencheck nutzt. In Anbetracht der Bedeutung dieser Online-Enzyklopädie ist es umso schmerzlicher, dass weniger als 15 Prozent der Wikipedia-Autoren

Frauen sind. Daher verwundert es wenig, dass gerade einmal 19 Prozent aller Wikipedia-Biografien von Frauen handeln.[69]

Männer sind somit nicht nur in der Überzahl und wählen damit auch aus, welche Themen Eingang in die Wikipedia finden und erweitert werden, sie geben auch den Ton der Berichte an. Frauen, die versuchen, dieses Gleichgewicht zu verschieben, sehen sich einigem Widerstand ausgesetzt. Ihre Beiträge werden öfter rückgängig gemacht und ihre neuen Artikel öfter auf die Löschliste gesetzt als die von Männern. Wo habe ich das alles gelernt? Natürlich von Wikipedia selbst, die einen eigenen Artikel zur Geschlechterverteilung in der Wikipedia führt.[70]

Das Beispiel von Ksenia Coffman steht stellvertretend für diese Probleme. Der Historikerin fiel eine recht unkritische Zahl von Einträgen auf, die deutsche Soldaten aus dem Zweiten Weltkrieg glorifizierten. Sie recherchierte zu den zweifelhaften Quellen und löschte Heldenbeschreibungen, die auf einer einzigen dubiosen Quelle beruhten und von Nazi-Sympathisanten geschrieben worden waren. Da ihr Benutzername auf Wikipedia ihr Geschlecht nicht ersichtlich machte, gab es zwar Widerstand, aber meistens war dieser nicht nennenswert. Erst als bekannt wurde, dass sie eine Frau war, verschärfte sich dieser, ihre Arbeit wurde als Vandalismus und als Verhalten bezeichnet, das an die McCarthy-Ära in den USA der 1950er-Jahre erinnere. Doch zu diesem Zeitpunkt hatte sie aufgrund ihrer Arbeit an der Wikipedia bereits einen höheren Administratorenrang erreicht, der es ihr erlaubte, diese Angriffe abzuwehren. Ihr gelang es fast im Alleingang, Wikipedia von mit Nazis sympathisierenden Beiträgen zu bereinigen.[71]

Emily Temple-Wood wiederum begann eine Bewegung, die es sich zum Ziel gemacht hat, die Biografien von Wissenschaftlerinnen in die Wikipedia einzupflegen.[72] Mittlerweile sind Hunderte Benutzer daran beteiligt, Artikel zu Frauen für das Online-Nachschlagewerk zu verfassen, allerdings nicht immer ohne Reibung. Die zumeist männlichen Administratoren sprechen Frauenbiografien oft die Bedeutung ab und schlagen sie zur Löschung vor. Ein prominentes

Beispiel ist die Physikerin Donna Strickland. In einem Kommentar zur Löschung stand:[73]

> Die Referenzen dieses Beitrags zeigen nicht, dass das Thema für einen Wikipedia-Artikel geeignet ist.

Ihre Biografie wurde gelöscht, bis ihr 2018 der Physiknobelpreis zugesprochen wurde, gemeinsam mit ihrem Kollegen Gérard Mourou, zu dem es bereits seit 2005 einen Wikipedia-Eintrag gab. Die Wikipedia-Community bemühte sich eilig, ihre Biografie wieder online zu stellen und zu ergänzen.

Zoom

Bis März 2020 musste ich vor Besuchern im Silicon Valley noch rechtfertigen, warum wir eine kleine Softwarefirma mit einem Videokonferenztool in San José besuchen würden. Seit dem Ausbruch der Covidpandemie hat sich das erledigt, denn innerhalb von wenigen Wochen war Zoom in aller Munde. Von zehn Millionen Benutzern im Dezember 2019 auf 300 Millionen weltweit in nur zwei Jahren. Doch damit kamen auch Probleme. „Zoombombing" wurde ein Wort. Darunter versteht man, wenn zu einem Online-Meeting nicht eingeladene Teilnehmer auftauchen, die zu stören beginnen und beispielsweise obszöne Meldungen teilen oder Teilnehmerinnen durch Direktnachrichten belästigten. Da viele Schulen das Videokonferenztool verwendeten, waren auch Minderjährige betroffen.

Das Phänomen wurde behoben, als Passwörter für die Zoom-Besprechungen standardmäßig aktiviert wurden.

Telegram

Die Chat-Plattform Telegram bereitet schon seit einiger Zeit Regierungen weltweit Kopfzerbrechen. Aufgrund der technischen Besonderheit der App, die die IP-Adressen ständig wechselt, gelingt es

Ländern nicht, die App in ihrem Raum zu blockieren. Diese App kann damit demokratiepolitisch wichtige Funktionen bieten, wie es beispielsweise in Russland nach der Invasion in die Ukraine zu sehen war. Viele Einwohner aktivierten die App, um sich abseits der gleichgeschalteten Medien Informationen aus der Ukraine zu holen. Umgekehrt wird Telegram aber auch für demokratiezersetzende Aktivitäten eingesetzt, wie es sich beim Sturm auf das US-Kapitol am 6. Januar 2021 oder bei den Gegnern der Coronamaßnahmen gezeigt hat, die sich über diese App organisieren, absprechen und in einer eigenen Meinungsblase versinken.

Speziell von den Coronaleugnern auf Telegram gab es unzählige Hasskommentare und Gewaltaufrufe gegen Politiker und Wissenschaftler. Die Betreiber eigener Telegram-Kanäle, die besonders aggressiv vorgehen und zu Gewalt aufrufen, können sich aber nicht sicher fühlen, denn die Behörden lesen mit und konnten einen Betreiber einer Gruppe mit 40.000 Impfgegnern identifizieren und verhaften.[74]

Discord

Die Plattform Discord dient dazu, dass Benutzer private Gruppen anlegen und betreiben können, um sich dort via Chats, Textnachrichten, Video- und Sprachkonferenzen zu bestimmten Themen organisieren zu können. Was harmlos klingt, wird auch für die Organisation von Online-Hass verwendet. Wie Telegram wird Discord von Hassgruppen genutzt, um sich gegen Zielpersonen zu koordinieren, was den Gruppenmitgliedern auch insofern leicht gemacht wird, als die Plattformrichtlinien gegen Hasskommentare entweder dürftig sind oder nicht entsprechend durchgesetzt werden.

Gaming

Die Zeiten, als ich in den 1980er-Jahren allein oder mit Freunden an meinem Commodore 64 saß und Spiele spielte, sind lange vorbei.

Auch, dass man dabei nicht mit der weiten Welt des Internets verbunden ist. Doch mit Online-Welten und Spielen, die man gemeinsam in Teams und gegen andere Spieler spielt, die weltweit verstreut sind, kommt ein Problem hinzu, das uns mittlerweile nicht mehr neu ist: Belästigung in Videospielen. Das ist keine Überraschung, wenn wir den notorischen Sexismus in der Videospielindustrie betrachten. Neben weiblichen Spielecharakteren, die übermäßig sexualisiert mit knapper Kleidung und überbordenden Oberweiten ausgestattet sind, ist auch die Kultur in manchen Videospielfirmen selbst toxisch.

So stand vor einigen Monaten Activision Blizzard im Rampenlicht, nachdem die kalifornische Behörde für faire Beschäftigung und Wohnungswesen Anklage erhoben hatte. In den Vorwürfen ging es um eine toxische männliche Firmenkultur, die Frauen benachteiligt und dazu führte, dass bei Anzeigen von sexueller Belästigung am Arbeitsplatz vom Unternehmen nichts unternommen worden war.[75]

Kein Wunder, dass auch in den Spielen der Firma wie World of Warcraft, Call of Duty, Diablo oder Skylanders Sexismus und Belästigungen für Frauen Alltag sind. Hat eine Spielerin eine weibliche Stimme, einen weiblichen Avatar oder weiblichen Spielernamen, ist sie sofort Beleidigungen oder obszönen Kommentaren ausgesetzt. Das Problem ist so verbreitet, dass 63 Prozent aller Frauen davon berichten, zumindest einmal in einem Online-Videospiel als „Fotze", „Schlampe" oder „Hure" bezeichnet worden zu sein. Unter anderem war von der Androhung sexueller Gewalt, der Aufforderung zu sexuellen Handlungen und stereotypisch rollenspezifischen Aufgaben wie „Bring mir ein Sandwich" die Rede. Auch mit Kommentaren wie den folgenden werden Spielerinnen ständig konfrontiert:[76]

Verdammt. Ich kann nicht glauben, dass wir gegen ein Team mit einer fetten Tussi verloren haben!
Oh, ich beschwere mich nicht. Ich stelle nur eine Tatsache fest: Nur hässliche Mädchen spielen Videospiele.

Die Anti-Defamation League berichtete 2021 in einer Studie, dass 83 Prozent der Spieler zwischen 18 und 45 Jahren Online-Belästigung in Multiplayer-Spielen erfahren hatten. 71 Prozent der Belästigungen wurden als schwere Belästigung eingestuft, die physische Gewaltandrohung, Stalking und fortlaufende Belästigung umfasst. Betroffen waren zu 49 Prozent Frauen, was einem Anstieg innerhalb eines Jahres um 20 Prozent für diese Spielergruppe gleichkam. Auch 60 Prozent der jugendlichen Spieler zwischen 13 und 17 Jahren berichteten von Belästigungen in Videospielen. Zehn Prozent der Jugendlichen waren dabei mit rechtsextremen Kommentaren konfrontiert.[77]

Diese Problematik beherrscht alle Plattformen und die Reaktionen der Hersteller lassen zu wünschen übrig. Die Ereignisse von Gamergate, die so deutlich die Frauenfeindlichkeit der gesamten Videospielentwickler- und Spielergemeinde aufzeigten, deuten nicht auf eine Verbesserung der Situation hin. Angesichts der Tatsache, dass die Videospielindustrie dreimal so groß wie die Film- und Musikindustrie zusammen ist, ist das eine bemerkenswerte Unterlassung.[78] Und während es für die beiden letzten Branchen in vielen Ländern strikte Bestimmungen gibt und durch MeToo auch ganze Wirtschaftszweige einen Denkzettel erhielten, fehlt das bislang bei der Videospielindustrie.

Dass man in der Gaming-Industrie etwas verändern kann, zeigten die Entwickler des Videospiels League of Legends, dessen Spielergemeinschaft berüchtigt war für die Menge an toxischen Kommentaren. Das wollten die Verantwortlichen nicht mehr länger tolerieren und sie entwickelten ein Maschinenlernsystem, das negative Kommentare identifizieren und verhindern sollte. Mit Erfolg. Verbale Ausfälle verminderten sich um 40 Prozent, und mehr als 90 Prozent der negativen Spieler änderten ihr Verhalten, nachdem sie die erste Verwarnung erhalten hatten.[79]

Toxische Bots

Was dich nicht umbringt, mutiert und versucht es nochmals.

Wer meint, nur Benutzer können toxisch sein, ist noch keinen künstlichen Profilen begegnet, die von Bots betrieben werden. Und dabei rede ich nicht von Microsofts KI-Sprachbot Tay, den das Unternehmen nach wenigen Stunden wieder von Twitter nehmen musste, weil der als Teenager konzipierte Bot die Sprache anderer User, die mit ihm interagierten, zu lernen begann und – was niemand so überhaupt niemals nie vorhersehen konnte – diese ihm rassistische und sexistische Inhalte vermittelten.

Ich spreche vielmehr von künstlichen Profilen, die sich in Konversationen auf Twitter, LinkedIn und in anderen sozialen Medien in die Diskussion einschalten, Benutzern Direktnachrichten schicken, sie verunglimpfen und attackieren. Die amerikanische Aktivistin Nandini Jammi erhielt solch einen Tweet von einem Profil mit einem Profilfoto, das eine lächelnde Frau namens Jessica zeigte. Sie drohte Jammi, peinliche Details, die sie auf einer Dating-Website, genauer gesagt, einem Sexkontaktanzeigenportal, gefunden haben wollte, zu enthüllen. Doch Jammi hatte noch nie eine Dating-App oder -Plattform verwendet. Sie begann sich näher für das Profil Jessica zu interessieren, doch diese Person schien nicht zu existieren. Auch das Profilfoto war, wie sich herausstellte, mithilfe künstlicher Intelligenz erzeugt worden.[80]

Hunderte solcher künstlichen Benutzerprofile konnten auf Twitter, LinkedIn und anderen Plattformen identifiziert werden.[81] Die Hintermänner scheinen russische Trollfabriken zu sein, die mit echt aussehenden Profilbildern Benutzerkonten mit falschen Biografien anlegen. Die Bots stürzen sich dann auf bestimmte Themen oder einzelne User, bestärken sich gegenseitig und häufen damit teilweise Zigtausende Follower an. Damit schaffen sie es, künstliche Kontroversen zu erzeugen und den Eindruck zu erwecken, diese Themen werden von Usern kontrovers diskutiert. Mit der Invasion der Ukraine durch Russland wurde ein interessantes Phänomen beobachtet: Wenige Tage nach Kriegsbeginn fehlten die sonst vorherrschenden Desinformationen zu Covid und die ohne Verzögerung eintrudelnden Hasskommentare, sobald Wissenschaftler, Politiker und Befürworter von Coronamaßnahmen Beiträge posteten. Die toxische Troll-Armee der Russen schien sich auf ein anderes Thema eingeschossen zu haben: die Unterstützung der russischen Invasion.[82]

Bot-Netzwerke werden nicht nur zur Desinformation verwendet, sie können auch in sogenannten *Hate Raids* zum Einsatz kommen. Dabei werden mehrere Bots, die von einem Benutzer kontrolliert werden, angewiesen, die Kommentarseiten oder Chatverläufe mit Beiträgen zu fluten. Auf der Videostreamingplattform Twitch steuerten Benutzer wie CruzzControl und CreatineOverdose Tausende dieser Bots, die rassistische, sexistische und homophobe Kommentare in den Chatverläufen anderer Benutzer hinterließen und damit die Funktion der Chatverläufe beeinträchtigten.[83] Den meisten Benutzern ist oft nicht klar, dass es sich bei den vielen Konten, die sich da an einem Benutzer abarbeiten, um Bots handelt.

WAS REGT DIE TÄTER AUF?

Die Gefahr, die sich daraus ergibt,
eine Vagina UND eine Meinung zu haben.
Männer haben Angst, dass Frauen über sie lachen.
Frauen haben Angst, dass Männer sie töten.
– Margaret Atwood

Es ist einfach, sich über etwas aufzuregen, das das Potenzial haben könnte, die eigene Bequemlichkeit oder den Herrschaftsanspruch zu gefährden. Eine Maske, die ich wegen einer Pandemie tragen muss, um vor allem gefährdete Personengruppen zu schützen? Ein Tempolimit, das ich plötzlich auf der Autobahn einhalten muss? Höhere Kfz-Steuern, die ich zahlen muss, weil sich das Klima „angeblich" wandelt? Ausländer, die zu faul zum Arbeiten sind, uns aber gleichzeitig unsere Arbeitsplätze wegnehmen?

Wir sehen, jedes Thema eignet sich, und Frauen sind jederzeit ein dankbarer Aufreger, denn egal, was sie machen, sie gefährden das Patriarchat. Was genau regt an Frauen auf?

Sie will keinen Sex mit ihm

Erinnern wir uns an die Verführungskünstler, die Frauen online Chatnachrichten zukommen ließen, ob sie nicht „seinen Schwanz in ihren Mund" nehmen wollten, wo doch „ihre Lippen exakt für seinen Schwanz gemacht" seien und wo der Zweck der Frau ist, „ihm ein warmes Loch zu bieten", wo er „seinen Schwanz hineinstecken" könne? Genau, diese toxischen Männer meine ich.

Was also, wenn die Frau aus unverständlichen Gründen nicht dahinschmilzt und sich ihm willig hingibt? Dann ist sie eine „dreckige Hure", oder eine „hässliche Gurke", die die Chance ihres Lebens verpasst. Dabei kriegt „seinen Schwanz nicht jede". Sie will keinen Sex mit ihm, und das ist Ursache genug, um gegen sie zu hetzen.

Sie will ihn nicht mehr

„Frauenmagazine", die vorwiegend über königliche Familien und Prominente berichten, erfüllen einen wichtigen Zweck. Sosehr diese Menschen ein Leben im Luxus führen, so beruhigt es die breiten Massen doch, wenn sie beobachten können, dass auch Promis vor denselben Problemen und Herausforderungen stehen wie jeder Normalsterbliche. Der fremdgehende Ehemann, die verzogenen Kinder, das Waschen schmutziger Wäsche in der Öffentlichkeit und der eifersüchtige Ex, der sie stalkt.

Kim Kardashian, die durch Realityshows bekannt geworden und dank ihres Talents und als Mode-Ikone ein Milliardengeschäft aufgezogen hat, und der Musiker Kanye West waren jahrelang ein Paar, das diese Aufgabe einer „königlichen Familie" für die Amerikaner erfüllte. Bis die Eskapaden von West, der offensichtlich bipolar ist, Kardashian zu viel wurden. Sie reichte die Scheidung ein. Das wiederum verkraftete er nicht. Immer merkwürdigere Posts mit Botschaften an seine Ex tauchten auf Instagram auf, die schließlich in einem Video mit der symbolischen Enthauptung einer Puppe mit den Gesichtszügen des neuen Mannes an Kardashians Seite gipfelten. Selbst eine Milliardärin mit all ihrem Geld und Einfluss kann ihren Ex offenbar nicht davon abhalten, sie zu stalken und zu bedrohen, oder eine Plattform wie Instagram dazu bringen, gegen diese Drohvideos vorzugehen. Erst als der Comedian Trevor Noah in einem fast zehnminütigen Beitrag diese Belästigung und die Wurstigkeit der Verantwortlichen bei Instagram thematisierte und damit unerwartet ein Millionenpublikum erreichte, zog Instagram die Notbremse. Die Plattform entfernte Kanye Wests Profil.[1]

Viele Frauen durchleiden ähnliche Erfahrungen wie Kim Kardashian mit ihrem Ex. Die Entscheidung der Frau, die Beziehung zu beenden, wird von den verschmähten Männern schlecht aufgenommen. Ihr wird Liebe offeriert, aber diesem verwöhnten Biest ist das nicht gut genug. Damit sind die Grundsteine für eine Eskalation gelegt, die bis zum Femizid führen kann.

Sie ist berühmter als er

Prominente Frauen werden von solchen Männern als würdige Ziele ihres Online-Missbrauchs betrachtet. „Prominenz" wird dabei sehr großzügig definiert, denn auch Frauen mit überschaubaren Followerzahlen werden als prominentes Freiwild betrachtet.

Was hier durchscheint, ist der Neid dieser Männer, dass diese Frauen sich eine Plattform geschaffen haben, wo sie von anderen beachtet werden. Ihnen wird zugesehen, ihre Beiträge werden gelesen, ihre Meinung gilt etwas, ihre Tipps werden befolgt, mit ihnen wird interagiert, Follower machen ihnen Komplimente, sie sind „internetberühmt". Und das stößt den toxischen Männern auf. Sie gieren ebenfalls nach Anerkennung und Einfluss, doch was sie sehen, sind Frauen, die ihrer Meinung nach unverdienterweise erfolgreich sind. Das finden sie ungerecht. Das macht sie zornig. Und das lässt sie zu vertrottelten Internettrollen werden.

Denn weil sie eben diese beschissene Meinung zu Frauen haben und diese öffentlich formulieren, arbeiten sie selbst gegen ihren Wunsch nach Anerkennung. Ein Teufelskreis startet, den diese Männer in ihren eigenen Echokammern noch verstärken. Die Unterstützung kommt nur von Männern wie ihnen selbst, den toxischen Arschlöchern. Es ist wie beim Saufen. Freunde und Verwandte verprellt man langsam immer mehr, bis nur noch die anderen Saufbrüder übrig bleiben. Und auch die werden immer weniger. Dabei denken sie ernsthaft, wenn sie die Frauen erst mal online fertiggemacht haben und diese verschwinden, werden sie selbst diesen Platz einnehmen und endlich Einfluss haben und Anerkennung erhalten. Was für eine Wahnvorstellung!

Sie verhält sich nicht richtig

Der *Patient Zero* oder Indexpatient für Cybermobbing ist ohne Frage Monica Lewinsky. Zwischen 1995 und 1996 absolvierte sie nach dem Abschluss ihres Psychologiestudiums im Weißen Haus ein Praktikum. Dabei hatte sie eine Affäre mit dem damaligen Präsidenten Bill Clinton, die ihm 1998 ein Amtsenthebungsverfahren und ihr eine unerwünschte Prominenz einhandelte, die sie ihr Leben lang begleiten sollte. Es war der erste große Skandal, der zuerst in einem Online-Medium, dem *Drudge Report*, und nicht in einem der traditionellen Medien veröffentlicht wurde und eine nie da gewesene Verbreitung fand, mit allen Konsequenzen für die damals 25-Jährige – vor allem den negativen. Selbst fast 30 Jahre nach dem Skandal ist Lewinsky das Ziel von Cybermobbing, während Bill Clinton als *Elder Statesman* sich hoch angesehen für wohltätige Zwecke engagiert und für die US-Regierung in heiklen Missionen zum Einsatz kommt.

In ihrem TED-Talk von 2015 schildert sie aus ihrer Sicht die Folgen ihres Fehlers, sich in ihren Boss verknallt zu haben.[2] Was dann geschah, wünscht sie niemandem. Sie wurde als Schlampe, Hure, Flittchen und Ähnliches beschimpft, manipulierte Bilder von ihr wurden verbreitet und die Aufzeichnungen ihrer Telefongespräche zur allgemeinen Belustigung freigegeben. In fast 40 Rapsongs wird ihr Name erwähnt. Der Druck, der auf ihr lastete, war so groß, dass Lewinskys Mutter lange darauf bestand, dass sie nur bei offener Badezimmertür duschen solle, damit sie sich nicht heimlich etwas antun würde.

> Ich verlor meinen Ruf. Ich wurde öffentlich als jemand identifiziert, den ich nicht kannte. Und ich verlor mein Selbstwertgefühl.

Nicht nur in der westlichen Welt kommt es zu Online-Gewalt gegen Frauen, die sich nach Meinung der toxischen Männer nicht richtig verhalten, auch in anderen Kulturkreisen ist dies üblich. Die chinesische Schützin Wang Luyao war als Favoritin zu den Olympischen Spielen in Peking 2020 angetreten, hatte es aber nicht ins Finale geschafft. Sie postete kurz darauf ein Selfie von sich, auf dem sie einen schwarzen Pyjama trägt, und den Text:[3]

> Tut mir leid, ich gebe zu, dass ich gekniffen habe. Wir sehen uns in drei Jahren.

Diese harmlose Bemerkung erschien einigen Chinesen offenbar zu wenig schuldbewusst. Kommentare trudelten ein, die sie beschimpften. Die chinesische Zensur schritt ein und verbannte fast drei Dutzend User, die Athletin selbst löschte ihren Kommentar.

Sie dringt in vermeintliche Männerdomänen ein

It's all about merit until merit has tits. – **Naomi Wu** 机械妖姬

Was sind eigentlich Domänen, die geschlechterspezifisch sind? Blicken wir zurück in die Vergangenheit, wird rasch klar, dass das gar nicht so einfach zu definieren ist, denn was als männlich und was als weiblich gilt, erfuhr in den jeweiligen Kulturen und Perioden unterschiedliche Zuordnungen. Rosa war noch bis vor etwas über hundert Jahren die Farbe für Jungen. Ich habe noch Atelierfotos meines Großvaters als kleinen Jungen aus den 1920er-Jahren, auf denen er ein Kleid trug. Auch Berufe waren erstaunlich genderfluid. So war die Stelle eines Sekretärs über Jahrhunderte hinweg ein Männerberuf, der mit höchstem Ansehen und Macht verbunden war. Erst ab dem 20. Jahrhundert wurde dieser Beruf vorwiegend von Frauen ausgeübt.

Um 1860 bis 1900 waren „Computer" Männer, die mathematische Zahlentabellen errechneten, um die in voller Blüte stehende industrielle Revolution zu ermöglichen. Kalkulationen für die Spannweite von Stahlbrücken, die Auslegung von Dampflokomotiven oder zur Stromerzeugung wurden benötigt. Ganze Bibliotheken mit Bänden an durchgerechneten Zahlenkolonnen wurden angelegt, die man heranziehen konnte, um sich Berechnungen zu sparen. Ab 1900 ging man dazu über, die billigere Arbeitskraft von Frauen, Behinderten oder Juden (ja, kein Scherz) für diese Kalkulationen einzusetzen. Es war ein schlecht angesehener und schlecht bezahlter Beruf. „Computer" wurde ein vorwiegend von Frauen ausgeübter Beruf, der es erlaubte, ihn von zu Hause auszuüben. Im Film „Hidden Figures" (auf Deutsch „Unerkannte Heldinnen") wird die Geschichte der schwarzen Frauen thematisiert, die die Berechnungen für das Apollo-Programm der NASA durchführten.

Die Pennsylvania University beschäftigte rund 200 Frauen als Computer. Ein „Kilo-Girl" war eine gängige Maßeinheit, die besagte, dass etwa 1.000 Stunden an Rechenzeit von den weiblichen Computern benötigt wird. Erst als Computer, in diesem Fall die Hardware, immer wichtiger für alle Bereiche der Wirtschaft, des Militärs oder der Regierungen wurden, wandelte sich das Prestige von Programmierern. Mehr Männer strömten in diese Berufe und verdrängten die Frauen. Und damit stiegen auch die Gehälter.

Gibt es also eine klare Abgrenzung zwischen männlichen und weiblichen Berufen und Domänen? Die Antwort sollte klar sein. Nein, es gibt sie nicht. Aber konservative Männer denken, dass es sie gäbe, und berufen sich dabei gern auf die Geschichte und Tradition. Wie wir sehen, kennen sie diese aber gar nicht und liegen wie so oft falsch.

Politik

Im US-Wahlkampf von 2020 analysierte das Institute for Strategic Dialogue, inwieweit Kandidatinnen in sozialen Medien Ziel von Belästigungen werden. Dabei fanden sie heraus, dass die Nachrichten, die Frauen auf Twitter erhielten, zu 15 Prozent beleidigenden Inhalts waren, bei Männern hingegen lag der Anteil „nur" zwischen fünf und zehn Prozent. Auf Facebook war der Unterschied wesentlich größer. Demokratische Kandidatinnen erhielten zehnmal so viele Hasskommentare wie demokratische Kandidaten, bei den republikanischen Kandidatinnen waren es doppelt so viele wie bei ihren Kollegen. Für Frauen aus benachteiligten Minderheiten war es nochmals schlimmer.[4]

Eine etwas andere Art von Vorwürfen wurde der KI-Beraterin der amerikanischen Federal Trade Commission und Professorin an der New York University Meredith Whittaker gemacht, als sie sich gegen die Hindutva, eine rechtsextreme und autoritäre Ideologie in Indien, aussprach.[5] Sofort wurden sie und andere Frauen von Hunderten Hindutva-Sympathisanten online attackiert. Dabei fiel Whittaker auf, dass sie als einzige weiße Kritikerin anders attackiert wurde als ihre dunkelhäutigen Geschlechtsgenossinnen. Nicht nur waren die Angriffe weniger sexualisiert und persönlich als gegen die anderen Frauen, sie spielten außerdem mehr auf die Überheblichkeit einer weißen Person an, auf die Mentalität von Kolonisten, die meinten, sie könnten Völkern, auf die sie herabschauen würden, vorschreiben, welche Politik sie machen sollen.

Politikerinnen sind kein Freiwild. Doch der Publizist Roland Tichy meinte 2020, die einzige Art, wie er die SPD-Politikerin Sawsan Chebli in seinem Magazin *Tichys Einblick* kritisieren könne, sei durch frauenverachtende Herrenwitzchen:[6]

> Befreundete JournalistInnen haben bislang nur den G-Punkt als Pluspunkt feststellen können in der Spezialdemokratischen Partei der alten Männer.

Diese Wortwahl, die die Herren des Magazins auch nach dem öffentlichen Aufschrei immer noch sehr gelungen fanden – Chebli warfen sie vor, humorlos und zu sensibel zu sein, und das als SPD-Politikerin! –, wollte man partout nicht zurücknehmen. Ein nachfolgender Beitrag, der wohl eine Entschuldigung werden sollte, aber dann noch mehr frauenfeindliche Aussagen beinhaltete und in dem Chebli noch dazu geduzt wurde – wie sich eben alte Männer so gönnerhaft-herablassend jungen Frauen gegenüber zu geben pflegen –, trug nicht gerade dazu bei, die Wogen zu glätten.[7] Ganz im Gegenteil. Das Landgericht Berlin verurteilte Roland Tichy zu Schmerzensgeld in Höhe von 10.000 Euro.[8]

Im Vergleich zu dem, was andere Frauen in der Politik durchmachen, scheint Tichy fast noch ein Engel zu sein. Denn zu Annalena Baerbock wurden sichtlich gefälschte Nacktfotos im Internet veröffentlicht.[9] Generell scheinen die Körper von Politikerinnen eine Besessenheit toxischer Männer zu sein. Vier von zehn Politikerinnen berichteten in einer Studie des Instituts für Demoskopie Allensbach davon, zumindest einmal sexuelle Belästigung erfahren zu haben.[10] Von den befragten 525 Amts- oder Mandatsträgerinnen aus Bund, Ländern und Kommunen wurden unangemessene Berührungen, sexistische Bemerkungen, taxierende Blicke und unerwünschte Anmache genannt. Diese geschahen bei informellen Zusammenkünften, Klausuren, Parteitagen und Wahlfeiern.

Politikerinnen sind auch besonders oft das Ziel von gegenderter Desinformation. Über sie werden mehr Unwahrheiten verbreitet als über Männer. Diese Taktik ist in der ganzen Welt bekannt und trifft Frauen in autoritären Ländern wie Russland, Brasilien oder Ungarn besonders hart. Aber auch in demokratischen Ländern sind sie nicht davor gefeit. Speziell bei den Bundestagswahlen 2021 gab es überproportional mehr Desinformation zu Annalena Baerbock und anderen Frauen als zu den Männern. Die Lancierung von Falschinformationen wurde dabei russischen Troll-Armeen zugeschrieben, die von rechten und konservativen Netzwerken und Benutzern weiterverbreitet wurden. So wurden Baerbocks Fehler – wie die Unkorrektheiten in ihrem Lebenslauf oder einige plagiierte Passagen in ihrem Buch – weit über die Bedeutung aufgeblasen, während der Spitzenkandidat der SPD, Olaf Scholz, und dessen Rolle beim wesentlich bedeutenderen Cum-Ex-Skandal und beim Zusammenbruch von Wirecard fast unerwähnt und ohne Konsequenzen blieb.[11]

> Baerbock wurde nicht nur häufiger angegriffen als ihre männlichen Konkurrenten, auch die Art der Angriffe gegen sie war anders. Die Angriffe auf Baerbock waren tendenziell persönlicher (oft wurde auf ihre „Inkompetenz" verwiesen statt auf ihre politischen Vorschläge oder Ideen), hyperbolisch (auf Facebook wurde Baerbock 15-mal häufiger als Scholz und 7,5-mal häufiger als Laschet als „Gefahr für Deutschland" bezeichnet) und meist sexistisch, mit eindeutigen Hinweisen auf ihr Geschlecht.

Wie die Mobilitätsexpertin und Umweltaktivistin Katja Diehl schrieb, sind die Verfehlungen Baerbocks einfacher zu erklären als die komplexen anderen Skandale, bei denen Scholz als zuständiger Finanzminister eine sehr ungeschickte Figur abgegeben hatte.[12] Damit hat Diehl recht, denn welche Arten von Desinformation die Leute besonders aufregte, gibt ein bezeichnendes Bild ab. So zirkulierte auf Telegram ein falsches Zitat Baerbocks, sie wolle Hunde und Katzen verbieten, um dem Klimawandel zu bekämpfen. Auch führte das gefälschte Nacktfoto unter ihren Gegnern zur Überzeugung, sie habe in der Vergangenheit als Prostituierte gearbeitet.[13]

Die *Zeit* interviewte 21 junge Politikerinnen aus allen Parteien und die Ergebnisse sind ernüchternd. Nicht nur erfahren sie von zumeist älteren Parteikollegen Zudringlichkeiten, übergriffige Komplimente oder Einladungen zum Abendessen (allein natürlich), besonders online scheinen außerdem Kommentare und Nachrichten mit sexuellen Gewaltfantasien gegen sie schon fast „normal" zu sein. Um das klarzustellen: Das ist nicht normal, war nie normal und wird niemals normal sein.

Finnland machte 2019 Schlagzeilen, als die gebildete 5-Parteien-Koalition ausschließlich von Frauen geführt wurde. Alle fünf Parteichefs waren Parteichefinnen. Doch zwei Jahre später brachte ein Bericht des NATO Strategic Communications Centre of Excellence ein desillusionierendes Ergebnis ans Licht. Die Politikerinnen waren einer außergewöhnlichen Welle von frauenfeindlichem Online-Verhalten ausgesetzt.[14] Die fünf meistattackierten Minister waren allesamt Frauen. Ihnen wurden durchgehend ihre Eignung, ihre Werte, ihre Entscheidungskompetenz und ihre Führungsqualitäten abgesprochen. Das hat dazu geführt, dass sich einerseits die Politikerinnen in ihren Äußerungen und bei Debattenteilnahmen zurückhalten und sich andererseits Frauen, die mit dem Einstieg in die Politik liebäugelten, diese Entscheidung doch mehrmals überlegen.

In Irland berichtete die Zeitung *The Mail on Sunday* über die Klausur der regierenden konservativen Fianna Fáil, die auch den Premierminister stellt. Welchem Thema widmete die Zeitung einen großen Artikel? Wirtschaftsprogramm? Was tun mit Nordirland nach dem Brexit? Soll Irland das Autofahren endlich auf die richtige Straßenseite umstellen? Natürlich nicht. Es ging um die Kleidung der Politikerinnen und wie diese daran scheiterten, sich halbwegs attraktiv anzuziehen.[15] Denn wenn Frauen schon die Kompetenz für Politik fehlt, wie inkompetent sind sie erst, wenn sie es nicht einmal schaffen, sich so anzuziehen, dass sie bei den Schreiberlingen der *The Mail on Sunday* einen Sonntagsständer hervorrufen?

Aber zurück in heimische Regionen. Kaum war Sarah-Lee Heinrich zur Bundessprecherin der Grünen Jugend gewählt worden, ging es schon los mit Bedrohungen und Beleidigungen. Was hatte die Hetzer empört? Ihr zartes Alter von 20 Jahren? Dass sie dunkelhäutig war? Dass sie von den Grünen ist? Nein, ihre Tweets von vor sieben Jahren.[16] Diese starken Männer und echten Kerle hyperventilierten, weil die Aussagen einer 13-Jährigen offenbar ihre Männlichkeit bedroht hatten. Erinnern sich diese Männer daran, was sie als 13-jährige Heranwachsende so von sich gegeben haben? Wahrscheinlich nichts Intelligenteres als nun als Erwachsene. Denn Vergewaltigungs- und Morddrohungen zeugen nicht von einem Reifeprozess. Als Politikerin musste Heinrich aber erst mal zu ihrer Sicherheit umziehen, denn Idioten, die sich von einer jungen Frau in ihrer Männlichkeit bedroht fühlen, ist alles zuzutrauen, und die Drohungen waren real.

Die Frauenrechtlerin Lucina Di Meco stellte fest, dass das ein Problem für Demokratien ist, und kritisiert, wie wenig die Länder darauf vorbereitet sind, dagegen vorzugehen.[17] Dabei war schon Angela Merkel immer wieder Ziel von frauenfeindlichen Kommentaren, wenngleich sich diese mit der Zeit verringerten. Ihre Rolle als „Mutti der Nation" begann, die Rolle der „Schlampe der Nation" zu verdrängen. Nicht so bei jungen Politikerinnen, die fangen wieder von vorn an: als „Schlampe" – zumindest nach Ansicht der toxischen Männer im Internet. Lucina Di Meco weist darauf hin, dass trotz der langjährigen Kanzlerschaft Merkels sich nichts am Frauenanteil in der deutschen Politik verändert hat, er schrumpfte ab 2013 sogar.

Das ist und bleibt ein Problem, denn ohne einen ausgeglicheneren Anteil von Frauen und Männern in der Politik werden viele Themen, die Frauen und Familie betreffen und damit auch Männer, nicht oder zu wenig berücksichtigt. Die deutsche Außenministerin Annalena Baerbock formulierte das pointiert, als der CDU-Vorsitzende Friedrich Merz im Bundestag über eine „feministische Außenpolitik" lamentierte. Das war ein Monat nach dem Beginn der Invasion Russlands in die Ukraine, als die weltweite Öffentlichkeit bereits von den Verbrechen der russischen Besatzungssoldaten an der ukrainischen Zivilbevölkerung erfahren hatte. Mädchen und Frauen waren vergewaltigt, gefoltert und getötet worden. Baerbock ließ diese aggressive, frauenfeindliche Aussage nicht einfach so stehen, sie gab eine scharfe Replik:[18]

Ich habe mir lange überlegt, ob ich darauf reagiere. Aber weil es dann zweimal kam, gestern bei Herrn Dobrindt und dann heute bei Ihnen, Herr Merz: Die Bundeswehr hier herauszustellen und dann im gleichen Satz zu sagen: ‚Okay, Bundeswehr und nicht mehr diese feministische Außenpolitik.' Mir bricht es das Herz. Und wissen Sie, warum? Weil ich vor einer Woche bei den Müttern von Srebrenica war und die mir beschrieben haben, wie die Spuren dieses Krieges in ihnen drin sind, und gesagt haben: ‚Frau Baerbock, damals wurde nicht gehandelt, Anfang der 90er-Jahre', als sie, als ihre Töchter, als ihre Freundinnen vergewaltigt worden sind, Vergewaltigung als Kriegswaffe nicht anerkannt war, nicht vom Internationalen Strafgerichtshof verfolgt wurde. Deswegen gehört zu einer Sicherheitspolitik des 21. Jahrhunderts auch eine feministische Sichtweise. Das ist kein Gedöns! Das ist kein Gedöns, sondern das ist auf der Höhe dieser Zeit.

Damit sollte für uns alle ersichtlich sein, warum Frauen in der Politik so wichtig sind.

Sport

Was regt noch mehr auf als Frauen in der Politik? Frauen als Sportmoderatorinnen. Und was wird ihnen vorgeworfen? Sie labern zu viel, ihre Stimme sei unmöglich und sie seien keine Expertinnen. Sagen Sie das mal Ariane Hingst ins Gesicht, die im *ZDF* einige Fußballspiele der Männer moderierte. Denn genau das wurde ihr von männlichen Zusehern vorgeworfen. Dass diese Frau ehemalige deutsche Fußballnationalspielerin, zweimal Fußballweltmeisterin und jetzt Trainerin ist, zählt offenbar nicht.

Dabei ist es eine ganz klare gesellschaftliche Konstruktion, welcher Sport als männlich oder weiblich angesehen wird. Fußball wird auf der ganzen Welt gespielt, und in den meisten Ländern vor allem von Männern. Schon die Jungs fangen damit an, und Mädchen in diesem

Sport sind eher die kaum tolerierte Ausnahme. Als ich vor einigen Jahren in die Vereinigten Staaten zog, wohnte ich neben einem Park, in dem sich ein kleiner Fußballplatz befand. Auf dem Rasen standen am Wochenende ausschließlich organisierte Mädchenteams, die die Spiele ihrer lokalen Jugendligen absolvierten. Nur unter der Woche, wenn das Spielfeld für alle geöffnet war, sah man Männer – und das waren die mexikanischen Einwanderer. In den USA nämlich gilt Fußball – oder Soccer, wie es dort heißt – als Mädchensport. Als männlicher Sport, bitte schön, zählt etwas Härteres: American Football.

Wie auch immer, der Arbeitgeber der Fußballmoderatorinnen lässt sie jedenfalls nicht im Stich. Hier der Tweet eines gewissen @Legatus123, der sein Lieblingswort „Quotenfrau" nicht zum ersten und zum letzten Mal in seinen Schimpfereien auf Twitter einsetzte:[19]

> Mir macht Fußball keinen Spaß mit so einer Quotenfrau am Mikro. Stört das Erlebnis enorm

Worauf das *ZDF*-Sportstudio kühl entgegnete:

> Uns macht Twitter keinen Spaß mit solchen Hasskommentaren unter den Antworten. Stört die konstruktive Diskussion enorm.

Wirtschaft

Die Schweizer Journalistin Patrizia Laeri arbeitete fast zwei Jahrzehnte beim Schweizer Fernsehen und deckte dort Wirtschafts- und Börsenthemen ab. Für viele Männer war es offensichtlich, dass Laeris Einsatz nur der Frauenquote und dem Jugend- und Schönheitswahn im Schweizer Fernsehen zuzuschreiben war. Dabei war Laeri nicht nur – im Gegensatz zu ihren männlichen Kollegen – Ökonomin, sie hatte ihr Wirtschaftsstudium auch noch magna cum laude abgeschlossen. Bei ihren männlichen Kollegen reichten offenbar die grauen Haare, die tiefe Stimme und der *Senior Look*, um ihnen Kompetenz zu verleihen und über ihr fehlendes Wirtschaftsstudium hinwegzusehen. Irgendwann ließ Laeri sich das nicht mehr gefallen. Sie heuerte eine Anwältin an. Das wirkte Wunder. Es gab Verurteilungen und Entschuldigungen sowie Berichtigungen, in denen ihre richtigen Berufsbezeichnungen und Kompetenzen angeführt wurden.[20]

Die Bestätigung in ihren Vorurteilen erhalten toxische Männer, wenn eine Frau wirklich einmal Kompetenz nur vorgegaukelt hat. Und das hat Konsequenzen für alle anderen Frauen. Elizabeth Holmes, die das Medizintechnologieunternehmen Theranos gegründet hatte, versprach mit ihrer Technologie einen revolutionären Ansatz, der Bluttests vereinfachen sollte. Sie stellte Hunderte Millionen an Risikokapital auf, nur um dann zugeben zu müssen, dass die Technologie nie funktioniert hatte, ja, nie funktionieren konnte. Sie wurde 2022 in einem Betrugsprozess verurteilt. Daraufhin sahen sich andere Frauen, die Medizin-Start-ups gründeten, von den zumeist männlichen Risikokapitalgebern pauschal vorverurteilt. Die Gründerinnen berichteten unisono, dass die Frage, ob es sich wohl um ein „neues Theranos" handle, bei jedem Start-up-Pitch gestellt würde.[21]

Beruf

Frauen, die stricken und am Herd stehen, als Sekretärinnen arbeiten und schon in der Steinzeit in der Höhle saßen und auf die Rückkehr der jagenden Männer warteten – so oder so ähnlich ist das Frauenbild nach wie vor in den Köpfen vieler verankert. Dabei stimmte das schon in der Steinzeit nicht. Frauen als Jägerinnen und Kriegerinnen waren viel verbreiteter, als die zumeist männlichen Forscher bis vor Kurzem geglaubt hatten.[22] Und es stimmt natürlich heute noch viel weniger. Frauen sind in allen Berufen vertreten und mindestens genauso gut darin wie die Männer.

Doch nach wie vor tragen viele Berufe ein Geschlechter-Etikett. Ein Lied davon kann die bereits erwähnte Naomi Wu, eine chinesische

Influencerin, singen, die sich in einer „männlichen" Domäne engagiert. Sie ist eine Ingenieurin und Makerin, also handwerklich und technologisch ausgebildet und äußerst geschickt, und fertigt mit Elektronik, 3D-Druckern und anderen modernen Werkzeugen. Neben Einzelprojekten wie Stiefeln mit angebrachten Smartphones, auf denen Botschaften angezeigt werden, oder Miniröcken mit LED-Beleuchtung produziert sie auch einen erfolgreichen 3D-Drucker in Serie. Sie modifiziert ständig ihr elektrisches Dreiradwägelchen und nimmt Videos von sich und ihrem Husky Momo bei der Arbeit auf, die sie mit ihren eineinhalb Millionen Abonnenten auf Youtube teilt.[23] Trotzdem oder gerade deswegen ist sie ständig das Ziel von Frauenfeindlichkeit in der Szene. Nicht nur durch die zumeist männlichen Maker in der Szene, sondern auch durch die Szenemedien, die sie trotz ihres Einflusses und Könnens totschweigen. Und sie wird auch von den Plattformen selbst sabotiert, wo es nur geht. Für unabhängige Creators wie sie ist die Online-Präsenz sehr wichtig, um Geld mit der eigenen Arbeit verdienen zu können, doch sie wurde von etlichen Plattformen geschmissen oder ihre Inhalte demonetarisiert – das heißt, trotz der hohen Zugriffszahlen auf ihre Videos werden keine Werbegewinne an sie ausgeschüttet –, weil sie sich nicht in das Schema der Szene und der Plattformen pressen lassen will.

Dazu muss man wissen, dass Wu, die unter ihrem Spitznamen „RealSexyCyborg" auftritt, eine Frau ist, die ihre Meinungen sehr stark vertritt und damit meistens auch recht hat. Und dann ist sie Lesbe und High Femme, und das bedeutet, dass sie fast schon einer Karikatur einer extrem sexy Frau entspricht. Was sie an einer großen (künstlichen) Oberweite fast schon zu viel hat, fehlt wiederum bei ihrer Kleidung. Doch wer sind wir, ihr (und anderen Frauen) vorschreiben zu wollen, was sie mit ihrem Körper und ihrem Leben zu machen und wie sie sich anzuziehen hat? Wichtiger ist, dass sie gute Arbeit leistet und sich selbst mit ihrem Leben wohlfühlt.

Doch der Sexismus aus ihrer Branche ist real. Die männliche Makerszene versucht, sie zu ignorieren, gleichzeitig veranstalten sie eine Hexenjagd auf sie. Ständig wird ihr die Kompetenz abgesprochen, trotz der gegenteiligen Zeugnisse ihres Schaffens. Und sie ist nicht nur eine „vorgeschobene Puppe" für einen männlichen Schöpfer, der sie dazu verwendet, um seine Klickzahlen zu erhöhen, wie es ihr der Gründer und CEO des Szenemagazins *Make* und der Szenekonferenz Maker Faire, Dale Dougherty, unterstellte, der sie wochenlang online belästigte. Naomi ist echt und sie erhielt am Ende der Kontroverse eine Entschuldigung von Dougherty.[24]

Wu jedenfalls, die in Shenzhen lebt, einer Stadt, die seit noch nicht einmal 40 Jahren existiert und wo ihr Aussehen und Stil nicht unüblich sind, lässt sich nicht unterkriegen. Sie will sich nicht von toxischen Männern in das brave, angepasste Weibchenschema pressen lassen. Und damit sieht sie sich in einer – leider, muss man schon sagen – langen Tradition als Vorkämpferin für Frauen, die nicht den Mut oder die Möglichkeiten haben, sich diesen männlichen Vorstellungen entgegenzustellen.

Religion

In einem Instagram-Video begann sich die aus der Nähe von Lyon in Frankreich stammende Schülerin Mila über ihre Homosexualität zu äußern, nachdem sie die sexuellen Avancen eines muslimischen Users zurückgewiesen hatte. Die negativen Kommentare ließen nicht lange auf sich warten. Eine Reihe von Männern begann die damals 16-Jährige zu attackieren, von denen einige offenbar Muslime waren. Diese Reaktion der Männer nahm sie zum Anlass, ein Video aufzunehmen, in dem sie den Islam mit deftigen Worten kritisierte. „Der Islam ist eine Religion des Hasses, [...] der Islam ist Scheiße", sagte sie darin. Das Video ging viral, und Hass und Todesdrohungen ergossen sich über sie. Sie wurde wegen der Beleidigung des Islams bedroht und beschimpft, sodass sie schließlich unter Polizeischutz leben musste. Selbst der französische Präsident Emmanuel Macron sprang ein und wies auf die Meinungsfreiheit hin, die Religionskritik erlaubt. Und das inkludiert den Islam.[25]

Gerade in Religionen, in denen die Frau eine dem Mann untergeordnete Rolle spielen soll – was nebenbei bemerkt auch christliche Religionen betrifft – und in denen vor allem Männer die heiligen Schriften interpretieren und auslegen dürfen, ist die Stimme einer Frau, und erst recht eine kritische, immer schnell den Vorwürfen ausgesetzt, dass sie eine Gotteslästerung begehe.

In Milas Fall wurden elf der Online-Täter gefasst, vor Gericht gestellt und wegen der Drohungen gegen Mila zu Bewährungs- und Geldstrafen verurteilt.

Sie nimmt ihm sein Spielzeug weg

Die Reaktion auf einen Tweet der Hamburger Mobilitätsexpertin Katja Diehl zeigt uns, wie sehr es Männer hassen, wenn ihnen ihr Spielzeug weggenommen wird (oder zumindest die Drohung im Raum steht) oder es ihnen jemand schlechtredet. Das Spielzeug, um das es geht, ist die heilige Kuh der Deutschen: das Auto. Wie kann man diese Männer provozieren? Mit diesem Satz:[26]

> Autoverkehr hat in Europa mehr zerstört als die Kriege, die es durchlitten hat.

Mehr war nicht nötig, um einen Shitstorm über Diehl hereinbrechen zu lassen. Einige der harmloseren Kommentare, die als Reaktion kamen: „Verblödete Kuh"; „Vergangenheitsaktivismus"; „psychisch krank". Diehl ist nicht die Einzige, die solche Erfahrungen gemacht hat, denn viele Themen, die wir heute als symptomatisch für einige der Probleme in unsere Gesellschaften erkannt haben, interpretieren leider viel zu viele Männer als einen Versuch, ihnen ihre Lieblingsspielzeuge wegzunehmen.

Der Klimawandel ist real und die überwiegende Mehrheit der Wissenschaftsgemeinde stimmt darin überein, dass er durch die Aktivitäten der Menschen verursacht ist. Man möchte meinen, damit wäre die Sache klar und wir könnten uns auf die Lösungsansätze konzentrieren. Doch wer die Nachrichten verfolgt, weiß, dass dem nicht so ist. Die Leugner sind vor allem lautstark und aggressiv und haben überraschend hohe Überschneidungen mit den Coronaleugnern, Coronamaßnahmen-Verweigerern und den Putin-Verstehern. Die Maßnahmen, um den Klimawandel zu bekämpfen, sind bekannt: Wir sollten beispielsweise den Verbrauch fossiler Brennstoffe verringern und auf alternative Energieformen umsteigen. Das dürfte wenig Kontroversen auslösen, denn Energie ist Energie, nicht wahr? Nicht ganz. Denn wir müssen über ein Konzept sprechen, das manche Personen mit der Energieform, der damit verbundenen Macht und den Arbeitsplätzen verknüpfen. Der Begriff dazu lautet „Petro-Maskulinität".

Man halte sich dabei Filmreihen wie „Fast & Furious" vor Augen, in denen ganz klare und traditionelle Rollenbilder vorgeführt werden. Die männlichen Protagonisten sieht man mit öligen Händen in Feinrippunterhemden und Jeans gekleidet vor der offenen Motorhaube stehen und am Motor schrauben, es riecht förmlich nach Schweiß und Benzin. Sie fahren illegale Straßenrennen in ihren getunten Muscle-Cars, die von lauten Motoren, dem Gummirauch der Reifen, Wettkampf und noch größeren Egos geprägt sind. Wer hier besteht, ist ein richtiger Mann.

Auch die Frauen passen ins Bild. Überbordende Oberweiten in eng anliegenden Tanktops, knackige Shorts, kesse Schuhe, schimmernder Billigschmuck. Um hier akzeptiert zu werden, muss frau wie aus dem Ei gepellt sein, doch immer den Eindruck vermitteln, auch sie könne jederzeit mit dem 18er-Inbusschlüssel einen widerspenstigen Kolben auf Vordermann bringen, wenn sie nicht gerade ihrem Mann bewundernd den Kopf auf die Schulter legt und mit ihren perfekt manikürten Fingern über die muskelbepackte Mannesbrust streicht.

Diese Art von Autos stiften Identität, sie bestimmen die Rangordnung und die Anerkennung innerhalb der eingeschworenen Gemeinschaft. Ein Verbrennungsmotor ist somit nicht nur eine Antriebsart, er ist identitätsstiftend. Er erlaubt, die Kontrolle über eine Maschine, die Umwelt, die Gegner und die Frauen zu haben. Die Forderung, von Öl und Gas loszukommen, ist somit nicht eine rationale Entscheidung, sondern eine Identitätsfrage, die die Maskulinität der Betroffenen unmittelbar bedroht.

Und diese Bedrohung ruft Widerstand hervor. Die Tatsache, dass die hinter der Klimaschutzbewegung stehenden Personen Frauen sind, verschlimmert die Sache noch. Dass gerade Greta Thunberg Ziel von Online-Gewaltandrohungen und Hass wird, hat weniger damit zu tun, dass die Männer schwedische Mädchen mit Zöpfen oder Hamburger Mobilitätsexpertinnen hassen, als vielmehr mit dem, wofür sie stehen. Sie repräsentieren die Bedrohung ihres durch Benzin ermöglichten Lebensstils und Lebensgefühls und damit ihrer heterosexuellen maskulinen Identität.

An der Technischen Universität Chalmers in Schweden gibt es das weltweit erste Institut, das sich der Erforschung des Phänomens der Klimawandelverleugnung widmet.[27] Es wird uns an dieser Stelle wenig überraschen, dass Maskulinität im Zusammenhang mit der Verleugnung des Klimawandels einen der Forschungsschwerpunkte darstellt. Und tatsächlich zeigen die ersten Studienresultate, dass Männer häufiger als Frauen die Schwere des Klimawandels leugnen und sich mehr durch die Klimaschutzbewegung bedroht fühlen. Man lasse sich das auf der Zunge zergehen: Diese Männer fühlen sich weniger durch den Klimawandel bedroht als durch die Initiativen, die den Klimawandel aufhalten und umkehren wollen. Für sie fühlt sich ihre Maskulinität wie der letzte Strohhalm an, an den sie sich in einer sich rapide wandelnden Welt noch krallen können, und nun soll ihnen dieser auch noch aus der Hand gerissen werden. Dabei deutet nichts darauf hin, dass Männer mit Elektroautos oder elektrischer Heizung weniger maskulin wären.

Der Klimawandel ist somit nicht nur eine Existenzbedrohung, eine Herausforderung für Technologie, Politik und unser Verhalten, sondern auch massiv mit unserem Rollenverständnis der Geschlechter verbunden.

Sie weigert sich,
seinem Frauenbild zu entsprechen

Die Welt ändert sich, nur nicht Salzburg. Seit 1920 finden jeden Sommer die Salzburger Festspiele statt, bei denen neben Opernaufführungen und Konzerten auch ein Theaterstück fix auf dem Spielplan steht, das jedes Jahr aufs Neue die Berichterstattung in Atem hält. „Jedermann", ein eher mittelmäßiges Stück des österreichischen Schriftstellers Hugo von Hofmannsthal, handelt von einem reichen Mann, der in seinem Leben kein Mitleid mit anderen und nur seinen eigenen Vorteil im Auge hatte. Als Gott den Tod beauftragt, ihn vor das göttliche Gericht zu holen, wird Jedermann klar, was er für ein Arschloch gewesen ist. Ein Plot, wie wir ihn aus Charles Dickens' „A Christmas Carol" kennen.

Die Schauspielerin Verena Altenberger spielte 2021 eine der Hauptrollen in dem Stück, nämlich die Geliebte Jedermanns, die als „Buhlschaft" bekannt ist. Doch etwas war anders als in den Jahrzehnten zuvor. Altenberger trug einen Kurzhaarschnitt – mehr war nicht nötig, um zum Aufreger zu werden.[28] Eine Reihe kritischer Bemerkungen trudelte ein, wobei eine durch ihre Blödheit besonders hervorstach. Ein gewisser Hermann aus Wals schrieb ihr von „gottgewollten und sinnvollen gegenseitigen Anziehungen" und dass die kurzen Haare „ihn nicht erotisierten". Damit wäre sie unglaubwürdig und würde das ganze Stück beschädigen, wie eben „dumme Emanzen". Und so philosophiert er über den Hormonhaushalt, den Chromosomenanteil, was eine verführerische Frau ausmacht, wer auf die Bühne gehört und wer von dort verschwinden soll und wie Gott auch Elefanten, Tiger, Kühe, Hühner und Ähnliches erschaffen hat. Christus fehlt auch nicht, genauso wenig wie eine Abhandlung zur Befruchtung. Hermann aus Wals wollte aber nicht nur kritisieren, er gestand Altenberger zu, dass sie eine „schöne, weibliche Figur, große sprechende Augen, volle Lippen, und von Natur aus schöne und dunkle Haare" habe. Er schließt mit „Herzlichen Grüßen" unter Angabe seiner vollen Adresse.

Wie reagierte Verena Altenberger darauf? Mit einer einzeiligen Zusammenfassung des Inhalts und der Veröffentlichung des ganzen Texts auf Twitter:[29]

> Hermann aus Wals findet meine Frisur kacke, ist aber froh, dass ich einen geilen Hintern habe, denn das ist gottgewollt.

Frau sein, Mutterschaft

Egal, was eine Frau macht, es ist falsch. Hat sie keine Kinder, ist sie egoistisch und karrieregeil. Hat sie Kinder, verlangt sie wohl staatliche Hilfe und Nachsicht für den egoistischen Luxus, sich Kinder anzuschaffen. Will sie beides haben, Karriere und Kind, dann liebt sie wohl ihre Kinder gar nicht. Egal was, die Argumentation wird so gedreht, wie sie den Hetzern ins Narrativ passt. Und wie sich schon bei der Pandemie gezeigt hat, zweifeln immer diejenigen nicht an ihrer Meinung, die am wenigsten Erfahrung mit Kindererziehung haben.

Die deutsch-amerikanische *Austro-Twitter-Influencerin @Joanalistin* verglich Aussagen konservativer Politiker zu Frauenarbeit und Familie und zeigt damit die Dualismustaktik bei Totschlagargumenten in der aktuellen Praxis auf:

> Frauen sind so allgemein der Trottel der Nation. Arbeiten Sie Vollzeit mit Kindern sind sie herzlos in den Augen insbesondere konservativer ÖVP-Wähler*innen; arbeiten sie hingegen „nur Teilzeit" sind sie für den Arbeitskräftemangel schuld laut ÖVP-Regierung.[30]

Fordert man dann noch Rücksicht auf Kinder, die zu jung sind, um in einer Pandemie geimpft zu werden oder krankheitsbedingt nicht geimpft werden können, dann rasten Online-Täter vollkommen aus. „Wegen dieser Brut sollen wir unsere Freiheiten aufgeben?", fragten sie Natascha Strobl, die eine Infoveranstaltung zu dem

Thema organisiert hatte.[31] Und es kann weit harmlosere Gründe geben, den Online-Hass auf sich zu ziehen. Das falsche Essen, nicht zu stillen, der falsche Spielplatz, der falsche Kinderwagen, die falsche Erziehungsweise, Mutter sein, aber nicht geil angezogen sein – es lässt sich immer etwas finden.

Gleichberechtigung

Ein einfacher Tweet handelte der Journalistin Mary Ann Sieghart Gewaltandrohungen ein. Was hatte sie gesagt? Wollte sie etwa das letzte Stück Kuchen aus den Händen hungriger Kinder stibitzen? Hundewelpen ersäufen? Oder gar ein Hipster-Café aufmachen ohne vegane Mandelmilch? Schlimmer: Sie war auf einer Finanzkonferenz gewesen, die ausgerechnet am Internationalen Frauentag stattfand. Und nachdem auch die zweite Podiumsdiskussion nur mit Männern besetzt gewesen war, setzte sie folgenden Tweet ab:[32]

> Ich bin auf einer Konferenz am Internationalen Frauentag und auf dem Podium sitzen vier männliche Wirtschaftswissenschaftler und keine Frau. Wirklich? Es gibt so viele großartige Wirtschaftswissenschaftlerinnen.

Prompt postete ein männlicher Benutzer:

> Ehrlich gesagt, wenn meine Frau so wäre wie die Frau Sieghart, würde ich sie misshandeln.

Sieghart war über die Unverhältnismäßigkeit der Antwort verblüfft. Sie sagt selbst, hätte sie getwittert: „Männern sollte man die Eier abschneiden", dann hätte sie eine solche Antwort eher verstanden. Offenbar wird die Forderung nach Gleichberechtigung von manchen Männern als Bedrohung ihrer gottgegebenen Vorherrschaft betrachtet, als ob Gleichberechtigung Männern etwas wegnähme. Und das darf nicht sein.

Gendern

Der Unternehmensgründer und Sprecher Ali Mahlodji wählte für seine Bücher die weibliche Form und machte gleich zu Beginn klar, dass damit auch Männer angesprochen seien. Statt „Pilot" schrieb er „Pilotin". Er stellte die Erwartungen auf den Kopf, indem er in seinem Buch die weibliche Anrede zum Standard machte.

Wie schon viele andere musste er erfahren, dass diese Entscheidung eine ganze Reihe von Hasskommentaren auslöste. Von der „Vergewaltigung der schönen deutschen Sprache" bis hin zur Anzweiflung der Kompetenz von Autoren wird alles in die Diskussion eingebracht. Ironischerweise sind gerade die Verfechter der schönen deutschen Sprache oft diejenigen, die keinerlei Kompetenz zeigen, sie korrekt anzuwenden. Sie haben in den seltensten Fällen das Buch gelesen oder lesen überhaupt Bücher, denn würden sie es tun, gäbe es nicht so viele Rechtschreib- und Grammatikfehler in den Kommentaren der aufgeregten „Sprachbewahrer".

Auf Amazon finden sich Bewertungen speziell zu Büchern von Frauen, die diese mit einem Stern bewerten, weil gegenderte Bezeichnungen verwendet worden waren. Die Männer (es sind immer Männer) vergessen nie, hinzuzufügen, wie sehr sie den Missbrauch ihrer geliebten Sprache verabscheuen. Eine Autorin online zu missbrauchen ist für sie weniger verabscheuungswürdig.

LGBTQ+

Sind Frauen schon schlimm genug, dann sind jene, die von der von Männern fantasierten Norm abweichen, noch schlimmer. Ich rede nicht von linken Frauen oder Klimaaktivistinnen oder Frauen, die nicht dem Willigkeits- oder Schönheitsideal des toxischen Mannes entsprechen. Ich spreche von Frauen, die nicht dem Mann sexuell dienen wollen (Lesben), von denen er nicht versteht, was das überhaupt sein soll (Queer), die zwar mit Männern und mit Frauen Sex haben, aber nie mit ihm (Bi), oder von Frauen, die vorher Männer waren, oder von Männern, die vorher Frauen waren. Vor denen ekelt ihm.

Er versteht sie alle wenig, meistens gar nicht, oder hat sich eine Theorie zurechtgelegt. Lesben sind nur deshalb Lesben und nicht an Männern interessiert, weil sie noch nie einen „richtigen Mann" (wie ihn) gehabt haben, der sie mal so „richtig durchgefickt" hat. Diese abstrusen Theorien, die in absolutem Unwissen wurzeln, dafür aber umso stärkere Meinungen bei ihm hervorrufen, regen toxische Männer sehr leicht auf.

Sie ist nicht „von hier"

Für den toxischen Mann sind außerdem Frauen ein Problem, die nicht weiß und nicht „von hier" sind. Dabei ist er auch hier zwiegespalten. Einerseits regt ihn das Exotische an und er hat sich sagen lassen, dass Sperma auf dunkler Haut gut aussähe, andererseits befürchtet er, dass durch die Ausländerin der „gesunde Volkskörper" gefährdet sei. Dabei dringen gewisse Ängste durch. Er hält sich als Teil des gesunden Volkskörpers für überlegen und spricht sich für den „wölfischen Gedanken" aus, der das Recht des Stärkeren proklamiert. Dunkelhäutige Menschen sind für ihn minderwertig, schwächer, dümmer, gieriger. Doch insgeheim befürchtet er, Ausländer könnten ihn verdrängen. Deshalb fordert er für sich bestimmte Privilegien, denn ohne diese, so fürchtet er, wäre er dem Wettbewerb ausgesetzt und könnte sich nicht mehr so sicher sein, dass er nicht doch unterliegen würde. Aus diesem Grund ist er gegen Einwanderung, jedenfalls von Menschen, die er als „minderwertig" betrachtet. Was uns zu einem weiteren Widerspruch führt. Wäre es ihm nämlich tatsächlich daran gelegen, Einwanderung zu verhindern, müsste dieser Typ Mann besonders interessiert daran sein, sich für Klimaschutz einzusetzen, denn der Klimawandel hat die Migrationsraten vergrößert. Doch was macht er, dieser Typ von Mann? Er hetzt auch gegen Klimaaktivistinnen und all die Maßnahmen, die den Klimawandel aufhalten oder sogar umkehren könnten. Denn Spielzeuge wie Autos mit Benzinantrieb will er sich auch nicht wegnehmen lassen. Es ist nicht leicht, ein toxischer Mann zu sein.

Sie ist einfach lästig

Geben wir es doch zu: Frauen sind lästig. Ihre Stimmlage (kreischend), ihr Gehabe (aufgesetzt), ihre Interessen (langweilig), ihre Lieblingsfarbe (rosa!), ihre Forderungen („Kümmere dich um mich!"), ihre Vorwürfe ihm gegenüber („Du kümmerst dich gar nicht um mich!"), ihr Drang, ihm seine Spielzeuge wegzunehmen („Die zerstören das Klima!") und in seine Arbeitswelt einzudringen („Was ein Dödel wie du kann, kann ich schon lange!"). Dem toxischen Mann kann alles, was Frauen betrifft, als lästig erscheinen. Und das regt ihn verständlicherweise auf.

Sie erklärt ihm die Welt

Frauen, die über den Klimawandel sprechen und damit den Männern ihre liebsten Spielzeuge wegnehmen, sind so ein rotes Tuch. Auf Facebook postete der Schweizer Kantonsrat Claudio Schmid, Mitglied der rechtskonservativen SVP, ein Foto der deutschen Fridays-for-Future-Klimaschutzaktivistin Luisa Neubauer mit dem Kommentar „Süsses Foto, oder?".[33]

Abgesehen davon, dass sich hier ein fast 50-Jähriger (Schmid wurde 1971 geboren) entblödet, Sexfantasien mit einer 23-Jährigen öffentlich zu formulieren, frage ich mich, was eigentlich mit der SVP los ist? Fast jede Geschichte von den Eidgenossen zu Online-Gewalt und Sexismus, über die ich im Zuge der Recherche zu diesem Buch gestolpert bin, hatte prominente SVP-Mitglieder als Protagonisten. Steht das S in SVP nicht für „Schweiz", sondern für „Sexismus"?

Der Schmid gleichgesinnte, rechte Schriftsteller Akif Pirinçci, Jahrgang 1959, übertrumpfte Schmids Sexfantasien.

Ja, würde ich sofort ficken, auch wenn ich mir danach stundenlang das Klima-Zeug anhören müsste.

Schmid fand diesen Altherrenhumor köstlich und versah den Kommentar mit einem lachenden Emoji. Weniger amüsant fanden die beiden Lüstlinge den über sie hereinbrechenden Shitstorm. Pirinçci konnte weder seine Fantasie ausleben noch sich etwas zum Thema Klimawandel anhören, denn er war voll damit beschäftigt, der von Neubauer gegen ihn eingereichten Klage vor Gericht zu lauschen. Als er das Urteil hörte, vergingen ihm wohl endgültig seine Sexfantasien mit Frauen, die fast 40 Jahre jünger sind als er. Pirinçci wurde zu 6.000 Euro Entschädigung und der Zahlung der Gerichts- und Anwaltskosten verurteilt.[34]

Weibliche Stimmlage

Toxische Männer regt nicht nur auf, dass Personen mit einer Vagina eine Meinung haben, sie tragen sie auch noch mit einer Stimme vor, die einem die Ohren zerfetzt. Wobei „Stimme" hier als Metapher verwendet wird. Denn es ist egal, ob Frauen tatsächlich sprechen oder online ihre Meinung ausdrücken, der gemeine toxische Mann stellt sich die Stimme auf alle Fälle schrill kreischend vor. Sie übertönt die sachlichen Argumente, man will sie abstellen. Und erregte Männer gibt es auf allen Seiten des Spektrums, wie der links stehende Tweet eines Journalisten der liberalen österreichischen Tageszeitung *Der Standard* beweist.

Abbildung 10:
Ein männlicher Journalist bewertet eine Ministerin anhand ihrer schrillen Stimme.[35]

Frauen haben eine höhere Stimmlage als Männer. Diese erreicht bei Japanerinnen absurd hohe 450 Hertz, während Engländerinnen nie höher als 320 Hertz gehen. Vergleiche von Stimmlagen ergaben, dass Frauen in Gesellschaften mit höherer Gleichberechtigung tiefere Stimmlagen aufweisen. Amerikanerinnen haben eine tiefere Stimmlage als Japanerinnen; Schwedinnen wiederum eine tiefere als Amerikanerinnen. Die tiefsten weiblichen Stimmlagen finden wir in den Niederlanden. Das war nicht immer so. In alten Schwarz-Weiß-Filmen aus den 1950er-Jahren bemerken wir nicht nur einen anderen Sprachstil und Sprachrhythmus, es fällt auch die höhere Stimmlage bei den Schauspielerinnen auf.

Eine hohe weibliche Stimmlage signalisiert traditionelle weibliche Eigenschaften: Ehrerbietung, Unterwürfigkeit und Machtlosigkeit. Die Stimmlage selbst hat wenig mit dem Körperbau zu tun, denn die im Vergleich zu Europäern kleineren japanischen Männer haben umgekehrt eine absurd tiefe Stimmlage.

Frauen, die in der Öffentlichkeit auftreten, bemerken sehr früh, dass sie ihre Stimme ändern müssen. Die ehemaligen englischen Premierministerinnen Margaret Thatcher und Theresa May, aber auch die amerikanische Präsidentschaftskandidatin Hillary Clinton nahmen sich Sprachtrainer, um eine tiefere Stimmlage und einen gesetzteren und damit mehr Autorität signalisierenden Vortragsstil zu üben. Clinton meinte dazu:

> Nachdem ich wiederholt gehört hatte, dass einige Leute meine Stimme nicht mochten, habe ich die Hilfe eines Sprachexperten in Anspruch genommen.

Eine hohe Stimmlage und ein leiser Vortragsstil werden als zögerlich und schwach beurteilt. Attribute, die in der Politik einem Todesurteil gleichkommen. Doch Frauen haben nicht immer eine Wahl. Die mittlerweile wegen Betrugs verurteilte Gründerin und Geschäftsführerin des Laborunternehmens Theranos, Elizabeth Holmes, fiel wegen ihrer tiefen Stimmlage auf, die vielen als wenig authentisch erschienen war.[36]

WIE WERDEN DIE TÄTER SO?

Die Durchschnittsfrau möchte lieber schön sein als klug,
denn der Durchschnittsmann kann besser sehen als denken.
– Doris Day

Wird man als toxischer Mann geboren? Wird das genetisch vererbt? Sicherlich nicht, aber einige Ursachen liegen in den Hormonen, einige in der Sozialisierung und einige in der Unsicherheit des Mannes. Der Verhaltensforscher Dan Ariely und der Wirtschaftswissenschaftler und Psychologe George Loewenstein untersuchten, wie Menschen Entscheidungen treffen abhängig von ihrer sexuellen Erregung. Wir werden vermutlich wenig überrascht sein, dass es zu großen Unterschieden kommt, welche Entscheidungen wir treffen. Wir mögen uns unerregt ganz sicher sein, dass wir ohne Kondom mit einer fremden Person sicherlich nicht Sex haben würden. Doch mit unserem neuen Date oder One-Night-Stand schmeißen wir all unsere Prinzipien über Bord. Kein Kondom bei der Hand? Egal! Wir machen's auch ohne!

Es geht sogar so weit, dass manche Männer, die in einem unerregten Gefühlszustand sagen, sie respektieren ein Nein der Frau, im „Eifer des Gefechts" dann doch versuchen, die Frau betrunken zu machen oder ihr Drogen zu verabreichen. Genau diese Männer legen sich nach der „Abkühlung" sogar noch stärker moralisch fest, dass sie das nie tun würden. Dieser Unterschied in unseren Entscheidungen, der durch sexuelle Erregung oder andere Gemütszustände bedingt wird, wird als die „Heiß-kalt-Empathielücke" (englisch: *Hot-Cold Empathy Gap*) bezeichnet.[1] Wir unterschätzen den Einfluss, den ein erregter Zustand auf unsere Entscheidungsfindung ausübt.

Ähnliches geschieht wie gesagt auch bei anderen Gemütszuständen. So reagiert eine Frau, die sexuelle Belästigung erfährt oder vergewaltigt wird, in diesem Moment anders, als sie es in einer normalen Situation machen würde.[2] Kaum eine Frau kann sich vorstellen, sich bei einer Vergewaltigung nicht zu wehren, doch tatsächlich wehren sich überraschend viele Frauen tatsächlich nicht. Dieses Rätsel, das immer wieder von Strafverteidigern vor Gericht ausgenutzt wird, um der Frau ihre Zustimmung zum Sex zuzuschreiben, ist mit dieser „Heiß-kalt-Empathielücke" erklärbar. Unsere Entscheidungen unterscheiden sich zum Teil dramatisch, wenn wir uns in unterschiedlichen Erregungszuständen (Angst, sexuelle Erregung etc.) befinden. Das erklärt auch, warum Frauen bei übergriffigen Fragen in Bewerbungsgesprächen („Sollen Frauen im Beruf einen BH tragen oder nicht?") oder Online-Belästigung in der Praxis anders reagieren, als sie es sich in einem theoretischen Szenario ausgemalt haben.

Manche Auslöser scheinen rationale Teile des Gehirns auszuschalten. Der niederländische Primatologe Frans de Waal vergleicht das Verhalten mit seinen Studienobjekten, nämlich Schimpansen und Bonobos, die uns Menschen genetisch am nächsten sind und dieselbe evolutionsgeschichtliche Abstammung wie wir haben.[3]

Der wachsende Sexappeal junger weiblicher Affen findet eine Parallele in unseren Sprachen, wenn der Busen eines

Mädchens im Teenageralter zu wachsen beginnt. Auch sie wird zum Magneten für männliche Aufmerksamkeit und lernt die Macht des Dekolletés kennen. Sie durchläuft ähnliche emotionale Turbulenzen und Unsicherheiten wie die heranwachsenden weiblichen Affen. Ihr sich verändernder Körper führt zu einem komplexen Wechselspiel zwischen Macht, Sex und Rivalität. Einerseits kann ihr Aussehen ihr einen Einfluss auf Männer verschaffen, den sie vorher nicht hatte. Auf der anderen Seite bringt es unerwünschte Aufmerksamkeit und Risiken mit sich. Wie die Schimpansin Missy möchte sie vielleicht ihren Körper vor lüsternen Männchen verstecken. Eine weitere Komplikation ist die zunehmende Eifersucht anderer Mädchen und Frauen. All dies wird durch das Aufblühen unmissverständlicher weiblicher Körpersignale hervorgerufen. Der Hauptunterschied zwischen Menschen und Affen in diesem Zusammenhang ist, dass die meisten unserer Signale verborgen sind, da wir unsere Genitalien nicht öffentlich zur Schau stellen.

Das Affenhirn bei Männern springt auf diese Signale an und scheint die Kontrolle über den rationalen Teil zu übernehmen. Doch das ist wie gesagt keine Entschuldigung für die Männer, sich so zu verhalten. Denn sie können, wie Primaten, sehr wohl die Kontrolle über sich behalten, wenn sie es mit einem ranghöheren Männchen zu tun haben. Der angebliche Kontrollverlust gegenüber Frauen ist keiner. Es handelt sich vielmehr um eine bewusste Machtdemonstration, die sich online und offline als Belästigung manifestiert.

Kultur und gesellschaftliche Norm

Wie schon der kanadische Anthropologe Joseph Henrich geschrieben hat, erwarten Kultur und Gesellschaft von Männern zum Teil, Frauen auf bestimmte Weise zu behandeln. Frauen in Gesellschaften mit starkem Verwandtschaftsfokus werden als Objekt, als Besitz gesehen, als jemand, der keine eigene Meinung oder Wünsche haben darf. Drückt die Frau eigenen Willen aus und will eigenständige Entscheidungen treffen, wen sie heiraten möchte oder welche Ausbildung sie will, dann überschreitet sie in solchen Gesellschaften ihre Autorität. Sie verletzt die „Ehre der Familie". Diese Ehre gebietet, dass die männlichen Verwandten sie dafür bestrafen, und das endet oft mit der Tötung der Frau. Die männlichen Verwandten ermorden die Schwester, Tochter, Nichte, Ehegattin.[4]

Besonders dramatisch wird das, wenn hier Kulturen aufeinanderprallen. Immigranten aus Ländern mit *Kinship*-Fokus treffen dann in Europa auf eine prosoziale Gesellschaft, in der die familiären Verknüpfungen viel loser sind. Immigrantinnen, die in solch einer prosozialen Gesellschaft sozialisiert werden, tendieren dazu, sich aus den traditionellen Rollenbildern ihrer Familien befreien zu wollen. In den Augen ihrer Familie beschmutzt eine Frau die Familienehre, wenn sie westliche, also „unzüchtige" Kleidung trägt, sich westlich, also „aufmüpfig" verhält, und die Autorität der Männer in ihrer Familie nicht respektiert. Läuft sie dann mit jemandem weg, scheint die Ermordung der Frau durch die Männer der Familie die einzige Möglichkeit zu sein, die Ehre der Familie wiederherzustellen.

Frauen, die sich online ausdrücken, sieht man unter diesem Blickwinkel. Rechtskonservative Männer in westlichen Gesellschaften, die keinen Migrationshintergrund haben, verhalten sich somit wie Männer aus *Kinship*-Gesellschaften. Sie haben sehr beschränkte Vorstellungen davon, welche Rolle eine Frau einzunehmen und welche Aufgaben sie in einer Gesellschaft zu erfüllen hat.

Sich ändernde Normen

Hand in Hand gehen damit die sich ändernden gesellschaftlichen Normen und Einstellungen in Bezug auf Themen wie Homo- und Transsexualität, Genderidentität oder Gleichberechtigung von

Frauen und Menschen mit diversen Hintergründen einher. Hinzu kommen als maskulin gesehene Tätigkeiten und Verhaltensweisen wie das Rauchen, die „gesunde Ohrfeige" oder Benzinautos. Männlich in diesem Weltbild ist, wer raucht, trinkt, spritschluckende, laute Autos fährt, der Broterwerber ist und seinen Kindern und seiner Frau durch eine „gesunde Watschen" zeigt, wer zu Hause das Sagen hat.

Kognitive Dissonanz

Dezember ist in unseren Breiten üblicherweise die Zeit, in der Menschen in sich gehen und grübeln, was die Liebsten um sie herum sich am meisten wünschen. Die Ergebnisse dieses stillen Grübelns liegen oft meilenweit entfernt von dem, was man sich vorgestellt und gewünscht hat. Nicht anders erging es einer Gruppe an Menschen, die sich im Dezember 1954 zusammengefunden hatten, um auf ein Ereignis zu warten. Vier Tage vor Weihnachten hatte sich eine Schar treuer Anhänger um die Chicagoerin Dorothy Martin versammelt, die alle darauf warteten, dass ein paar Außerirdische kommen würden, um sie noch rechtzeitig vor einer für den 20. Dezember vorhergesagten gigantischen Flut, die die Menschheit auslöschen würde, zu retten. In ihren Raumschiffen würden sie dann der Flut entfliehen und als die einzigen Erdlinge gerettet werden. Die Mitglieder hatten auf Geheiß von Martin all ihr Hab und Gut verkauft, ihre Jobs gekündigt und ihren Liebsten Lebewohl gesagt. Zumindest denjenigen ihrer Liebsten, mit denen sie noch Kontakt hatten, nachdem sie ihnen von ihren durchgeknallten Plänen erzählt hatten. Erwartungsfroh saßen die Mitglieder zusammen, die Zeit verstrich, der nächste Tag brach an. Es geschah nichts. Die Welt war immer noch da, alles war trocken geblieben, und keine Außerirdischen tauchten auf, weder aus der nicht vorhandenen Flut noch aus dem Weltall. Einige der Gruppenmitglieder lösten sich aus ihrer Wahnvorstellung und verabschiedeten sich vom Rest der Wahnsinnigen. Sie erwartete nun Spott und Hohn von ihren Freunden und Familien, weil sie einer Verrückten Glauben geschenkt hatten. Aber sie vermieden die kognitive Dissonanz, indem sie ihrem falschen Glauben absprachen und in die Realität zurückkehrten. Die Zurückbleibenden allerdings fühlten sich noch stärker zu ihrer Kultführerin Martin hingezogen. Durchzuhalten war ein Test für ihre Loyalität. Je abstruser die Botschaft, desto größer der Test. Und die Botschaft kam. Martin war „in Kontakt" mit den Außerirdischen getreten und nun verkündete sie eine frohe Botschaft: Weil sie und ihre Anhänger sich so brav und loyal verhalten und sich im Gegensatz zum Rest der miserablen und nichtsnutzigen Erdlinge als besonders edle Vertreter dieses Planeten erwiesen hatten, sahen die Außerirdischen davon ab, die Menschheit mit einer Flut auszulöschen. Die treuen Anhänger fühlten sich noch stärker in ihrem Glauben und ihrer Anhängerschaft zu Dorothy Martin bestätigt.

Wie schafft man es, wenn alle Fakten gegen den eigenen Glauben sprechen, trotzdem daran festzuhalten? Die treuesten Anhänger schufen sich ein Narrativ um die Ereignisse. Sie hielten an den Vorhersagen fest. Natürlich war die Flut auf dem Weg gewesen, die Menschheit zu ersäufen. Und natürlich waren die Außerirdischen bereitgestanden, sie, die Auserwählten, in ihren Raumschiffen vor der Flut zu retten. Aber dank ihrer Gebete, ihres Glaubens, ihrer Aufopferung hatten die Außerirdischen mit Tränen in den Augen erkannt, dass es doch noch Hoffnung für die Menschheit gäbe. Dorothy Martin wurde nun noch mehr als Kultführerin verehrt und die Zahl ihrer Anhänger wuchs daraufhin sogar noch. Wie ist so etwas möglich? Menschen, deren Glaube an eine Wahrheit erschüttert wird, versuchen, sich die Wahrheit zurechtzubiegen. Sie suchen nach Widersprüchen und Fakten, die ihre Erzählung bestätigen. Gegenteilige Fakten, so überwältigend sie auch sein mögen, werden beiseitegeschoben, aber der eine Strohhalm, der es ermöglicht, sein Gesicht zu wahren, wird begierig und dankbar ergriffen, um den eigenen Glauben zu retten.

Verschwörungstheoretiker – eigentlich sollten wir sie Verschwörungskonfabulatoren nennen, denn um eine Theorie zu haben, müssten sie falsifizierbare Fakten präsentieren können – sind so ein Beispiel. Ihre „Fakten" sind immer Gerüchte, Geschichten um gesichtslose Geheimgruppen mit riesigem Einfluss, und gleichzeitig sind die Verschwörungstheoretiker immer die Einzigen, die die Wahrheit erkannt haben. Sie sind immer Auserwählte, die alles durchschaut haben. Ähnlich geht es toxischen Männern. Der Feminismus ist vor allem eine Verschwörung von Frauen und metrosexuellen Männern (die keine echten Kerle sind), um Männern ihre Rechte wegzunehmen, sie zu benachteiligen und zu Sklaven des schönen Geschlechts zu machen.

Eine Frau auf Twitter hat eine Meinung? Feminismus! Eine Frau verweigert sich mir sexuell? Feminismus! Eine Frau führt das Land an? Feminismus! Eine Frau sagt mir, je größer mein Auto, desto kleiner mein Schwanz? FEMINISMUS! Dass ich vielleicht mit meiner Meinung falschliege und doch kein so netter Kerl bin, wie ich glaube, mit dem eine Frau Sex haben möchte, dass vielleicht eine Frau qualifizierter ist, das Land zu führen, als ich, und dass sie mit dem Hinweis auf das umgekehrt proportionale Verhältnis zwischen Auto- und Schwanzgröße recht hat, passt nicht in mein Narrativ. Sollen wir Männer bloß noch Besamungsmaschinen zum Pläsier der Frauen werden? Alles für sie tun, ohne jemals Anerkennung und Belohnung dafür zu erhalten? Immer nur Auftragsempfänger ohne Mitspracherecht sein? Willkommen in der Welt der Frauen von heute.

WAS BEWIRKEN DIE TÄTER?

Wenn Sie den Leuten sagen, es gebe einen unsichtbaren Mann im Himmel, der das Universum erschaffen hat, wird die große Mehrheit Ihnen glauben. Wenn Sie ihnen aber sagen, die Sitzbank ist frisch gestrichen, müssen sie sie anfassen, um sicher zu sein. – **George Carlin**

Selbst den Tätern ist nicht immer klar, was genau sie mit ihren Attacken bezwecken. Ein bisschen Spaß haben? Sich Gehör verschaffen? Mal die Sau rauslassen? Sex?

In einer amerikanischen Fernsehshow traf ein Mann auf eine Frau, mit der er gemeinsam in der Highschool gewesen war. Er war damals ein Mobber gewesen und nun aber, fast zwei Jahrzehnte später, liebevoller Familienvater. Die Frau war eines seiner damaligen Opfer. Sie erzählte vor laufender Kamera von den Demütigungen, die sie hatte ertragen müssen. Die Szene, an die sie heute noch denke, sei, als er ihr in der Schulkantine eine eingelegte

Gurke ins Haar hatte fallen lassen. Selbst als Erwachsene spüre sie noch die Auswirkungen des Mobbings. Der Mann war geschockt. Er gab zwar zu, dass er nicht immer nett gewesen war, aber er konnte sich an sie nicht einmal erinnern. Für ihn sei es damals „nur Spaß" gewesen. So allerdings hatte es sein Opfer nicht erlebt. Es war offensichtlich, dass er entsetzt war, als er mit seinem vergangenen Verhalten konfrontiert wurde.

Für Online-Gewalttäter ist es tatsächlich oft nur Spaß oder etwas, das einfach so passiert. Der Aufwand, einen Hasskommentar zu verfassen, ist gering. Einmal abgeschickt verschwenden viele Täter keinen Gedanken mehr daran. Die Opfer hingegen belasten negative Kommentare viel mehr, wie in Studien festgestellt wurde. Um ein negatives Feedback auszugleichen, werden fünf positive Kommentare benötigt.[1] Als Autor ist mir dieses Phänomen vertraut. Mein Augenmerk fokussiert sich messerscharf auf die negativen Online-Rezensionen zu meinen Büchern auf Amazon, und diese nagen an mir, lassen mich an meinen Fähigkeiten zweifeln. Ein Opfer von Online-Gewalt verhält sich da nicht anders und kann es auch fast gar nicht, wenn es eine regelrechte Flut an Hasskommentaren gibt. Sehen wir uns also an, was Online-Gewalt konkret mit den Opfern, Angehörigen und mit uns allen macht.

Das menschliche Gehirn ist ein komplexes und delikates Gebilde, das ein ausgewogenes Verhältnis von Inspiration, Sicherheit und Liebe benötigt, um sich so zu entwickeln, dass Menschen funktionstüchtig für eine Gesellschaft werden. Menschen, die in unsicheren Verhältnissen oder mit Missbrauch aufwachsen, haben ihr Gehirn in einer Weise „verdrahtet", dass Gewalt und Drama als normal erachtet und benötigt wird. Missbrauchte Mädchen tendieren dazu, gewalttätige Männer als Partner zu wählen, was wiederum die gemeinsamen Kinder in eine ähnliche Situation bringt. Ein nur schwer zu durchbrechender Teufelskreis. Erlebt eine Person physische Gewalt und Missbrauch über längere Zeit, dann ändert das dauerhaft das Gehirn. Vergewaltigungen sind somit immer körperliche und psychische Verletzungen.

Auch Online-Gewalt ist physische Gewalt. Sie beeinträchtigt unsere Fähigkeit, zu arbeiten, in die Schule zu gehen, uns zu konzentrieren. Der ganze Körper stellt sich auf Überleben ein. Zoë Quinn berichtete, dass sie immer wieder Nervenzusammenbrüche hatte, unkontrolliert zu weinen und zu zittern begann. Kein Gedanke daran, dass sie kreativ und produktiv an der Entwicklung ihrer Videospiele arbeiten konnte. Online-Gewalt ist somit kein konsequenzloses Kavaliersdelikt, sie verletzt im buchstäblichen Sinn.

Auswirkungen auf Frauen

Die aus Ravensburg stammende Sängerin und Songschreiberin Lotte beschreibt in ihrem Lied „So wie ich", was sexualisierte Gewalt mit ihr gemacht hat. „Ich hab im Dunkeln niemals Angst gehabt; jetzt schließ ich abends immer zweimal ab", singt sie da.

Im schon erwähnten Welt-Mädchenbericht 2020 meinten die betroffenen Frauen, Online-Gewalt führe dazu, dass 38 Prozent von ihnen die Plattformen seltener nutzen und gezwungen sind, Strategien zu entwickeln, sie zu vermeiden. 42 Prozent leiden unter psychischen Folgen, 24 Prozent fühlen sogar körperlich spürbare Angst. Der mentale und emotionale Stress führt auch zu einer Verringerung des Selbstwertgefühls.[2]

Die Medienkritikerin Anita Sarkeesian zählt auf, wie sich Online-Gewalt auf die betroffenen Frauen auswirkt:[3]

> Wenn man kein aussagekräftiges Profil oder überhaupt kein Profil hat, kann dies die Jobaussichten, zwischenmenschlichen Beziehungen, den Ruf und die psychische Gesundheit beeinträchtigen. Es wird als Waffe benutzt, um Frauen zum Schweigen zu bringen, Frauen zu erniedrigen, Macht über Frauen zu demonstrieren und uns zu Sexobjekten zu machen. Hier geht es nicht nur um Spaß und Spiel. Das kann Leben zerstören.

Die indische Journalistin Rana Ayyub beschrieb der *Washington Post* ihre Gefühle, als sie Deepfake-Rachepornos mit ihrem Gesicht auf den Körpern von Pornodarstellerinnen gesehen hatte:[4]

Im April wurde Rana Ayyub, eine investigative Journalistin in Indien, von einer Quelle auf ein gefälschtes Sexvideo aufmerksam gemacht, das ihr Gesicht auf dem Körper einer jungen Frau zeigte. Das Video verbreitete sich tausendfach über Facebook, Twitter und WhatsApp, manchmal in Verbindung mit Vergewaltigungsdrohungen oder neben ihrer Privatadresse.

Ayyub, 34, sagte, sie sei schon seit Jahren online belästigt worden. Aber das Deepfake fühlte sich anders an: wie ein Tritt in die Eingeweide, invasiv und grausam. Sie musste sich übergeben, als sie es sah, weinte danach tagelang und eilte ins Krankenhaus, überwältigt von der Angst. Auf einer Polizeistation weigerten sich die Beamten, Anzeige zu erstatten, und sie konnte sehen, wie sie lächelten, als sie das Fake sahen.

„Ich war am Boden zerstört. Es war überwältigend. Alles, woran ich denken konnte, waren diese Videos: Ist es das, was die Leute über mich denken werden?", sagte sie. „Das ist viel einschüchternder als eine physische Bedrohung. Sie hat einen bleibenden Einfluss auf deinen Verstand. Und es gibt nichts, was mich davor bewahren könnte, dass mir das noch einmal passiert."

Verstörend ist an diesem Bericht auch, dass die Personen, die ihr eigentlich helfen sollten – die Polizisten – ihre Anzeige nicht entgegennahmen, ihre Sorgen nicht ernst nahmen, sondern sich über diese Videos auch noch amüsierten.

Frauen müssen sich immer wieder den Vorwurf gefallen lassen, wenn sie das Problem ansprechen oder fordern, dass die Täter ermittelt und angeklagt werden, dass sie damit nur „Aufmerksamkeit generieren" wollen, um ihre Karriere voranzutreiben. Jolanda Spiess-Hegglin, die das unzählige Male hören musste, erwidert darauf:

Nennen Sie mir drei Frauen, die es schafften, mit einer Vergewaltigung oder sexualisierter Gewalt positive Aufmerksamkeit zu erhalten und ihre Karriere zu fördern!

Spiess-Hegglin schildert körperliche Auswirkungen der Hetze gegen sie. Sie konnte nicht schlafen und bekam einen juckenden Hautausschlag, kratzte sich blutig und hat heute noch Narben davon.[5]

Caroline Criado-Perez, deren Wunsch nach einer Frau auf einem Geldschein der Bank of England zu einer Hasskampagne geführt hat, schildert in einem Vortrag, was das mit ihr gemacht hat. Die Rede trug den bezeichnenden Titel „Sie rief die Polizei. Man sagte ihr, sie könne nichts dagegen tun":[6]

Die Auswirkungen dieser Situation auf mein Leben waren dramatisch. Auf dem Höhepunkt der Krankheit konnte ich kaum essen, schlafen und arbeiten. Ich verlor innerhalb weniger Tage etwa sechs Kilogramm Gewicht. Ich war erschöpft und angespannt, weil ich diese lebhaften Bilder, diese Flutwelle von Hass mit mir herumtrug, wohin ich auch ging. Und ich wurde immer wieder gebeten, diese Erfahrung in endlosen Medieninterviews wieder und wieder zu schildern. […] Die psychologischen Folgen sind immer noch nicht überwunden. Ich fühle mich wie eine Zeitschaltuhr kurz vor der Explosion; ich funktioniere knapp unter dem Siedepunkt – es braucht nicht viel, um mich zum Weinen zu bringen – oder zum Schreien.

Die Schauspielerin Amber Heard, die sehr viele Hassmails auf Instagram erhält, schildert, dass die Ohnmacht, nichts dagegen tun zu können, ihre Paranoia, Empörung und Frustration gesteigert haben.[7]

Für die Start-up-Gründerin Patricia Bubner war ihr jahrelanger Stalker, der jede Online-Aktivität von ihr verfolgte und kommentierte, ein Grund, warum sie mit sich ringen musste, ein Start-up zu gründen. Um ihr Unternehmen wirtschaftlich erfolgreich zu führen und es attraktiv für Investoren, Kunden und potenzielle Mitarbeiter zu machen, ist Öffentlichkeitsarbeit unumgänglich. Damit gehen eigene Presseaussendungen, Veröffentlichungen, Interviews und jede Form von Aktivitäten auf sozialen Netzwerken einher, die sie ihrem Stalker online wieder zuführen. Ich erlebte das selbst mit, als wir 2017 eine kleine Vortragsreihe in Palo Alto anlässlich des Besuchs des österreichischen Botschafters in den USA organisierten. Das war der Moment, als sie mir sagte, wir müssten mit der Veröffentlichung des Videos aufpassen, weil sie einen Stalker habe. Kaum hatte ich das Video auf Youtube hochgeladen, hatte er es schon kommentiert. Ich löschte den Kommentar und schaltete die Kommentarfunktion aus.

Cindy Otis, eine ehemalige Analystin der CIA und Expertin für Cybersicherheit, sperrt immer wieder ihr Twitter-Konto. Sie meint, sie brauche den zusätzlichen Stress nicht, den die Online-Reaktion auf wichtige öffentliche Sitzungen ihr immer einbringe. Neben den negativen Kommentaren erhalte sie auch seriöse Kontaktanfragen für Interviews und Aufträge über Twitter. Und nach jedem öffentlichen Auftritt steige die Zahl ihrer Follower und ihre Glaubwürdigkeit in der Szene. Insofern limitiere sie mit der vorübergehenden Kontosperrung ihren beruflichen Fortschritt. Es sei jedes Mal eine Abwägung, doch ihre physische Sicherheit und psychische Gesundheit seien ihr wichtiger.

Eine ganz andere Art und Weise, Hasskommentaren zu begegnen, hat Sarah Bosetti entwickelt. Sie macht aus den Beschimpfungen Liebeslyrik, die sie als Video online stellt.[8]

Silencing

Die International Women's Media Foundation führte 2018 eine globale Umfrage durch, in der 40 Prozent der befragten Journalistinnen angaben, dass sie bestimmte Artikel nicht verfasst hatten, weil sie schlechte Erfahrungen mit Online-Belästigung gemacht hatten.[9] Dauerempörte, Cybermobs und Glaubenskrieger versuchen, sie durch Geschrei, Volllabern, eine Flut von Kommentaren oder das Androhen von Gewalt zum Schweigen zu bringen. Jedes Wort, das sie posten, wird zerlegt, kommentiert und kritisiert. Jede Meinung, die sie vorbringen, als falsch, unwichtig und unnütz deklariert. Reagieren sie darauf, werden sie kritisiert. Reagieren sie nicht, werden sie erst recht kritisiert und belästigt.

Wie kann es sein, dass die Frau mit mir, dem wichtigen Mann, nicht mehr kommunizieren will? Ich habe ein Recht darauf!

Viele Frauen halten sich deshalb mit Beiträgen auf sozialen Medien zurück, zensieren sich selbst oder deaktivieren oder löschen ihre Online-Konten, wie wir schon von Cindy Otis gehört haben. Diese Frauen können sich im Internet nicht sicher ausdrücken, ihre Meinungen vortragen, ihr Wissen und ihre Kreativität zeigen, sich politisch und sozial einbringen. Uns als Gesellschaft fehlen diese Stimmen. Mit diesen Erfahrungen im Hinterkopf überlegen sich Frauen sehr genau, ob sie eine berufliche Position antreten wollen, in der sie der Öffentlichkeit und damit erst recht solcher Online-Belästigung ausgesetzt sind. Und das wegen einer Minderheit, die sich wie Arschlöcher gegenüber diesen Frauen verhält.

Rufschädigung

Online-Attacken wirken sich auf die Reputation des Opfers auf. Außenstehenden fehlt die Hintergrundinformation. Was sie sehen, sind die Kommentare einer kleinen, aber lauten Gruppe. Ein Cybermob kann den Diskurs dominieren und Unbeteiligte wissen nicht, was diesen ausgelöst hat. Angesichts der Intensität vermuten unbedarfte Zuseher noch dazu, dass die Angegriffene vielleicht nicht ganz unschuldig ist. Ein solcherart beschädigter Ruf hat private und berufliche Auswirkungen.

Die Makerin und Aktivistin Naomi Wu, die sich mit Technologie, Mode und Körpermodifikationen beschäftigt, wird von der männlichen Makerszene unentwegt attackiert. Als lesbische Frau in China, wo diese sexuelle Orientierung gesetzlich verboten ist, ist sie doppelt gefährdet. Und Plattformen wie Youtube bestrafen sie, indem sie ihr Einkünfte zu Werbeanzeigen, die über ihren Videos abgespielt werden, vorenthalten.

Bei Rebecca Scheffler, die mit gefälschten Kleinanzeigen zu Sex auf Craigslist gedoxt worden und damit in Gefahr geraten war, führte das Verhalten der toxischen Männer dazu, dass sie ihre Profile auf sozialen Medien auf „privat" setzen musste. Doch das kann zu einem anderen Problem führen. Die Männer, die sich auf die gefälschten Kleinanzeigen gemeldet hatten, reagierten bei ihrer verständlichen Abweisung mit dem Posten von weiteren falschen Informationen. Damit übernahmen sie die Kontrolle über die öffentlich über Scheffler verfügbaren Informationen. Arbeitgeber überprüfen heutzutage auch die Online-Aktivitäten potenzieller Kandidaten und da entsteht rasch ein falscher Eindruck. Bei Scheffler gewinnt man den Eindruck, sie arbeite nebenberuflich als Prostituierte.[10]

Charlotte Laws, die als Aktivistin gegen Rachepornos und Cybermobbing tätig wurde, nachdem private Bilder ihrer Tochter von ihrem Computer gestohlen und auf einer Pornowebsite veröffentlicht worden waren, wies darauf hin, dass es für die Opfer wichtig ist, ihre Online-Präsenz auf- und auszubauen, damit die negativen Inhalte über sie schwieriger aufzufinden sind.

> Der Aufbau eines Online-Rufs hilft dabei, schlechte Inhalte zu verdrängen. 80 Prozent der Arbeitgeber informieren sich im Internet. Schalte deine Online-Präsenz nicht ab. Bau sie auf.

Auch bei Politikerinnen bleibt eine solche Rufschädigung hängen. Vielleicht war sie doch mal Edelprostituierte, betrieb einen Pädophilenring, schlägt kleine Kinder oder ersäuft Kätzchen? Im Zweifel wählt das Volk dann doch den männlichen Gegenkandidaten ins Amt.

Beschämung

Wenn der Cybermob auch die Familien und Freunde der Opfer attackiert, fühlen sich die Opfer in der Regel dafür verantwortlich. Nicht nur zweifeln Opfer ohnehin daran, ob sie nicht doch selbst an dieser Situation Schuld haben (nein, haben sie nicht), sie fühlen sich auch noch schuldig, dass sie ihre Liebsten in eine unangenehme Situation gebracht haben. Die Kinder eines Opfers, die die Verzweiflung ihrer Mutter sehen und vorübergehend umziehen müssen, der Ehemann, den die Cybermobber am Arbeitsplatz anrufen, sie alle werden in den Strudel hineingezogen. Zoë Quinn sagt sogar, dass es sie am meisten getroffen hat, dass Menschen, die ihr wichtig waren, Kollateralschäden erlitten. Jolanda Spiess-Hegglin, Jasmina Kuhne oder Monica Lewinsky mussten alle miterleben, wie ihre Familien in Mitleidenschaft gezogen wurden.

Selbst Arbeitgeber werden kontaktiert oder Konferenzveranstalter auf die vorgeblich zweifelhaften Qualitäten ihrer Mitarbeiterin oder Vortragenden „hingewiesen". Frauen wie Patricia Bubner müssen ihre Kollegen vor dem Stalker warnen, andere die Schulen, manche sogar Barkeeper oder Kellner, damit diese keine Details weitergeben. Ständig müssen sich diese Frauen bei ihrem Umfeld entschuldigen und um Hilfe bitten, weil toxische Männer ihnen Online-Gewalt antun.

Auswirkungen auf Männer

Betroffene Männer berichten von ähnlichen Gefühlen. Johannes Ceh, der von einem Rechtsextremisten online bedroht und von ihm auch vor seinem Büro aufgelauert worden war, fühlte sich *lost*, also verloren. Beim Versuch, von anderen Hilfe zu bekommen, wurde oft seine Glaubwürdigkeit infrage gestellt. „Du hast doch sicher auch einen Anteil daran gehabt", meinten einige. Es war wie eine umgedrehte Unschuldsvermutung. Plötzlich wurde er zum Täter. Zwar wurde der Online-Täter auf Facebook und LinkedIn letztlich gesperrt, aber die Plattformen behandeln solche Fälle unabhängig voneinander, so als ob sie Einzelfälle wären. Dass derselbe Täter Dutzende andere Benutzer ebenfalls wochenlang online belästigte, fiel da nicht ins Gewicht. Und Ceh merkte rasch, ob die Ansprechpartner bei den zuständigen Stellen ihm helfen wollten oder nicht.

Der Ehemann von Jolanda Spiess-Hegglin, Reto Spiess, berichtete, dass er einen Nervenzusammenbruch hatte, als der Arzt ihnen geraten hatte, ihr Heim für einige Zeit zu verlassen. Das kam nach all der medialen Hetze gegen die Kantonsrätin, wo zu befürchten war, dass Reporter und Hetzer sie daheim aufsuchen könnten. Immer wieder riefen ihn Journalisten auch am Arbeitsplatz an, die von ihm eine Stellungnahme haben wollten. Als er diese verweigerte, erfanden sie einfach irgendein Statement. Er sei aus dem gemeinsamen Haushalt ausgezogen, hieß es da in einer Zeitung. Egal, ob wahr oder nicht, Hauptsache, es ergaben sich gute Schlagzeilen und Klickraten.

Der Fotograf Carsten Plückhahn musste nach einer 2012 stattgefundenen Cyberbedrohung durch einen Unbekannten sein ambitioniertes Hobby aufs Eis legen. Auf der Fotoplattform Flickr hatte er einen Teil seiner Arbeiten online gestellt, die ihm Aufmerksamkeit von anderen Benutzern, aber auch von Kuratoren einer Galerie in London eingebracht hatte. Für seine Fotos hatte er sich vom amerikanischen Landschaftsfotografen Anselm Adams inspirieren lassen, was nicht nur Plückhahns größten fotografischen Erfolg darstellte, sondern auch eine Reihe von Neidern anzog. Unter immer neuen Konten belästigte ihn ein Aggressor, provozierte in Kommentaren unter seinen Fotos und umging alle Gegenmaßnahmen. Erst als er die Reißleine zog und sein Flickr-Konto löschte, war Ruhe. Mit dem Ergebnis, dass ihm sein Hobby und sein Erfolg vermiest worden waren.

Studien zur Lebensqualität, Gesundheit und Lebenserwartung von Männern in aggressiven Gesellschaften zeigen, dass diese generell schlechter sind. Eine Studie der Universität von Edinburgh zeigt, dass die langlebigsten Schimpansenmännchen in einer Gruppe nicht die Alphamännchen sind, die ständig unter dem Stress stehen, ihre Position behaupten zu müssen, und auch nicht diejenigen, die am untersten Ende der Rangfolge stehen, sondern diejenigen, die besser mit anderen Schimpansen auskommen. Das Leben von insgesamt 538 Schimpansen in Gefangenschaft wurde ausgewertet, und die Männchen, die gut mit anderen auskamen – indem sie sensibel, beschützend und kooperativ waren –, lebten länger als ihre weniger liebenswerten Artgenossen.[11]

Auswirkungen auf Eltern

Es ist eine Sache, ob toxische Männer Frauen (oder Männer) selbst online belästigen und bedrohen oder ob sie dann auch noch gegen andere Personen im Umfeld des Opfers vorgehen. Gerade während der Covidpandemie wurden Eltern, die ihre Kinder schützen wollten, zu Zielen. Eltern, die das Tragen von Masken, Impfpflicht und ähnliche Maßnahmen zum Schutz ihrer Kinder (und anderer verletzlicher Gruppen) mit Vorerkrankungen forderten, wurden von toxischen Personen online attackiert. Nach einer Online-Konferenz, zu der Natascha Strobl betroffene Eltern eingeladen hatten, die von den Schwierigkeiten seit dem Beginn der Covidpandemie berichteten, erhielt sie Mitteilungen wie die folgende:

> Und Sie verlangen allen Ernstes 0,0000000 Risiko für Ihre Brut? Oder wieviele Nachkommastellen dürfens denn sein? Und das soll gefälligst die Gesellschaft leisten? Ich schlage vor, Leute wie Sie es sind, sollten sich ein Ganzkörperkondom überziehen und sich von der Gesellschaft fernhalten. Ich glaube kaum, daß Sie und Konsorten wirklich Freude am Leben haben können. Sie scheinen mir eine ziemlich verbiesterte Persönlichkeit zu sein. Aber das ist allein Ihr Problem, machen Sie das nicht zum Problem der Allgemeinheit. Und

wenn das Kondom dann nicht hält, verklagen Sie den Hersteller aber nicht die Gesellschaft. Auch das ist dann allein Ihr Problem.

Und alle wir, in großer Mehrheit anderen werden ihren Spaß am Leben haben und das nicht auszuschließende Restrisiko als allgemeines Lebensrisiko akzeptieren.

Noch schlimmer war, dass Eltern, die in derselben Online-Veranstaltung vom Verlust ihres Kindes berichteten, ebenso hasserfüllten Online-Attacken ausgesetzt waren. Dort, wo man Mitgefühl erwarten sollte, war der Hass besonders ausgeprägt. Diese Erfahrung machten schon die Eltern der ermordeten Kinder der Schule in Sandy Hook, wo sich ein gewisser Alex Jones mit Verschwörungstheorien an die vorderste Front als Internetinquisitor setzte und den Eltern vorwarf, sie seien bezahlte Krisenschauspieler.

So geht es auch Eltern von Cybermobbing-Opfern. Unter Umständen verstehen sie gar nicht, worum es eigentlich geht und wieso sie plötzlich Anrufe von Unbekannten erhalten, die ihrem Kind den Tod wünschen. Die Mutter von Monica Lewinsky wird nach wie vor emotional, wenn sie ähnlich gelagerte Fälle wie den ihrer Tochter sieht. Sie macht sich nach wie vor extreme Sorgen um das Wohlbefinden ihrer Tochter und ist immer sofort bei ihr, wenn wieder etwas medial oder online aufflackert.

Weniger dramatisch, aber ebenso hasserfüllt können Elternchatgruppen werden. Eltern, die ihre Kinder in derselben Schule oder demselben Kindergarten haben, machen früher oder später die Erfahrung, wie schnell eine ursprünglich gute Idee – eine Chatgruppe, wo sich Eltern austauschen können – zu einer Senkgrube der Blödheit und geprägt von Attacken wird. Oft sind es einige wenige übereifrige und vor allem meinungsstarke Eltern, die die Gruppe für alle zerstören und andere Eltern, die nicht ihren Vorschlägen folgen wollen, attackieren. Viele Eltern ziehen sich zurück und melden sich aus diesen Gruppen ab.

Auswirkungen auf Berufsgruppen

Gelegentlich zieht man weniger wegen seiner eigenen Person, sondern wegen des ausgeübten Berufs den Hass des Cybermobs auf sich. Im Folgenden stelle ich einige „gefährdete" Berufe vor.

Medizin und Wissenschaft

Mit den Covidmaßnahmen, die Regierungen auf Anraten von Immunologen und Virologen zur Bekämpfung einer weltweiten Pandemie einführten, fühlte sich eine Minderheit in ihren Freiheiten eingeschränkt. Der Zorn richtete sich nicht nur gegen die Politiker, sondern vor allem gegen Ärzte. Plötzlich schienen alle mehr über die Verbreitung von Viren, statistische Modelle, Immunologie und die Bekämpfung von Viren zu wissen als Leute, die das jahrelang studiert und praktizierten hatten.

Es war völlig egal, welcher Facharztberuf ausgeübt wurde, Ziel wurden alle, die es wagten, wissenschaftlich fundierte medizinische Praktiken öffentlich zu vertreten. Auch Wissenschaftler in diesem Feld, wie in Deutschland Christian Drosten oder in den USA Anthony Fauci, wurden das Ziel der Covidmaßnahmen-Gegner. Das ist keine neue Erkenntnis, denn Klimaforscher kennen das seit einigen Jahren. Sie stehen permanent im Kreuzfeuer der Kritiker, die Klimawandel leugnen und die Wissenschaftler als von Interessengruppen gekauft betrachten, die nur an ihrem eigenen Vorankommen durch sensationelle Aufmacher interessiert seien. Die Allgemeinheit hat ganz offensichtlich keine Ahnung von wissenschaftlicher Arbeit: Hypothesen werden aufgestellt, Experimente und Theorien entwickelt, und die Erkenntnisse daraus und Debatten darum herum führen zum Verwerfen oder Verfeinern von theoretischen Modellen, woraus sich dann praktische Anwendungen ableiten.

Eine Studie der Universität Wien beschäftigte sich mit der Frage, wie sich die öffentliche Kritik und der Online-Hass auf die Wissenschaftler auswirken. Über 20 Prozent wurde per E-Mail oder soziale Medien Gewalt angedroht, 15 Prozent erhielten Morddrohungen.[12] Die Mehrheit von ihnen, 80 Prozent, war Ziel von Hasskommentaren. 60 Prozent der befragten Wissenschaftler sagten, ihre Bereitschaft, mit Medien zu sprechen, habe dadurch abgenommen. Frauen und Männer waren gleichermaßen betroffen. Speziell wenn die Wissenschaftler das Gefühl hatten, sie seien in TV-Sendungen nur „Aufputz" gewesen, da sie „aus dramaturgischen Gründen" Nichtexperten als Widersprecher gegenübergesetzt wurden, senkte das ihre Bereitschaft.[13]

Journalismus

Die *Washington Post*-Journalistin Taylor Lorenz hatte mit ihrer Berichterstattung über falsche Instagram-Profile, die angeblich aus der Ukraine über die russische Invasion berichteten, den Zorn eines Cybermobs auf sich gezogen. Lorenz musste ihren Kontakten den Zusammenhang erklären, doch nicht alle ließen sich beruhigen. Die Zeit, die sie damit verbringen musste, sodass sie wochenlang erst um drei Uhr früh ins Bett kam, weil die Attacken so zahlreich waren, fehlte ihr bei der Recherche zu anderen Beiträgen.

Andere Journalistinnen berichten, dass sie nun mehr auf ihre Worte achten oder mögliche Reaktionen auf ihre Posts antizipieren, die sie in sozialen Medien veröffentlichen wollen, und in manchen Fällen unterlassen sie es dann lieber. Auch haben wir schon von den indischen Journalistinnen gehört, denen Professorenstellen in Harvard angeboten wurden, wie auch von ihren asiatischen Kolleginnen, denen die chinesische Regierung mit Troll-Armeen das Leben vermiest. Und das alles, weil sie kritisch über die jeweiligen Regierungen berichten.

Andere wiederum hält das nicht ab, ganz im Gegenteil. Sie nutzen die Chance, das Thema erst recht zu behandeln. Die TV-Moderatorin Nicole Diekmann schrieb daraufhin das Buch „Die Shitstorm-Republik", wo sie sich eingehend mit der Frauenfeindlichkeit und dem Hass im Cyberspace auseinandersetzt.

Politik

Die Konsequenzen für Politiker können, wie das Beispiel des CDU-Politikers und Regierungspräsidenten des Bezirks Kassel, Walter Lübcke, zeigt, tödlich sein. Dieser wurde von einem Rechtsextremisten erschossen, nachdem ein rechtsextremer Blog seine private Adresse und Telefonnummer gedoxt hatte. Den rechten Arschlöchern war aufgestoßen, dass Lübcke sich 2015 während der Flüchtlingswelle für die Geflohenen eingesetzt hatte. Die rechte Meute steigerten sich online immer mehr in ihren Hass hinein, bis einer von ihnen zum Mörder wurde. Deshalb gehen Politiker wie Karl Lauterbach sehr konsequent gegen Hasskommentare vor. Sie zeigen jede Drohung und Beleidigung an.[14]

Die Schweiz tickt da anders. Dort wurde die damalige Kantonsrätin Jolanda Spiess-Hegglin von den Medien und ihrer eigenen Partei zum Abschuss freigegeben. Die ständigen Klagen gegen weitere ehrenrührige Berichte gehen auch finanziell für die Betroffene an die Substanz.

Influencerinnen

Die Berufsgruppe der Influencerinnen – und bevor jemand zweifelt: ja, auch das ist ein Beruf – gilt besonders als Freiwild unter der Männermeute. Junge Frauen, die auf Instagram, TikTok, Snapchat, Youtube und anderen Kanälen alle möglichen Themen mit der Welt teilen und dabei Zigtausende und sogar Millionen Follower anziehen.

Ist die Influencerin attraktiv, dann ist es egal, mit welchem Thema sie sich beschäftigt, Männer schauen sich ihre Videos trotzdem an. Influencerinnen werden unnachgiebig angebaggert, ihr Äußeres wird bis ins Detail kommentiert, ihre Fickbarkeit diskutiert, und ständig wird sie aufgefordert, ihre Brüste oder Muschi zu zeigen.

Für die Influencerinnen bedeutet das vor allem Stress. Sie mögen zwar die Aufmerksamkeit genießen, aber die ständigen Aufforderungen zu Sex in den Kommentarspalten sind so zahlreich, dass sie mit dem Löschen und Blocken nicht nachkommen. Vor sexueller Belästigung überbordende Kommentarlisten können außerdem Werbekunden abschrecken. Und das ist oft die wichtigste Einkunftsquelle für Influencerinnen.

Auswirkungen auf die Gesellschaft

Ich habe hier bereits erwähnt, dass durch die Benachteiligung von Frauen und die ihnen entgegengebrachten Belästigungen Gesellschaften Schaden davontragen.

Auch hat Robert Sutton bemerkt, dass Arschlöcher weitere Arschlöcher anziehen und damit eine Organisation, eine Gesellschaft dysfunktional und für einen großen Teil der Mitglieder unerträglich machen. Die Mitglieder stehen unter größerem Stress, sind eher gesundheitlich beeinträchtigt und entfalten nicht ihr gesamtes Potenzial. Aggressive maskuline Standards werden hochgehalten, was sich auf die Männer selbst nachteilig auswirkt. Sie werden selbst häufiger Opfer von Gewalt, ihre Lebenserwartung sinkt, sie sind weniger glücklich und weniger gesund.

Ständig muss mentale Energie aufgewandt werden, um sich vor Aggressionen zu schützen, anstatt diese für produktive Tätigkeiten zu nutzen. Frauen und Männer, die jeden Moment mit Belästigung rechnen müssen, sind weniger fokussiert bei der Arbeit und stehen stärker unter Stress, zum Nachteil der Unternehmen, ihrer Familien und der Gesellschaft. Eine Kultur, die Belästigungen toleriert, zieht mehr Belästigungen nach sich. Solche Gesellschaften werden aggressiver, und wie sich das auswirkt, sah man in Deutschland während des Dritten Reichs und aktuell in Russland unter dem Putin-Regime.

Aber wir können uns ändern. Ganze Nationen, darunter Österreich, Deutschland oder Japan, haben es geschafft, ihre militaristischen und aggressiven Kulturen abzulegen und zu friedlichen Mitgliedern der Weltgemeinschaft zu werden. Doch das geschieht nicht automatisch und wir werden noch Maßnahmen kennenlernen, wie wir das auch in der Online-Welt schaffen können.

Auswirkungen auf die Demokratie

Wenn sich Frauen, immerhin die Hälfte der Bevölkerung, und andere marginalisierte Minderheiten nicht mehr ausdrücken, sich aus dem öffentlichen Diskurs zurückziehen und nur noch eine laute und aggressive Minderheit sich Gehör verschafft, dann hat das demokratiepolitische Auswirkungen. Unsere Entscheidungen werden weniger inklusiv, weniger dienlich für eine breite Mehrheit. Gesellschaften, die mit falschen Nachrichten und Informationen überflutet, in der wichtige Stimmen nicht vernommen werden, aggressive Männer, die Debatten dominieren und maskuline Standards durchsetzen, werden die Anforderungen einer modernen Gesellschaft nur schlecht bewältigen können.

MACHT ES SINN, ZU HELFEN?

Wir haben schon immer gewusst, dass rücksichtsloser Eigennutz moralisch schlecht ist; jetzt wissen wir, dass er schlecht für die Wirtschaft ist. **– Franklin D. Roosevelt**

Ist es nicht aussichtslos, gegen Online-Hass vorzugehen? Anonyme Konten, die Täter vielleicht im Ausland, und eigentlich sind das sowieso bloß leere Drohungen? Nein, es ist nicht aussichtslos und es handelt sich nicht nur um leere Drohungen. Die vorherigen Kapitel haben uns vor Augen geführt, warum das keine Kavaliersdelikte sind und wie sie eskalieren können. Die Aufgabe kann überwältigend scheinen, aber irgendwo muss begonnen werden, denn es gibt gute Gründe, Online-Gewalt nicht zu akzeptieren, und viele Beispiele, wie auch das unmöglich Scheinende geändert werden kann. Die MeToo-Bewegung, jene gegen die Todesstrafe oder gegen das Rauchen schienen auch als zu große Herausforderungen. Und doch begannen sie mit kleinen Initiativen, als Menschen sagten: „Es reicht." Und sie überzeugten mehr Menschen davon, bis es zu Verboten und Verbesserungen kam.

Es gibt eine Reihe von Gründen, warum der Kampf gegen Cybermobbing angepackt werden sollte. Einige habe ich schon erwähnt. So sollten wir es nicht erlauben, dass die Stimmen von Frauen im öffentlichen Diskurs verstummen; dass wir nicht die Perspektive der Hälfte der Bevölkerung in der Politik vertreten sehen; dass wir unseren jungen Frauen den Eindruck vermitteln, ihre Meinungen und Lebenserfahrungen wären nicht gefragt, ihre Zukunft und ihr Wohlbefinden wären uns nicht wichtig.

Wem das nicht reicht, es gibt weitere handfeste Gründe, warum Frauen eine Stimme in allen Lebensbereichen haben sollten: Geld, Gesundheit, Glück.

Eine Studie des Europäisches Institut für Gleichstellungsfragen (EIGE) ergab, dass allein für Österreich die Kosten von Gewalt gegen Frauen mit sechs Milliarden Euro zu beziffern sind. Für Deutschland liegt diese Zahl bei 68,1 Milliarden Euro, in der gesamten EU liegt sie bei 366 Milliarden Euro.[1]

Die Unternehmensberatung McKinsey schätzte, dass bei einer Gleichstellung von Frauen über alle Länder hinweg der Weltwirtschaft sage und schreibe zwölf Billionen Dollar oder elf Prozent der gesamten Weltwirtschaft an Wirtschaftsleistung hinzugefügt werden könnte.[2]

Studien über Studien zeigen, dass der Unternehmensgewinn und die Börsenbewertung mit dem Frauenanteil korrelieren. Amerikanische Forscher analysierten die Daten von 1.500 S&P-Unternehmen über einen 15-jährigen Zeitraum und fanden heraus, dass mit einem größeren Frauenanteil in den Vorständen und damit einer größeren Diversität die Unternehmensperformance steigt, vor allem, weil die Unternehmensstrategie eher in Richtung Innovation und auf eine diversere Kundenbasis ausgerichtet wird und damit sowohl kurzfristige Leistungssteigerungen erzielt werden als auch langfristig die Unternehmen bessere Überlebenschancen haben.[3]

Eine andere Studie, die 500 britische Unternehmen für den Zeitraum von 2007 bis 2016 analysierte, belegt den besseren Einsatz von Humankapital und des im Unternehmen befindlichen Wissens, die bessere Ausnutzung von Innovationsanstrengungen und einen effizienteren Einsatz von Finanzkapital, der mit dem Anteil der weiblichen Vorstandsmitglieder positiv korreliert.[4]

Zwar mag ein großer Teil der Daten dieser Diversitätsstudien nur die Korrelation aufzeigen und nicht so sehr die Diversität als die Ursache der Leistungssteigerungen bestimmen, Laborexperimente deuten allerdings schon auf eine Kausalität hin. So erwiesen sich homogene Gruppen als anfälliger für Engstirnigkeit und Gruppendenken, während diverse Gruppen sich sowohl in einem kooperativen als auch in einem konkurrierenden Umfeld innovativer zeigten, als Team stärker waren und bessere Entscheidungen trafen.[5] Ein weiterer Grund für die überdurchschnittliche Leistung besonders divers aufgestellter Unternehmen ist, dass sie aus einem viel größeren Pool an qualifizierten Kandidaten wählen. Frauen schneiden oft besser ab als ihre männlichen Kollegen, damit steigt die Qualität der Ergebnisse, es werden höhere Standards gefordert. Vielfältigere Teams tendieren dazu, bessere Entscheidungen zu treffen.

Auch in der Politik leisten Frauen einen positiven Beitrag. Sie sind durchschnittlich betrachtet weniger korrupt, arbeiten fleißiger und haben einen kooperativeren Führungsstil.[6] Frauen bereiten sich auf Themen besser vor. Die ehemalige deutsche Bundeskanzlerin Angela Merkel und die Präsidentin der Europäischen Zentralbank, Christine Lagarde, verglichen die Art und Weise, wie sie sich auf Besprechungen vorbereiteten. Während die Männer zumeist nur die Zusammenfassung gelesen hatten, hatten die beiden die gesamte Studie durchgearbeitet. Sie durften und konnten sich keine Schwäche leisten.

Angesichts der russischen Invasion in die Ukraine, wo ein toxischer Mann, Wladimir Putin, meint, der Welt gewaltsam seinen Willen aufdrücken zu können, ergibt eine genauere Betrachtung, dass Länder mit mehr Frauen in politischen Führungspositionen viel seltener in den Krieg ziehen oder in ihnen ein Bürgerkrieg ausbricht. Von Frauen geführte Länder sind statistisch gesehen signifikant friedlicher als von Männern geführte. Ein Land, in dem der Anteil an Frauen an der arbeitenden Bevölkerung bei zehn Prozent liegt, erlebt mit 30 Mal höherer Wahrscheinlichkeit interne Konflikte als ein Land, in dem der Anteil erwerbstätiger Frauen bei 40 Prozent liegt.[7]

Das Ergebnis einer Studie zu Gleichberechtigung, Lebenszufriedenheit und deren Auswirkung auf Länder war eindeutig:[8]

> In jedem Fall scheinen Verbesserungen des Status von Frauen mit einer erheblichen Verbesserung der allgemeinen Lebensqualität in einem Land einherzugehen. Die Schlussfolgerung liegt auf der Hand: Die Daten unserer verschiedenen Maßstäbe für die relative Stellung der Frau deuten darauf hin, dass die Gesellschaft glücklicher ist, wenn Frauen mehr Gleichberechtigung erreichen.

All diese Tatsachen zum Wohl der Unternehmen, der Gesellschaften und Länder sind eng verknüpft mit sozialen Netzwerken und Online-Plattformen. Gegen Frauen gerichtete Desinformationskampagnen und Online-Gewalt haben ganz klar wirtschaftliche Auswirkungen, und nicht in dem Sinne, wie sie die sozialen Medien heute verstehen. Es mag zwar richtig sein, dass Kontroversen mehr Aktivitäten bringen, mehr Klicks und damit mehr Werbeeinnahmen, doch das ist ein kurzfristiger und hohler Effekt. Das aggressive Verhalten von verhältnismäßig wenigen Usern führt dazu, dass andere User von der Plattform verdrängt werden oder sich nicht beteiligen. Und das bedeutet einen mittel- und langfristigen Verlust im Engagement auf den Plattformen und bei den Einnahmen für die Unternehmen.

Man darf bei alledem nicht vergessen, dass das gleiche Cybermobbing, das durch toxische Männer gegen Frauen durchgeführt wird, sich ebenso gegen Unternehmensmitarbeiter richten kann.[9] Der Verhandlungscoach und Autor eines Buches über Mobbing, Greg Williams, stellte lapidar fest:[10]

Cybermobbing in Unternehmen kann zu Umsatzeinbußen, einem Rückgang der Mitarbeitermoral und einer Beeinträchtigung des Ansehens und des Prestiges eines Unternehmens führen.

Eine weniger toxische Kultur zu entwickeln ist möglich. Der Neurowissenschaftler und Biologe Robert Sapolsky, der an der Stanford University forschte und lehrte, untersuchte ab den späten 1970ern eine Gruppe von Pavianen in freier Wildbahn. Dabei begann er sich für den Zusammenhang zwischen Stress und Gesundheitszustand der Primaten zu interessieren. In dieser spezifischen Gruppe an Pavianen gab es eine klare Hierarchie. Ein besonders aggressives Männchen hielt alle unter Kontrolle und wendete Gewalt an, um sich sowohl Männchen als auch Weibchen unterwürfig zu machen. Es gab eine klare Rangfolge, in der Weibchen und die schwächsten Männchen ganz unten angesiedelt waren. Während die am niedrigsten gestellten Mitglieder der Gruppe Früchte und Grünzeug sammelten und dem Alphamännchen brachten, waren die stärkeren Männchen gelegentlich mit der Jagd auf Beutetiere beschäftigt. Das Alphamännchen selbst war meist untätig, wie auch die ranghöheren Männchen, die ihre Zeit vor allem mit aggressivem Mobbing der anderen Gruppenmitglieder verbrachten.[11] Sapolsky sammelte über mehrere Jahre hinweg Blutproben von allen Männchen in dieser Paviangruppe und analysierte sie nach Stresshormonen wie Adrenalin, Cortisol und Noradrenalin. Er sortierte sie nach Hierarchie und bemerkte, dass das Alphamännchen keine dieser Stresshormone im Blut hatte, doch je niedriger ein Männchen in der Hierarchie stand, desto höher war deren Anteil im Blut. Rangniedrigere Männchen waren deutlich gestresster, wie auch alle Weibchen, die von den gelangweilten Männchen regelmäßig zum Spaß attackiert wurden.

Doch dann geschah etwas, das die Dynamik in der Gruppe ändern sollte. Bei einer Touristenhütte fanden sich in einer Mülltonne Fleischreste, die von den Männchen entdeckt worden waren. Das war ein Festschmaus, den die ranghöchsten Männchen für sich reservierten und die niedrigrangigsten Männchen und die Weibchen davon fernhielten. Innerhalb kurzer Zeit waren alle Männchen, die das Fleisch konsumiert hatten, tot. Es war mit Rindertuberkulosebakterien verseucht gewesen. Plötzlich waren die Weibchen in der Überzahl, und die überlebenden Männchen waren die am wenigsten aggressiven und mehr kooperativen. Und damit änderte sich die Dynamik innerhalb der Gruppe. Männchen, die durch Aggression versuchten, einen Spitzenplatz in der Hierarchie zu ergattern, wurden von den Weibchen mit Entzug von Sex bestraft. Es entstand eine Kultur in dieser Paviangruppe, in der es mehr Gleichberechtigung gab, die Mitglieder mehr zusammenarbeiteten, es zu weniger gewalttätigen Übergriffen kam und die Mitglieder insgesamt gesünder waren. Selbst in den nächsten Generationen blieb diese Gruppenkultur erhalten.

Wenn sich also der Umgang von Affen ändern kann, dann geht das auch beim Menschen. Und dazu gibt es ausreichend Hinweise. Die Wikinger waren jahrhundertelang der Schrecken der Europäer. Sie fuhren die Küsten entlang und Flüsse hoch, brandschatzten Siedlungen, töteten die Bewohner und vergewaltigten die Frauen. Doch heute verbinden wir mit den skandinavischen Ländern besonders friedvolle Länder, mit dem höchsten Anteil an Gleichberechtigung am Arbeitsplatz, in den Parlamenten und bei der Kindererziehung.

Das durch toxische Männlichkeit bedingte Verhalten von Männern hat nicht nur Auswirkungen auf die Opfer, es schadet vor allem auch Jungen und Männern selbst. Und zwar so sehr, dass es sogar als Krankheit anerkannt ist. Die American Psychological Association (APA) nahm 2019 „toxische Männlichkeit" in ihre Liste an gesundheitsschädlichen Zuständen auf. Diese hat ihre Wurzeln in den negativen Vorstellungen von Männlichkeit, die Jungen eingetrichtert werden. Die Erstellung von Richtlinien zur Diagnose und zur Behandlung toxischer Männlichkeit basierte auf 40 Jahren an Forschung. Es ist psychologisch schädlich, wenn beispielsweise

Gefühle unterdrückt werden.[12] Toxische Männer tendieren dazu, andere zu mobben, und nicht nur Frauen, sondern auch Männer. Das schafft Stress unter den Männern.

Eine Reihe von Studien hat gezeigt, dass Männer von einer gleichberechtigten Partnerschaft profitieren. Die Frau ist mit ihrer Beziehung zufriedener, sie fühlt sich mehr respektiert. Die Kommunikation des Paares ist besser und beide fühlen sich als Teil eines Teams, in dem jede/-r einen gleichen Anteil an der Arbeit in der Familie und im Beruf übernimmt. Nicht nur ist die Frau damit gesünder und glücklicher, Kinder und Mann sind es ebenso. Die Kinder sind weniger verhaltensauffällig und haben bessere Schulnoten. Männer rauchen und trinken weniger, ernähren sich gesünder und – nicht unwesentlich – haben mehr und besseren Sex mit ihrer Partnerin. Diese Männer leben damit auch länger.[13]

Der norwegische Soziologe Øystein Gullvåg Holter zählte dieselben Vorteile auf, die Männer durch Gleichberechtigung erhalten. So halbiert sich beispielsweise ihre Gefahr, einen gewaltsamen Tod zu sterben, und sie lassen sich seltener scheiden.[14]

Dabei hängen toxische Männer dem Glauben an, die Gleichberechtigung von Frauen bedeutet, dass diese ihnen Privilegien und Vorteile wegnehmen. Doch das ist ein Missverständnis. Der höhere Anteil an Frauen in Führungspositionen und in der Politik hat auch die Männer mehr professionalisiert. Die steigende Anzahl an Frauen führt zu höheren ethischen und beruflichen Standards.[15] Und nicht nur das: Je mehr Frauen anwesend sind, desto höflicher verhalten sich die Männer. Online-Gewalt führt umgekehrt nicht nur zur Verdrängung von Frauen aus dem Cyberspace, sondern auch zu mehr Online-Gewalt gegen alle, egal, ob Frau oder Mann.

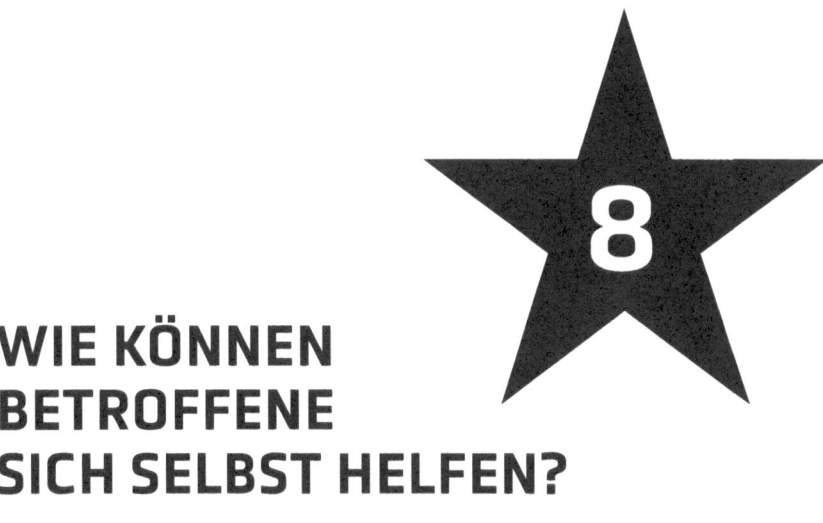

WIE KÖNNEN BETROFFENE SICH SELBST HELFEN?

Jedermann klagt über sein Gedächtnis,
jedoch niemand über sein Urteilsvermögen.
– François de La Rochefoucauld

Die vorhergehenden Kapitel sollten eins klargemacht haben: Es ist nicht die Schuld der Frauen. Das zu verstehen ist wichtig. Es ist nicht die Frau daran schuld, wenn sich ein Cybermob toxischer Männer auf sie stürzt und ihr mit Vergewaltigung, Verstümmelung und Mord droht. Das ist niemals die Schuld der Frau und es ist ein absolut unakzeptables Verhalten der toxischen Männer.

Vorgehensweise

Das erste Ziel für Betroffene ist, sich zu schützen und zu versuchen, die Kontrolle über die Situation zu erlangen. Das wird nicht immer vollständig gelingen. Ein einfallender Cybermob gibt Opfern das

Gefühl, die Kontrolle über die Situation zu verlieren und ohnmächtig beobachten zu müssen, wie das eigene Schicksal von Fremden bestimmt wird. So mühsam es ist, es gibt eine Reihe von Schritten, die frau jetzt unternehmen kann, um sich dem Cybermob entgegenzustellen.

Dokumentation

Jolanda Spiess-Hegglin dokumentiert jeden Hasskommentar oder Bericht, indem sie davon einen Screenshot macht, den sie auf einem externen Server abspeichert. Diese Dokumentation kann dann bei Anklagen vorgelegt und damit der Fall für die Richter eindeutiger werden. Auf ihrem Server hat Spiess-Hegglin mittlerweile mehr als 80.000 Screenshots abgespeichert, ein, wie der Schweizer Rundfunk feststellte, veritables „Archiv des Hasses". Wie man sich vorstellen kann, kostet das Zeit, die man – verständlich – durchaus besser verbringen könnte.

Um die Kommentare zu dokumentieren, kann man Cloud-Anbieter wie iCloud, Dropbox, Google Cloud und Ähnliches verwenden. Oft sind solche Kommentare flüchtig und werden schnell wieder gelöscht, deshalb ist es wichtig, sie zu speichern, um für die Polizei die Intensität der Belästigung dokumentieren zu können und bei späteren Gerichtsverhandlungen Beweismittel zu haben.

Des Weiteren gibt es die Website NetzBeweis, die bei der digitalen Beweissicherung hilft. Sie hilft Betroffenen von Hass im Netz, Stalking oder Betrug mit einer kostenlosen digitalen Sicherung von Websites, auf denen diese Online-Gewalt ausgeübt wurde.

Das Wayback-Machine – Internet Archive, das eigentlich eine Art historisches Archiv des Internets darstellen soll, um sich rasch ändernde Websites zu dokumentieren und für die Ewigkeit zu erhalten, erlaubt beispielsweise, dass man Links eingibt und die Inhalte dadurch gespeichert werden. Damit kann man belästigende Tweets, Posts, Blogs und Ähnliches dokumentieren und im Fall einer Anzeige abrufen.

Hunchly ist ein Browser-Plug-in, das im Hintergrund besuchte Seiten abspeichert und damit dokumentiert. Allerdings ist es nicht gratis, man muss mit 130 Dollar (125 Euro) pro Jahr rechnen. Noch teurer ist Page Vault, das für Rechtsanwälte gedacht ist, die Beweismaterialien bei Cyberdelikten sammeln wollen.

Anzeige erstatten

Eine Anzeige ist für jede Frau eine individuelle Entscheidung. Nicht jede hat die Zeit, die Ressourcen oder die emotionale Stärke, das zu machen. Manche Frauen, speziell Frauen in marginalisierten Minderheiten, haben oft schlechte Erfahrungen mit der Polizei gemacht. Sei es, dass sie nicht ernst genommen wurden; dass sie selbst durch Polizisten einer Gefahr ausgesetzt oder bestraft wurden; dass sie Angst haben müssen, ihre mühsam geschützten privaten Daten könnten nun erst recht in die Hände der toxischen Männer fallen; oder dass sie keine Aussicht auf eine Verurteilung des Täters haben, weil den Frauen nicht geglaubt wird oder der Täter über mehr Ressourcen verfügt und damit die Frau auf den Anwalts- und Gerichtskosten sitzen zu bleiben droht. Diese Ängste sind durchaus berechtigt, wie wir schon an Beispielen in den vorherigen Kapiteln gesehen haben.

Viele Frauen meinen auch, eine Anzeige sei nicht wichtig und werde schlicht und einfach zu nichts führen. Sie denken, was sie erleben, sei Teil des Lebens als Frau. Wofür also all der Aufwand? Tatsächlich galt sexuelle Belästigung vor 40 Jahren als normal, und erst durch die wachsenden Berichte und Anzeigen wurde das Problem in seinem Ausmaß erkannt und strafbar. Auch ist zu bedenken, dass man sich mitunter dem Vorwurf aussetzt, dass die Online-Belästigung nur eingebildet ist, wenn man keine Anzeige erstattet.

Anna-Lena von Hodenberg, die seit 2018 Gründungsgeschäftsführerin der Hilfsorganisation HateAid in Berlin ist, schätzt, dass ein Drittel der Täter identifiziert werden kann. Oft kommt es dann zu einem außergerichtlichen Vergleich, weil der Fall vor Gericht mit

Anwälten für die Täter sehr teuer werden kann.[1] Und Hilfsorganisationen wie HateAid oder NetzCourage helfen bei den Anwaltskosten.

Hier ergeht aber auch ganz klar ein Aufruf an den Staat: Es kann nicht sein, dass Frauen und Non-Profit-Hilfsorganisationen im Rechtssystem benachteiligt sind, weil sie die anfallenden Kosten nicht decken können. Hier sind eindeutig staatliche Einrichtungen und Finanzierungen durch die öffentliche Hand gefordert.

Community schaffen

Verwandte, Freunde und Kollegen verstehen oft nicht, was in der virtuellen Welt vorgeht und dass die dortigen Belästigungen real sind. Nina Jankowicz hat deshalb einen Vergleich gefunden, der hilft, Online-Gewalt für alle verständlich zu machen.

> Stelle Dir vor, dass jedes Mal, wenn ich die Straße entlanggehe, mir eine Gruppe von Männern folgt und anzügliche Bemerkungen macht. Du würdest mir nicht sagen, dass ich das „einfach ignorieren" soll, oder?

Oder:

> Was wäre, wenn ich an meinem Schreibtisch säße, mich um meine eigenen Angelegenheiten, meine eigenen Geschäfte kümmere, zu arbeiten versuche, während Männer die Anzahl der Falten in meinem Gesicht zählen, die Anzahl der Minuten bis zum Erreichen der Wechseljahre verfolgen oder mir sagen, ich soll es einpacken, denn das Schreiben sei ein Beruf, der eher für Männer geeignet ist?

Viele (junge) Frauen, die noch kaum mit Online-Belästigung – zumindest im beruflichen Umfeld – Erfahrung gemacht haben, erkennen, dass sie mit jeder Stufe auf der Karriereleiter immer stärker in den Medien und sozialen Netzwerken präsent sind und damit Ziel von Attacken werden. Diese Frauen suchen dann nach Erfahrungsberichten und bitten um Ratschläge. Jede Betroffene sollte sich überlegen, vielleicht selbst Mentorin zu werden und damit nicht nur das eigene Netzwerk an Unterstützern zu erweitern, sondern auch Neulingen dabei zu helfen, eines aufzubauen, beginnend mit einem selbst.

Zoë Quinn suchte ganz konkret nach Helfern, die bestimmte Fähigkeiten einbringen konnten; nach Leuten, die als Exekutivorgane arbeiteten, nach Wissenschaftlern, Aktivisten, Sicherheitskräften oder Menschen, die Erfahrung mit psychischer Gesundheit und Technik hatten. Diese Cybersecurity-Fachleute sollten anonym bleiben, um nicht selbst dem Cybermob in die Hände zu fallen. Auch direkte Ansprechpartner bei den sozialen Netzwerken zu finden und Kontakte zu pflegen, die bei Missbrauch helfen können, hilft, die Eskalation von Online-Gewalt zu unterbinden. Diese Ansprechpartner lernen dann auch von den Erfahrungen und können firmenintern entsprechende Verbesserungsvorschläge einbringen.

Vorgesetzte von Tätern kontaktieren

Sollte der Arbeitsplatz eines Online-Täters ermittelbar sein, dann kann es helfen, die Vorgesetzten auf das Verhalten ihres Mitarbeiters aufmerksam zu machen. Die *New York Times*-Journalistin und Cybersecurity-Expertin Nicole Perlroth bemerkte eine Häufung von Attacken, die von einer einzigen Cybersecurity-Firma stammten. Als sie daraufhin den CEO des Unternehmens direkt kontaktierte und ihn fragte, welches Licht das wohl auf sein Unternehmen werfe, hörten die Belästigungen schlagartig auf.

Therapie

Online-Attacken sind sehr belastend. Sie rufen Ängste und Depressionen hervor, gleichzeitig machen sie Freunde und Familie oft ratlos. Sie haben wenig oder keinen Einblick, wie aufwühlend und gefährlich solche Situationen sein können. Das isoliert Betroffene noch mehr. Gleichzeitig fürchten Betroffene, die wenigen Freunde und Verwandte, die die Situation verstehen, in ihren Schlamassel hineinzuziehen und damit die Beziehung zu belasten. Zoë Quinn berichtete, dass sie in den ersten Monaten bei Freunden auf der Couch schlief, weil sie wegen der Bedrohungssituation nicht nach Hause konnte. Sie wohnte ein paar Tage mal bei diesen Freunden, dann bei jenen, fühlte sich jedoch immer als Belastung. Wenn sie mal wieder einen Zusammenbruch hatte und weinte, belastete das die Freundschaft und das Ganze war ihr ziemlich unangenehm.

Betroffene und Aktivisten weisen darauf hin, wie wichtig in dieser Phase professionelle Hilfe sein kann. Nicht nur können sich die Opfer aussprechen, sie bekommen auch Unterstützung darin, zu verstehen, dass sie nicht daran schuld sind. Die Schuld liegt bei den Tätern. Professionelle Beratung lehrt außerdem, wie man mit Ängsten und Depressionen umgehen und, wenn schon nicht vermeiden, sie doch mildern kann.

Nicht zuletzt kann mithilfe der Profis und der Unterstützung von Freunden eine Art *Suicide Watch* eingerichtet werden, die Alarmsignale, die darauf hinweisen, dass die Betroffenen sich etwas antun könnten, erkennt, sodass dem vorgebeugt werden kann.

Wie wir schon gelernt haben, sind das genau die Ergebnisse, die sich Online-Täter wünschen: die Opfer zu isolieren, sie an ihrem Selbstwert zweifeln zu lassen und sie zum Verstummen zu bringen. Genau aus diesem Grund ist Therapie eine wichtige, wenn auch unverständlicherweise nicht immer gesellschaftlich akzeptierte Form, sich gegen die Belastungen von Cybermobbing zu wappnen.

Verhalten

Wie verhält man sich in einer solch stressvollen Situation? Ist es besser, zornig zu werden, einen kühlen Kopf zu bewahren, hemmungslos zu weinen, zur Alkoholikerin zu werden oder wilden Sex zu haben? Ein bisschen von allem, aber in Maßen.

Hygiene

Je länger jemand auf einer solchen Plattform unterwegs ist, desto weniger ist frau bereit, sich mit all dem Mist zu beschäftigen. Wir haben schon gelernt, dass es sich bei vielen Tätern nicht auszahlt, diesen das Geschenk zu machen, sich mit ihnen auseinanderzusetzen.

Deshalb sollte man keine Scheu davor haben, diese Benutzer stumm zu schalten, sie zu blockieren, sie im Feed auszublenden und nicht auf sie zu reagieren. Van Bradham sagt dazu, wir sollten ohne Scheu dem „Blocktivismus" frönen und toxische Männer in das „Soziale-Medien-Gefängnis" verbannen. Sie weist auch darauf hin, dass unsere Profile in sozialen Medien keine „Demokratie" seien, sondern „Königinnenreiche". Wir machen die Regeln für unser Profil und damit bestimmen wir, wer es sehen und damit interagieren darf. Wer dagegen verstößt, wird blockiert. Wir lesen schließlich auch nicht alle Zeitungsartikel, sondern bestimmten selbst, welchen wir unsere Aufmerksamkeit schenken. Im Internet bestimmen wir ebenso, welche Beiträge wir in unseren Profilen lesen wollen und welche nicht. Man kann das als Psychohygiene betrachten. Wir beseitigen den Schmutz aus unserer Timeline. Das kommt nicht nur einem selbst zugute, auch andere uns wohlgesinnte Benutzer müssen nicht mehr den Müll der Online-Belästiger lesen, die Interaktion wird generell freundlicher und ermutigt andere, eigene Beiträge zu posten, ohne Angst davor haben zu müssen, von Trollen angegriffen zu werden.

Maßvoll reagieren

So verführerisch es ist und richtig es sich anfühlt, auf Online-Gewalt mit einer Gegenattacke zu antworten, so sehr kann das die Probleme verschärfen. Gerade wenn es sich um toxische Männer handelt, die nur wenige Follower haben und bislang wenig in Erscheinung getreten sind, sollte man sie lieber ignorieren und sofort blockieren. Denn eine Antwort kann ihnen gerade zu der Aufmerksamkeit verhelfen, die sie zu erlangen versuchen. Profile mit weit mehr Followern könnten auf diese Gegenattacke aufmerksam werden und daraus die Geschichte spinnen, dass hier eine Influencerin nun einen armen, unbekannten, kleinen Account mit ihrer ganzen Macht zu zerquetschen versucht.

Stattdessen schlägt Nina Jankowicz eine andere Vorgehensweise vor. Sie macht einen Screenshot von einem belästigenden Kommentar ohne die dazugehörigen Profilinformationen (Name, Profilbild) und postet ihn mit ihren eigenen Ergänzungen. Damit nimmt sie den Trollen die Chance, berühmt zu werden und eine direkte Reaktion auf ihren Kommentar zu erhalten. Dem „Engagement Boner" dieser Typen wird das Blut entzogen, sie ziehen woandershin.

Nutzungsbedingungen

Technologieplattformen veröffentlichen Nutzungsbedingungen, in denen darauf hingewiesen wird, welches Verhalten akzeptabel ist und welches nicht. Die Nutzungsbedingungen ändern sich leider öfters und werden unterschiedlich durchgesetzt. Es macht deshalb Sinn, sich die Abschnitte zu Belästigungen durchzulesen, damit man erkennt, welche gemeldeten Beiträge bessere Chancen haben, entfernt zu werden, und unter welchen Kategorien sie gemeldet werden sollten.

Dieses Vorgehen wälzt die Last auf die Betroffenen ab. Doch nicht jede Betroffene ist mit den Nutzungsbestimmungen aller Plattformen vertraut und selbst diejenigen, die sich die Zeit nehmen, fühlen sich danach geschlaucht und frustriert. Die in Rechtssprache gehaltenen Texte erleichtern die Aufgabe nicht. Viel Zeit geht dabei verloren. Da Nutzungsbedingungen häufig angepasst werden, beginnt der Zyklus regelmäßig von vorn.

Auslagerung

Als Opfer von Cybergewalt kann es rasch unerträglich werden, die gegen sich gerichteten, die eigene Person abwertenden Kommentare zu lesen. Es nagt an einem, gelegentlich kommt eine Meldung, die direkt ins Herz trifft, weil man sich Ähnliches über sich selbst insgeheim bereits gedacht hat. Selbstzweifel sind normal, selbst an Eliteuniversitäten sind mehr als ein Drittel der Studierenden von Zweifeln geplagt, dass sie eigentlich gar nicht hierhergehörten, dass sie nur dank eines Fehlers aufgenommen worden wären. Sie leben ständig in der Furcht, dass die anderen bemerken, dass sie Schwindler seien. Dieses Imposter- oder Schwindler-Syndrom ist speziell unter Frauen verbreitet. Sie tendieren dazu, ihre Kompetenzen weniger hoch einzuschätzen, und verwenden mehr Satzkonstrukte, in denen sie das, was sie sagen, selbst in Zweifel stellen. Deshalb sollten Betroffene gerade im intensivsten Moment einer gegen sie gerichteten Hasskampagne vertrauenswürdige Freunde oder Familienmitglieder bitten, vorübergehend die Kontrolle über den eigenen Online-Auftritt zu übernehmen, um die Hasskommentare zu dokumentieren, zu löschen und die Hetzer zu blockieren. Das erspart dem Opfer einiges an Nerven und Funktionstüchtigkeit.

Ashley Judd und Nicole Diekmann beschäftigen sogar jeweils eine Person, die nichts anderes macht, als die hasserfüllten Kommentare in ihren sozialen Medienprofilen zu löschen. Und selbst dafür erhalten sie Kritik im Internet: „Oh, du lebst in einer Echokammer", wurde Judd vorgeworfen.

Werkzeuge

Die meisten sozialen Medien erlauben es, bestimmte Benutzer zu blockieren oder stumm zu schalten, aber auch durch entsprechende Filter Hasskommentare zu verbergen oder zu löschen. Das setzt aber immer voraus, dass Betroffene diese Einstellungen selbst vornehmen. Doch es kann passieren, dass man bei sehr großen Cybermobs und Troll-Bots mit dem Blockieren, Melden und Löschen nicht nachkommt. Für manche soziale Medien gibt es deshalb Werkzeuge, mit denen man gezielt gegen Online-Gewalt vorgehen und sich schützen kann.

Da sich die Einstellungen immer wieder ändern oder erweitert werden, möchte ich hier nur ein paar davon erwähnen, um einen Eindruck zu vermitteln, wie man sich schützen kann und welche Möglichkeiten heute schon bestehen.

Kontensicherung

Eine der ersten zu treffenden Maßnahmen ist es, sicherzustellen, dass die eigenen Online-Auftritte sicher vor Hackern sind. Dazu zählen Passwörter, die so komplex sind, dass man sie nicht erraten kann. Wichtig ist auch, dass die 2-Faktor-Authentisierung eingeschaltet ist. Dabei wird beim Versuch, das Passwort zu ändern, eine Nachricht an die eigene Telefonnummer geschickt. Nur nach der Bestätigung dieser Nachricht ist eine Passwortänderung möglich. Außerdem wird man informiert, wenn sich unautorisierte Personen Zugang verschaffen wollen.

Passwortmanager, unterschiedliche Passwörter für diverse Konten, regelmäßiges Ändern von Passwörtern und vor allem keine Passwörter, die persönliche und damit leicht zu erratende Informationen beinhalten wie den Namen des Haustieres, das eigene Geburtsdatum oder das der Kinder sind Maßnahmen, die konsequent angewandt werden sollten.

Blockierwerkzeuge

Die Technologie-Aktivistin Tracy Chou, die bei Quora, Pinterest, Facebook und Google gearbeitet hatte und damit das Belästigungsproblem auf diesen Plattformen aus erster Hand kennt, gründete das Start-up Block Party, das unter anderem für Twitter eine gleichnamige Antibelästigungs-App entwickelt, die unerwünschte Erwähnungen blockiert, aber auch Massenblockieren erlaubt. Wenn die Kommentare eines Twitter-Benutzers also Beleidigungen, Hass und Drohungen enthalten, können nicht nur er, sondern auch alle Benutzer, die seinen Tweet liken und teilen, mit blockiert werden.

Chou hat am eigenen Leib erfahren, was Online-Belästigung bedeutet. Sie schreibt regelmäßig über Technologien und Start-ups und kritisiert die Selbstverliebtheit der Szene im Silicon Valley. Das hat ihr etliche Feinde und auch Stalker eingebracht.[2] Sie hat außerdem schlechte Erfahrungen mit der Polizei gemacht, die ihr nicht glaubt und sie als durchgedreht darstellt.

Anti-Doxing-Dienstleister

Um zu vermeiden, dass Online-Gewalttäter persönliche Informationen im Internet aufspüren, kann man sich an Anti-Doxing-Dienstleister wenden. Dienstleister wie DeleteMe grasen sogenannte Databroker ab und löschen dort die entsprechenden Daten. Databroker verdienen ihr Geld, indem sie aus verschiedensten Quellen Informationen zu Personen zusammentragen und diese an Kunden weiterverkaufen. Privatanschrift, Telefonnummer, Einkommenshöhe, Eigentumsinformationen, Fotos, Familienstand, Verwandtschaftsverhältnisse, Arbeitgeber, aber auch Daten von Apps, die die Benutzer am Smartphone verwenden, sind nicht nur für Firmen interessant, die einem ihre Produkte und Dienstleistungen verscherbeln wollen, sondern auch für Online-Gewalttäter. Das Löschen dieser Informationen bei Databrokern kann man prinzipiell auch selbst vornehmen. Allerdings wird das bei 200 Datenanbietern, und das sind nur die wichtigsten, mit ihren jeweils eigenen auszufüllenden Online-Formularen rasch zu einem Fulltime-Job.

Amy Boyer war 21 Jahre alt, als sie von ihrem Stalker, dem gleichaltrigen Liam Youens, ermordet wurde. Sie waren gemeinsam in der Mittelschule gewesen, wo Youens begann, ihr nachzustellen. Sie selbst bemerkte nie etwas davon. Nachdem sie weggezogen war, kaufte er für 45 Dollar Informationen zu ihrem Geburtsdatum, ihrem Wohnort, der Anschrift ihres Arbeitgebers und ihrer Sozialversicherungsnummer. Dann suchte er sie auf und tötete sie und dann sich selbst.[3]

Diese Dienstleistungen sind nicht gerade billig. Zwischen 299 und 999 Dollar pro Jahr kostet es, die eigenen Informationen und die eines weiteren, im selben Haushalt lebenden Familienmitglieds zu löschen.

Wenn Frauen beruflich öffentlich exponiert sind, wie zum Beispiel Journalistinnen oder Geschäftsführerinnen, sollte das eine vom Arbeitgeber bezahlte und selbstverständliche Dienstleistung zum Schutze der Mitarbeiterinnen sein.

Dank der strengen Datenschutzregeln in der Europäischen Union gibt es für Europa aktuell keine Dienstleister, die einen solchen Service anbieten, weil es strenge EU-Richtlinien für Databroker gibt, welche privaten Daten sie sammeln dürfen.

Seit April 2022 erlaubt Google, persönliche Informationen aus den Suchergebnissen zu entfernen.[4] Diese Maßnahme erwähnt explizit Doxing als einen der Gründe, warum in den Google-Suchergebnissen nun auf Anfrage Bankkontoinformationen, Kreditkartendaten, Telefonnummern, E-Mail-Adresse, Wohnadresse und andere persönliche Daten entfernt werden können und in Suchergebnissen nicht angezeigt werden.

WIE KÖNNEN WIR DEN BETROFFENEN HELFEN?

9

Es war der wichtigste und umwälzendste Tag in meinem Leben, an dem ich mich mit meiner eigenen Voreingenommenheit konfrontiert sah, mit der Tatsache, dass mein Verstand und meine Hände nicht in der Lage waren, „weiblich" genauso gut wie „männlich" mit Führung zu assoziieren. **– Mahzarin Banaji, Psychologin**

Unsere Normen ändern sich, sagte Monica Lewinsky 2015 in ihrem TED-Talk. Als wir erkannten, dass Homosexualität etwas Normales ist, haben wir die gleichgeschlechtliche Ehe ermöglicht. Als wir merkten, dass Umweltschutz uns ein wichtiges Anliegen sein muss, begannen wir, Müll zu recyceln. Und nachdem wir erkannt haben, dass Hasskommentare und Cybermobbing echte Gewalt sind, sollten wir unser Verhalten ändern und alle Maßnahmen ergreifen, um sie zu verhindern und zu unterbinden.

Der erste Schritt, um Betroffenen zu helfen, ist, ihnen zuzuhören. Was ist geschehen? Wer hat was getan? Wie ist der aktuelle Stand? Für uns, die helfen wollen, bedeutet das vor allem, dem Opfer Glauben zu schenken.

Bevor wir – vor allem wir Männer – in blinden Aktionismus verfallen, müssen wir zuerst herausfinden, was genau die betroffene Frau braucht und möchte. Was will sie erreichen? Wie sollte unsere Hilfe aussehen? Wenn wir wie heldenhafte Ritter auf unserem weißen Ross losstürmen, um den Drachen zu erlegen, dann geht es uns nur um unseren eigenen Ruhm und um Rache. Nicht aber um das, was die Frau möchte.

Das oberste Gebot ist die Sicherheit der Frau. Sicherheit vor körperlicher und geistiger Gewalt. Sicherheit, dass sie durch die vermeintlichen Helfer nicht abermals zum Opfer wird oder von ihnen sogar zum Täter stilisiert wird.

Nicht alle Maßnahmen wirken gleich gut in den unterschiedlichen Fällen. Kennzahlen helfen uns, zu verstehen, welche Hilfe effektiv ist. Konnte durch das Blockieren von Hetzern die Zahl der Belästigungen verringert werden? Was ergab sich durch das Auf-privat-Setzen des Profils, was durch Stummschalten? Hat die Meldung anstößiger Kommentare auf den Plattformen zu Kontensperrungen und einem Rückgang der Angriffe geführt? Gossen einige Kommentare von es gut meinenden Helfern noch mehr Öl ins Feuer? Das klingt alles sehr technisch und nach Aufwand, aber genau so messen Hilfsorganisationen und Plattformen die Wirksamkeit von Anti-Belästigungsmaßnahmen.

Die Schriftstellerin und Journalistin Van Badham betrachtet das nüchtern. Sie folgt ihrem Online-Grundsatz, der da lautet:

> Online-Belästigung ist momentan kein Problem, das man lösen kann, sondern eines, wo die anhaltenden Spannungen gezügelt werden müssen.

Wir sollten nicht ...

Die meisten Fehler zu Anfang passieren, weil wir der Frau Vorschläge machen, was sie unterlassen sollte. Und das sollten wir unterlassen.

... versuchen, Frauen zu reparieren

Derartige Probleme zu lösen, gelingt nicht, wenn wir die Frauen „reparieren" wollen. Trage keinen Minirock! Geh nicht durch eine dunkle Seitenstraße! Provoziere ihn nicht! Sei nicht so frech auf Twitter! Hättest du eben getan, was er wollte! „Boys will be boys", aber Mädchen dürfen nie sie selbst sein?

Die deutsche Influencerin @Joanalistin brachte diesen Drang, Mädchen und Frauen reparieren zu wollen, in einem anderen Zusammenhang auf den Punkt:[1]

> Ich finde diese „Mädchen in Technikberufe bringen"-Initiativen seltsam solange es keine „Burschen in Sozialberufe bringen"-Aktivitäten gibt. Man stellt damit vermeintlich „männliche Aktivitäten" auf ein Podest und wertet angeblich „weibliche Jobs" ab. Das ist kein Feminismus.

Damit wird angedeutet, dass nicht die Männer oder die von Männern errichteten und für Männer optimierten Institutionen das Problem sind, sondern Frauen und Mädchen. Viel zu oft kommt es hier zu einer Täter-Opfer-Umkehr, wie Felicita Köttler von der Kölner Organisation Mobile Beratungsstelle gegen Rechtsextremismus sagt.[2]

> Die gängige Praxis ist, dass betroffene Personen schon bei der Anzeigenstellung und auch im laufenden Ermittlungsverfahren nicht ernst genommen werden, dass ihnen nicht zugehört wird, dass nicht selten den Opfern eine Mitschuld gegeben wird, also dass es immer wieder dazu kommt, dass gesagt wird, ja, wenn Sie sich laut positionieren, wenn Sie da aktiv sind, dann ist das ja die Ursache für den rechten Hass und die rechte Bedrohung.

Doch wie Katarina Roder, Personalchefin an der Donau-Universität Krems, mir in einem Interview sagte, sollten wir vielleicht zur

Abwechslung mal die Frauen in Ruhe lassen und stattdessen die Männer bearbeiten. Nicht Frauen sollten Selbstverteidigung lernen, sondern Männer Selbstkontrolle.

Frauen werden heute alleingelassen in der Kloake der von toxischen Männern gegen sie gerichteten Online-Gewalt. Soziale Medien haben zu lange davon vermeintlich profitiert und beginnen erst jetzt, zögerlich und widerwillig, diese Angriffe und ihre Auswirkungen auf Gesellschaften und Demokratie ernst zu nehmen. Regierungen haben eine lange Tradition der Diskriminierung und des Versuchs der Kontrolle und Einschränkung von Frauen. Auch Arbeitgebern ist das Problem entweder nicht bewusst oder sie ignorieren es. Polizei, Gerichte, Anwälte (also das gesamte Rechtssystem) sind weder vorbereitet noch dazu ausgebildet, gegen Online-Gewalt und Desinformation vorzugehen.

Der Antisexismus-Aktivist Jackson Katz vertritt ganz klar die Position, dass Gewalt gegen Frauen vor allem ein Männerthema sei.[3] Wir sollten von der Einstellung abkommen, dass wir die Frauen „reparieren" müssen. Wir sollten zuerst mal die Männer richtig erziehen.

... vorschlagen, dass sie besser mal offline geht

Schlagen wir Frauen vor, nicht mehr auf die Toilette oder in die Bar zu gehen, nur weil sie dort belästigt werden können? Genauso wenig ist es eine Option, der Frau zu raten, besser nicht ins Internet zu gehen und stattdessen etwas anderes zu machen. Ob Amtswege, Bankgeschäfte, Einkäufe, demokratische Beteiligung, Dating, Unterhaltung, Job, Stellenbewerbungen oder Kontakt zu Freunden und Verwandten – sich nicht im Cyberspace zu bewegen ist privat wie beruflich nahezu unmöglich.

Den Frauen davon abzuraten ist absurd und frauenfeindlich und bedeutet, dass wir den Männern den Cyberspace überlassen. Doch dieser ist für alle da und sollte sicher für alle sein.

... Hasskommentare an sie weiterleiten

Gut gemeint, aber falsch. Zoë Quinn bereitete es immer Stress, wenn ihre Freunde unaufgefordert Screenshots von Hasskommentaren schickten, um sie vorzuwarnen. Für die Psychohygiene besser ist es, wenn ein Außenstehender solche Screenshots zwecks Dokumentation speichert und abschätzen kann, ob diese ein Anzeichen einer neuen Welle von Attacken sein könnten.

... mansplainen, warum sie attackiert wird

Das weiß die Frau oft selbst am besten – Danke! – und es kann als Versuch einer Schuldumkehr interpretiert werden. Lass dir stattdessen die Situation von ihr erklären, und suche nur nach Erklärungen, wenn sie dich danach fragt.

... behaupten, dass sie überreagiert

Wir erinnern uns, wie pikiert deutsche Politiker reagierten, als der ukrainische Präsident mitten in der Invasion einen Besuch des deutschen Bundespräsidenten abgelehnt hat. Oder wie ein ehemaliger amerikanischer Kandidat für den Kongress die Nase rümpfte, weil der ukrainische Präsident in einer Videokonferenz mit dem US-Repräsentantenhaus nur T-Shirts und Jeans trug und keinen gebügelten Anzug.

Genauso wenig steht es uns zu, den Tonfall eines Cybermobbing-Opfers zu kritisieren, wenn es offensichtlich unter Stress steht. Das wäre so, als würde die Polizei einem Vergewaltigungsopfer vorwerfen, dass es zu viel weint. Oder einer Frau, die Angst vor ihrem gewalttätigen Mann hat, dass sie zu viel rede, worauf ihr deshalb die Polizei 200 Euro Strafe aufbrummt. Passiert in der Wirklichkeit ja nie, oder? Es geht hier nicht um deine Gefühle als Helfer, sondern um ihre.

... blöde Witze machen

Nicht immer können Humor oder doofe Witze eine Situation er-
träglicher machen. Nach den Terrorattacken von 9/11 dauerte es
fast zwei Wochen, bis die US-Comedians die ersten Witze dazu
machten, und auch dann nur sehr vorsichtig. Genau so ist diese
Situation zu verstehen, es ist purer Stress für das Opfer.

... ihre Informationen und
ihren Zustand öffentlich teilen

Einen Täter befriedigt es, wenn er mitbekommt, dass seine Belästigung auf das Opfer Auswirkungen hat. Deshalb ist es ein absolu-
tes No-Go, online darüber zu sprechen, dass sie den ganzen Tag in
der Ecke liegt und weint oder aus der Wohnung ausziehen musste,
ihr nun das Geld ausgehe und sie bei Freunden untergekommen ist.
    Die wichtigste Aufgabe als Helfer ist es, die physische und psychi-
sche Sicherheit des Opfers unter allen Umständen zu gewährleisten.

Wir sollten ...

Die öffentliche Beschämung als blutiges Spektakel
muss aufhören. – **Monica Lewinsky**

Wie ich schon eingangs erwähnt habe, war eine Motivation für mich,
dieses Buch zu schreiben, dass ich als Mann etwas tun wollte und
das Gefühl hatte, ich könnte damit einen Einfluss auf das Verhalten
männlicher Täter ausüben, den Frauen so nicht haben. Erst im Zuge
der Recherche zum Buch stieß ich auf eine Studie, die dies bestätigt.[4]
Darin fanden Charlotte Moser und Nyla Branscombe, Forscherinnen
der Kansas University, heraus, dass ein demonstratives Eintreten
von Mitgliedern einer dominierenden Männergruppe für die Frau-
en in der Minderheit deren Sicherheits- und Zugehörigkeitsgefühl

in der Gruppe erhöhte. Dazu genügte schon ein Satz, den ein Mann sagte, wie:

> Mir liegt die Gleichstellung der Geschlechter sehr am Herzen, und ich möchte hier als Verbündeter der Frauen auftreten.

Damit werden die Normen in der Gruppe kommuniziert und gesetzt. Interessant waren zwei Dinge: Einerseits genügte es, wenn nur ein Mitglied aus der dominierenden Gruppe solche Unterstützung demonstrierte, andererseits war es aber wirkungslos, wenn dies ein Mitglied der nicht-dominierenden Gruppe tat. Obwohl andere Frauen auch ihre Unterstützung kommunizierten, änderte sich die Kultur erst nachhaltig, wenn ein Mann dafür einstand.

In den diversen Online-Foren, in denen es zu Attacken kommt, beobachten wir häufig, dass vor allem Frauen sich bei der Unterstützung gegen Online-Gewalt durch Männer beteiligen. Nichttoxische Männer halten sich oft aus unterschiedlichen Gründen zurück. Um Wirkung zu entfalten, sollten Frauen Männer in ihrem Umfeld auffordern und ermutigen, sich ebenfalls für die attackierten Frauen einzusetzen.

Die Gleichberechtigungsexpertin und Aktivistin für Frauenrechte Lucina Di Meco beschäftigt sich vor allem mit gegen Frauen gerichteten Desinformationskampagnen in der Politik. Für sie sind Männer wichtige Verbündete im Kampf gegen genderspezifische Fake News. Männer können gezielt helfen, indem sie Sexismus und toxischen Gendernormen die Stirn bieten und sich mit Frauen zusammentun. Di Meco betont, dass „allein schon aus Gründen des Ansehens es gut für Männer ist, weibliche Verbündete zu haben".

Bislang setzen sich Männer noch nicht in ausreichendem Maße für Frauen ein, die Online-Attacken erleben und Opfer genderspezifischer Desinformationskampagnen werden. Di Meco führte noch einen anderen, interessanten Grund an, warum Männer sich gerade für Politikerinnen engagieren sollten, und das sagte sie mir Monate, bevor Russland die Ukraine angreifen sollte.

Online-Angriffe gegen Menschen in der Politik sind im Kontext des Autoritarismus zu sehen. Es handelt sich um organisierte Kampagnen, die politisch motiviert sind, um ein politisches Ziel zu erreichen. Das hat manchmal weniger mit Frauenfeindlichkeit zu tun, wie wir bei Putin sehen können, sondern ist vielmehr eine gezielte politische und antidemokratische Einmischung in andere Länder.

Dabei ist die Hilfe von Männern wichtig für Frauen, die das Gefühl haben, dieser Alltagssexismus und die Art, wie sie online attackiert werden, sei der Normalzustand. Als ich die ersten Male darüber stolperte, mir Frauen davon erzählten und ich mich dazu einlas, war ich immer wieder aufs Neue geschockt. Diese Reaktion eines Mannes kann für betroffene Frauen augenöffnend sein.

... Aufmerksamkeit schaffen

Gegen ein Problem, das man als solches nicht wahrnimmt, wird nicht vorgegangen und damit wird es auch nicht gelöst. Während meiner Recherchen zu diesem Buch erlebte ich eine Zweiteilung der Reaktionen. Alle Frauen, mit denen ich sprach, waren sich der Problematik von Online-Belästigungen und -Bedrohungen bewusst und kannten auch den Umfang des Problems. Sie alle hatten Online-Gewalt bereits erlebt, inklusive der Androhung sexueller Gewalt. Vielen Männern hingegen ist das Problem kaum bekannt und erst recht nicht dessen Ausmaß, speziell die Verbreitung sexueller Gewaltfantasien gegen Frauen. Damit ist das Schaffen von Aufmerksamkeit wie schon bei der MeToo-Bewegung eine Aufgabe dieses Buches. Denn nur ein entsprechendes Problembewusstsein führt zu einer veränderten Einstellung bei Medien, Politik, Polizei, Gerichten und Arbeitgebern. Und das müssen wir auch mit Cybermobbing und Online-Gewalt erwirken.

Öffentlichkeit

Da sich Regierungen, Polizei, Gericht oder Medien aus der Bevölkerung zusammensetzen, können wir keine Änderungen erwarten, wenn diese nicht verstanden hat, dass Online-Belästigungen von Frauen real sind, sehr häufig vorkommen und einen echten Schaden anrichten. Aufklärung tut not. Dieses Buch ist ein Mittel, wie ich persönlich darauf aufmerksam machen will. Es gibt eine Reihe anderer Bücher, die auf dieses Thema eingehen. Es finden sich Blogs, Zeitungsartikel, Videos, TV-Sendungen und Profile und Gruppen in diversen sozialen Medien, die dieses Thema ansprechen, dokumentieren, in einen Zusammenhang stellen und die Bedeutung und Auswirkungen aufzeigen. Dieses Thema muss breiter thematisiert und angesprochen werden. Wir als Gesellschaft lernen sonst nicht daraus und können nicht besser werden.

Rechtlich

Staatsanwaltschaften, Polizei und der Gesetzgeber müssen hinsichtlich Online-Belästigung aufgeklärt und sensibilisiert werden. Die Strafverfolgung darf nicht „mangels öffentlichen Interesses" eingestellt oder gar nicht erst initiiert werden. Jeden Tag werden bei uns Hunderttausende Frauen online belästigt und damit auch ihre Angehörigen, die indirekt darunter leiden. Das Thema sei von „enormem" öffentlichen Interesse, sagt Inge Bell von Terre des Femmes.

Als „Menschen zweiter Klasse", „minderwertige Menschen" und „den Tieren näherstehend" bezeichnete ein Mann Frauen in seinem Blog. Das Oberlandesgericht Köln entschied, dass diese Aussagen des 70-jährigen Rentners unter den Tatbestand Volksverhetzung fielen. Dieser Tatbestand liegt vor, wenn „GRUPPEN in ihrer politischen oder weltanschaulichen Überzeugung, in ihren sozialen oder wirtschaftlichen Verhältnissen, in ihrem Beruf oder in ihrer sozialen Funktion" angegriffen werden. Und damit greift er auch bei der pauschalen Verunglimpfung von Frauen.[5]

Was in der Rechtsprechung ein Novum darstellt, rief bei Frauen nur ein „Warum brauchten wir für diese Erkenntnis so lange?"

hervor. Aber dieses Urteil, sosehr es zu begrüßen ist, ist bei Weitem nicht ausreichend. Während wir Gesetze gegen Antisemitismus und Holocaustleugnung haben, gibt es keine äquivalenten Gesetze für Hassrede und Online-Belästigung gegen Frauen. Teilweise gibt es Gesetze, oft handelt es sich aber um Stückwerk, wo aus verschiedenen Gesetzesteilen ein Strafbestand abgeleitet wird.

Das „gefährdende Verbreiten personenbezogener Daten", etwa um jemanden einzuschüchtern oder andere indirekt aufzufordern, die Person aufzusuchen und ihr Gewalt anzutun, verbietet der im Herbst 2021 eingeführte §126a des deutschen Strafgesetzbuches. Die sozialen Netzwerke müssen Mord- und Vergewaltigungsdrohungen und Hassdelikte nicht nur löschen, sondern auch dem Bundeskriminalamt melden. Die Strafen dafür betragen bis zu drei Jahre.

In Österreich gibt es bislang kein entsprechendes Gesetz, aber es können je nach Fall verschiedene Bestimmungen greifen. Die veröffentlichten Daten fallen unter den Datenschutz, wenn sie die berechtigten Interessen einer Person verletzen oder die Lebensführung einer Person unzumutbar einschränken.

Die besten Gesetze helfen nicht, wenn sie nicht angewendet werden. Und hier sind Staatsanwälte und Richter gefragt. Beispielsweise wurde Zwangsprostitution von ihnen lange nicht als solche anerkannt und erst später als das behandelt, was sie ist: Sklaverei, bei der die Frau das Opfer ist und nicht der Täter. Nachdem die jahrelange Aufklärungsarbeit von Hilfsorganisationen endlich Früchte trägt, sind die Gerichte nun bereit, diese entsprechend zu behandeln, sagt Inge Bell. Nina Jankowicz meint dazu:

> Die Regierungen, die ihre lange Geschichte des Versagens gegenüber Frauen und der Systematisierung von Frauenfeindlichkeit fortsetzen, haben sich im Großen und Ganzen geweigert, die Dringlichkeit dieser Probleme zu erkennen.

Die US-Regierung unter Joe Biden setzte 2022 eine Taskforce ein, um Online-Belästigung zu adressieren und zu verhindern.[6] Wollen wir hoffen, dass sich etwas ändert, nicht zuletzt mit dem wachsenden Frauenanteil in den Regierungen.

Beratungsstellen

Gesetze allein helfen nicht, wenn die Betroffenen davon nichts wissen oder nicht die Ressourcen haben, um Rechtsschutz zu erhalten. Beratungsstellen gehören massiv ausgebaut und freiwillige Hilfsorganisationen mit finanziellen Mitteln unterstützt. Mit oft wenig Mitteln für die Hilfsorganisationen kann ein großer demokratiepolitischer und wirtschaftlicher Schaden abgewendet werden, wie wir bereits an anderen Stellen des Buches erfahren haben. Aktuell gibt es zumeist nur Privatinitiativen, die bei Online-Belästigung helfen. Auf diese werden wir später genauer eingehen.

Polizei

Wie wenig die Polizei solche Fälle versteht, zeigt der Fall der Amerikanerin Allison Henderson, die Opfer von wiederholten SWAT-Einsätzen war. Als sie bei der Polizei vorstellig wurde, um sich davor zu schützen, betrachteten sie die Beamten wie eine Person, die am Ertrinken ist, wobei die Polizei das Konzept von Wasser nicht versteht.[7]

Auch ein unter dem Pseudonym Drachenlord bekannter Influencer hat eine unerfreuliche Bekanntschaft mit dem Rechtssystem als Opfer von SWATTING und dem Internetmob gemacht. Nicht die Täter, die ihm immer wieder Polizei und Feuerwehr vorbeischickten und sein Haus mit Steinen, Unrat und Farbbeuteln bewarfen, ihn tätlich angriffen und seine unbeteiligte Schwester bedrohten, wurden zur Rechenschaft gezogen, nein, er wurde für zwei Jahre auf Bewährung verurteilt. Ein „erbärmliches Versagen von Staatsanwältin und Richterin" nennt dies Sascha Lobo in seiner *Spiegel*-Kolumne.[8]

Dass die Polizei durchaus gegen Online-Hass vorgehen kann, zeigen zwei Beispiele. Nach dem kaltblütigen Mord an zwei Polizisten durch zwei Wilderer in Kusel in Rheinland-Pfalz im Februar 2022 gab es laut der Ermittlungsgruppe Hatespeech 399 Fälle von

Internethetze, wovon 102 Beiträge strafrechtlich relevant gewesen seien. Die Polizei erwirkte Haftbefehle für zumindest zwei der Internethetzer.[9] Einer der Verdächtigen hatte auf Facebook unter anderem Kommentare wie

> **Das waren zwei von vielen. Jeder kommt dran**

gepostet und mit einem polizeifeindlichen Video verlinkt. Das andere Beispiel betraf eine Hamburgerin, die dem Hamburger Innensenator Andy Grote auf Twitter ihre Meinung gesagt hatte. Dieser hatte sich nämlich im Mai 2021 über eine Party von Jugendlichen im Schanzenviertel – ein gemäß Google „hippes Viertel mit gemütlichen Restaurants, trendigen Cocktailbars und beliebten Musikclubs" – während Corona echauffiert. Dazu tweetete er:[10]

> **In der #Schanze feiert die Ignoranz! Manch einer kann es wohl nicht abwarten, dass wir alle wieder in den Lockdown müssen... Was für eine dämliche Aktion! Danke @Polizei-Hamburg, die wieder einmal den Kopf hinhalten, damit die Pandemie nicht aus dem Ruder läuft.**

Blöd nur, dass der Innensenator sich selbst nicht an dieselben Regeln gehalten hatte, die er nun den Jugendlichen vorhielt. Im Jahr zuvor, im Juni 2020, hatte er selbst eine Party mit 30 Gästen in der Hafen-City veranstaltet und damit gegen Corona-Auflagen verstoßen.[11] Das kam bei den Hamburgern nicht gut an. Sie wiesen auf die Heuchelei des Innensenators hin, mit mehr oder minder deftigen Worten. Ein Twitter-Benutzer postete

> **du bist so 1 Pimmel**

und beließ es dabei. Drei Monate später stand um sechs Uhr früh die Polizei vor der Wohnung und durchsuchte sie nach Beweismaterial. Das Vergehen: Beleidigung. Ja, der Innensenator wollte nicht

„1 Pimmel" sein. Die Ironie an der Geschichte war, dass der Fall eigentlich schon wegen Geringfügigkeit erledigt schien, der Twitter-Benutzer gar nicht mehr an dieser Adresse wohnte und die Bewohnerin die Polizisten fragte, warum sie wegen dieses Tweets ausrücken und Wohnungen stürmen würden? Bei der tatsächlichen Gefährdung von Frauen, bei denen wirklich Gefahr für Leib und Leben besteht, scheinen sie nicht so eifrig zu sein.

Und daraus lernen wir zwei Dinge: Polizei und Gericht können sehr wohl Täter im Internet identifizieren, wenn sie nur wollen. Im Fall der Polizistenmörder, des Innensenators und bei einigen der vom *ZDF* Magazin Royale angezeigten rechtsextremen Internetbeiträge war es ihnen gelungen, die Verfasser der Hassmails zu ermitteln und zu belangen. Aber das Wollen hängt davon ab, wer die Täter sind und wer das Ziel. Karl Valentin erkannte das schon vor 100 Jahren:

> Mögen hätten wir schon gewollt, aber dürfen haben wir uns nicht getraut.

Medien

Der Fall von Jolanda Spiess-Hegglin, bei der die gesamte Medienlandschaft eines Landes versagte und eine Frau als Freiwild für Internetgewalt und Medien freigab, oder andere Fälle, in denen Journalisten – selbst geschützt durch ihren Arbeitgeber (wie beispielsweise *Die Welt*) – mit indirekten Methoden wie dem „Hundepfeifen" ihre Leser und Follower auf Frauen loshetzten, zeigen, dass auch Medien in der Verantwortung für Cybermobbing stehen.

Medien können in zumeist nicht bösartig gemeinter Weise durch das Einbetten eines Beitrags in einem sozialen Netzwerk einem Mob unbewusst ein Ziel vorgeben, das dann mit Hass überschüttet wird. Dazu sollten neue Regeln eingeführt werden, dass erst die Zustimmung der Verfasserin eines solchen Posts eingeholt werden muss.

Auch ist die Art und Weise, wie Medien Frauen und Männer unterschiedlich behandeln, etwas, das stärker berücksichtigt und korrigiert werden sollte. Selbst Journalistinnen zeigen diesen Bias gegenüber Frauen, wie wir anhand von Beispielen in der Interviewführung bei Annalena Baerbock und anderen Frauen gesehen haben.

Mary Ann Sieghart schlägt eine einfache Frage vor, an die sich Journalisten halten können. Sie lautet: Würde ich das über einen Mann auch schreiben? Wenn die Antwort Nein lautet, dann schreibt man diese Story nicht und berichtet nicht darüber. Punktum!

Umgekehrt sollte das Phänomen von Online-Gewalt, das immer wieder Journalisten und besonders Journalistinnen betrifft, in den Medien öfter behandelt werden. Es ist nach wie vor ein Thema, worüber die Öffentlichkeit wenig weiß, und schon gar nicht über die verschiedensten Arten, wie sie ausgeübt wird. Nur weil die Materie komplex ist, bedeutet das nicht, dass es für die Betroffenen keine realen Auswirkungen hat. Oft herrscht die Meinung vor, wenn wir nicht über Online-Belästigung sprechen, wird sie schon irgendwie verschwinden. Das ist nicht der Fall, ganz im Gegenteil. Hier funktioniert das Verschweigen nicht. Bei Suiziden halten sich die Medien oft in der Berichterstattung zurück, weil diese nach der Berichterstattung verstärkt auftreten. Im Fall von Online-Gewalt hilft es nicht, den Kopf in den Sand zu stecken.

Schulen

Anti-Mobbing-Aufklärung ist seit einigen Jahren fixer Bestandteil der Ausbildung und Erziehung in Schulen. Doch Mobbing ist nicht etwa verschwunden, sondern feiert nun im digitalen Raum fröhliche Urständ.

Die Sensibilisierung von Lehrern und Schulleitern ist deshalb wichtig, damit sie mit den Gefahren des Online-Mobbings durch Klassenkameraden vertraut werden und diese identifizieren können, aber auch, um zu verstehen, was Cybergrooming und Cyberinjurien sind. Gemeinsam mit den Eltern können Schulen dann Maßnahmen ergreifen, um Online-Mobbing zu verhindern.

Plattformbetreiber

Soziale Netzwerke sind nicht nur neutrale Beobachter von Online-Gewalt, die oftmals erst zum Handeln aufgefordert werden müssen, sie sollten Nutzer, die Cybermobbing betreiben, noch viel stärker als bislang aktiv verfolgen. Die Streamingplattform Twitch ging gegen zwei Benutzer aus den Niederlanden und Österreich vor, die durch automatisierte Bots die Chatverläufe von Usern mit rassistischer, sexistischer und homophober Sprache regelrecht fluteten.[12]

Diese automatisierte Vorgehensweise gegen Hetzer und Belästiger würde man sich von allen Plattformen wünschen, aber diese haben nicht unbedingt ein Interesse daran. Aus bekannten Gründen: Mehr Aktivität bedeutet mehr Klicks bedeutet mehr Werbeumsatz. Zwar beschäftigen alle Plattformen Hunderte und teils Tausende Mitarbeiter mit der Aussortierung zweifelhafter Inhalte, dabei gibt es jedoch unterschiedliche Maßstäbe, sowohl intern als auch plattformübergreifend. Facebook scheint viel aggressiver gegen gefälschte Profile von staatlichen Playern vorzugehen als beispielsweise gegen Hasskommentare, die gegen Frauen gerichtet sind.

Eine Selbstregulierung führt hier nicht zum Erfolg, hier sollten der Gesetzgeber und die Öffentlichkeit mehr Druck ausüben. Zwar müssen offensichtlich strafrechtlich relevante Inhalte, wie schon im Fall Künast, innerhalb von 24 Stunden durch die Plattform selbst gelöscht werden, ohne dass sie vom Opfer gemeldet werden müssen, aber dieser Zeitraum ist zu lang. Da ist der Schaden schon angerichtet, die Inhalte erreichten bereits den Großteil des Zielpublikums.

Wissenschaft

Studien, die Online-Missbrauch mit Zahlen belegen können, haben Einfluss auf Gesetzgeber und Regulierungsbehörden. Es ist also notwendig, dass sich die Wissenschaft dieses Themas annimmt. Dabei sollten sie die Missbrauchsopfer und Hilfsorganisationen nicht als Studienobjekte betrachten, sondern als Partner einbeziehen.

... Upstander werden

Wenn Männer und Frauen nicht nur apathisch zusehen, wenn sie Zeugen von Online-Gewalt werden, sondern dagegen kommentieren oder die Beiträge des Täters melden, dann werden sie zu *Upstandern*. Upstander sind Menschen, die Ungerechtigkeiten sehen und zugunsten des Opfers helfend eingreifen. Wie wir das machen, hängt von der Situation, den eigenen Möglichkeiten, vor allem aber den Wünschen und Notwendigkeiten des Opfers ab. Die wichtigste Regel dabei lautet: Versichere dich der Zustimmung der betroffenen Person, bevor du etwas machst. Ohne diese kann die Situation für das Opfer verschlimmert werden. Wenn es deine Hilfe akzeptiert, dann besprich, wie geholfen werden kann.

Um Upstander zu werden, sollte man selbst in einer Position sein, in der man mit dem Drama umgehen kann. Ist man selbst gestresst oder psychisch labil, wird man rasch nicht mehr helfen können, weil man zu sehr mit sich selbst beschäftigt ist. Solche Hilfe kann bei den Helfern zu einem Passivtrauma führen, vergleichbar dem Passivrauchen. Wenn man zu einem Upstander geworden ist, sollte man das besser nicht öffentlich tweeten oder posten, dass man dieser Person dabei hilft, nicht attackiert zu werden. Es ist besser, im Hintergrund die Arbeit zu machen, zu dokumentieren, bei Anzeigen zu helfen. Wird eine Frau online attackiert, reagieren wir testosterongesteuerten Männer mit Neandertalergehirn gern mit einer Gegenattacke. Das kann erfolgreich sein, die Sache aber auch für die Betroffenen verschlimmern. Manche Täter sehen sich durch die Reaktion erst recht provoziert und in ihrem Verhalten gerechtfertigt.

Bei Microsoft hat man Erfahrungen mit einer gegensätzlichen Strategie gemacht. In einem firmeninternen Schulungsprogramm sollten sich die Teilnehmer vorstellen, in einem öffentlichen Bus zu sitzen und dabei zu beobachten, wie ein anderer Fahrgast eine Transgenderperson beleidigt. Die meisten Teilnehmer malten sich aus, wie sie den Täter zurechtweisen und verbal zur Gegenattacke ansetzen würden. Doch ein anwesender Transgenderkollege wünschte sich etwas anderes. Statt ihn zu verteidigen und die Situation eskalieren zu lassen, sollten die anderen den Täter lieber anlächeln und fragen, ob er weitere Fragen habe. Damit nämlich würde eine positive Interaktion gestartet, der Täter würde nicht in Verlegenheit gebracht und stattdessen zu einer Diskussion eingeladen.[13]

Das lehnt an die Erkenntnis von Stanford-Professor Robert Sutton an, der in seinem Buch „Überleben unter Arschlöchern: Wie Sie mit Leuten klarkommen, die andere wie Dreck behandeln" zwischen temporären und permanenten Arschlöchern unterscheidet. Jeder und jede von uns ist gelegentlich ein Arschloch und es hilft uns, wenn wir darauf hingewiesen werden.

Aufgrund von Stress, Müdigkeit und Missverständnissen eskalieren manche Online-Diskussionen. Eine freundliche Nachfrage, ein Appell an die vom Täter bislang gezeigten positiven Verhaltensweisen und Ähnliches kann die Situation deeskalieren. Nicht nur das: Die Teilnehmer lernen daraus.

Stößt man auf eine Aussage, die Online-Gewalt darstellt, sollte man den Täter nicht beschimpfen, sondern eine sogenannte Ich-Botschaft verwenden:[14]

Ich finde, was du gesagt hast, klingt voreingenommen.

Das kann wirksamer sein als folgende Attacke:

Du bist ein sexistisches/rassistisches/homophobes Arschloch.

Eine andere Taktik ist die „Es-Aussage".

Es ist respektlos/unsensibel, das zu sagen. Es ist strafbar, jemand wegen seines Aussehens/Geschlechts, seiner Herkunft/Religion zu diskriminieren.

Sollte ein toxischer Mann die Schutzbehauptung aufstellen, „Aber es war doch nur Spaß", dann wirkt oft ein Nachfragen der Art „Erklär mir das mal genau: Was war da der Spaß?" Wunder. Damit wird der Fokus des Attackierenden auch von der Frau abgelenkt.

Allein aufgrund ihres Geschlechts können Männer zu guten Upstandern werden: Ihnen wird eher geglaubt. Die Kommunikationsforscherin Kathleen Propp hat das Phänomen, dass Männern mehr geglaubt wird, bereits in einer 1995 durchgeführten Studie nachgewiesen. Die Information eines Mannes wurde doppelt so häufig für die finale Entscheidung einer Gruppe herangezogen, als wenn sie von Frauen vorgetragen worden war.[15] Das erklärt, warum Frauen eine Vergewaltigung oder häusliche Gewalt weniger oder gar nicht geglaubt wird und warum diese Delikte so selten angezeigt werden, geschweige denn es zu Verurteilungen kommt.

Wie groß die Auswirkung sein kann, wenn Männer Upstander werden, sieht man an dem Fall von Jolanda Spiess-Hegglin. Zweieinhalb Jahre war sie einer Medien- und Online-Hetze ausgesetzt, die sie – das Opfer – als Täterin darstellte. Bis Hansi Voigt, damals Chefredakteur des Schweizer Online-Mediums *Watson*, sich für die Sichtweise ihres Mannes interessierte.[16] 2017 befragte er Reto Spiess und nach diesem Interview änderte sich die öffentliche Wahrnehmung. Voigt hatte nur das getan, was man von gutem Journalismus erwarten würde: recherchieren und auch mal die betroffene Seite befragen.

Erst als ein Mann – Hansi Voigt – einen anderen Mann – Reto Spiess – zu dem Fall befragte, einen Mann, der davon unmittelbar betroffen war, begannen die Leute zuzuhören und zu reflektieren.

Reto Spiess zeigte auch beispielhaft auf, wie man dabei vorgehen kann. Wann immer sich jemand bei dieser Debatte, sei es in den Medien oder in der Politik, im Ton vergriff, schrieb er der Person einen freundlichen Brief, stellte sich als der Ehemann von Spiess-Hegglin vor und führte ihr den Unsinn oder die Unfreundlichkeit in der Wortwahl der Person vor Augen. Diese Personen wurden, so Spiess, dann meistens ruhig, einige wurden einsichtig, anderen fiel nichts mehr ein, und die Unbelehrbaren wurden aus dem Bekanntenkreis aussortiert. Dem Umdenken geholfen hat auch die im selben Jahr aufkommende MeToo-Bewegung, die sexuelle Belästigung thematisierte und Millionen Frauen dazu brachte, öffentlich darüber zu sprechen, belästigt worden zu sein, was zum Fall vieler toxischer Männer führte.

Kecke Antworten

Am Beispiel Kritik an Fußballmoderatorinnen zeigt sich, wie man mithilfe von kecken Antworten Übeltäter in ihre Schranken weisen kann. Auf einige aufgeregte Kommentare, dass hier Frauen ein EM-Spiel der Männer moderieren, folgten entwaffnende Antworten vom Medienaccount des *ZDF*-Sportstudios. So teilte zum Beispiel ein User namens „Der Unbeugsame" seinen Missmut wegen gleich zweier weiblicher Kommentatoren mit. Das *ZDF* antwortete mit Statistik.[17]

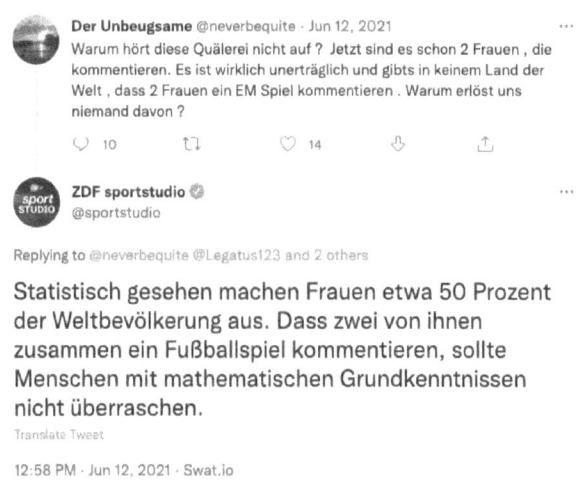

Abbildung 11: Das *ZDF*-Sportstudio antwortet mit Statistik auf einen kritischen Kommentar.

Oder warum schreien die Frauen immer so beim Fußball? Ist das nicht etwas übertrieben? Nein. Männliche Fußballmoderatoren machen das auch, man denke nur an den legendären argentinischen Moderator Victor Hugo Morales, dessen „Goooooooooooool"-Ausrufe so legendär sind, dass sie in Musikstücken eingearbeitet wurden.

Oder an den ebenso legendären österreichischen Sportmoderator Edi Finger, der beim Spiel der deutschen gegen die österreichische Nationalmannschaft bei der WM in Argentinien fast einen Herzkasper erlitt, als Hans Krankl das 3:2 erzielte. Das *ZDF*-Sportstudio jedenfalls gab die einzige richtige Antwort dazu:

Abbildung 12: Sport als emotionale Angelegenheit

Doch hier sei Vorsicht angeraten. Während das *ZDF*-Sportstudio sicherlich mit seinen Moderatorinnen die Social-Media-Vorgehensweise absprechen kann, ist das bei weiblichen Usern in sozialen Medien nicht immer möglich. Solche Antworten können ihr unter Umständen schaden. Deshalb ist es empfehlenswert, der Userin mal eine Zeit lang zu folgen, um zu sehen, wie die Betroffene selbst und ihre Follower mit Belästigungen umgehen. Dabei sollte man auch beachten, welche Kommentare sie mit „Gefällt mir" markiert.

Melden
Die Konten toxischer User unaufhörlich zu melden ist eine weitere Art, gegen diese vorzugehen. Die meisten Plattformen haben eine solche Funktion, die mehr oder weniger leicht zu finden ist, und bieten verschiedene Meldeformen an, die Kategorien wie Desinformation, Belästigung, Drohung oder Fake-Profile umfassen.

Der Aufwand ist meistens gering, und je mehr Benutzer eine Meldung einreichen, desto wahrscheinlicher ist es, dass die Plattformen dagegen vorgehen oder ein Auge auf solche User werfen. Erhält man die Bitte von einer Betroffenen, einen Beitrag oder ein Benutzerprofil zu melden, sollte ohne zu zögern ausgeholfen werden.

Boykott

Boykotte sind ein zweischneidiges Schwert, gerade in Anbetracht dessen, dass man viel Zeit auf sozialen Medien oder Plattformen verbracht und damit auch entsprechende Netzwerke aufgebaut hat. Mit digitalen Plattformen sind – auch wenn mit dem Fokus dieses Buches der Eindruck entstehen mag – nicht nur Probleme verbunden. Ganz im Gegenteil, sie haben Menschen zusammen- und uns Vorteile gebracht, die wir nicht missen wollen. Deshalb muss man es sich gut überlegen, ob man eine Plattform boykottiert, wenn es dort zu unzumutbaren Zuständen gekommen ist.

Wie ein Boykott funktioniert, konnten wir am Beispiel des amerikanische Transportdienstleisters Uber beobachten. Als 2017 Vorwürfe zu systematischem Sexismus im Unternehmen aufgekommen waren, die zur Entfernung des Mitgründers und CEO Travis Kalanick führten, begannen unter dem Hashtag #DeleteUber Zigtausende Benutzer, die Uber-App von ihren Smartphones zu löschen. Uber merkte das sofort an seinen Nutzerzahlen und Umsätzen. Das Unternehmen schickte an seine Nutzer Nachrichten, die von dem „tiefen Schmerz" sprachen, den der Boykott dem Unternehmen bereitete.[18] Keine Rede von dem tiefen Schmerz, den der Sexismus in der Uber-Kerle-Kultur den Mitarbeiterinnen gebracht hat.

Es muss nicht gleich ein völliger Abschied von einer Plattform sein, es reicht auch schon ein temporäres Aussetzen. Denn weniger Engagement auf den Plattformen auch nur für einen oder mehrere Tage ist oft schmerzlich genug. Weniger Aktivität bedeutet auch weniger Werbeeinnahmen und damit weniger Gewinn. Auf Twitter wurde am 9. April 2021 ein solches Zeichen gesetzt, indem die User der Plattform fernblieben, weil sie dem Unternehmen zeigen wollten, dass es zu wenig gegen Online-Belästigungen unternimmt.

Deutsche Leser und Leserinnen zeigen dem Hausblatt von Don Alphonso, *Die Welt*, was sie von seinen Kolumnen halten. Die Zeitung verliert massiv Leserschaft, die verkaufte Auflage fiel 2020 auf unter eine Million, was nur noch der Hälfte von 2018 entspricht.

Allyship

Die Beraterin für Diversität, Gleichstellung und Inklusion Lily Zheng beschrieb die unterschiedlichen Stufen von Hilfestellungen, die Männer Frauen geben können. Die folgenden Beschreibungen sind dabei nicht klar voneinander abgrenzbar, sondern sollen als Leitfaden dienen.[19]

Zuerst definiert Zheng sogenannte „Verbündete" (englisch: *Ally*) als Personen, die das Richtige tun wollen. Sie haben nicht nur einfach Mitgefühl, sondern wollen aktiv werden und die Schlechterbehandlung und Benachteiligung einer marginalisierten Gruppe zur Sprache bringen. Meistens entstehen solche Allianzen (*Allyships*) aus dem Moment heraus. Sie werden Zeuge einer Benachteiligung und wollen sofort dagegen vorgehen. Dabei müssen sie aber bedenken, dass die Diskriminierung zeitlich sehr viel weiter zurückreicht. Es gibt jede Menge Kontext, den man nicht kennt. Ein Beispiel für solchen Kontext ist beispielsweise die Sensibilität von dunkelhäutigen Frauen wie Jada Pinkett Smith im Hinblick darauf, wie ihre Haare und Frisuren betrachtet und kommentiert werden. Zheng weist darauf hin, dass solche Allianzen – von nichtmarginalisierten Personengruppen kommende Unterstützung – wenn möglich jeden Tag des Jahres geschmiedet werden sollten, nicht nur, weil gestern auf Twitter jemand etwas gesagt hat, was morgen niemanden mehr kümmert.

Als zweite Gruppe nennt Zheng die „Advokaten". Diese glauben an die Notwendigkeit von Gerechtigkeit und der Unterstützung marginalisierter Minderheiten und Gruppen und setzen sich stark für diese ein.

Die dritte Gruppe sind die „Aktivisten". Diese ähneln den Advokaten, wobei dieses Thema jedoch zunehmend ihre Identität definiert und bestimmt.

Diese drei genannten Ausprägungen betreffen vor allem die „individuelle Allyship", die von Lernen und persönlichem Wachstum geprägt ist. Zheng unterscheidet außerdem drei weitere Formen. Da ist einerseits die „zwischenpersönliche Allyship", die bei negativen und abzulehnenden Formen von Sprache und Verhalten gezeigt werden sollte. Wird man Zeuge eines unangebrachten Kommentars, ist es wichtig, sofort darauf hinzuweisen und den Täter darauf anzusprechen.

In der „kulturellen Allyship" werden Vorstellungen, Normen und Überzeugungen verändert, indem nicht nur reagiert, sondern proaktiv Erwartungen formuliert und beispielhaft vorgelebt werden.

„Strukturelle Allyship" wiederum ändert die Prozesse und Praktiken, die zu einer Diskriminierung führen. Vorurteile, Stereotypen und Kriterien, die darin enthalten sind, werden fortwährend beobachtet und beseitigt.

Mary Ann Sieghart, Autorin von „The Authority Gap", bestimmte als Chefredakteurin ihrer Tageszeitung, dass das Verhältnis von befragten weiblichen und männlichen Experten und Kolumnisten zu erfassen und zu berichten ist. Das Ziel war, eine 50:50-Parität zu erreichen. Sieghart brachte auch noch eine weitere Kennzahl ein, die jede und jeder für sich einhalten kann: Wie ist das Verhältnis von weiblichen und männlichen Autoren von Büchern, die man übers Jahr liest? Da ich seit 2019 eine Liste führe, welche Bücher ich gelesen habe, ging ich das gleich einmal selbst an. Der Anteil an Sachbuchautorinnen lag 2019 bei mickrigen 8,9 Prozent, 2020 bei 15,5 Prozent, 2021 bei 32,2 Prozent, und 2022 setzte ich alles daran, mehr als 50 Prozent zu erreichen.

Und damit kommen wir nun zu Unternehmen und ihren Allyship-Erfolgen. Viele Firmen verkünden oft eigene Programme zu Diversität, Gleichstellung und Inklusion, doch bleibt es oft bei schönen Ankündigungen. Aktivisten verlangen deshalb statt dieser „Allyship-

Fassade" (englisch: *Performative Allyship*) konkrete Kennzahlen. Wie sieht es bei Neueinstellungen mit dem Anteil an marginalisierten Gruppen aus, bei den Gehältern oder den eingegangenen und behandelten Beschwerden? Wie lange verbleiben Mitarbeiter aus marginalisierten Gruppen im Unternehmen im Vergleich zu anderen? Wie viele wurden befördert?

Die Community für zukünftige weibliche Leader, female factor, auditiert Unternehmen nach diesen und weiteren Kriterien.[20] Nur solche Organisationen, die den Kriterien entsprechen oder auf den Weg dorthin sind, werden als Kunden unterstützt, beispielsweise bei der Suche nach weiblichen Führungskräften. Zurzeit werden mindestens 30 Prozent der Unternehmen abgewiesen, aber die Zusammenarbeit mit female factor beginnt sich bereits, als Gütesiegel zu etablieren.

Auch könnten Organisationen Mitarbeiterinnen behilflich sein, gegen die Online-Gewalt ausgeübt wird, speziell wenn ihr Job es verlangt, sich entsprechend zu exponieren. Journalistinnen, Expertinnen, Moderatorinnen oder Kommunikatorinnen sind solchen Angriffen ausgesetzt und es sollte selbstverständlich sein, dass die eigene Organisation alles tut, um ihre Mitarbeiterinnen zu schützen.

Allyship beginnt nicht mit großem Heldentum, sagt die Unternehmensgründerin Patricia Bubner. Es reicht zuerst einmal, da zu sein und zu fragen, wie es der Frau geht. Und dann zu fragen, wie man helfen kann.

Umgekehrtes Doxing und die Demaskierung toxischer Männer

Manche Frauen wie Xiaxue greifen zur Selbsthilfe, indem sie die Methoden ihrer Belästiger gegen diese selbst anwenden und die toxischen Männer vor den Vorhang zerren. Auch Kaleigh Mullin bediente sich dieses Tricks. Mullin, die 2017 als 19-Jährige die ersten Kurzvideos zuerst auf Snapchat, später auf TikTok stellte, hatte bald eine wachsende Fangemeinde. Ihre Videos sind harmlos, zumeist Lippensynchronisationen zu Songs, Memes zu Schönheit und aktuellen Trends. Mit der Zeit erreichte sie mehr als 10.000 Follower. Ein Benutzer begann, ihr in den Kommentaren Komplimente zu machen, für die sie ihm dankte. Mit der wachsenden Zahl an Followern und Kommentaren fand sie keine Zeit mehr, auf alle Kommentare zu antworten. Und das schien dem erwähnten Charmeur sauer aufzustoßen. Typischer Fall von „weil sie mir einmal geantwortet hat, sind wir nun Freunde und ich habe ein Recht auf ihre Antworten". Er kommentierte ihr Aussehen als unterirdisch und hässlich und warf ihr vor, dass ihr die Zahl der Follower und die Mini-Prominenz auf TikTok wohl zu Kopf gestiegen sei und sie deshalb nicht antworten würde. Er wurde zu ihrem größten „Hater". Kaleigh hatte keine Ahnung, wer er war. Doch dann fiel ihr auf, dass der TikTok-Benutzername dieses toxischen Mannes der eines Facebook-Profils war, das sich Videospielen widmete. Dieser Spur folgend stieß sie bald auf den Namen des Mannes: Steven. Sie begann, weitere Informationen über ihn zu sammeln, indem sie seine Social-Media-Beiträge durchstöberte. Er war offenbar Christ, verheiratet und Kaleigh fand sogar heraus, wo er arbeitete. Kurzerhand machte sie einige Videos, in denen sie ihn demaskierte, schickte eine E-Mail an seinen Vorgesetzten und ließ ihn wissen, dass sie seine Telefonnummer hatte und wüsste, wer seine Frau sei. Seither hat er nicht mehr kommentiert.[21]

Ist das die richtige Vorgehensweise? In diesem Fall ja, doch *Reverse Doxing* kann dieselben unangenehmen Auswirkungen auf die Täter haben, wie sie die Opfer durchleben mussten, oder sogar schlimmer, speziell wenn es sich beim Opfer um einen Social-Media-Auftritt mit großer Reichweite handelt oder wenn der Internetmob von der „guten Seite" kommt.

So ging es nämlich dem US-Amerikaner und Rechtsextremisten Edward Jeremy Dawson. Beim Million MAGA March im November 2020, wo Trump-Anhänger nach der verlorenen US-Präsidentschaftswahl nach Washington, D.C., gekommen waren, wurde die Journalistin Laura Jeeded beim Filmen des Demonstrationszuges belästigt. Der maskierte Dawson bedrängte sie, brüllte ihr ins Gesicht und stieg ihr auf die Füße. Dabei verrutschte seine Maske und das von Jeeded aufgenommene und auf Youtube hochgeladene Video dieses Zwischenfalls wurde von Internetbenutzern herangezogen, um ihn ausfindig zu machen. Ein sich gegen Rechtsextreme engagierender Aktivist mit 50.000 Followern verbreitete den Namen des Täters und zwei Tage später wurde der Metallarbeiter entlassen, wie auch seine Frau. Internetbenutzer fanden die Telefonnummern der Dawsons heraus und fluteten die Handys der beiden mit Obszönitäten und der Aufforderung, sich umzubringen.[22]

Es mag zwar befriedigend sein für die Opfer, es ihren Peinigern mit denselben Mitteln heimzuzahlen und deren Leben durcheinanderzuwirbeln, allerdings stellt sich unter anderem die Frage, ob das zu einer Verhaltensänderung bei den Tätern führen wird. Die *Washington Post* berichtete, dass Dawson seine rechtsextremen Ansichten nicht änderte:

> Das „Doxing" von Dawson zeigt die Auswirkungen, die diese Taktik haben kann – Arbeitslosigkeit und persönliche Erschütterung, gefolgt von einem neuen Job, der viel schlechter bezahlt wird als sein alter –, aber auch die Grenzen der Technik: Dawson bereut seine Rolle nicht, die er bei der Aufstachelung eines Mobs zur Belästigung gespielt hat, und vertritt weiterhin rechtsextreme Ansichten.

Solche Aktionen haben aber durchaus auf Mitläufer einen Einfluss. Diese sind vielleicht nicht so radikalisiert und aktiv wie Dawson, und wenn sie sich nicht hinter einem anonymen Konto verstecken und selbst bloßgestellt werden können und das reale Konsequenzen daheim und am Arbeitsplatz nach sich ziehen könnte, treten sie womöglich vorsichtiger auf oder ziehen sich sogar vollständig zurück.

Solche Selbstjustiz ist zwar verständlich, doch es kann leicht zu Fehlern kommen. Wie beim Anschlag auf den Boston-Marathon im Jahr 2013. Dort wurde fälschlicherweise ein als vermisst gemeldeter amerikanischer Student vom Internetmob als vermeintlicher Täter identifiziert und seine Eltern wurden daraufhin mit Telefonanrufen bombardiert und seine Facebook-Seite wurde mit Hasskommentaren überflutet. Doch eine Woche später wurde die Leiche des Studenten gefunden, der einen Monat zuvor Selbstmord begangen hatte.[23]

Peer-to-Peer-Aufklärung

Inge Bell, Unternehmensberaterin und stellvertretende Vorsitzende des Vereins Terre des Femmes, schlägt vor, dass wir Männer toxische Männer ansprechen sollten. Oft ist ein Gespräch unter Männern wirksamer als alles andere. Frauenfeindliche Männer reagieren auf die Meinungen von Frauen nicht oder nur abwehrend, doch Männern hören sie eventuell eher zu.

Dazu zählt auch, dass wir nicht einfach bei Altherrenwitzen mitlachen, sondern darauf hinweisen, dass sie frauenfeindlich sind. Bell schlägt beispielsweise eine Taktik vor, die als „Clap for Crap" bekannt ist. Darunter versteht man langsames Klatschen als Reaktion auf jemanden, der Frauenfeindliches von sich gegeben hat. Sie brachte das Beispiel einer Sitzung, wo eine Mitarbeiterin etwas verspätet in den Raum gekommen war und von einem der Männer der Kommentar kam:

Und die Klopsprinzessin ist auch endlich da!

Anstatt müde mitzulachen oder nur die Augen zu verdrehen, stand ein Mann auf, klatschte langsam in die Hände und sagte langsam und laut „Bravo, bravo", den Blick dabei auf den Mann gerichtet, der das gesagt hatte. Mit diesem Verhalten wird der Runde deutlich gezeigt, dass solch ein Verhalten zumindest von einem Mann als nicht akzeptabel betrachtet wird. Männer, die genauso angewidert waren und sich bislang zurückgehalten haben, tendieren dazu, sich auf dieselbe Seite zu schlagen, sobald einer den Anfang macht.

Zur Peer-to-Peer-Aufklärung gehört auch die Rolle von Vätern, die ihre Söhne entsprechend aufklären. Frauen nicht zu respektieren, sie zu belästigen, zu beleidigen und zu bedrohen ist nicht okay.

Nicht nur die Aufklärung von Mann zu Mann ist notwendig, sondern auch die zwischen Mutter und Tochter. Ein Mädchen, das Belästigung zum ersten Mal erfährt, nicht weiß, wie sie darauf reagieren soll, und zweifelt, ob sie diese Form der Gewalt vielleicht selbst heraufbeschworen hat, muss von erfahreneren Frauen aufgeklärt werden. Das ist nicht in Ordnung. Du bist nicht schuld. Das Schlimmste, was eine Mutter ihrer Tochter sagen kann, ist: „Hab dich nicht so." Das ist eindeutig das falsche Signal. Eines, das der jungen Frau vermittelt, dass ihre Meinung und ihre Gefühle nichts zählen und ihr Körper öffentliches Gut zur Lustbefriedigung der Männer ist.

... zum Gegenschlag ausholen?

Gelegentlich wählen Betroffene das Mittel des Gegenschlags, um Tätern einen Geschmack ihrer eigenen Vorgehensweise zu geben. Die Londoner Unternehmensberaterin Zoe Scaman war es leid, ständig Dickpics zugesandt zu bekommen. Was machte sie damit? Sie legte eine Website mit dem Titel „NFT The DP" an. Sie verwandelt Dickpics (DP), also die digitalen Bilder von Penissen, in Non-Fungible Tokens (NFT), die vor dem Kryptocrash 2022 der letzte Schrei waren. NFTs sind Echtheitszertifikate von digitalen Daten auf der Blockchain, womit digitale Kunst mittels Kryptowährungen gekauft werden kann. Mit anderen Worten: Scaman verhökert die ihr zugesandten Dickpics als Kunst und machte damit Kohle.[24] (Und nein, ich versteh das Zeugs auch nicht ganz, aber es klingt jedenfalls cool.)

Scaman tat das sehr zum Entsetzen der Männer, die ihr die Dickpics zugesandt hatten. Denn diese waren einerseits empört, dass die von ihnen belästigte Frau Geld mit dem Schmuddelkram machte, den sie ihr zugesandt hatten, und andererseits wollten sie ihre Penisbilder nicht in aller Öffentlichkeit gepostet sehen. Um dies zu verhindern, müssten sie die Dickpic-NFTs mit Kryptowährungen selbst kaufen.

Doch auch hier müssen wir wieder erkennen, wie sehr das Rechtssystem gegen die Frauen gerichtet ist. Es ist in Großbritannien (noch) nicht strafbar, ein Penisfoto unaufgefordert an eine Frau zu schicken, aus diesem aber ein NFT zu machen, könnte strafrechtlich als Racheporno verfolgt werden. Es ist also rechtlich fast aussichtslos, von Männern hochgeladene intime Videos von Pornowebsites zu löschen, während bei von Frauen hochgeladenen Dickpics, die sie unaufgefordert erhalten haben, sofort das Rechtssystem Handlungseifer zeigt.

Ähnlich witzig geht das Multitalent Xyla Foxlin vor. Die durch ihren Youtube-Kanal als Makerin bekannte ehemalige Schönheitskönigin, Pilotin, Ingenieurin und Raketenbauerin stößt toxischen Männern auf, weil sie sich in vermeintlich für Männer reservierten Domänen bewegt. So sehen die „Fanbriefe" an sie aus, die sie für ein interessantes Experiment erhalten hatte:[25]

> Du blöde Clikbait-Fotze .... das Laufbandauto, das schneller als der Wind ist, funktioniert NUR für ein paar Sekunden aufgrund eines kurzfristigen Schwungradeffekts ... Du blöde Fotze
>
> der sogenannte Erfinder des Fahrzeugs in voller Größe ist ein Betrüger ... das Laufbandauto-Experiment hat NULL WISSENSCHAFTLICHE RELEVANZ
>
> Lies die Kommentare, du Miststück ... mindestens ein Dutzend Leute sahen den Schwungrad-Effekt als Ursache für die vorübergehende Vorwärtsbewegung
>
> ICH KANN NICHT GLAUBEN, WAS FÜR EINE DÄMLICHE BETRÜGERIN DU BIST ... DEINE KARRIERE IST DABEI, DEN BACH HINUNTERZUGEHEN

Foxlin macht T-Shirts aus diesen Ergüssen, um Geld zu verdienen:

> Xyla ist ein verdammter Schwachkopf & und auch eine Ingenieurin, Pilotin, Raketeningenieurin, Bootskonstrukteurin, Schönheitskönigin, Unternehmerin und eine böse Schlampe, die sich buchstäblich einen Scheiß darum kümmert, was du über sie denkst

Solche Reaktionen erlauben den attackierten Frauen nicht nur, wieder die Kontrolle über ihr Narrativ zu übernehmen, sondern auch, diese toxischen Männer öffentlich als das hinzustellen, was sie sind: Idioten.

Brianna Wu, die eines der Opfer in der Gamergate-Affäre war, hat zwar auch versucht, zurückzuschlagen, sieht das heute aber als unethisch an. Sie blockt nun Profile, die sie zu belästigen versuchen. Die amerikanische Journalistin und Feministin Leta Hong Fincher hingegen findet nichts daran, solche Belästigungen aufzuzeigen und ihre Follower aufzurufen, dasselbe zu tun und den Mann mit Meldungen zu überfluten. Wie man sieht, sind die Meinungen gespalten.

... Lovestorms schicken

Ein Lovestorm ist eine konzertierte Aktion von Upstandern und Allys, welche die Betroffene öffentlich im Internet unterstützen, indem sie positive und aufbauende Kommentare unter Beiträgen posten, um den Hetzern zu zeigen, dass die Betroffene nicht allein ist. Ein Lovestorm ist das Gegenstück zum Shitstorm, bei dem online ein Sturm an negativen Kommentaren über jemanden hereinbricht. Besonders wirksam ist ein Lovestorm, wenn sich Organisationen und einflussreiche Online-Accounts daran beteiligen und ihre Follower ermuntern, dies ebenfalls zu tun.

Eine dänische Studie zeigte Ähnlichkeiten, aber auch Unterschiede auf, wie Shit- und Lovestorms entstehen und sich verbreiten.[26] Nach einer negativen TV-Berichterstattung über das Leben auf der dänischen Insel Lolland-Falster begannen die Bewohner, positive Geschichten aus der Heimat auf Facebook zu posten: Im ersten Monat wurden 7.000 Storys gepostet, die auch bei den Medien Aufmerksamkeit erweckten. In der Folge berichteten die Medien positiver über die Region.

Ein Lovestorm bei Online-Gewalt signalisiert den Betroffenen, dass sie nicht allein der Online-Meute ausgesetzt sind, und Hetzer erkennen, dass sie Gegenwind haben. So kann ein Umdenken bei den Hetzern und eine differenzierte Meinung in der Öffentlichkeit erwirkt werden.

... eine Rechenschaftspflicht der Plattformen einfordern

Im Juli 2021 kündigten Facebook, Google, TikTok und Twitter an, mehr gegen die Online-Belästigung von Frauen auf ihren Plattformen zu unternehmen. Dabei gaben diese vier Technologie-Giganten etwas vage an, ihren Benutzerinnen mehr Einstellungsmöglichkeiten für den Schutz der Privatsphäre und die Interaktion auf ihren Plattformen geben zu wollen, wie auch besser Werkzeuge, um Belästigungen zu melden und den Bearbeitungsstand der Meldungen zu beobachten. So lobenswert diese Ankündigung war, sie wälzte die Last wieder auf die Frauen ab.

Es wäre somit an der Zeit, von den Plattformen mehr Rechenschaft zu fordern. Sie sollten unter anderem darüber Bericht erstatten, wie viele Fälle von Cyberbelästigung es gibt, wie viele gemeldet werden oder welche Maßnahmen ergriffen wurden. Unabhängige Prüfer sollten dazu ein Audit durchführen, wie schon Berichte zu Umweltschutz, finanziellen Ergebnissen oder Gleichberechtigung und Diversität von den Unternehmen regelmäßig vorgelegt werden.

Gleichzeitig sollte gewährleistet werden, dass die Plattformen nicht durch Algorithmen von Frauenfeindlichkeit, Online-Missbrauch, Verbreiten von Falschinformationen oder Cybergewalt finanziell profitieren. Es darf kein Gewinn mit dem Missbrauch von Frauen im Cyberspace gemacht werden. Gewinnherausgabe, Schadensersatzzahlungen und Geldstrafen sollten als Damoklesschwert über den Plattformen hängen. Und auch im Sinne der Demokratieförderung müssten die Länder ein Eigeninteresse daran haben, Frauen und Minderheiten eine Stimme auf digitalen Plattformen zu verleihen.[27]

Anti-Belästigungstechnologie

Online-Belästigung stehen die Technologieplattformen ohnmächtig gegenüber. So zumindest wollen sie es uns einreden. Die Nachverfolgung der anonymen Profile, von denen die Täter posten, sei unzumutbar schwierig! Die Gesetze, Regulierungen und was als zulässige Redefreiheit gilt, unterschieden sich zu stark in den einzelnen Ländern und seien zu komplex, um entsprechende Richtlinien in die Praxis umzusetzen. Und außerdem seien sie nicht für Inhalte verantwortlich, die ihre Benutzer posten.

So oder so ähnlich lauten die Argumente, wenn jemand an die Betreiber sozialer Medien mit der Bitte um Hilfe herantritt. Ja, sie stilisieren sich sogar zu den Hütern von Demokratie und Redefreiheit. Die abwiegelnden Argumente klingen im ersten Moment einleuchtend. Allerdings sind die sozialen Medienplattformen fähig, für andere Belästigungen durchaus Gegenmaßnahmen zu entwickeln und einzusetzen. Spamfilter, Antivirensoftware und die automatische Überprüfung von Urheberrechtsverletzungen beim Hochladen von Bildern, Videos und Musik funktionieren klaglos und unmittelbar. Warum geht es dort, aber bei Online-Hass und -Belästigungen nicht? Unternehmen, deren Maileingänge mit Spam geflutet werden; Firmenrechner, die durch Viren und Ransomware lahmgelegt werden; Firmen, die ihr Geld mit Filmen, Serien und Musik verdienen und sie nicht illegal geteilt sehen wollen – sie alle haben ein berechtigtes Interesse und ziemlichen Einfluss darauf, dass das nicht geschieht.

Eigentlich sollten die Plattformen wie gesagt ein Eigeninteresse an der Reduktion und Nachverfolgung von Online-Belästigung haben, denn das kurzfristige Mehr an Aktivitäten durch Kontroversen eines Internetmobs führt langfristig zu weniger User-Aktivitäten. Wenn es in einer Bar ständig zu Schlägereien kommt, bleiben bald die Besucher fern. Ähnlich wie bei Spamfiltern, Antivirensoftware und Urheberrechtsverletzungen sind künstliche Intelligenz, Softwarefilter und Algorithmen, Richtlinien, Regeln und Funktionen zum einfachen Melden von Verstößen durch die Plattformbenutzer sowie menschlichen Moderatoren notwendig, um

Online-Belästigungen zu erkennen, zu verfolgen, zu beseitigen und zur Anzeige zu bringen. Wie bei den Spamfiltern, der Antivirensoftware und den Urheberrechtsverletzungen sind diese Elemente dynamisch anzupassen und zu erweitern.

Offenlegung von Algorithmen und Moderationsrichtlinien

Die Algorithmen, die kontroverse Themen in die Timeline der User hineinspülen, weil die Inhalte viel Engagement versprechen und damit gut für die Kassen von Technologieplattformen sind, sollten transparenter werden, meint Lucina Di Meco. Welche Inhalte besonders bevorzugt werden, kann nur vermutet werden. Zwar betreibt jede Plattform Zentren mit Content-Moderationen, die gewalttätige, pornografische, rechtlich bedenkliche und verstörende Inhalte entfernen oder mit Warnhinweisen versehen, sie geben aber weder bekannt, wie viele Content-Moderatoren sie beschäftigen, noch, welchen Richtlinien diese folgen. Das Eingreifen oder Nichteingreifen erscheint mehr oder weniger willkürlich. Außerdem hat jedes Land und jede Kultur unterschiedliche Standards, was als anstößig gilt und was nicht.

Content-Moderator ist kein Job, den man länger ausüben kann. Die tägliche Konfrontation mit verstörenden Inhalten führt zu ähnlichen Symptomen, wie sie bei Soldaten im Kriegseinsatz hervorgerufen werden. Facebook beispielsweise zahlte ehemaligen Beschäftigten 52 Millionen Dollar in einem außergerichtlichen Vergleich, weil diese posttraumatische Belastungsstörungen (PTBS) entwickelten. Deshalb ist die Offenlegung von Moderationsrichtlinien und der Algorithmen wichtig. Einerseits können diese Kriterien mit offengelegten Richtlinien leichter umgangen werden, andererseits profitieren die Plattformen von der Geheimniskrämerei. Welche Inhalte sie promoten, kann schlechter nachverfolgt werden und damit können Widersprüche schlechter aufgedeckt werden.

Klar ist, dass Kriterien und Definitionen nicht immer einfach zu gestalten sind, wie am Beispiel von Pornografie zu sehen ist. Wie schon der ehemalige Richter am Obersten Gerichtshof der USA,

Potter Stewart, meinte („Ich weiß es, wenn ich es sehe"), gibt es nicht immer eine klare Definition mit klaren Grenzen.

Plattformübergreifende Vorgehensweise

Selbst wenn die Plattformen funktionierende Kriterien und Richtlinien hätten und sie genau befolgen würden, wäre damit nur ein Anfang gemacht. Denn es ist nicht garantiert, dass beispielsweise TikTok, Snapchat und Facebook zu denselben Kriterien für akzeptable oder inakzeptable Inhalte kämen. Bytedance, der chinesische Eigentümer von TikTok, wurde dabei erwischt, dass die Videos schwarzer Creator algorithmisch benachteiligt wurden.[28] Auch hat TikTok nach der Ukraine-Invasion auf rasch verabschiedete russische Gesetze reagiert, die Kritik an Russland strafbar machten, indem russischen Benutzern bloß noch russische Inhalte präsentiert wurden.[29] Amerikanische Firmen hingegen verstecken sich oft hinter dem Argument des Rechts auf Redefreiheit, wie es der erste Zusatzartikel der amerikanischen Verfassung bestimmt. Das widerspricht Gesetzen anderer Länder wie Deutschland oder Österreich, die Hassrede, Holocaustleugnung oder die Benutzung von Nazisymbolen unter Strafe stellen.

Selbst wenn die Kriterien einheitlich wären und die Plattformen sie entsprechend durchsetzen würden, wäre das immer noch zu wenig. Online-Belästigungen werden in den meisten Fällen nicht nur auf einer Plattform ausgeübt, sondern plattformübergreifend. Die Täter durchforsten alle Plattformen, um Material gegen ihre Opfer zu sammeln und Ansatzpunkte für Online-Gewalt zu finden. Für die Betroffenen bedeutet das, dass sie auf jeder einzelnen Plattform den Missbrauch melden müssen. Das ist nicht nur aufwendig, auf manchen Plattformen sind sie nicht einmal. Wie melde ich Rachepornos auf einer Pornoplattform, bei der ich nie ein Konto hatte? Und weil sich Online-Täter in vielen Fällen hinter anonymen Konten verstecken, ist es fast unmöglich, diese Konten zu sperren. Kaum hat man eines gesperrt, schon taucht das nächste auf, das dieselben falschen Informationen und Beleidigungen postet.

Es muss also eine übergreifende Vorgehensweise und Meldestelle für Betroffene geben. Heute ist ein Opfer von Online-Gewalt immer auch ein Opfer der Plattformen selbst. Dies sollte in Form eines internationalen Gesetzes umgesetzt werden. Dabei wäre der Begriff der Plattform weit zu fassen und müsste Suchmaschinen umfassen, E-Mail-Provider und Website-Hosts, soziale Medien, Videoplattformen sowie Apps, Online-Videogames und virtuelle Welten. So wie in der Europäischen Union das Recht auf Vergessenwerden besteht, das in Deutschland als Recht auf Löschung umgesetzt wurde, könnte auch ein Recht auf Schutz vor Cybermobbing eingeführt werden. Das würde den 1. Artikel der Allgemeinen Erklärung der Menschenrechte der Vereinten Nationen erfüllen: „Alle Menschen sind frei und gleich an Würde und Rechten geboren."[30]

… rechtliche Rahmenbedingungen schaffen

Die Vergangenheit zeigt uns, dass Plattformbetreiber Cybermobbing nur in Ausnahmefällen bekämpfen. Die Politikerin Renate Künast setzte gerichtlich durch, dass Facebook Inhalte, die Falschzitate der Klägerin beinhalten, umgehend entfernt, und das auch ohne Meldung.

Viele Länder haben recht lasche Bestimmungen, die die Opfer von Cybermobbing alleinlassen und in manchen Fällen erst recht zu Opfern machen. Dabei können wir uns etwas vom Vereinigten Königreich abschauen, das dank der Auswüchse der Yellow Press schon 1988 ein „Gesetz über böswillige Kommunikation" (*Malicious Communications Act*) verabschiedet hat, das unter anderem Trolling, das darauf hinzielt, „Kummer und Angst" auszulösen, unter Strafe stellt.

Netzwerkdurchsetzungsgesetz (NetzDG)

Das Netzwerkdurchsetzungsgesetz (NetzDG), das seit 2017 in Deutschland in Kraft ist, soll dafür sorgen, dass soziale Netzwerke wie Facebook oder Twitter illegale Aussagen möglichst schnell aus dem Netz nehmen. Damit sollen Hasskriminalität, strafbare Falschnachrichten und andere strafbare Inhalte bekämpft werden.

Digital Services Act (DSA)

Auf europäischer Ebene greift der Digital Services Act bei Online-Tätern aus dem Ausland. Das Gesetz über digitale Dienste (DAS) und das Gesetz über digitale Märkte (DMA) zielen darauf ab, einen sichereren digitalen Raum zu schaffen, in dem die Grundrechte der Nutzer geschützt und gleiche Wettbewerbsbedingungen für Unternehmen geschaffen werden.

Meinungsfreiheit versus Hassrede

Viele Online-Gewalttäter verstecken sich hinter der Meinungs- beziehungsweise Redefreiheit (*Freedom of Speech*), dem Recht, alles sagen zu dürfen. Das kollidiert mit der Hassrede (*Hatespeech*), die sie tatsächlich ausüben. Beleidigungen, üble Nachrede, Verleumdung, Verhetzung und andere Formen verbalen Missbrauchs sind strafrechtlich verfolgbar. Allzu oft wird jedoch das Recht gewalttätiger Männer auf Rede- oder Meinungsfreiheit höhergestellt als das Recht der Frauen, sich sicher vor Belästigungen in der Online-Welt zu bewegen und auszudrücken.

Gewinnherausgabe

Wie kann man Profiteure von Online-Gewalt dazu bewegen, diese weder auszuüben, zuzulassen noch sie weiterzuverbreiten? Indem man ihnen die damit verdienten Erlöse wegnimmt. Die Schweizer Ex-Politikerin und Aktivistin gegen Online-Gewalt, Jolanda Spiess-Hegglin, versucht, genau das zu erreichen. Die seit Jahren anhaltende Medienkampagne gegen sie, die immer wieder Online-Gewalt über sie hereinbrechen lässt, verhalf den beteiligten Schweizer Mediengruppen zu erhöhten Klickzahlen und damit auch zu erhöhten Werbeerlösen. Spiess-Hegglin hat auf die Herausgabe dieses Gewinns, ein Betrag in Millionenhöhe, vor Gericht geklagt und in erster Instanz gegen die Ringier-Gruppe gewonnen. Das hat in der Schweizer Medienlandschaft bereits ein Erdbeben ausgelöst, denn solche Schmierenkampagnen und auf viele Klicks ausgerichtete, zweifelhafte Berichte zahlen sich mit einem Schlag finanziell nicht mehr aus. Die erzwungene Rückbesinnung auf journalistische Inhalte stößt manchem Schweizer Medienhaus nun ziemlich auf, denn da muss man Arbeit hineinstecken, um sein Geld zu verdienen. Eine ziemliche Herausforderung, vor der die Schweizer Medienlandschaft steht.

Damit könnten Online-Plattformen, Medien oder Internetinquisitoren in die Verantwortung für die Verbreitung von Hassrede und Online-Belästigungen genommen werden. Sie hätten ein Interesse daran, Hetzer zu identifizieren und zu sanktionieren. Bessere Algorithmen, Meldefunktionen, eine raschere Kontaktaufnahme und die Zusammenarbeit mit den Behörden und damit ein besserer Opferschutz wären die Folge.

… eine Rechenschaftspflicht der Firmen einfordern

Die italienische Firmengründerin und Modeschöpferin Aurora Chisté wies mich auch auf einen anderen Aspekt sexueller Belästigung hin. Immer wieder wurde sie als Mitarbeiterin oder als Gründerin online wie offline belästigt. In manchen Fällen war es so schlimm, dass sie ihren Job kündigte. Vom Management oder der Personalabteilung war sie kaum unterstützt worden. Mit ihren eigenen Unternehmen geschah etwas anderes: Mitgründer, die sie an Bord holte, Geschäftspartner, Investoren und Firmenkunden versuchten, ihr das Unternehmen aus der Hand zu reißen, sobald es die ersten Erfolge zu verzeichnen hatte. Wehrte sie sich, wurden Aufträge gecancelt und Investitionen zurückgezogen. Diese Männer glaubten, sie könnten sie einfach zur Seite schieben.

Die Auswirkungen auf Aurora sind vielfältiger Natur. So gibt es immer wieder Brüche in ihrem Lebenslauf, die sie Recruitern, Personalabteilungen, Investoren et cetera erklären muss. Sie fordert deshalb, dass es möglich ist, einen Jobwechsel – ohne Konsequenzen fürchten zu müssen – mit solchen Angaben erklären zu dürfen. Es betrifft mehr Frauen, als man denkt. Chisté schlägt vor, dass diese und andere Formen von Belästigung von Unternehmen als Kennzahlen geführt werden sollen. Werden keine Daten dazu erfasst, kennt man die Größe des Problems nicht und sieht sich nicht veranlasst, etwas dagegen zu tun. Und das ist ein generelles Problem, wie wir aus Caroline Criado-Perez' Buch „Unsichtbare Frauen" schon erfahren haben.

Auch Berufs- und Unternehmensverbände sollten ethische Richtlinien erstellen, wie ihre Mitgliederorganisationen Mitarbeiterinnen vor Online-Gewalt schützen können und mit Online-Informationen zu Bewerberinnen umgegangen werden soll, damit Betroffene nicht nochmals zu Opfern werden. Bei dem Umgang mit Mitarbeitern, die als Täter von Online-Gewalt in Erscheinung getreten sind, könnten die Richtlinien aus der MeToo-Bewegung als Vorbild dienen.

Firmen haben oft schon Richtlinien für die Benutzung von und das Posten in sozialen Medien, diese dienen aber vor allem dazu, dass Mitarbeiter keine falschen oder sensiblen Informationen teilen. Was Firmen nicht unbedingt verstehen, ist, dass Mitarbeiter auch in Verlegenheit geraten können, wenn sie alles richtig gemacht haben. Online-Täter haben ihre eigene Vorgehensweise, um ihre Opfer zu demütigen.

Die Sportwebsite Defector Media hat solch eine Firmenrichtlinie. Nicht nur haben die einzelnen Mitarbeiter ein Abonnement von DeleteMe, sie können auch Kollegen bitten, für mehrere Tage ihre Online-Präsenz zu übernehmen. In extremen Fällen zahlt der Arbeitgeber sogar eine temporäre neue Bleibe und unterstützt Opfer bei der Zusammenarbeit mit Polizei und Gerichten.

Der amerikanische Autorenverband PEN America unterstützt Journalisten und Schriftsteller, die Online-Gewalt erleben, bei deren Bekämpfung, indem er über Strategien aufklärt und Ressourcen bereitstellt, um sich gegen solche Angriffe zu wehren.

... uns mit Aggressoren, Tätern und toxischen Männern befassen

Anstatt Frauen zu sagen, wie sie sich schützen können, sollten wir uns eher auf die Täter konzentrieren und diese entsprechend behandeln. Wie das gehen könnte, wollen wir hier besprechen.

Verpflichtende Beratung

Wie schon beim spanischen System VioGén sollten wir Täter, Aggressoren, Hetzer, toxische Männer und sonstige Arschlöcher zu verpflichtenden Beratungen schicken. Jolanda Spiess-Hegglin hat die Beobachtung gemacht, dass viele der Männer geradezu erleichtert schienen, dass mal jemand mit ihnen sprach. Vielen war nicht klar, dass Online-Gewalt strafbar ist. Dickpics und Drohungen sind strafbar in allen deutschsprachigen Jurisdiktionen, ebenso wie viele Beleidigungen und Belästigungen.

In Österreich ist nach einem Betretungsverbot nun eine sechsstündige verpflichtende Beratung für die Männer vorgesehen.[31] Auch wenn sechs Stunden wenig sind und kaum zu einer Verhaltensänderung führen werden, besteht die Hoffnung, dass die Männer weitere Beratungsstunden und ein Anti-Gewalt-Training in Anspruch nehmen.

Bei einer verpflichtenden Beratung sollte den Männern klar werden, dass sie ihren Hass ausschütten über Frauen aus Fleisch und Blut und ihre Familien. Man kann anderer Meinung sein, aber das rechtfertigt weder das Androhen von Gewalt noch von Vergewaltigung oder Mord.

Die Ausreden

Ausreden wie „Es war nur Spaß", „Sie soll sich nicht so haben", „Ich war schlecht drauf", „Ich war betrunken" oder „Ich kann mich nicht erinnern" sind inakzeptabel, erst recht Aussagen wie „Sie hat mich provoziert", womit dem Opfer die Schuld angelastet wird. Es muss klar sein, dass Online-Gewalt Konsequenzen hat. Online-Gewalt ist kein Kavaliersdelikt. Wir dürfen Männer nach ihren Gewalteskapaden sich nicht als Opfer stilisieren lassen. Wenn es zu einer Bloßstellung ihrer Online-Aggression kommt, dann haben sie sich das selbst zuzuschreiben – und nur sich selbst. Es war ihre Handlung, die das ausgelöst hat. Sich zu verbessern und zu entschuldigen setzt immer voraus, dass man die eigene Schuld erkennt und eingesteht.

Wenn wir diese Männer mit diesem toxischen Verhalten davonkommen lassen, fühlen sich andere ermutigt, es zu imitieren. Damit bleibt das Problem ungelöst und mehr Frauen werden zu Opfern gemacht.

Online-Gewalt darf nicht zur Trophäe werden

Zoë Quinns Ex Eron Gjoni, der den Schmierenkampagnenblog über sie geschrieben hatte, welcher die jahrelangen Gamergate-Hasskampagnen gegen sie startete, blieb von diesen ziemlich unberührt. Er lebte sein Leben weiter und gelangte sogar zu Prominenz. Der Mob, den er losgelassen hatte, lud ihn immer wieder zu Interviews und Podcasts ein, wo er seine Sicht der Dinge wiederholen und breittreten konnte.

Täter sollten die durch sie ausgeübte Online-Gewalt nicht als Trophäe herumtragen dürfen. Es sollte klargemacht werden, dass solch ein Verhalten das eines Arschlochs ist. Euphemismen wie „Kontroverse" oder „Meinungsverschiedenheit" dafür zu verwenden, verbietet sich. Eine Vergewaltigung ist kein „Fummeln", ein Messer im Bauch nicht nur eine „Fleischwunde".

... Gegenmaßnahmen ergreifen

Ideen gibt es viele. Ideen sind billig, sie umzusetzen ist die Herausforderung. Wie kamen wir zum heutigen Stand, welche Gegenmaßnahmen können wir ergreifen und wer sollte wie tätig werden? Hier stelle ich ein paar Ideen vor.

Maskuline Standards

Dummys für Auto-Crashtests waren bis vor wenigen Jahren männlichen Geschlechts. Das Ergebnis war und ist, dass Frauen nach wie vor schwerere Verletzungen bei Unfällen erleiden. Die Gerichtsbarkeit wurde bis vor wenigen Jahren vor allem von Männern ausgeübt und war vornehmlich auf (weiße) Männer ausgerichtet. Frauen wird wie gesagt weniger Glauben geschenkt als einem Mann. Morde an einer Ex-Partnerin werden von Medien als „Beziehungsdrama" oder „Familientragödie" tituliert, was einerseits die Tat fast schon entschuldigt und zumindest Verständnis für den Mörder zeigt und andererseits dem Opfer eine Teilschuld in die Schuhe schiebt. Medien werden zu Komplizen. Die Berichterstattung zu Männern und Frauen über das gleiche Ereignis unterscheidet sich deutlich. Erst als der Frauenanteil in den Parlamenten sich an die 30 Prozent anzunähern begann, wurden vermeintliche „Frauenthemen" wie Kinderbetreuung, Verhütungsmittel, Abtreibung, Gleichberechtigung oder eine feministische Außenpolitik Teil von Gesetzen und Staatsaufgaben.

Fast alles, wovon wir umgeben sind, was uns bestimmt, was uns zugutekommt, ist auf Männer ausgerichtet. Als Männer bemerken wir gar nicht, welche Friktionen es für Frauen, Migranten, Behinderte und andere benachteiligte Gruppen gibt, denn für uns funktioniert es optimal. Keiner von uns muss sich bei einer Diebstahlanzeige rechtfertigen, ob wir den Dieb nicht provoziert hätten. Ob wir aufreizende Kleidung getragen hätten, als uns jemand in der Bar niedergeschlagen hat. Niemand sagt uns, wenn wir uns beschweren, dass mal wieder unsere Hormone mit uns durchgegangen sind.

Für uns Männer ist es selbstverständlich, dass Werkzeuge in unsere Hand passen; dass die Bedienelemente einer Baumaschine oder eines Linienflugzeugs für unsere Armlänge und Muskelkraft optimiert sind; dass der Abstand von Klaviertasten männlichen Fingerlängen und -breiten entspricht; dass ein Gurkenglas durch die Hebelwirkung unserer Hände und Arme leicht zu öffnen ist und wir uns als Helden fühlen können, wenn wir unserer Frau dabei helfen können, die mal wieder daran scheitert. Da ist es verständlich, aber nicht zu entschuldigen, dass soziale Netzwerke, die vorwiegend von Männern für Männer entwickelt worden sind, die Bedürfnisse von Frauen zuerst einmal nicht berücksichtigen. Das gilt es zu ändern.

Unmöglich? Lassen wir uns von Menschen mit Behinderungen inspirieren, die jahrzehntelang darum kämpfen mussten, dass Straßen und Gebäude behindertengerecht gebaut wurden. Designen wir den Cyberspace mit Frauen im Blick, dann profitieren wir alle davon. Er wird für alle sicherer, erfreulicher, nützlicher und wertvoller.

Umgebungszugehörigkeit

Orte können Personen willkommen heißen oder abstoßen oder zumindest das Verweilen unangenehm machen. Forscher der Universität von British Columbia in Vancouver studierten diese sogenannte „Umgebungszugehörigkeit" (*Ambient Belonging*), die ein Maß dafür ist, wie wohl sich eine Person an einem Ort fühlt. Das Wohlfühlen hat unmittelbare Auswirkungen auf das Sicherheitsgefühl, aber auch darauf, wie sehr eine Person sich kreativ betätigen kann, ohne von anderen sofort beurteilt zu werden.[32]

Die Temperaturen in vielen Büroräumen sind eher auf Männer ausgerichtet. Aufgrund ihres Körperbaus und Metabolismus fühlen sie sich bei niedrigeren Temperaturen wohler. Und welche Personen in der Gebäudeverwaltung stellen diese Temperaturen ein? Männer! Frauen tendieren dazu, in solchen Räumen zu frieren, auch wenn es sich nur um zwei bis drei Grad Temperaturunterschied handelt. Kandidatinnen, die durch Räumlichkeiten geführt werden, die mit Gegenständen dekoriert sind, die auf eine männliche Kultur deuten, entscheiden sich seltener, ein Jobangebot in dem jeweiligen Unternehmen anzunehmen. Ändern Unternehmen bei Stellenausschreibungen das Wort „wettbewerbsintensiv" zu „herausfordernd" als Beschreibung des Geschäftsumfelds oder der Firmenkultur, vervielfachen sich die Bewerbungszahlen von Frauen.

Dabei sind das die noch recht einfach erkennbaren Unterschiede im Ambiente. Schwieriger wird es, wenn sie als die letzten Trends im Arbeitsplatzumfeld beworben werden. Großraumbüros sind so eine Erscheinung, die Frauen benachteiligt. Eine kürzlich in einer britischen Regierungsbehörde durchgeführte Studie, die von geschlossenen Büros auf einen Großraumarbeitsplatz umstellte, ergab, dass Frauen in solchen Büros häufiger den Blicken ihrer männlichen Kollegen ausgesetzt sind und sich oft wie auf dem Präsentierteller fühlen.[33] Der Akt der Selbstdarstellung zehrt an der mentalen Leistung, weil immer ein Teil des Gehirns verarbeitet, wie die anderen einen beobachten. Schafft man eine Privatsphäre durch geschlossene Büroräume, kann das die Kreativität noch auf andere Weise fördern: Diese Räume bieten uns die Freiheit, unbeobachtet zu experimentieren. Wenn unsere Arbeitsräumlichkeiten den Eindruck vermitteln, unser Schaffen stehe ständig im Fokus, neigen wir weniger dazu, neue Ansätze auszuprobieren, die scheitern oder unordentlich aussehen könnten. Das ist eine entmündigende Erfahrung. Sie gibt uns das Gefühl der Machtlosigkeit, hält uns davon ab, auf Erkundung zu gehen und unsere Kreativität einzusetzen. Das betrifft nicht nur Frauen, sondern auch Menschen mit Behinderung, LGBTQ+-Personen oder Mitarbeiter mit Migrationshintergrund. Sie werden mehr beobachtet und strenger beurteilt. Während des Homeoffice-Zwangs in der Covidpandemie konnten sie dieses Begafftwerden vermeiden, sich ihre Zeit besser einteilen und mehr Leistung erbringen.

Was für die Umgebungszugehörigkeit in einem physischen Raum gilt, trifft auch auf virtuelle Räume zu. Deren grafische Ausgestaltung, welche Informationen Teilnehmer in diesen Räumen preisgeben müssen oder welcher Umgangston vorherrscht, all das führt zu mehr oder weniger Inklusion von Frauen und benachteiligten Minderheiten. Für die Sozialpsychologin Sapna Cheryan von der Washington University ist klar, dass viele Online-Plattformen für ein bestimmtes Publikum geschaffen worden sind. Wenn einzelne Gruppen sich dort nicht sicher fühlen, fühlen sie sich auch nicht zugehörig. Sobald eine Plattform national oder sogar global zu einem Leitmedium wird – wie beispielsweise Karrierenetzwerke wie LinkedIn oder XING –, wird das zum Problem, stellte sie mir gegenüber in einem Interview fest.

Benachteiligungsverbot im Cyberspace

Viele Länder haben Gesetze verabschiedet gegen die Benachteiligung von Personen mit Behinderungen. Die Amerikaner haben mit dem *Americans with Disability Act* (ADA) seit 1990 ein Bundesgesetz dazu. In Deutschland beschreibt das Sozialgesetzbuch, wie das im Grundgesetz verankerte Benachteiligungsverbot konkret umgesetzt werden soll. Es ist die Pflicht des Staates und seiner Bürger, Menschen mit Behinderung möglichst umfassend zu inkludieren. Dazu werden konkrete Rechte angeführt und entsprechende Maßnahmen dazu genannt wie die Barrierefreiheit von Gebäuden und des Internets oder die Bereitstellung von Gebärdendolmetschern.

Was von einigen als unverhältnismäßiger Aufwand für eine kleine Gruppe betrachtet wurde, hat sich zugunsten aller ausgewirkt. Barrierefreie Zugänge auf Straßen und zu Gebäuden kommen nicht nur Menschen im Rollstuhl zugute, sondern auch Eltern mit Kinderwagen, älteren Personen, Menschen, die Lasten transportieren, oder jemandem, der sich ein Bein gebrochen hat und auf den Rollstuhl angewiesen ist. Diese Gesetze kann man sich als Vorbild nehmen, um das im deutschen Grundgesetz verankerte Benachteiligungsverbot auf den Cyberspace auszuweiten.

Verbotscode für toxisches Verhalten

Seit Jahrzehnten bin ich Moderator in verschiedensten Foren. Ob professionelle Programmierercommunitys bei SAP oder Germans und Austrians in der San Francisco Bay Area, ein Merkmal ist länderübergreifend gleich: Die größten Scherereien gibt es mit einer einstelligen Zahl an Mitgliedern, die sich partout an keine Regeln halten wollten. Sie stellen themenfremde Beiträge ins Forum, attackieren andere Mitglieder persönlich, benutzen provozierende Sprache, mit anderen Worten: Sie genießen die Aufregung und legen nach, wo sie können. Als Forenmoderator habe ich gelernt, dass Diskussionen und Appelle, sich zivilisierter zu benehmen, sinnlos sind. Je nach Forum, den Regeln und dem generellen Verhalten in der Gruppe schließe ich solche Mitglieder nach der ersten Verwarnung aus der Gruppe aus. Die Faustregel aus anderen Branchen, dass 20 Prozent deiner Kunden dir 80 Prozent der Probleme bescheren, in den seltensten Fällen aber 80 Prozent des Umsatzes oder Gewinns, gilt auch hier. Da die meisten Online-Foren-Administratoren freiwillig und unentgeltlich arbeiten, gibt es keinen Grund, solche Störenfriede zu dulden, zumal toxische Mitglieder wie diese alle anderen davon abhalten, sich zu beteiligen, weil sie fürchten, in deren Visier zu geraten. Erfahrungsberichte aus anderen Online-Foren bestätigen dies. Die Diskussionen in einem Online-Forum, auf dem sich Forschende zum Klimawandel austauschten, waren immer toxischer geworden, bis es den Moderatoren reichte. Sie beschlossen, die aggressivsten Mitglieder aus der Gruppe zu entfernen. Nach Analyse der Mitglieder mit den meisten Verstößen fiel ihnen auf, dass es sich um gerade einmal ein halbes Dutzend Mitglieder handelte, die für einen Großteil der Kontroversen verantwortlich waren. Nach deren Ausschluss waren die Diskussionen weitaus zivilisierter.

Von den Erfahrungen aus Online-Foren können auch Konferenzen lernen. Speziell nach Vorträgen von oder Podiumsdiskussionen mit Konferenzteilnehmerinnen werden oft von Männern toxische Fragen gestellt oder ausführliche Kommentare angebracht, die einzig und allein den Zweck haben, den Frauen ihren Mangel an Kompetenz zu demonstrieren. Das geschieht nicht nur in den anschließenden Fragerunden, sondern auch abseits der Bühne. Toxische Männer verfolgen hartnäckig die weiblichen Vortragenden, um zu mansplainen, sie zu beschimpfen und auf „ihren Platz" zu verweisen.

Die amerikanische Finanzministerin im Kabinett von Joe Biden, Janet Yellen, erzählte Mary Ann Sieghart, wie toxische Männer da vorgehen.[34]

Sie kommen also zu einer Präsentation und zeigen Ihre erste Folie, auf der steht: „Das ist es, was ich in diesem Seminar tun werde." Und bevor Sie überhaupt dargelegt haben, was Sie vorhaben, sagt jemand, in der Regel ein sehr aggressiver Typ: „Sie haben die falsche Frage gestellt, und die Art und

Weise, wie Sie vorgehen, wird nichts beweisen", selbst wenn es eine interessante Frage war, die Sie untersucht haben.
Das machen sie unverhältnismäßig oft bei Frauen. Einem Mann werden sie sagen: „Nun, das ist eine interessante Sichtweise, ich selbst hätte das nicht so gesehen."

Eine Frau ist solch einer autoritätsuntergrabenden Kritik ständig ausgesetzt, während Männer eher Lob oder Anerkennung erhalten. Frauen in solch einer toxischen Atmosphäre erhalten wenig Ermunterung, sie müssen sich dauernd rechtfertigen und Zweifel bleiben hängen. Veranstalter sind bislang schlecht bis gar nicht darauf vorbereitet. Aggressionen aus dem Publikum gegen Teilnehmerinnen werden heruntergespielt oder mit einem Achselzucken hingenommen.

Sprache
Liest man die Berichterstattung über Online-Belästigung bis hin zu Femiziden, fällt uns kaum auf, wie einseitig diese Sprache ist.

Im letzten Halbjahr wurden zehn Frauen vergewaltigt.

Hier scheint den Frauen etwas aus heiterem Himmel zu passieren, wie eine Krankheit, die sie erwischt. Verschwiegen wird dabei, dass Männer Frauen vergewaltigen. Mit dieser Unterlassung, wer hier der aktive Part ist, fällt der Fokus auf die Frauen zurück. Warum haben sie sich vergewaltigen lassen? Waren sie etwa allein unterwegs? Wieso treiben sie sich in dunklen Seitengassen herum? Die Sprache vergewaltigt die Frauen ein weiteres Mal.

Beziehungsdrama: Ex tötet Frau und ihren neuen Liebhaber

Sagen wir, wie es ist: Es ist Mord. Ein Mann bringt eine Frau und einen Mann um. Allein das Wort „Beziehungsdrama" oder Synonyme wie „verschmähte Liebe" deuten an, dass eigentlich die Frau daran schuld ist, dass er „ausrastete". Sie verschmähte ihn, was ihn hart getroffen haben muss. Denn hat nicht ein Mann Anspruch auf die Aufmerksamkeit der Frau und deren willige Hingabe? Und der Neue, den sich diese Schlampe gleich angelacht hat, kommt natürlich kein Jota an die männlichen Charakteristiken des verständlicherweise impulsiven Mannes heran. Auch hier wird der Frau ein weiteres Mal Gewalt angetan. Kein Wort dazu, dass der Mann offensichtlich kontrollierend und gewalttätig war, dass er vielleicht den Kindern die Mutter genommen hat.

Diese Art von Defizitnarrativ, als sei etwas mit der Frau nicht in Ordnung, herrscht in unseren Gesellschaften vor. Was der Mann macht, ist verständlich, so tragisch der Ausgang ist, wir können mit ihm mitfühlen. Er wird bemuttert, bemitleidet, selbst wenn er ins Gefängnis muss.

Jolanda Spiess-Hegglin machte diese Erfahrung. Über Markus Hürlimanns Familienstand und Privatleben, dessen DNA in ihr gefunden wurde, wissen wir nichts, sie hingegen wurde zur lüsternen, berechnenden, nach Aufmerksamkeit heischenden Täterin stilisiert.

Lieber anonym oder doch Klarnamen?

Wie einfach wäre es, Täter zu verfolgen, wenn jede Plattform die Teilnehmer dazu zwingen würde, einen Klarnamen zu verwenden? Würden wir damit die Probleme des Cybermobbings lösen oder dieses sogar noch einfacher machen? Natürlich könnte man rascher Täter identifizieren, falls die Online-Plattformen diese Zuordnung wirklich technisch durchsetzen würden. Ein Benutzerkonto könnte dann nur nach Vorlage eines offiziellen Dokuments wie Personalausweis oder Reisepass angelegt werden. Sensible Daten wie Ausweisnummern oder Geburtsdaten einer Plattform oder zentralen Verwaltungsstelle zu übergeben, ist jedoch heikel, denn damit werden sie zu einem lohnenden Ziel von Hackerattacken.

Der Zwang zu Klarnamen kann zudem den genau gegenteiligen Effekt haben. Besonders gefährdete Bevölkerungsgruppen würden damit zum Schweigen gebracht. Man stelle sich homosexuelle oder Trans-Personen vor, die sich nicht oder noch nicht vor ihrer Familie und dem Arbeitgeber geoutet haben. Klarnamen würden ihre Sicherheit gefährden und ihnen die Kontrolle über das eigene Comingout entziehen. Oder man denke an verfolgte Minderheiten, die im Land Unterschlupf gefunden haben und sich online betätigen wollen. Sie wären dann für repressive Regime in ihren Herkunftsländern leichter identifizierbar und sie könnten sich nicht mehr freimütig zu den Problemen in ihren Heimatländern äußern. Ähnliches gilt auch für Frauen. Der gewalttätige Ex, der aufdringliche Stalker und sonstige toxische Männer könnten leichter deren Online-Aktivitäten beobachten und Informationen über ihre Aufenthaltsorte oder Familiensituation sammeln. Dehnen wir diese Liste noch auf Kinder aus, dann sehen wir die Gefahren, die von einem Klarnamenzwang ausgehen. Aktivisten haben umfangreiche Gründe für gefährdete Gruppen aufgezählt, die durch eine Klarnamenpflicht erst recht gefährdet werden. Die Konsequenzen für die Betroffenen sind hoch:[35]

★ Belästigung, sowohl online als auch offline
★ Diskriminierung bei der Beschäftigung, der Erbringung von Dienstleistungen und Ähnlichem
★ Tatsächliche physische Gefahr durch Mobbing, Hassverbrechen etc.
★ Verhaftung, Inhaftierung oder Hinrichtung in einigen Gerichtsbarkeiten
★ Wirtschaftlicher Schaden wie Verlust des Arbeitsplatzes oder des beruflichen Ansehens, schlechtere Jobaussichten etc.
★ Soziale Kosten, die dadurch entstehen, dass man sich nicht mit Freunden und Kollegen treffen kann
★ Möglicher (vorübergehender) Verlust des Zugriffs auf ihre Daten, wenn ihr Konto gesperrt oder aufgelöst wird

... bessere Technologien und Kuratierung durch Plattformen einfordern

Technologie verstärkt ein Problem, Technologie kann aber auch ein Problem verringern. Im Sommer 2021 stellten Facebook, Instagram, Twitter, TikTok und Google das Ergebnis des Generation Equality Forum (Forum zur Gleichstellung der Generationen) vor, bei dem die Unternehmen elf Maßnahmen entwickelten.[36] Diese kann man in zwei Ansätze unterteilen: Frauen sollen mehr für ihre Sicherheit tun können und das Meldesystem soll optimiert werden. Die folgenden Punkte werden dazu konkret genannt.

Zur Kuratierung der Inhalte:

★ Detailliertere Einstellungen (zum Beispiel, wer Beiträge sehen, teilen, kommentieren oder beantworten kann)
★ Eine kulturell sensiblere, einfachere und zugängliche Wortwahl
★ Eine benutzerfreundliche Navigation und Sicherheitstools
★ Frauen proaktiv entlasten durch Verringerung der Menge an Online-Gewalt, die sie sehen

Zu den Verbesserungen am Meldesystem:

★ Eine größere Auswahl zur Adressierung von Kontext und/oder Sprache
★ Bereitstellung von mehr Richtlinien und Produktleitlinien bei der Meldung von Online-Gewalt
★ Zusätzliche Hilfsmittel und Unterstützung beim Meldeprozess
★ Möglichkeiten der Nachverfolgung und Verwaltung von Berichten

In einem offenen Brief nannten eine Reihe von Aktivisten und Organisationen diese Studie einen „PR-Stunt", denn es werde nichts getan, um das Problem an der Wurzel zu packen und Online-Gewalt schon im Ansatz zu unterdrücken. Wieso wird technologisch nicht ermöglicht, dass die Beiträge von Männern, bevor sie gepostet werden, in Bezug auf die Wortwahl, die adressierte Person, den Inhalt des Posts, das Thema und Ähnliches überprüft werden? Wieso wird nicht das bisherige Nutzerverhalten des Mannes herangezogen, sodass bei wiederholten Meldungen und Beschwerden seine Posts strenger überprüft werden? Wieso baut man keine Zeitverzögerung ein, basierend auf seinem bisherigen Verhalten, wenn er sich in der Vergangenheit in der Wortwahl vergriffen hat?

Technologieplattformen arbeiten derzeit an Tools, um belästigende Inhalte zu erkennen und die Täter zu identifizieren und zu verbannen. Doch solange das Geschäftsmodell sozialer Netzwerke darauf baut, von Cybermobbing indirekt zu profitieren, so die Überzeugung der Cybermobbing-Aktivistin Leigh Honeywell, werden diese wirkungslos bleiben. Lucina Di Meco kritisiert, jeder Käsehersteller muss Sicherheitsstandards einhalten und diese belegen können und nachprüfen lassen, doch von Internetfirmen wird das nicht verlangt. Dabei sind der physische Schaden und der wirtschaftliche Verlust durch Krankheit eines Opfers aufgrund der Ausdünstungen eines verschimmelten Käses genauso messbar wie der mentale Schaden und wirtschaftliche Verlust durch Krankheit eines Opfers aufgrund der Ausdünstungen eines verschimmelten Gehirns. Außerdem kritisiert Di Meco, dass soziale Netzwerke kaum reguliert sind. Wir haben keine Ahnung, welche Algorithmen sie verwenden, wie viele Leute sie mit der Moderation von Inhalten beschäftigen, wie viel Geld sie ausgegeben haben; sie handeln weitgehend autonom.

Erkennen von Belästigung

Die Technologiefirmen, die die großen Internetplattformen betreiben, könnten Funktionen einführen, die Online-Belästigungen und

Cybermobbing erkennen und entsprechende Inhalte entfernen. Sie könnten die Benutzerkonten der Täter markieren, diese verwarnen und bei wiederholtem Fehlverhalten die Konten löschen sowie die krassesten Fälle den zuständigen Behörden melden. Man muss es nur wollen oder dazu gezwungen werden, auch wenn es ein immerwährender Wettlauf bleiben wird. Den Tätern fallen immer neue Tricks ein, um jemanden zu belästigen, und entsprechend muss die Software angepasst werden.

So hat die Landesmedienanstalt Nordrhein-Westfalen eine künstliche Intelligenz getestet, die innerhalb eines Jahres 20.000 Beiträge als potenziell jugendschutzgefährdend gemeldet hatte. Darunter waren pornografische und gewaltverherrlichende Inhalte, aber auch extremistische Äußerungen. Von diesen wurden 15.000 durch menschliche Experten begutachtet. 6.700 waren tatsächliche Verstöße und Hunderte Anzeigen wurden erstattet, doppelt so viel wie ohne diese Software. Die KI kategorisiert die markierten Inhalte vorab, damit die menschlichen Experten nicht ohne Vorwarnung mit verstörenden Inhalten konfrontiert werden.[37]

Viele Plattformen verwenden schon heute künstliche Intelligenz, um fragwürdige Inhalte zu entfernen oder zu markieren. Twitters KI beispielsweise stufte in den letzten drei Monaten vor den letzten US-Präsidentschaftswahlen 27 Millionen Tweets als die Richtlinien verletzend ein. Von diesen wurden 97 Prozent von der Software automatisch entfernt.[38]

Was das Erkennen zweifelhafter Inhalte so schwer macht, ist, dass dies oft Auslegungssache ist. Was für den einen ein Terrorist ist, ist für den anderen ein Freiheitskämpfer. So auch hier. Während das Wort „Java" für eine Kaffeesorte, eine Insel oder eine Programmiersprache stehen kann und die Software aus dem Textkontext die höchste Wahrscheinlichkeit für eine Wortbedeutung errechnen kann, ist das bei Falschinformationen, Ironie, Hassrede oder Belästigung nicht so eindeutig. Selbst Menschen tun sich dabei manchmal schwer. Legte man Testpersonen Meldungen vor und bat sie, Hatespeech darin zu markieren, wurden nur fünf Prozent der Beiträge mehrheitlich markiert und nur in 1,3 Prozent der Fälle kamen die Tester einstimmig auf dasselbe Ergebnis. Doch das soll die Plattformen und uns nicht davon abhalten, immer bessere Algorithmen zu erstellen sowie Testfälle aufzubauen, um Online-Belästigung automatisiert zu erkennen, zu entfernen und die Täter zu bestrafen.

Facebooks Hatespeech-Detektor hat in den ersten drei Monaten von 2020 fast zehn Millionen bedenkliche Beiträge identifiziert, was eine Steigerung von fast vier Millionen im Vergleich zum vorherigen Quartal bedeutete. Inhalte werden dabei oft auch gleich präventiv gelöscht.[39] Man steht dabei vor der Herausforderung, diese sprachen-, regionen- und länderübergreifend und abhängig vom kulturellen Rahmen richtig zu deuten. Wie bereits besprochen werden bei Belästigungen oft mehrere Medien kombiniert, sodass ein harmloses Foto zusammen mit einem harmlosen Text plötzlich eine Beleidigung oder Drohung ergibt, etwa das Foto eines Friedhofs mit dem Text „Du und deine Familie gehören hierhin".

Auch Anrufe und Sprachnachrichten können belästigende Inhalte haben. Intel entwickelte gemeinsam mit Spirit AI das Tool Bleep. Ein kleiner Piepser (englisch: *Bleep*) übertönt in US-TV-Sendungen anstößige Worte. Dieses Tool wurde für Online-Videospiele entwickelt, in denen Spieler miteinander durch Sprache kommunizieren. Dabei wird nicht nur viel geflucht, sondern es kommt auch zur Belästigung einzelner Spieler. Die Software erkennt gesprochene Sprache und löscht anstößige Worte.[40]

Was heute bei Falschinformation schon möglich ist, bei der Facebook korrekte Informationen ergänzt und die falsche als solche markiert, ginge auch bei Hassrede. Der Effekt wäre enorm. Hasskommentare und Täter wären an den virtuellen Pranger gestellt.

Die Videoplattform Youtube begann 2019 damit, Algorithmen, die Benutzern neue und ähnliche Videos wie die von ihnen bevorzugten vorschlagen, dahingehend zu modifizieren, dass falsche Informationen und Verschwörungstheorien weniger oft vorgeschlagen wurden. Statt jemandem, der glaubte, die Erde sei eine Scheibe, ähnliche Videos vorzuschlagen, die seinen Glauben verstärkten, wurden ihm stattdessen vor allem Videos, die diese Theorie als falsch entlarvten, vorgeschlagen.[41]

Einen wichtigen Hinweis auf belästigende Benutzerprofile liefert die Analyse geblockter Konten. Wer wird von wem geblockt, wie sehen dazu die Interaktionen aus? Die Vermutung ist, dass toxische Männer nicht nur ein Benutzerprofil belästigen, sondern mehrere. Handelt es sich um männliche Profile, die von vielen weiblichen Profilen geblockt werden, sollte man mal genauer hinsehen.

Erkennen von Tätern

Benutzer, deren Konten wegen Verstößen gesperrt wurden, tauchen kurze Zeit später wieder auf den Plattformen unter anderen Namen auf. Wie Rebecca Scheffler auf Craigslist schon erkennen musste, half es nicht, Beiträge und deren Benutzer dort zu melden, und diese entfernen und sperren zu lassen. Immer wieder tauchten neue Kleinanzeigen auf, die unter neuen falschen Namen eingestellt wurden. Doch das ist vermeidbar.

Das Live-Streaming-Videoportal Twitch verwendet ein Maschinenlernmodell, das Trolle erkennt, die über ein neues Konto versuchen, ihre belästigenden Aktivitäten fortzusetzen.[42] Mit einem Werkzeug namens Suspicious User Detection (SUD) versucht das System, anhand von mehreren Kriterien zu erkennen, ob Benutzer, deren Konten verbannt wurden, wieder aktiv sind. Vermutet das System hinter einem neuen Benutzerkonto einen verbannten Benutzer, wird dieser für den spezifischen Kanal stumm geschaltet oder gleich wieder verbannt.

Erkennen von Pornografie

In dem Fall der 12-Jährigen, die auf Snapchat von einem Erwachsenen zur Veröffentlichung von Nacktvideos aufgefordert worden war, bemühen sich die Eltern und die junge Frau nun in ihrer Klage gegen das Unternehmen darum, dass Snapchat Werkzeuge wie PhotoDNA einsetzen soll.

PhotoDNA wurde von Microsoft entwickelt, um kinderpornografische Bilder auf verschiedenen Websites zu erkennen, zu blockieren und zu melden. Dieses Werkzeug wurde von Microsoft übrigens an die amerikanische Hilfsorganisation National Center for Missing & Exploited Children gespendet wie auch dem deutschen Pendant White-IT.

Vorbeugende Maßnahmen

Vielleicht aber sollte nicht immer erst nach der Veröffentlichung eines anstößigen Beitrags die Maschinerie in Gang gesetzt werden, sondern schon vorher. Eine Reihe von Werkzeugen überprüft beispielsweise heute schon die Rechtschreibung von Inhalten und ermöglich damit den Verfassern, sie noch vor dem Absenden zu korrigieren. Wie wäre es, denselben Ansatz für die Abmilderung von zu aggressiver oder anstößiger Wortwahl zu verwenden? Vielleicht sogar mit dem Hinweis, dass es sich um eine Wortwahl handelt, die man von Angesicht zu Angesicht nicht verwenden würde?

Twitter experimentierte vor Kurzem mit einer solchen Prüfung. Vor dem Absetzen des Tweets wurde nochmals die Wortwahl überprüft, und findet sich darin ein Schimpfwort, fragt die Plattform nach, ob man den Tweet wirklich so absenden möchte, da andere Benutzer die Wortwahl als beleidigend empfinden könnten.

Solche kleinen Hinweise, verbunden mit dem Appell an höhere Werte, funktionieren in anderen Zusammenhängen auch. So steigern beispielsweise asiatische Mädchen ihre Leistung, wenn man sie vor Mathematikprüfungen an ihre ethnische Zugehörigkeit erinnert.[43] Wie wäre es, vor dem Absetzen eines Postings daran zu erinnern, andere Menschen respektvoll zu behandeln?

Konsensorientierte Algorithmen

Einen anderen Ansatz, um Kontroversen zu vermeiden, verfolgen Wissenschaftler des Leipziger Max-Planck-Instituts. Beschimpfungen und Belästigungen entstehen nicht aus dem Nichts, sie beginnen oft mit einem Thema, bei dem Menschen unterschiedlicher Meinung sind. Dabei treten Diskussionsteilnehmer mit einer starken Vorein-genommenheit im Cyberspace oft besonders „engagiert" auf und halten ihre Argumente für besonders wichtig und richtig. Treffen sie dabei auf Teilnehmer mit ebenso starker Leidenschaft für die gegenteiligen Argumente, kommt es zu einer Polarisierung. Die Teilnehmer verfallen dabei – unbewusst – einer kognitiven Verzer-rung und lassen gegensätzliche Argumente nicht mehr zu. Je mehr sie posten, desto polarisierter wird die Debatte, desto hitziger wer-den die Argumente und schlagen von einer sachlichen Diskussion um in persönliche Attacken. Haben die widersprechenden Teilneh-mer dann auch noch eine Gebärmutter, kommt das ganze frauen-feindliche Arsenal zum Einsatz.[44]

Die Forscher analysierten solche polarisierenden Debatten anhand von Twitter-Tweets und stellten fest, dass selbst so harmlose Meinun-gen wie „Das geht doch gar nicht!" eine Polarisierung entfachen können. Felix Gaisbauer, Mathematiker am Max-Planck-Institut, erläutert weiter:

> Weil die meisten Menschen Kritik, allemal Beschimpfungen, fürchten, halten sie sich im Zweifel [bei kontroversen Themen] mit Äußerungen zurück. So kann es zu einer Schweigespira-le kommen. [...] Eine laute Minderheit kann eine leise Mehrheit zum Schweigen bringen, sodass sie öffentlich vielleicht sogar als Mehrheit wahrgenommen wird. Die Gefahr besteht vor allem dann, wenn klassische Medien das Geschehen etwa auf Twitter abbilden und der Entrüstung der Minderheit so eine noch größere Bühne bieten.

Deshalb starteten die Forscher das Projekt Opinion Dynamics and Cultural Conflict in European Space (Odycceus-Projekt), um die Online-Diskussionen konstruktiver zu gestalten. Der dahinterste-henden künstlichen Intelligenz gelingt es bereits, die Themen solcher Diskussionen zu erkennen. Als nächsten Schritt soll sie lernen, die Argumente, die Meinungen und die Haltungen dazu zu erkennen und zu klassifizieren. Damit könnten konsensorientierte Algorithmen entwickelt werden, die eine Polarisierung – und in Folge die Attacken auf Teilnehmer und Teilnehmergruppen – verringern. Ähnlich wie bei öffentlich-rechtlichen Medien könnten damit Internetplattformen algorithmisch den Konsens suchen.

Fundamente humaner Technologie
Um Technologien zu schaffen, die den Menschen berücksichtigen, hat das Center for Humane Technology sich das Ziel gesetzt, sogenannte Technologen in sechs wertezentrierten Grundsätzen auszubilden. Diese Werte umfassen das Respektieren der menschlichen Natur, das Geringhalten und Vermeiden schädlicher Konsequenzen, Vertrauen und Verständnis, Fairness und Gerechtigkeit, Menschen zu Erfolgserlebnissen zu verhelfen und ein Verständnis dafür zu entwickeln, wie unsere Lebensbedingungen und Technologien unser Wertesystem beeinflussen.

... Hilfsorganisationen und Behörden unterstützen und einbeziehen

Opfer von Online-Belästigungen sind nicht auf sich gestellt. Eine Reihe von Organisationen beraten über die Vorgehensweise und Rechte, helfen bei der Dokumentation der Online-Gewalt, vermitteln Rechtsbeistand, stellen teilweise sogar Anwälte und helfen beim Aufspüren der Online-Hetzer. Diese Organisationen sind meistens Privatinitiativen und finanzieren sich durch Spenden, die nur in den wenigsten Fällen von öffentlichen Stellen kommen. Die Betreiber haben selbst oft Online-Gewalt erlebt und es sich zur Aufgabe gemacht, anderen Betroffenen zu helfen. Auf vielen dieser Plattformen finden sich Tipps und Tricks, wie man sich schützen kann und welche Möglichkeiten einer strafrechtlichen Verfolgung es gibt.

Seit Dezember 2020 ist in Österreich Online-Belästigung gemäß dem Kommunikationsplattformen-Gesetz strafbar. Die österreichische

Journalistin Ingrid Brodnig hat für verschiedene Plattformen den Artikel „Hasskommentare melden – aber richtig" veröffentlicht.[45] Jede Plattform ist unterschiedlich, doch die Konsequenzen sind für sie ähnlich. Folgt eine Plattform der Aufforderung nicht, Beleidigungen zu entfernen, drohen Strafen bis zu zehn Millionen Euro.

Die folgende Liste ist bei Weitem nicht vollzählig, liefert aber erste Anhaltspunkte für Betroffene und Interessierte. Die angegebenen Organisationen klären zu Online-Gewalt auf und dienen als Ansprechpartner für Behörden, Gesetzgeber, Medien und sonstige Interessierte. Ich führe auch Organisationen aus nichtdeutschsprachigen Ländern an, weil jedes Land andere Herangehensweisen und Probleme hat, von denen wir lernen oder uns darauf vorbereiten können, sofern sie bei uns noch nicht aufgetreten sind.

Zentralstelle zur Bekämpfung der Internet- und Computerkriminalität (ZIT)

Diese 2010 gegründete Zentralstelle ist eine Außenstelle der Generalstaatsanwaltschaft Frankfurt am Main. Sie ermittelt zu Kinderpornografie, Darknet-, Cyber- und Hasskriminalität im Internet. Die ZIT dient auch als Anlaufstelle für Fälle, in denen die örtliche Zuständigkeit in Deutschland ungeklärt ist. Einige der Hilfsorganisationen arbeiten mit der ZIT intensiv zusammen.

Website: https://staatsanwaltschaften.hessen.de/

Hassmelden

Die Organisation Hassmelden widmet sich der Untersuchung, Bearbeitung und der Weiterleitung von Hassreden (Hatespeech) im Internet an die zuständigen Behörden. Meldungen können sehr einfach über diverse Kanäle, inklusive Apps, eingereicht werden.

Website: https://hassmelden.de/

HateAid

HateAid ist eine deutsche Beratungsstelle für Online-Hass, die auch rechtlichen Beistand leistet und Prozesskostenfinanzierung anbietet. Die Beratung ist für Betroffene kostenlos. Neben Spenden finanziert sich das Unternehmen durch erfolgreich eingeklagte Schmerzensgelder.

Website: https://hateaid.org/

#NetzCourage

#NetzCourage ist ein Schweizer Verein, der sich für die Bekämpfung digitaler Gewalt einsetzt und Betroffene bei der Recherche, mit juristischer Expertise und beim Vorgehen gegen Hetzer unterstützt.

Website: https://www.netzcourage.ch/

Cybermobbing-Hilfe

Diese Online-Beratung wendet sich an Kinder und Jugendliche, die Opfer von Cybermobbing geworden sind.

Website: https://www.cybermobbing-hilfe.de/

LOVE-Storm

LOVE-Storm schult Personen in Zivilcourage, um den Hass im Netz umzuwandeln und sich für ein positives Miteinander einzusetzen.

Website: https://love-storm.de/

Crash Override

Diese Organisation wurde von Zoë Quinn, dem Opfer der Gamergate-Affäre, gegründet und unterstützt amerikanische Opfer von Online-Gewalt.

Website: http://www.crashoverridenetwork.com/

HeForShe

HeForShe ist eine Organisation, bei der sich sogenannte Katalysten für die Gleichberechtigung einsetzen und öffentliche Aufmerksamkeit dafür generieren. Wichtig ist, dass sich besonders Männer dafür einsetzen.

Website: https://www.heforshe.org/

Zara

Zara wurde schon 1999 gegründet mit dem Ziel, Zivilcourage und eine rassismuskritische Gesellschaft in Österreich zu fördern sowie allen Formen von Rassismus entgegenzutreten. Die Initiative setzt sich für Anti-Rassismus, Anti-Diskriminierung und Gleichberechtigung ein.

Website: https://www.zara.or.at/

Aktiv gegen digitale Gewalt

Vom Bundesverband der Frauenberatungsstellen und Frauennotrufe stammt eine speziell zu digitaler Gewalt eingerichtete Website, die Informationen und Hilfsangebote bei Online-Gewalt anbietet.

Website: https://www.aktiv-gegen-digitale-gewalt.de/de/

Our Job To Be Done

Diese Initiative widmet sich speziell dem Hass auf dem Karrierenetzwerk LinkedIn, den der Gründer, Johannes Ceh, selbst erlebt hat, nicht auf sich beruhen lassen wollte und seither dagegen vorgeht.

Website: https://www.ourjobtobedone.de/

Feminist Frequency

Feminist Frequency begann als Projekt, um das Verhältnis der modernen Medien zu Geschlecht, Rasse und Sexualität zu analysieren.

Bald schon stieß das Projekt, und ganz konkret die Initiatorin Anita Sarkeesian als Opfer, auf das Problem der Online-Gewalt. Die Initiative setzt sich heute gegen Online-Belästigung in Videospielen und auf Internetplattformen ein.

Website: https://feministfrequency.com/

Dickstinction

Hier können durch ein einfaches Formular erhaltene Dickpics und die Details dazu kostenlos online gemeldet werden. Das unaufgeforderte Versenden eines Dickpics kann in Deutschland unter anderem nach § 184 Strafgesetzbuch (unerlaubte Verbreitung pornografischer Schriften) eine Straftat darstellen und mit einer Freiheitsstrafe von bis zu einem Jahr oder einer Geldstrafe bestraft werden.

Website: https://dickstinction.com/

NetzPigCock

Das Schweizer Pendant zu Dickstinction ist das preisgekrönte NetzPigCock, initiiert von #NetzCourage. Auch hier können unaufgefordert erhaltene Penisbilder gemeldet werden. Das ungefragte Versenden von Penisbildern fällt in der Schweiz unter den Pornografie-Tatbestand von Art. 197 Abs. 2 StGB und ist somit verboten. Wer dagegen verstößt, wird mit einem Bußgeld bestraft. Allerdings muss die Anzeige innerhalb von drei Monaten nach Erhalt des Schlappschwanzbildes eingereicht werden.

Website: https://netzpigcock.ch/

NetzBeweis

Die Website NetzBeweis hilft Betroffenen von Hass im Netz, Stalking, Betrug und anderen Formen von Online-Gewalt bei der kostenlosen digitalen Beweissicherung. Der Service ermöglicht die Aufnahme von Screenshots und erzeugt ein PDF-Dokument mit

Zeitstempel und digitaler Signatur, welches als digitales Beweismittel bei den Behörden eingebracht werden kann.

Website: https://www.netzbeweis.com/

Center for Countering Digital Hate
Diese internationale Non-Profit-Organisation mit Büros in London und Washington, D.C., hat das Ziel, Online-Hass und online verbreiteter Desinformation entgegenzuwirken.

Website: https://www.counterhate.com/

Center for Feminist Foreign Policy
Das 2016 gegründete Center for Feminist Foreign Policy (Zentrum für Feministische Außenpolitik) ist eine internationale Organisation, die als Forschungseinrichtung, Interessenvertretung und Beratungsstelle dient. Ziel ist es, den vorherrschenden patriarchalen Strukturen und Werten der Außenpolitik verstärkt eine feministische Komponente hinzuzufügen.

Website: https://centreforfeministforeignpolicy.org

Right to be __
Die in New York City gegründete Organisation hat sich das Ziel gesteckt, eine Welt ohne Belästigung zu schaffen. Dazu bilden sie Interessierte aus, machen Menschen auf Belästigungen aufmerksam und zeigen Möglichkeiten auf, wie sie dagegen vorgehen können, um eine humanere Welt zu schaffen.

Website: https://righttobe.org

Anti-Defamation League
Ebenfalls in New York City beheimatet wirkt die Anti-Defamation League gegen Antisemitismus, heimischen Extremismus, Online-

Hass und -Gewalt und setzt sich für Gleichberechtigung, religiöse Freiheit und andere Rechte ein.

Website: https://www.adl.org/

Project Rockit
Bei diesem Projekt handelt es sich um eine australische Initiative, die sich gegen Cyberbullying einsetzt und dabei junge Menschen miteinbezieht.

Website: https://www.projectrockit.com.au/

... einen Verhaltenskodex schaffen

Welche sind die häufigsten Fragen, die Frauen gestellt werden, die in einer „Männerbranche" arbeiten? Hier ist eine Liste von Fragen und Arten von Fragen, die sie erhalten.

1. Wie es ist, als Frau in dieser Branche zu sein?
2. Fragen zur Vereinbarkeit von Familie und Job
3. Fragen zu ihrem Äußeren
4. Fragen zur Diskriminierung von Frauen
5. Erfahrungsberichte zu Belästigungen
6. Fragen zu sexuellen Vorlieben

Naomi Wu war nicht die einzige Frau, die für dieses Buch nicht interviewt werden wollte und kritisch anmerkte, Männern würden diese Fragen nie gestellt, die würden immer über ihre Arbeit befragt. Und das will sie auch durchsetzen. Ich habe zumindest eine Entschuldigung: Ich schrieb ein Buch zu dem Thema. Andere haben diese Entschuldigung nicht. Nur weil eine Frau sexuelle Belästigung am Arbeitsplatz erfahren hat, macht sie das nicht zur Expertin zu diesem Thema und berechtigt andere nicht, sie ohne Vorwarnung auf einer Konferenz ausgerechnet danach zu fragen. Bemerkungen zum Äußeren der Frau im Arbeitskontext sind prinzipiell unangebracht und unprofessionell. Immer! Das gilt auch für Komplimente – ein Mann will nach seinem Vortrag schließlich auch nicht als Feedback hören, wie gut ihm sein neuer Haarschnitt steht.

> Was für eine hübsche Frisur Sie heute haben. Damit sehen Sie viel jünger aus, Herr Professor Schulze. Und Ihr Hemd passt heute so gut zu Ihrem Anzug! Ist das kleinkariert? Hat sicher Ihre Frau ausgewählt …

Wenn wir beruflich mit einer Frau zu tun haben, sollten wir uns bei jeder Bemerkung, die uns auf der Zunge liegt, fragen: Würden wir mit einem Mann auch so reden? Wenn die Antwort Nein lautet, dann sollten wir uns diese Bemerkung verkneifen.

Medienkodex

Im US-Präsidentschaftswahlkampf 2020, bei dem mit Kamala Harris eine dunkelhäutige Frau als Vize von Joe Biden aufgestellt war, sandte im Vorfeld eine Gruppe einflussreicher Frauen aus dem politischen Umfeld eine Aufforderung an die Medien, eine sexistische und rassistische Berichterstattung über Harris zu vermeiden.[46] In ihrem Brief an die *New York Times*, *Washington Post*, *CNN*, *Fox News* und andere führten sie außerdem eine Liste von zu vermeidenden Fehlern aus vergangenen Berichterstattungen an, die sich mit dem Aussehen, dem Gewicht, der Stimme oder der Frisur von Kandidatinnen beschäftigten. Die Frauen warnten die Medien auch, dass man bei einem Fehltritt der Medien öffentlichkeitswirksam dagegen auftreten werde.

Die New Yorker Kongressabgeordnete Alexandria Ocasio-Cortez (AOC) sieht sich regelmäßig stereotyper Berichterstattung ausgesetzt, was sie dazu veranlasst, jeden Vorfall zu thematisieren und die entsprechenden Medien, Journalisten und Politiker namentlich zu nennen.[47]

Man würde meinen, dass solch ein Verhaltenscode in Journalismusschulen unterrichtet würde und Verlage diesen auch umsetzen.

Wenn wir jedoch allein schon an *Blick, BILD, Die Krone* oder *Die Welt* denken, steht uns noch ein langer und steiniger Weg bevor. Der erste Schritt könnte dabei jener sein, den Mary Ann Sieghart als Chefin in ihrer Zeitung getan hatte: Sie brachte mehr Expertinnen in das Blatt. Angefangen von ständigen Kolumnistinnen bis zur Vorgabe an jede Ressortleitung, Statistiken über den Anteil der befragten Expertinnen zu führen und unausgeglichene Verhältnisse erklären zu müssen.

Weitere Schritte wären, die Ressourcen der Coalition Against Online Violence und anderer Hilfsorganisation zu nutzen.[48] Das *ZDF*-Sportstudio oder Defector Media zeigen bereits, wie sie ihre eigenen Journalisten schützen. Gleichzeitig sollten die eigenen Leute natürlich nicht selbst zu Tätern werden. Der Antisemitismusbeauftrage der Landesregierung Baden-Württemberg Michael Blume sagte dazu ganz deutlich:[49]

> Von Medienhäusern wünsche ich mir Vereinbarungen mit Mitarbeitenden, die auch private, zugespitzte Meinungsäußerungen erlauben, aber #Hate & #Trolling-Kampagnen untersagen. Schon jetzt schrecken solche Angriffe Menschen von demokratischem Engagement ab.

Firmenkodex

Die meisten Unternehmen haben mittlerweile einen Firmenkodex, der regelt, wie Mitarbeiter sich in sozialen Medien über ihre Arbeit und ihr Unternehmen unterhalten sollen. Auch wurden Maßnahmen geplant und umgesetzt, die das Unternehmen vor DDoS- und Ransomware-Attacken sowie Social Engineering schützen sollen. Das regelmäßige Ändern von Passwörtern sowie das Verwenden von Antivirensoftware wie auch ein verschlüsselter Datenaustausch sind heute selbstverständlich.

Weniger selbstverständlich ist bislang ein Kodex, wie Firmen auf Cyberbelästigung gegen Mitarbeiter reagieren sollten. Dabei sind solche Attacken genauso schädlich für das Unternehmen wie andere

Arten von Cyberkriminalität. Mitarbeiterinnen, die durch die emotionale Belastung solcher Attacken ihre Arbeit nicht oder nicht mehr mit vollem Einsatz ausführen können; Kollegen, die von einem Cybermob kontaktiert werden, der die betroffene Mitarbeiterin bei ihnen zu verunglimpfen versucht; Partnerfirmen, denen der Cybermob rufschädigende Informationen zum eigenen Unternehmen und den angeblich zweifelhaften Mitarbeitern und Geschäftspraktiken zukommen lässt – das alles sind Bedrohungsszenarien, die geschäftsschädigend sind.

Hilfsorganisationen wie GLAAD, die für die LGBTQ+-Gemeinschaft eintritt, bieten dazu Beratung und Maßnahmenkataloge an, die für Unternehmen und soziale Netzwerke als erster Schritt herangezogen werden können.[50]

Veranstalterkodex

Auf einer Veranstaltung der Universität Berkeley stieß ich zum ersten Mal auf einen Anti-Belästigungs-Kodex, der von den Veranstaltern zur Eröffnung vorgelesen worden war. Damit wurde ein deutliches Signal gesetzt, was inakzeptables Verhalten ist und wie der Verhaltenskodex durchgesetzt wird. Ich würde mir solch einen Kodex auf jeder Veranstaltung wünschen, vor allem von Veranstaltern, die meinen, auf ihrem Event gebe es dieses Problem nicht.

Hier ist der Kodex von TechCrunch im Wortlaut, in dem auch E-Mail-Adressen und Telefonnummern zum Melden von Vorfällen angegeben waren:[51]

TechCrunch duldet keine Art von Belästigung von Teilnehmern, einschließlich, aber nicht beschränkt auf die folgenden Punkte:

★ Unangemessener Körperkontakt
★ Unerwünschte sexuelle Aufmerksamkeit
★ Zurschaustellung sexueller Bilder in öffentlichen Räumen

★ Vorsätzliche verbale oder körperliche Einschüchterung
★ Anhaltende Störung von Vorträgen oder anderen Veranstaltungen
★ Befürwortung oder Ermutigung eines der oben genannten Verhaltensweisen

Aus folgenden Gründen, aber nicht nur aus diesen Gründen:

★ Rasse
★ Ethnizität
★ Geschlecht
★ Geschlechtsidentität und -ausdruck
★ Sexuelle Orientierung
★ Behinderung
★ Körperliche Erscheinung
★ Körpergröße
★ Alter
★ Religion

Als Teilnehmer wird von Ihnen erwartet, dass Sie sich an die oben genannten Richtlinien halten. Es liegt im Ermessen von TechCrunch, diejenigen, die gegen die Richtlinien verstoßen, sofort und ohne Rückerstattung des Eintrittsgeldes vom Veranstaltungsort zu verweisen und von zukünftigen TechCrunch-Veranstaltungen auszuschließen.

Wenn Sie einen Verstoß gegen den Verhaltenskodex feststellen oder beobachten, melden Sie ihn den TechCrunch-Mitarbeitern unter der Telefonnummer +1 (415) 579-3838 oder per E-Mail an codeofconduct@techcrunch.com. Sie können den Verstoß auch direkt melden an:

★ Das Sicherheitspersonal, das überall am Veranstaltungsort stationiert ist

★ Freiwillige Helfer von TechCrunch, die an ihren TechCrunch-T-Shirts zu erkennen sind
★ TechCrunch-Mitarbeiter

Der TechCrunch-Verhaltenskodex basiert auf den Grundsätzen der Integration, Gleichheit, Vielfalt und des Respekts. Diese Richtlinien sind notwendig, um sicherzustellen, dass jeder sicher an TechCrunch-Veranstaltungen teilnehmen kann. Indem Sie eine Eintrittskarte für eine TechCrunch-Veranstaltung, eine Konferenz oder ein konferenzbezogenes gesellschaftliches Ereignis kaufen, für diese arbeiten, dort verkaufen oder sie sponsern, erklären Sie sich mit den oben genannten Richtlinien einverstanden.

Moderatorenkodex

Gelegentlich stolpere ich auf Youtube über alte Aufzeichnungen von TV-Interviews und Moderationen mit weiblichen Gästen, wo Fragen gestellt werden oder ein Verhalten an den Tag gelegt wird, für das man sich heute fremdschämen müsste. Da wird gegenüber weiblichen Studiogästen, die einiges geleistet haben, nicht nur ein herablassendes Verhalten gezeigt, auch die angeschnittenen Themen haben vor allem mit dem Aussehen des weiblichen Gasts zu tun.

Das findet leider auch heute noch statt, wie das Beispiel von Modedesignerin und Reality-TV-Star Lauren Conrad zeigt, die in der Radioshow des Rappers und Journalisten Sway Calloway zu Gast war. Dabei wurden Fragen gestellt, die Zuhörer eingeschickt hatten, unter anderem:

Was ist deine Lieblingsstellung?

Nach einer kurzen, verlegenen Pause antwortete Conrad schlagfertig:

CEO!

Als Moderator hätte ich diese Fragen schon vorher als wenig respektvoll für den weiblichen Gast aussortiert.

Speziell im erwähnten *Harassment for Hire* hatten in der Vergangenheit Tabakfirmen diese Taktik entwickelt. Sie schickten eigene Leute zu Konferenzen, auf denen ein der Tabakindustrie nicht genehmer Wissenschaftler einen Vortrag hielt, um dann mit falschen Behauptungen, Fangfragen und Pseudodilemmata die Glaubwürdigkeit und Seriosität des Vortragenden zu diskreditieren.

Diese Harassment-for-Hire-Taktik wird nach wie vor angewandt. Die amerikanische Sozialpsychologin Sapna Cheryan von der Washington University schilderte mir einige ihrer Konferenzerfahrungen, bei denen mehrere toxische Männer durch Fragen aus dem Publikum ihre Autorität in Zweifel zu ziehen versuchten. Weder von den Moderatoren noch aus dem Publikum kam Unterstützung. Erst nach dem Ende des Vortrags kamen dann einige Konferenzteilnehmer zu ihr und entschuldigten sich für das Verhalten der Personen, sie hatten das aber nicht während der hitzigen Runde gemacht, wo der Hinweis auf dieses unangebrachte Verhalten mehr Aufmerksamkeit erreicht hätte.

Es gibt einige Grundregeln, an die ich mich auch selbst als Moderator immer zu halten versuche:

★ Würde ich diese Frage einem Mann auch stellen?
★ Stellt die Person aus dem Publikum während der Fragerunde eine Frage oder kommentiert oder erklärt etwas? Wenn es keine Frage ist, den Redefluss stoppen und die nächste Person drannehmen.
★ Ist die Frage implizit vorwurfsvoll, scheinheilig, unaufrichtig, belehrend, die Person attackierend? Dann weise ich darauf deutlich hin.
★ Versucht ein offensichtlicher Störenfried, die Diskussion an sich zu reißen? Der Person das Wort entziehen.
★ Da sich Männer in Fragerunden häufiger melden, gebe ich Frauen mehr Chancen, Fragen zu stellen.

... uns selber mal online als Frau ausgeben

Warum nicht einmal für einen Tag die Online-Identität tauschen, wie Martin Schneider es mit seiner Kollegin Nicole Hallberg gemacht hat? Für Schneider war das ein einschneidendes Erlebnis.

Zoë Quinn erzählte vom Eindruck, den eine Gruppe von Mitarbeitern eines Unternehmens gewann, als sie die Online-Belästigung zum ersten Mal am eigenen Leib verspürten.

> Das eindrucksvollste Beispiel, das ich erlebt habe, war während eines Sicherheitsgipfels mit Google Ideas. Nach acht langen Stunden, in denen Google-Mitarbeiter und Experten für Online-Sicherheit über das Thema sprachen, schien der Leiter des Gipfeltreffens das Thema erst dann wirklich zu verstehen, als er ein Foto von uns allen beim anschließenden Abendessen twitterte und die beleidigenden Antworten sah. Der erste Schritt besteht darin, mit denjenigen unter uns zu sprechen, die über praktisches Wissen verfügen und die zwangsläufig sehr unterschiedliche Erfahrungen mit der Plattform gemacht haben werden.

Oder vielleicht einfach einmal einen Film wie die französische Liebeskomödie „Kein Mann für leichte Stunden" ansehen. In diesem Film wird der Macho Damien in eine Parallelwelt katapultiert, in der die Geschlechterrollen vertauscht sind. Frauen dominieren, Männer tragen die farbenfrohere Kleidung, selbst Straßenbezeichnungen sind weiblich. So wird aus dem Pariser Friedhof Père Lachaise (Vater Lachaise) die Mère Lachaise (Mutter Lachaise). Damien muss erst lernen, sich in dieser Welt zurechtzufinden und sich von der Männerheldin Alexandra nicht so einfach erobern zu lassen.

DER BESSERE MANN

*Wenn Männer Frauen nicht genauso ernst nehmen,
dann verbleiben wir in einer Welt, die mit einem Flügel
fliegt, und ich weiß nicht, ob Sie jemals einen Vogel gesehen
haben, der mit einem Flügel zu fliegen versucht? Er steigt
nicht auf, er fliegt ohne Richtung herum und flattert
bemitleidenswert mit einem Flügel. Und das ist unsere Welt,
die bemitleidenswert herumflattert, weil wir uns weigern, die
Höhe, die Richtung und das Selbstvertrauen zu erreichen,
die mit der Verwendung von zwei Flügeln einhergeht.*
– Mary McAleese, ehemalige irische Premierministerin

CYBERF★CKED ist nicht das erste Buch, das zum Thema Online-Belästigung von Frauen veröffentlicht worden ist. Die meisten Männer werden das aber nicht wissen. Bücher, Artikel und Studien zu diesem Thema wurden fast immer von Frauen geschrieben. So wie fast alle Sachbücher und Romane von Autorinnen von männlichen Lesern und Kritikern ignoriert werden, weil sie meinen, es gehe darin vor allem um „Frauenthemen" wie Liebe, Empathie, Familie, Gleichberechtigung – oder eben Gewalt gegen Frauen.

Wenn ich eine kleine, „angeberisch" klingende Vorhersage machen darf: Nachdem nun ich, ein Mann, dieses Thema aufgegriffen habe, wird es mehr Beachtung finden. Ich werde in Talkshows eingeladen werden, bei Konferenzen sprechen, als „Quotenmann" in Frauenrunden aufgenommen werden und man wird mir mehr Redezeit und automatisch mehr Expertise zugestehen als den Frauen, die sich mit dem Thema schon viel länger beschäftigen, mehr darüber wissen, viel nuancierter darüber reden können und Online-Belästigung, Benachteiligungen und sexuelle Gewalt am eigenen Leib erfahren haben.

Aber bei mir, Mario Herger, genügt dieses eine Buch und zwei Jahre Recherche dazu, um als der große Zampano zu einem wichtigen Thema der Zeit herumgereicht zu werden. Nicht, dass es mir nicht schmeicheln würde. Wer will nicht gern im Mittelpunkt stehen? Aber es bleibt doch ein bitterer Beigeschmack bei vielen Frauen, dass ein Thema, für das sie schon so lange kämpfen, von einem Mann besetzt wird und erst dann Aufmerksamkeit findet. Und mich wird das auch immer wieder ärgern.

Stephen Colbert sah sich als prominenter amerikanischer Comedian bei einem Hearing vor dem US-Abgeordnetenhaus zu den Rechten von Immigranten dem Vorwurf ausgesetzt, er mache sich über das Thema und die Würde des Abgeordnetenhauses lustig. Colberts humoristischer Appell war einem Abgeordneten aufgestoßen. Seine Antwort: Das, was er, Stephen Colbert, einbringe, sei seine Prominenz (sowie die Tatsache, dass er ein weißer Mann sei) und die damit verbundene Aufmerksamkeit, um diesem vernachlässigten, aber wichtigen Thema mehr öffentliche Aufmerksamkeit zu verschaffen.

Genauso biete ich meine Superpower an – nämlich, ein Mann zu sein, der sich eines vermeintlichen Frauenthemas annimmt –, um damit eine hoffentlich breite Öffentlichkeit auf Missstände aufmerksam zu machen, damit wir alle besser vor Cybermobbing geschützt werden. Online-Hass ist kein Frauenthema. Es ist ein Thema, das uns alle betrifft. Und damit ist es eine gesamtgesellschaftliche Herausforderung, dieses Problem anzupacken und zu lösen.

Ich erreiche damit vielleicht gerade die Männer, die Frauen – mehr oder weniger unbewusst – nicht immer ausreichend Gehör schenken und denen das Problem wenig bekannt ist. Diese Form der Gewalt schadet nämlich auch Männern. Und die Arschlöcher, die das machen, regen mich auf. Es ärgert mich, dass wir das bislang mehr oder weniger ungestraft zulassen. Während der Arbeit an diesem Buch stellte ich mir immer wieder die Frage, ob ich nicht auch eines dieser Arschlöcher war oder nach wie vor bin. Und ich bin mir sicher, dass manche, die mich kennen, mir nun tief in die Augen sehen und zu mir sagen: „Mario, Selbsterkenntnis ist der erste Schritt zur Besserung." Diesen Leuten werde ich meine Troll-Armeen auf den Hals hetzen.

Nicht nur einmal musste ich zusammenzucken, weil mir eine Taktik durchaus vertraut war. Getötet habe ich keine Frau, höchstens deren Nerven. Vergewaltigungen habe ich einer Frau auch nie angedroht, ich wusste nicht einmal, dass das in manchen Kreisen „ein Ding" ist. Dickpics habe ich auch nie an weibliche Kontakte versandt, dafür aber Bilder mit Food Porn: zuckersüße Torten, heiße Macchiatos und knackige Baguettes. Bestimmt habe ich schon mal jemandes Gefühle verletzt, bei einem Altherrenwitz losgeprustet und mich auch sonst wie ein Trottel aufgeführt.

Bei diesen Frauen möchte ich mich entschuldigen und sie bitten, mir zu vergeben. Und generell möchte ich mich bei allen entschuldigen, dass sie diese Erfahrungen mit meinen Geschlechtsgenossen machen mussten. Die meisten von uns sind so nicht oder wollen so auf keinen Fall sein. Doch wenn es passiert, sagt es uns auf den Kopf zu. Im Film „Besser geht's nicht" gesteht der zwangsneurotische Autor Melvin Udall (gespielt von Jack Nicholson) seiner Herzensdame Carol Connelly (Helen Hunt) mit folgendem Satz seine Liebe – was meiner Meinung nach eine der schönsten Liebeserklärungen der Filmgeschichte darstellt:

Du bringst mich dazu, ein besserer Mann sein zu wollen.

DANKSAGUNG

Dieses Buch wäre nicht zustande gekommen ohne die vielen Frauen (und Männer), die sich die Zeit genommen haben, meine Fragen zu diesem Thema respektvoll und detailliert zu beantworten. Es handelt sich oft um sehr persönliche Erlebnisse, die bei vielen Betroffenen unangenehme Erinnerungen hervorriefen und bei denen es ihnen sichtlich schwerfiel, darüber zu berichten.

Besonders war auch, dass ich als Mann darum bat. Frauen fällt es leichter, mit anderen Frauen oder LGBTQ+-Personen offen darüber zu sprechen, als mit einem weißen, privilegierten Mann, dessen Fragen naiv und dessen Verständnis beschränkt erscheinen muss.

Wie schwer es vielen fiel, sah ich auch an der Flut von Absagen. Selbst meine Anfrage war für manche oft schon eine große Belastung und ich habe Verständnis dafür, wenn Frauen sich nicht mit mir darüber unterhalten wollten. Einige erfolgreiche Frauen mit beeindruckendem Lebenslauf kritisierten außerdem, durch solch eine Anfrage auf dieses Thema reduziert zu werden.

Besonders danken möchte ich Inge Bell, Lucinda Di Meco, Jolanda Spiess-Hegglin, Patricia Bubner, Katarina Roder, Sapna Cheryan, Aurora Chisté, Michaela Ernst, Johannes Ceh, Carsten Plückhahn und Thomas Köhler, die mir für detaillierte Interviews zur Verfügung standen. Danke auch an Natascha Strobl, Jasmina Kuhnke, Nicole Diekmann, Verena Arps-Roelle, @Joanalistin und viele andere Frauen, die öffentlich über ihre Erfahrungen sprachen und auf das Problem aufmerksam machen.

Marianna Huber danke ich für die Übersetzung einiger russischer und ukrainischer Slangausdrücke und die Schilderung persönlicher Erlebnisse.

Mein Dank gilt außerdem allen Frauen und Männern in meinen sozialen Netzwerken, die mich ermutigt haben, das Buch zu schreiben.

Danke an Daniela Freitag, Sebastian Grebe und Claus Rosenkranz von den PLASSEN Buchverlagen, die sofort auf dieses Thema angesprungen sind, als ich es vorgeschlagen habe. Die Unterstützung und der Wille, auch ungewohnte Pfade zu gehen und die Richtungsänderungen des Manuskripts zu akzeptieren, helfen mir als Autor, Risiken einzugehen und beim Schreiben mein Bestes zu geben.

Und bedanken will ich mich last but not least bei Elke Sabat, die nicht zum ersten Mal geduldig eines meiner Bücher lektorierte und mir Kürzungen vorgeschlagen hat, bei denen mir gelegentlich das Herz blutete, und Verbesserungen, womit sie immer recht hatte.

ENDNOTEN

Kapitel 1

1. https://www.pewresearch.org/internet/2021/01/13/the-state-of-online-harassment/
2. Statistiken zum Thema Cybermobbing – https://de.statista.com/themen/3122/cybermobbing/#dossierKeyfigures
3. Free to be online – https://www.plan.de/presse/free-to-be-online.html
4. TEDWomen 2016: How online abuse of women has spiraled out of control – https://www.ted.com/talks/ashley_judd_how_online_abuse_of_women_has_spiraled_out_of_control
5. Hidden Hate. How Instagram fails to act on 9 in 10 reports of misogyny in DMs – https://www.counterhate.com/_files/ugd/f4d9b9_6309420782df4942aad0ba240e190e4f.pdf
6. https://www.nytimes.com/1990/11/18/us/date-rape-and-a-list-at-brown.html
7. https://twitter.com/jaclynf/status/1539357935280832512
8. https://www.youtube.com/watch?v=uc0P2k7zIb4
9. https://www.instagram.com/antiflirting2/
10. https://twitter.com/Natascha_Strobl/status/1488757020056604673
11. Aziz Ansari: Modern Romance. Penguin Press, New York, 2015
12. https://www.gov.uk/government/collections/statistics-on-public-attitudes-to-transport
13. https://en.wikipedia.org/wiki/People_v._Turner
14. https://de.wikipedia.org/wiki/Das_Appartement
15. https://tomlehrersongs.com/wernher-von-braun/
16. https://www.vox.com/first-person/2017/3/17/14950296/sexism-name-switch-tweets
17. https://www.fastcompany.com/40456604/these-women-entrepreneurs-created-a-fake-male-cofounder-to-dodge-startup-sexism
18. https://hiddenbrain.org/podcast/playing-the-gender-card/
19. https://www.liveabout.com/why-do-we-hate-things-teen-girls-love-4863823
20. The redefinition of masculinity is playing out in the fight between Zelenskyy and Putin – https://qz.com/2135829/why-the-world-likes-volodymyr-zelenskyy/
21. https://twitter.com/M_Ostermann/status/1412442059210903561
22. https://www.csis.org/analysis/femicides-mexico-impunity-and-protests
23. https://thesocietypages.org/cyborgology/2015/01/12/fact-check-your-demand-for-statistical-proof-is-racist/

24. Catherine D'Ignazio, Lauren Klein: Data Feminism. The MIT Press, 2020
25. Jess Zimmermann: Women and Other Monsters. Building a New Mythology. Beacon Press, 2021
26. Katrine Marçal: Mother of Invention. How Good Ideas Get Ignored in an Economy Built for Men; Abrams Press, 2021
27. Wu, Alice H. 2018: Gendered Language on the Economics Job Market Rumors Forum. AEA Papers and Proceedings, 108: 175-79. – https://www.aeaweb.org/articles?id=10.1257/pandp.20181101

Kapitel 2

1. Küchler, C., Stoll, A., Ziegele, M., Naab, T.K.: Gender-Related Differences in Online Comment Sections. Findings From a Large-Scale Content Analysis of Commenting Behavior. Social Science Computer Review. Februar 2022 – https://journals.sagepub.com/doi/full/10.1177/08944393211052042
2. Emma A. Jane: Misogyny Online. A Short (and Brutish) History. AGE Publications, 2016
3. Berdahl, J. L. (2007): The sexual harassment of uppity women. Journal of Applied Psychology, 92 (2), 425–437 – https://doi.org/10.1037/0021-9010.92.2.425
4. https://www.fastcompany.com/90688891/comments-sections-have-a-sexism-problem-this-is-by-design
5. https://www.theguardian.com/technology/2016/apr/12/the-dark-side-of-guardian-comments
6. https://twitter.com/VictoriaLinnea1/status/1509503694089461767
7. https://twitter.com/i_Lean/status/1300661770005049346
8. https://www.youtube.com/watch?v=_xfMeTtOy5Q
9. https://twitter.com/anya__alvarez/status/1423636886942330880
10. https://twitter.com/LisaCongo/status/1425164394225311746
11. https://www.cbc.ca/news/canada/montreal/montreal-city-council-gender-sue-montgomery-1.5135001
12. Marjorie Swacker: Speaker Sex. A Sociolinguistic Variable. Fresno, 1973
13. https://www.spiegel.de/netzwelt/netzpolitik/elon-musk-der-grosse-irritainer-kolumne-von-sascha-lobo-a-0b199f21-353c-40cd-89e0-3dc9e5d2785c
14. https://twitter.com/olgatokariuk/status/1502190811005526017
15. https://www.theguardian.com/world/2022/mar/10/twitter-removes-russian-embassy-tweet-on-mariupol-bombing
16. https://twitter.com/DanRather/status/1391240514616233984
17. https://twitter.com/Natascha_Strobl/status/1408130270843244544
18. Nina Jankowicz: How to Be a Woman Online. Bloomsbury Publishing, 2022
19. Wu, Alice H. (2018): Gendered Language on the Economics Job Market Rumors Forum. AEA Papers and Proceedings, 108: 175-79 – https://www.aeaweb.org/articles?id=10.1257/pandp.20181101
20. https://www.fairplanet.de/story/ich-bin-kein-opfer-ich-bin-eine-ueberlebende/
21. https://www.watson.de/unterhaltung/hiphop/715386082-nika-irani-ueber-konsequenzen-mit-samra-gibt-nicht-viel-was-unangenehmer-ist
22. https://www.preposterousuniverse.com/podcast/2021/06/21/152-charis-kubrin-on-criminology-incarceration-and-hip-hop/
23. https://twitter.com/anne_theriault/status/961752950795325445
24. https://twitter.com/AOC/status/1437225839989510151
25. https://twitter.com/wtsgirl/status/1437227360005201924
26. https://twitter.com/HofmeisterAusLU/status/1445389265937084418
27. https://www.watson.ch/schweiz/sexismus/794655036-patrizia-laeri-gewinnt-gegen-inside-paradeplatz-zumindest-teilweise
28. https://www.spiegel.de/kultur/tagesspiegel-journalist-von-marschall-bedauert-diese-junge-dame-ausspruch-a-e6c91f16-6d89-4c3e-be5d-9bd3220db448
29. https://scholar.harvard.edu/sarsons/publications/note-gender-differences-recognition-group-work

30. https://twitter.com/Mirjam_Fischer/status/1504392863513202695
31. https://fr.wikipedia.org/wiki/Harc%C3%A8lement_de_rue#P%C3%A9nalisation
32. https://www.linkedin.com/in/verena-arps-roelle-b82844204/
33. https://www.washingtonpost.com/technology/2022/05/05/snapchat-teens-nudes-lawsuit/
34. https://www.nouvelobs.com/teleobs/20190224.OBS10621/les-membres-de-la-ligue-du-lol-se-vivaient-comme-des-enfants-terribles.html
35. https://www.vice.com/en/article/7kvwgb/cybersecurity-workers-flood-twitter-with-bikini-pics-to-protest-harassment
36. https://www.linkedin.com/posts/tokiro_yes-my-hair-is-professional-ive-faced-activity-6813916362851921920-81nk/
37. https://www.linkedin.com/posts/helenorgis_vereinbarkeit-rolemodel-workingmom-activity-6876890629054504960-2VQo
38. Cathy O'Neil: The Shame Machine. Who Profits in the New Age of Humiliation. Crown, 2022
39. https://english.kyodonews.net/news/2021/07/13be0e90b1a9-olympic-athletes-pained-by-online-bashing-mental-health-care-sought.html
40. https://twitter.com/Joanalistin/status/1500932799452393473
41. https://www.linkedin.com/posts/janicegassamphd_linkedinfamily-seekinghelp-activity-6905194361194102785-2BP9/
42. https://www.nytimes.com/2021/12/16/technology/harvard-job-scam-india.html
43. https://www.bloomberg.com/news/articles/2022-03-23/sweden-jumps-the-gun-on-covid-strategist-s-new-who-job
44. Jacobi, Tonja, Schweers, Dylan (24. Oktober 2017): Justice, Interrupted. The Effect of Gender, Ideology and Seniority at Supreme Court Oral Arguments. 103 Virginia Law Review 1379, Northwestern Law & Econ Research Paper No. 17-03. – https://ssrn.com/abstract=2933016
45. https://www.weforum.org/agenda/2017/01/when-the-woman-starts-talking-the-men-switch-off-davos-participants-on-why-gender-parity-is-taking-so-long/
46. Victoria L. Brescoll: Who Takes the Floor and Why: Gender, Power, and Volubility in Organizations. Administrative Science Quarterly 56, Nr. 4, 29. Februar 2012, 622-641 – https://journals.sagepub.com/doi/abs/10.1177/0001839212439994
47. Victoria L. Brescoll, Eric Luis Uhlmann (1. März 2008): Can an Angry Woman Get Ahead? Status Conferral, Gender, and Expression of Emotion in the Workplace; Psychological Science 19/3, 268-275
48. Laura J. Krau, Aiwa Shirako; Stereotype Threat in Organizations As Examination of Its Scope, Triggers, and Possible Interventions. In: Michael Inzlicht, Toni Schmader (Hg.): Stereotype Threat. Theory, Process, and Applications. Oxford University Press, New York, 2012, 173-187
49. Deborah A. Cihonski: The Experience of Loss of Voice in Adolescent Girls. An Existential-Phenomenological Study. University of South Florida, 2003
50. https://www.washingtonpost.com/blogs/erik-wemple/wp/2018/05/11/just-how-did-matt-lauers-famous-desk-button-work/
51. https://www.bild.de/sport/olympia/olympia/olympia-2022-fussballer-frau-lara-gut-behrami-gewinnt-gold-im-super-g-79115328.bild.html
52. https://www.thebusinesswomanmedia.com/amal-alamuddin-marries-actor/
53. https://aeon.co/essays/why-are-women-philosophers-often-erased-from-collective-memory
54. https://www.spiegel.de/wissenschaft/medizin/karrierebremse-fuer-frauen-wissenschaftlerinnen-werden-seltener-zitiert-a-c77d3afe-075c-4cc8-9f5b-59506859d143
55. Zoë Quinn: Crash Override. How Gamergate (Nearly) Destroyed My Life, and How We Can Win the Fight Against Online Hate. PublicAffairs, 2017
56. https://www.spiegel.de/panorama/gesellschaft/corona-hass-im-internet-wer-schreibt-die-boesen-kommentare-spiegel-tv-a-65c03036-fd77-452d-b605-a105f2f42529
57. https://www.inputmag.com/culture/ukraine-russia-war-pages-instagram-meme-scams
58. https://www.washingtonpost.com/technology/2022/03/30/facebook-tiktok-targeted-victory/
59. https://medium.com/fearless-she-wrote/i-received-my-first-dick-pic-on-a-dating-app-acac-3bcb08c4
60. https://www.gaystarnews.com/article/men-reveal-send-dick-pics-dating-apps/
61. https://femotion.de/news-beitrag/fazit-des-ersten-no-dickpic-tags-bei-femotion-radio/

62. https://today.yougov.com/topics/lifestyle/articles-reports/2017/10/09/53-millennial-women-have-received-dick-pic

63. https://orf.at/stories/3234097/

64. https://femotion.de/news-beitrag/fazit-des-ersten-no-dickpic-tags-bei-femotion-radio/

65. Frans de Waal: Different. Gender Through The Eyes Of A Primatologist. W. W. Norton & Co., New York, 2022

66. https://www.technologyreview.com/2021/09/13/1035449/ai-deepfake-app-face-swaps-women-into-porn/

67. https://www.latimes.com/local/crime/la-me-1204-revenge-porn-20141205-story.html

68. https://netzpolitik.org/2022/xvideos-wie-wenig-pornoseite-gegen-sexualisierte-gewalt-tut

69. https://www.spiegel.de/netzwelt/web/pornoseite-xvideos-unternimmt-wenig-gegen-sexualisierte-gewalt-a-a5601e0a-4402-49d4-a49f-812ded3e7b19

70. https://www.washingtonpost.com/technology/2018/12/31/scarlett-johansson-fake-ai-generated-sex-videos-nothing-can-stop-someone-cutting-pasting-my-image/

71. https://www.europarl.europa.eu/news/de/headlines/society/20211209STO19124/das-gesetzt-uber-digitale-markte-und-das-gesetz-uber-digitale-dienste

72. https://www.zeit.de/2008/26/Atelier-Calle-26/komplettansicht

73. https://www.bloomberg.com/news/articles/2022-03-30/apple-meta-gave-user-data-to-hackers-who-forged-legal-requests

74. https://www.spiegel.de/politik/deutschland/doxing-gegen-comedy-autorin-jasmina-kuhnke-haltdiefresse-a-24fd4a0d-0142-4df9-90a0-22cd0bc44382

75. https://twitter.com/cherthedev/status/1432152454678777856

76. https://www.linkedin.com/pulse/still-room-dissent-inside-tech-giants-ask-cher-alex-kantrowitz

77. https://www.cio.de/a/ein-verheerendes-datenleck-mit-optimalem-timing,3552842

78. https://www.independent.co.uk/voices/commentators/laurie-penny-a-woman-s-opinion-is-the-miniskirt-of-the-internet-6256946.html

79. https://www.mamamia.com.au/caroline-criado-perez-cyber-harassment-speech/

80. https://www.researchgate.net/publication/328252988_Misogyny_Online_A_Short_and_Brutish_History

81. Michelle E. Funk, Calvin R. Coker (2016): She's Hot, for a Politician: The Impact of Objectifying Commentary on Perceived Credibility of Female Candidates, Communication Studies, 67: 4, 455-473 – https://www.tandfonline.com/doi/abs/10.1080/10510974.2016.1196380?journalCode=rcst20

82. https://twitter.com/ebonyplusirony/status/1413202644403953665

83. https://www.zeit.de/2021/06/rainer-meyer-don-alphonso-blog-rechte-gewalt-rechtsextremismus/komplettansicht

84. https://www.zeit.de/2022/16/ulf-poschardt-welt-twitter-liberalismus

85. https://www1.wdr.de/daserste/monitor/sendungen/hetzte-im-netz-100.html

86. https://twitter.com/HabenGirma/status/1405268344169660419

87. https://www.bbc.co.uk/archive/bottom-pinching-experiment/z7sfmfr

88. https://www.technologyreview.com/2021/12/16/1042516/the-metaverse-has-a-groping-problem/

89. https://medium.com/athena-talks/my-first-virtual-reality-sexual-assault-2330410b62ee

90. https://techcrunch.com/2022/02/16/microsoft-shuts-down-altspacevrs-social-hubs-to-combat-harassment/

91. https://www.dailydot.com/irl/tiktok-ubereats-driver-harassed-woman-mcdonalds/

92. https://twitter.com/JuleStinkesocke/status/1486431226483326978

93. https://www.espn.com/olympics/story/_/id/31817769/olympic-runner-emily-infeld-harrowing-three-year-ordeal-stalker

94. https://www.zeit.de/news/2022-02/16/schuldunfaehig-durch-liebeswahn-freispruch-fuer-stalkerin

95. https://www.rtl.de/cms/stalker-schickt-marie-christine-ostermann-fotos-von-abgehackten-frauenkoepfen-4949169.html

96. https://www.t-online.de/digital/internet-sicherheit/internet/id_100004244/bikini-model-warnt-vor-ortungschips-apple-airtag-im-mantel-gefunden.html

97. https://www.fox10tv.com/2022/04/09/mobile-woman-says-she-found-apple-airtag-tracking-device-her-car/

98. https://www.sueddeutsche.de/panorama/us-bundesstaat-kansas-falscher-notruf-polizei-erschiesst-unbeteiligtes-opfer-1.3809793

99. https://people.com/crime/tennessee-man-dead-swatted-people-targeting-twitter-handle/

100. https://www.sueddeutsche.de/bayern/urteil-dreieinhalb-jahre-haft-nach-falschem-alarm-1.3392950

101. https://www.nytimes.com/2015/11/29/magazine/the-serial-swatter.html

102. https://www.vox.com/first-person/2017/7/13/15960394/online-sexual-harassment-doxxing-craigslist

103. https://www.cbsnews.com/news/ex-marine-jebidiah-james-stipe-gets-60-years-for-craigslist-rape-plot/

104. https://www.tagesschau.de/ausland/amerika/saeureangriff-misogyne-gewalt-101.html

105. https://kurier.at/chronik/wien/neue-front-aufgetaucht-weiteres-verfahren-gegen-sigi-maurer/400971314

106. https://www.bka.de/DE/AktuelleInformationen/StatistikenLagebilder/Lagebilder/Partnerschaftsgewalt/partnerschaftsgewalt_node.html

107. https://www.spiegel.de/ausland/femizide-warum-spanien-uns-beim-kampf-gegen-frauenmorde-ein-vorbild-sein-sollte-a-a8ca95a0-2dea-4fba-8132-81eb60e1e413

108. https://algorithmenethik.de/2020/08/12/algorail-in-spanien-mit-algorithmischen-prognosen-gegen-gewalt/

109. https://twitter.com/drlisamaria/status/1541740030942748675

110. https://www.focus.de/panorama/welt/tragoedie-in-oesterreich-bedrohte-impf-aerztin-tot-in-ihrer-praxis-aufgefunden_id_125589531.html

Kapitel 3

1. https://www.bonner-rechtsjournal.de/fileadmin/pdf/Artikel/2020_02/BRJ_087_2020_Riemenschneider.pdf

2. https://www.heute.at/s/frau-flehte-polizei-um-hilfe-an-bekam-200-euro-strafe-100154495

3. Gregory McElwain; Mary Midgley: An Introduction; Bloomsbury Academic, 2019

4. https://www.nytimes.com/2015/11/29/magazine/the-serial-swatter.html

5. https://www.news.com.au/technology/online/hacking/obnoxious-the-troll-and-the-deadly-art-of-swatting/news-story/d35e6e4799f04b72076de633cc982665

6. Kate Manne: Down Girl. The Logic of Misogyny. Penguin, 2019

7. https://www.lrb.co.uk/the-paper/v41/n05/adam-phillips/unforgiven

8. Sylvia Jaki, Tom De Smedt, Maja Gwóźdź, Rudresh Panchal, Alexander Rossa, Guy De Pauw: Online hatred of women in the Incels.me forum. Linguistic analysis and automatic detection. Journal of Language Aggression and Conflict, 7/2, November 2019, 240–268

9. https://www.spiegel.de/panorama/gesellschaft/corona-hass-im-internet-wer-schreibt-die-boesen-kommentare-spiegel-tv-a-65c03036-fd77-452d-b605-a105f2f42529

10. https://beta.t-online.de/digital/id_91716818/kolumne-von-nicole-diekmann-der-mann-der-mich-hure-nannte.html

11. http://xiaxue.blogspot.com/2012/05/faces-of-haters.html

12. http://xiaxue.blogspot.com/2012/06/faces-of-haters-part-ii-unrepentant.html

13. https://www.tagesspiegel.de/berlin/bernward-eberenz-von-den-freien-waehlern-neukoellner-umweltstadtrat-wuenscht-aktivistin-massenvergewaltigung/27559682.html

14. https://psyarxiv.com/hwb83/

15. https://bleedingcool.com/tv/ex-squidbillies-actor-takes-firing-well-hope-you-aholes-are-happy/

16. https://daserste.ndr.de/panorama/archiv/2020/Bundeswehr-Social-Media-Leiter-sympathisiert-mit-Rechtsradikalem,bundeswehr2302.html

17. https://de.statista.com/statistik/daten/studie/382007/umfrage/reichweite-der-tageszeitung-die-welt/

18. https://www.zeit.de/2021/06/rainer-meyer-don-alphonso-blog-rechte-gewalt-rechtsextremismus

19. https://www.op-marburg.de/Mehr/Hessen/Politik/Kinderpornografie-Verdacht-bei-rechtsextremen-Polizei-Chats

20. https://www.rnd.de/politik/unsensibel-wiesbadener-polizeipraesident-entschuldigt-sich-fuer-n-wort-6S2SMWUM7DNX6HDDDP23TTKSQI.html

21. https://www.thequint.com/voices/women/it-wasnt-the-dress-women-reveal-what-they-wore-when-sexually-assaulted-molested-harassed-or-threatened

22. https://riveronline.co.uk/commentmini-skirts-are-sign-confidence/

23. https://scholarship.law.duke.edu/cgi/viewcontent.cgi?article=1109&context=djglp

24. https://www.theguardian.com/commentisfree/2013/aug/29/rape-about-power-not-sex

25. Corinna Seith, Joanna Lovett, Liz Kelly (2009): Different systems, similar outcomes? Tracking attrition in reported rape cases in eleven countries. European Briefing – https://www.interventionsstelle-wien.at/download/?id=301

26. https://www.heute.at/s/frau-flehte-polizei-um-hilfe-an-bekam-200-euro-strafe-100154495

27. https://taz.de/Polizei-gibt-persoenliche-Daten-weiter/!5799055/

28. https://www.zdf.de/comedy/zdf-magazin-royale/zdf-magazin-royale-vom-27-mai-2022-100.html

29. https://www.npr.org/2021/08/09/1025987822/melissa-derosa-top-aide-to-gov-cuomo-resigns-from-role

30. https://www.diepresse.com/6090199/exxpress-trennt-sich-von-anna-dobler-wegen-tweet-zu-wannseekonferenz

31. https://www.republik.ch/2021/08/06/die-zerstoerungs-maschine

32. https://www.srf.ch/play/tv/dok/video/frauen-als-opfer-der-medien----jolanda-spiess-hegglins-kampf-gegen-hatespeech?urn=urn:srf:video:bb5bc85e-f25e-4366-8931-1cb3bb0f02f7

33. https://www.nau.ch/news/schweiz/binswanger-wegen-verleumdung-von-spiess-hegglin-verurteilt-65968848

34. https://debuk.wordpress.com/2019/12/18/tedious-tropes-the-sexist-stereotyping-of-female-politicians/

35. Mary Ann Sieghart; The Authority Gap: Why Women Are Still Taken Less Seriously Than Men, and What We Can Do About It; Norton, New York, 2021

36. https://www.salon.com/2017/12/04/alt-right-women-are-upset-that-alt-right-men-are-treating-them-terribly/

37. https://www.youtube.com/watch?v=P-UKPpmQlys

38. https://www.linkedin.com/pulse/kritischer-journalismus-oder-doch-sexismus-analyse-der-burel/

39. Phyllis Chesler: Woman's Inhumanity to Woman. Nation Books, 2002

40. https://vorarlberg.orf.at/stories/3124137/

41. https://www.bloomberg.com/news/articles/2021-04-21/google-ethical-ai-group-s-turmoil-began-long-before-public-unraveling

42. https://www.protocol.com/big-tech-whistleblowers

43. https://www.nytimes.com/2021/04/07/opinion/google-job-harassment.html

44. https://www.berliner-zeitung.de/politik-gesellschaft/jetzt-ist-es-amtlich-das-zdf-bezahlt-maenner-besser-als-frauen-li.165993

45. https://www.axios.com/2022/06/03/china-twitter-harassment-female-asian-journalists

46. https://twitter.com/mmitchell_ai/status/1404900803798724608

47. https://twitter.com/realsexycyborg/status/1480445168356519938

48. https://twitter.com/veenadubal/status/1417870579441365003

49. https://twitter.com/ZoeSchiffer/status/1432381686428303360

50. https://www.theverge.com/22648265/apple-employee-privacy-icloud-id

51. https://www.theverge.com/2021/8/4/22610112/apple-female-engineering-manager-leave-sexism-work-environment

52. https://www.businessinsider.com/silicon-valley-tech-workers-nda-culture-silence-2021-7?r=US&IR=T

53. https://www.reuters.com/business/sustainable-business/california-bars-forced-non-disclosure-clauses-severance-agreements-2021-10-08/

54. Paul M. Barrett, J. Grant Sims (2021): False Accusation. The Unfounded Claim that Social Media Companies Censor Conservatives – https://bhr.stern.nyu.edu/bias-report-release-page1

55. Yan, Harry Yaojun, Kai-Cheng Yang, Filippo Menczer, James Shanahan (Oktober 2021):: Asymmetrical Perceptions of Partisan Political Bots. New Media & Society 23/10, 3016-37. – https://doi.org/10.1177/1461444820942744

56. Susan T. Fiske (2021): Twitter manipulates your feed: Ethical considerations, Proceedings of the National Academy of Sciences. 119/1, (e2119924119). – https://doi.org/10.1073/pnas.2119924119

57. https://www.followchain.org/follow-train/

58. https://arxiv.org/abs/2203.13893

59. Gina Perry: Behind the Shock Machine: the untold story of the notorious Milgram psychology experiments. The New Press, 2013

60. Stanley Milgram, Leonard Bickman, Lawrence Berkowitz (1969): Note on the drawing power of crowds of different size. Journal of Personality and Social Psychology, 13(2), 79-82 – https://doi.org/10.1037/h0028070

61. Nicholas A. Christakis, James H. Fowler: The Spread of Obesity in a Large Social Network over 32 Years.; New England Journal of Medicine, 26. Juli 2007; 357:370-379 – https://www.nejm.org/doi/full/10.1056/nejmsa066082

62. https://www1.wdr.de/daserste/monitor/sendungen/hetzte-im-netz-100.html

63. https://www.fastcompany.com/90746616/why-tinders-background-check-is-a-major-backfire

64. https://www.vice.com/en/article/pkbxp8/grindr-location-data-priest-weaponization-app

65. https://www.zeit.de/2022/10/linkedin-hatespeech-corona-leugner

66. https://www.linkedin.com/posts/lasarahstein_liebe-m%C3%A4nner-diese-plattform-hier-hei%C3%9Ft-activity-6871149674095493120-gmA9/

67. https://www.theguardian.com/tv-and-radio/2022/apr/25/a-barrage-of-assault-racism-and-jokes-my-nightmare-trip-into-the-metaverse

68. https://www.technologyreview.com/2021/12/16/1042516/the-metaverse-has-a-groping-problem/

69. https://journals.sagepub.com/doi/pdf/10.1177/14614448211023772

70. https://de.wikipedia.org/wiki/Geschlechterverteilung_in_der_Wikipedia

71. https://www.wired.com/story/one-womans-mission-to-rewrite-nazi-history-wikipedia/

72. https://www.nature.com/articles/d41586-018-05947-8

73. https://www.theguardian.com/science/2018/oct/03/donna-strickland-nobel-physics-prize-wikipedia-denied

74. https://www.spiegel.de/netzwelt/telegram-was-die-politik-gegen-die-gefaehrliche-chat-app-unternehmen-kann-a-7245e6fd-b057-41b9-9b50-69095458cd54

75. https://news.bloomberglaw.com/daily-labor-report/activision-blizzard-sued-by-california-over-frat-boy-culture

76. https://undergrad.stanford.edu/planning/gallery/when-gaming-goes-bad-exploration-videogame-harassment-towards-female-gamers

77. https://www.adl.org/hateisnogame

78. https://newzoo.com/insights/articles/the-games-market-in-2021-the-year-in-numbers-esports-cloud-gaming/

79. https://www.itsgoodfor.biz/case-study/league-legends-praised-re-engineering-chat-reduce-harassment

80. https://www.cnn.com/2020/02/20/tech/fake-faces-deepfake/index.html

81. https://www.npr.org/2022/03/27/1088140809/fake-linkedin-profiles

82. https://www.theguardian.com/media/2022/mar/04/bot-holiday-covid-misinformation-ukraine-social-media

83. https://www.theverge.com/2021/9/10/22666953/twitch-sues-alleged-hate-raiders-harassment-streamers

Kapitel 4

1. https://www.theguardian.com/culture/2022/mar/16/trevor-noah-kanye-west-ye-harassment-kim-kardashian

2. https://www.ted.com/talks/monica_lewinsky_the_price_of_shame

3. https://www.insider.com/chinese-air-rifle-competitor-wang-luyao-bullied-for-losing-and-posting-a-selfie-online-2021-7
4. Cécile Guerin, Eisha Maharasingam-Shah (2020): Public Figures, Public Rage: Candidate Abuse on Social Media. The Institute for Strategic Dialogue. 3-4. https://www.isdglobal.org/wp-content/uploads/2020/10/Public-Figures-Public-Rage-4.pdf
5. https://twitter.com/mer__edith/status/1404878497210724354
6. https://twitter.com/schertzbergmann/status/1321811078549020672
7. https://www.tichyseinblick.de/feuilleton/glosse/sawsan-lass-uns-freundinnen-werden/
8. https://www.spiegel.de/politik/deutschland/sawsan-chebli-spd-politikerin-erhaelt-schmerzensgeld-von-tichy-a-0fb89838-cb74-433c-aa3f-6fb0abfee4fb
9. https://www.zeit.de/campus/2021-07/sexismus-politik-politikerinnen-instagram-parteitage-frauen-demokratie?utm_source=pocket-newtab-global-de-DE
10. https://www.eaf-berlin.de/fileadmin/eaf/Publikationen/Parteikulturen_210x317_RZ-Hyperlinks-Ansicht_211028.pdf
11. https://www.brookings.edu/techstream/the-gendered-disinformation-playbook-in-germany-is-a-warning-for-europe/
12. https://www.linkedin.com/posts/katjadiehl_sexismus-in-der-politik-jung-weiblich-activity-6819199957971554304-KCBH/
13. https://www.spiegel.de/politik/deutschland/annalena-baerbock-im-visier-rechter-desinformationskampagnen-a-356da8e0-0002-0001-0000-000178494495
14. https://www.politico.eu/article/sanna-marin-finland-online-harassment-women-government-targeted/
15. https://www.independent.ie/breaking-news/irish-news/article-mocking-fianna-fail-female-representatives-branded-disgraceful-40846257.html
16. https://www.spiegel.de/politik/deutschland/sarah-lee-heinrich-zieht-sich-nach-morddrohungen-voruebergehend-zurueck-a-2b1de0a7-d8e2-408d-b566-e5da9a8629d5
17. https://www.politico.eu/article/campaigning-while-female-how-online-hate-holds-women-back/
18. https://www.merkur.de/politik/schroeder-baerbock-merz-gedoens-gruene-cdu-bundestag-feministische-aussenpolitik-91432677.html
19. https://twitter.com/Legatus123/status/1403798789463461888
20. https://www.srf.ch/play/tv/dok/video/frauen-als-opfer-der-medien----jolanda-spiess-hegglins-kampf-gegen-hatespeech?urn=urn:srf:video:bb5bc85e-f25e-4366-8931-1cb3bb0f02f7
21. https://www.nytimes.com/2021/08/24/technology/theranos-elizabeth-holmes.html
22. https://www.thirteen.org/blog-post/women-viking-warriors-the-dna-that-changed-history/
23. https://www.youtube.com/channel/UCh_ugKacslKhsGGdXP0cRRA
24. https://www.newsweek.com/naomi-wu-sexy-cyborg-misogyny-silicon-valley-704372
25. https://fr.wikipedia.org/wiki/Affaire_Mila
26. https://katja-diehl.de/wie-ein-journalist-mich-bei-twitter-vermisste-katja-diehl-wird-durch-kampf-fuer-verkehrswende-zum-hassobjekt/
27. https://www.chalmers.se/en/departments/tme/centres/ceforced/Pages/default.aspx
28. https://www.deutschlandfunkkultur.de/verena-altenberger-als-buhlschaft-kurze-haare-grosser-zoff-100.html
29. https://twitter.com/EnaAltenberger/status/1420732792133111817
30. https://twitter.com/Joanalistin/status/1475514937497862153
31. https://twitter.com/Natascha_Strobl/status/1493192321906663425
32. https://twitter.com/MASieghart/status/971748476886319104
33. https://www.20min.ch/story/shitstorm-um-sexfantasie-mit-klima-aktivistin-108372498387
34. https://www.tagesspiegel.de/gesellschaft/wegen-facebook-posts-akif-pirincci-muss-luisa-neubauer-6000-euro-zahlen/27861500.html
35. https://twitter.com/TomMayerEuropa/status/1507730539134046208
36. https://www.businessinsider.com/theranos-founder-elizabeth-holmes-deep-voice-2019-3

Kapitel 5

1. Dan Ariely, George Loewenstein (2006): The Heat of the Moment. The Effect of Sexual Arousal on Sexual Decision Making. Journal of Behavioral Decision Making, 19: 87-98. Online: 26. Juli 2005 in Wiley InterScience – https://people.duke.edu/~dandan/webfiles/PapersPI/Sexual%20Arousal%20and%20Decision%20making.pdf
2. Julie A. Woodzicka, Marianne LaFrance (Frühling 2001): Real Versus Imagined Gender Harassment. Journal of Social Issues, 57/1, 15-30 – https://spssi.onlinelibrary.wiley.com/doi/abs/10.1111/0022-4537.00199
3. Frans de Waal: Different. Gender Through The Eyes Of A Primatologist. W. W. Norton & Co., New York, 2022
4. Joseph Henrich: Die seltsamsten Menschen der Welt. Wie der Westen reichlich sonderbar und besonders reich wurde. Suhrkamp Verlag, 2022

Kapitel 6

1. Losada, Marcial, Emily Heaphy (Februar 2004): The Role of Positivity and Connectivity in the Performance of Business Teams. A Nonlinear Dynamics Model. American Behavioral Scientist 47/ 6, 740-65 – https://doi.org/10.1177/0002764203260208
2. https://www.plan.de/presse/free-to-be-online.html
3. https://www.washingtonpost.com/technology/2018/12/30/fake-porn-videos-are-being-weaponized-harass-humiliate-women-everybody-is-potential-target/
4. https://www.washingtonpost.com/technology/2018/12/30/fake-porn-videos-are-being-weaponized-harass-humiliate-women-everybody-is-potential-target/
5. https://jolandaspiess.ch/blog/bitte-alle-hinsetzen-und-durchatmen
6. https://www.mamamia.com.au/caroline-criado-perez-cyber-harassment-speech/
7. https://www.nytimes.com/2022/04/06/technology/instagram-harassment-women.html
8. https://www.youtube.com/watch?v=fQZc-zCKFgg
9. https://www.iwmf.org/wp-content/uploads/2018/09/Attacks-and-Harassment.pdf
10. https://www.vox.com/first-person/2017/7/13/15960394/online-sexual-harassment-doxxing-craigslist
11. Drew M. Altschul, William D. Hopkins, Elizabeth S. Herrelko, Miho Inoue-Murayama, Tetsuro Matsuzawa, James E. King, Stephen R. Ross, Alexander Weiss (2018): Personality links with lifespan in chimpanzees. eLife; 7 DOI: 10.7554/eLife.33781 – http://dx.doi.org/10.7554/eLife.33781
12. https://www.nature.com/articles/d41586-021-02741-x
13. https://science.orf.at/stories/3212115/
14. https://www.spiegel.de/panorama/gesellschaft/corona-hass-im-internet-wer-schreibt-die-boesen-kommentare-spiegel-tv-a-65c03036-fd77-452d-b605-a105f2f42529

Kapitel 7

1. https://eige.europa.eu/gender-based-violence/costs-of-gender-based-violence-in-eu
2. McKinsey Global Institute: How advancing women's equality can add $12 trillion to global growth. September 2015
3. Cristian L. Dezső, David Gaddis Ross (März 2011): Does Female Representation in Top Management Improve Firm Performance? A Panel Data Investigation. Strategic Management Journal 33/9
4. Muhammad Nadeem, Muhammad Bilal Farooq, Ammad Ahmed (2019): Does female representation on corporate boards improve intellectual capital efficiency? Journal of Intellectual Capital, 20/5, 680-700
5. Katrin Talke, Søren Salomo, Alexander Kock (27. Juli 2011): Top Management Team Diversity and Strategic Innovation Orientation. The Relationship and Consequences for Innovativeness and Performance. The Journal of Product Innovation Management 28/6, 819-832
6. https://gspp.berkeley.edu/assets/uploads/research/pdf/Anzia_Berry_8_5_09.pdf

7. https://blogs.worldbank.org/dev4peace/can-gender-equality-prevent-violent-conflict
8. Audette, A.P., Lam, S., O'Connor, H. et al. (2019): (E)Quality of Life. A Cross-National Analysis of the Effect of Gender Equality on Life Satisfaction. Journal of Happiness Studies 20, 2173-2188 – https://doi.org/10.1007/s10902-018-0042-8
9. https://www.americanexpress.com/en-us/business/trends-and-insights/articles/protecting-company-business-cyberbullying/
10. Greg Williams (2018): Negotiating with a Bully. Take Charge and Turn the Tables on People Trying to Push You Around. Welser, 2018
11. Sapolsky, Robert M., Share, Lisa J. (2004): A pacific culture among wild baboons: its emergence and transmission. PLoS biology 2,4: E106. doi:10.1371/journal.pbio.0020106
12. http://www.apa.org/monitor/2019/01/ce-corner
13. Carlson, D.L., Hanson, S., Fitzroy, A. (2016): The Division of Child Care, Sexual Intimacy, and Relationship Quality in Couples. Gender & Society 30/3, 442-466. – https://journals.sagepub.com/doi/10.1177/0891243215626709
14. Øystein Gullvåg Holter: What's in it for Men? Old Question, New Data. –https://journals.sagepub.com/doi/abs/10.1177/1097184X14558237
15. https://www.erinhengel.com/research/publishing_female.pdf

Kapitel 8

1. https://www.berliner-zeitung.de/politik-gesellschaft/frauen-die-sich-im-netz-politisch-aeussern-sind-heute-nicht-mehr-sicher-li.159986
2. https://www.fastcompany.com/90686948/inside-the-life-of-a-tech-activist-abuse-gaslighting-but-ultimately-optimism
3. https://www.researchgate.net/publication/303609900_The_Murder_of_Amy_Boyer
4. https://blog.google/products/search/new-options-for-removing-your-personally-identifiable-information-from-search/

Kapitel 9

1. https://twitter.com/Joanalistin/status/1521560975773782016
2. https://www1.wdr.de/daserste/monitor/sendungen/hetzte-im-netz-100.html
3. https://www.youtube.com/watch?v=KTvSfeCRxe8
4. Moser, Charlotte E., Branscombe, Nyla R. (März 2022): Male Allies at Work. Gender-Equality Supportive Men Reduce Negative Underrepresentation Effects Among Women. Social Psychological and Personality Science 13/2, 372-81.
5. https://www.emma.de/artikel/sexismus-ist-volksverhetzung-337793
6. https://www.whitehouse.gov/briefing-room/presidential-actions/2022/06/16/memorandum-on-the-establishment-of-the-white-house-task-force-to-address-online-harassment-and-abuse/
7. https://www.nytimes.com/2015/11/29/magazine/the-serial-swatter.html
8. https://www.spiegel.de/netzwelt/netzpolitik/der-fall-drachenlord-ein-jahrelanges-martyrium-in-deutschland-und-niemand-haelt-es-auf-kolumne-a-91b94ce3-ab01-4ac1-9286-d85bea144928
9. https://www.spiegel.de/panorama/justiz/kusel-37-jaehriger-wegen-hasskommentaren-nach-polizistenmorden-verhaftet-a-ab6d36ae-67cc-4de9-8d22-1df2d48f8f95
10. https://twitter.com/AndyGrote/status/1399001436973899780
11. https://taz.de/Hausdurchsuchung-wegen-eines-Tweets/!5799732/
12. https://orf.at/stories/3228209/
13. https://news.microsoft.com/features/a-different-kind-of-diversity-program-is-inspiring-people-to-be-better-allies-and-be-ok-with-making-mistakes
14. https://www.fastcompany.com/90622904/how-to-support-a-coworker-when-they-are-exposed-to-bias-and-prejudice
15. Kathleen Propp (1995): An Experimental Examination of Biological Sex as a Status Cue in Decision-Making Groups and Its Influence on Information Use. Small Group Research. 26/4, 451-474 – https://journals.sagepub.com/doi/10.1177/1046496495264001

16. https://www.watson.ch/schweiz/interview/197300910-reto-spiess-meine-liebe-zu-jolanda-ist-eher-noch-staerker-geworden

17. https://twitter.com/sportstudio/status/1403803799731453957

18. https://money.cnn.com/2017/02/23/technology/delete-uber-sexual-harassment/

19. https://hbr.org/podcast/2020/06/helping-men-help-us

20. https://www.femalefactor.global/

21. https://www.dailydot.com/irl/woman-exposes-anonymous-troll-tiktok/

22. https://www.washingtonpost.com/national-security/doxing-far-right-violent-extremists/2021/06/20/35f730e2-ba68-11eb-a5fe-bb49dc89a248_story.html

23. https://www.npr.org/sections/codeswitch/2016/04/18/474671097/how-social-media-smeared-a-missing-student-as-a-terrorism-suspect

24. https://www.spiegel.de/kultur/aktion-gegen-penisbilder-dickpics-sind-gewalt-an-frauen-a-fd7e8358-baae-420f-9f30-841419e923cd

25. https://twitter.com/XylaFoxlin/status/1422627665983393796

26. https://www.eaviden.dk/wp-content/uploads/2017/01/ECSM17-Proceedings-Lovestorm-paper.pdf

27. https://msmagazine.com/2021/07/15/big-tech-online-violence-against-women-misinformation-gender-facebook/

28. https://www.bbc.com/news/world-us-canada-57841055

29. https://www.theguardian.com/technology/2022/mar/10/tiktok-users-in-russia-can-see-only-old-russian-made-content

30. https://cyberbullying.org/how-social-media-companies-should-combat-online-abuse

31. https://orf.at/stories/3234305/

32. Vohs, K.D., Baumeister, R.F., Ciarocco, N.J. (April 2005): Self-regulation and self-presentation. Regulatory resource depletion impairs impression management and effortful self-presentation depletes regulatory resources. J Pers Soc Psychol., 88/4, 632-57. doi: 10.1037/0022-3514.88.4.632. PMID: 15796665

33. Alison Hirst, Christina Schwabenland (2018): Doing gender in the 'new office'. Gender, Work & Organization, 25, 159-176. doi: 10.1111/gwao.12200 – https://onlinelibrary.wiley.com/doi/10.1111/gwao.12200

34. Mary Ann Sieghart; The Authority Gap: Why Women Are Still Taken Less Seriously Than Men, and What We Can Do About It; Norton, New York, 2021

35. https://geekfeminism.fandom.com/wiki/Who_is_harmed_by_a_%22Real_Names%22_policy%3F

36. https://uploads-ssl.webflow.com/6059db55178602abe7e34c9c/60d5f88b17d5f61653d512ed_OGBV_Report_June2021.pdf

37. https://rp-online.de/nrw/panorama/landesmedienanstalt-nrw-setzt-kuenstliche-intelligenz-gegen-hetzer-ein_aid-67880129

38. https://hai.stanford.edu/news/why-ai-struggles-recognize-toxic-speech-social-media

39. https://ai.facebook.com/blog/ai-advances-to-better-detect-hate-speech/

40. https://www.pcmag.com/news/intel-levels-up-ai-to-battle-toxicity-in-online-games

41. https://www.wired.com/story/youtube-algorithm-silence-conspiracy-theories/

42. https://safety.twitch.tv/s/safety-news/detail?language=en_US&post=Using-Machine-Learning-to-Curb-Ban-Evasion

43. Annie Murphy Paul: The Extended Mind. The Power of Thinking Outside the Brain. Mariner Books, 2021

44. https://www.mpg.de/17175844/W004_Kultur-Gesellschaft_056-061.pdf

45. https://www.brodnig.org/2021/10/28/hasskommentare-melden-aber-richtig/

46. https://www.vanityfair.com/news/2020/08/women-group-warns-media-against-sexist-coverage-biden-veep

47. https://slate.com/news-and-politics/2019/01/alexandria-ocasio-cortez-sexism-female-politicians-looks-beauty.html

48. https://onlineviolenceresponsehub.org/

49. https://twitter.com/beauftragtgg/status/1503304586622296067

50. GLAAD's Social Media Safety Index – https://www.glaad.org/blog/glaads-social-media-safety-index

51. https://techcrunch.com/pages/code-of-conduct/